中国海岸风景线

港口·灯塔·炮台纪实

刘慧宇 ◎ 编著

齐鲁书社

·济南·

图书在版编目（CIP）数据

中国海岸风景线：港口·灯塔·炮台纪实/刘慧宇编著.—济南：齐鲁书社，2024.3
ISBN 978-7-5333-4856-4

Ⅰ.①中… Ⅱ.①刘… Ⅲ.①海岸线–名胜古迹–介绍–中国 Ⅳ.① K928.7

中国国家版本馆 CIP 数据核字 (2024) 第 043375 号

责任编辑　傅光中　刘　岩
装帧设计　刘羽珂

中国海岸风景线 —— 港口·灯塔·炮台纪实
ZHONGGUO HAIAN FENGJINGXIAN GANGKOU DENGTA PAOTAI JISHI

刘慧宇　编著

主管单位	山东出版传媒股份有限公司
出版发行	齐鲁书社
社　　址	济南市市中区舜耕路517号
邮　　编	250003
网　　址	www.qlss.com.cn
电子邮箱	qilupress@126.com
营销中心	（0531）82098521　82098519　82098517
印　　刷	山东临沂新华印刷物流集团有限责任公司
开　　本	787mm×1092mm　1/16
印　　张	21
插　　页	1
字　　数	363千
版　　次	2024年3月第1版
印　　次	2024年3月第1次印刷
标准书号	ISBN 978-7-5333-4856-4
定　　价	88.00元

前 言

在人类之家的地球上,海洋面积远远超过陆地:已知地球表面的大约71%是海洋,而陆地只占约29%。海洋,这个地球上最神秘、最广袤的蔚蓝世界,如同血液一样滋养着地球,为数不胜数的物种提供生存居所。从微小的浮游生物到巨大的鲸鱼,从美丽的珊瑚礁到奇异的水母,多姿多彩的海洋生物构成美轮美奂的海洋生态景观,赋予无数生命奇观,形成奇妙的生态系统。海洋是生命之源,与人类的生产生活息息相关。在耕海拓疆的奋斗中,人类与海洋结下亲密关系,谱写了海洋历史文化的璀璨华章,展示出不同国家和民族关于海洋的思想观念、行为习俗以及由此创造的精神和物质的文明形态。从古至今,中华先民开发海洋、经营海洋、利用海洋,得鱼盐之利、享舟楫之便,涵育出博大精深、兼收并蓄、历久弥新的海洋文化。

人类在探秘海洋过程中创造出丰富的海洋文化

海洋是人类生命的摇篮,它不仅维持全球的气候平衡,还构筑人类丰富的资源宝库。海洋中蕴藏着丰富的石油、天然气、盐等矿产资源,开发和利用这些资源对于人类的经济发展至关重要。海洋有着巨大的经济潜力,无论是渔业、能源开发还是旅游业,都离不开海洋的支持。特别需要指出的是,海洋作为人类的重要交通运输线,是连接各个国家和地区的桥梁与纽带,为全球贸易和运输活动提供了便利且低廉的通道。毋庸置疑,海洋国家和地区,均因海洋经济获得丰厚利益。

与陆地相比,海洋在人类认知领域虽然重要,却也更为陌生,而人类自诞生起就对陌生的事物充满好奇。好奇心可谓人类的一种天赋秉性,远到江河湖海、日月星辰乃至宇宙空间,近到人们社会生活的衣食起居、万事万物,凡一切奇异有趣之事无不吸引人类探索的目光。好奇心推动着人类不断探寻未知世界,也驱动人类从蒙昧走向文明,并在跨越不同文明阶段的过程中,创造了丰富的物质财富和精神财富,留下了大量的文化遗产。正如爱因斯坦所说："人类的好奇心是无穷无尽的，它是人类进步的动力。"人类在好奇心的驱动下探索海洋，也在认识、研究、挑战和征服海洋的过程中享受着巨大乐趣，带来无数的利益和好处。

海洋奥妙无穷，探索其奥妙，揭开其神秘的面纱，成为千百年来人类认识自身和自身之外广阔海洋的永恒追求。从目前来看，人类对海洋已有的认知还相当浅薄，对其奥妙的探求也只是冰山一角。比如，海洋的深度就超出人类的想象。陆地上最高的山峰珠穆朗玛峰，海拔约为8848米，而海洋最深处的马里亚纳海沟则深达11000米！这个深沟险壑隐藏着多少未知的秘密，迄今人类不得而知。深海的黑暗中隐藏着无数未知的生物以及神秘的生态景象，给人类的深入探索带来巨大挑战。在这条艰险丛生却趣味盎然的求索之路上，人类在与海洋的互动中相互成就、相互馈赠，谱写了无数海洋文化的恢弘篇章。

正因为海洋与人类关系密切，自古以来在人们的观念中，一直都是向海则兴，背海则衰。早在2500年前，古希腊海洋学家狄米斯托克利就曾预言："谁控制了海洋，谁就控制了一切。"过去人们借助海洋"兴渔盐之利，通舟楫之便"，现在海洋更是国际竞争的"新高地"。相信海洋作为人类生命的根基，对人类的繁衍生息、繁荣发展都起着决定性的作用。

观望历史，人类似乎从未停止对海洋的探索，通过探索不仅拓展了自己的地理知识，也开启了全新的贸易和文化交流。从远古时代起，生活在陆地上的人们，就把目光转向远方的大海，幻想着大海深处的神秘和大海尽头的奇美。只要有海洋的地方，人们便会到海水上或海水下探索，逐渐加深了对海洋的认识，扩大了对海洋的开发与利用，从而在海洋探索史上成就了一个又一个辉煌壮举。

早在公元前600年前后，古希腊一些探险家和商人就开始乘船穿越地中海，探索其周边地区，在地中海岛屿之间建立起贸易网络，通过海上经贸活动丰富了希腊文化。15世纪和16世纪，著名的葡萄牙探险家亨利王子推动了大西洋航行事业的发展，并通过不断的探险活动，成功开辟了通往非洲和印度的海上航线。葡萄牙因此成为当时海洋贸易的重要地区，欧洲也由此进入列强争夺殖民地的时代。继葡萄牙之后，其他欧洲国家也纷纷加入到海洋探索的行列。受西班牙国王派遣，意大利人哥伦布发现了美洲新大陆，开创了欧洲人向美洲殖民扩张的新时代。荷兰、英国、法国等国家随后相继派遣探险家和航海家,将目光指向全球各地的辽阔海域。

这些探险活动拓宽了人们的视野,也为全球贸易和文化交流开辟出新道路。这一时期成为欧洲海洋探索的黄金时期。虽然在探索的过程中,人们遇到了许多困难和挑战,海洋的未知领域与变幻莫测也令人心生恐惧,特别是海上风暴和海盗威胁,经常使得海上航行变得十分危险。然而,巨大的利益诱惑以及人类对海洋的好奇心和征服欲,推动人们不断改进航海技术和装备,所以人类的航海活动不仅没有止步,而且在此后的经济贸易和文化交流中发挥出越来越大的作用。

中华民族是人类海洋文化的主要缔造者之一

海洋文化对于古老的中国而言,同样是其悠久历史文明中不可或缺的组成部分。中华民族是人类海洋文化的主要缔造者之一。中国大陆东南两面临海,海岸线长达1.8万公里,海洋国土面积达300万平方公里,约占陆地面积的1/3,居世界第4位,大陆架面积居世界第5位,200海里专属经济区面积为世界第10位,是一个具有漫长海岸线和辽阔海域的海洋大国。这样的地理环境,孕育了悠久深厚的海洋文化。中国航海历史久远,自远古时代就开启了海洋探索之旅,积累了丰富的航海经验,积淀了丰硕的海洋文化成果。

据考古发现,早在旧石器时代,中国沿海地区就有人类活动的遗迹。从公元前3世纪到公元15世纪,中国古代的航海业和航海技术,一直处于世界领先水平。譬如,距今约7000年的新石器时代,中华民族的祖先就已懂得用火与石斧"刳(kū)木为舟,剡(yǎn)木为楫",作舟扬帆驶向海洋深处,希望在彼岸开疆拓土,实现希望和梦想。关于中华先民的水上活动,诸多历史文献均有记载,如《易经·系辞下》载"舟楫之利,以济不通";《越绝书》记"方船设泭(fú),乘桴(fú)洛河";《论语·公冶长》云"道不行,乘桴浮于海";《竹书纪年》称帝芒"东狩于海,获大鱼"……可见中华民族是最早认识、研究和开发利用海洋的民族之一。春秋时期的"海王之国",汉代的海水煮盐工艺、沟通东西方的"海上丝绸之路",明代郑和七下西洋的航海壮举等,都在人类海洋文明史上留下了浓墨重彩的一笔。

海洋是中华民族的梦想之地、文化源泉。征服海洋,探索其中的奥秘,收获其中的宝藏,成为中华民族世世代代追求的梦想。这一梦想千百年来激励着人们不惧危险、勇往直前,用勤劳和智慧进行海上建设,编织出一幅幅海洋文化的锦绣画卷。本书叙述的沿海的主要港口、灯塔和炮台，作为连接陆地与海洋的重要建筑实体，不仅是中华先民经济、政治、军事和文化活动的重要场所，而且是一个地域精神文化的家园、时代脉动的音符。曲金良在《海洋文化概论》中称："海洋文化的本质，就是人类与海洋的互动关系及其产物。"毫无疑问，人们驭船耕海所留下的物质实体，自然成为海洋历史与文化珍贵的载体与证物，是中国乃至世界的文化遗产。

俯瞰浩瀚无垠的海岸线，港口是连接世界的重要桥梁，灯塔是照亮航路的希望明灯，炮台则是保卫疆域的忠勇战士。海岸线上的港口、灯塔、炮台相互关联，共同维护着海洋秩序和安全，谱写着历史篇章。它们代表着开放、包容、勇敢、坚守、忠诚、奉献等优秀精神品质，是中国海洋文化中不可或缺的组成部分。

海港：连结陆海的文化之桥

海岛是人类重要栖居地，人们乘舟船逐岛而去，从而建立起陆海之间的文化交往。海港，这一陆地与海洋的交汇点，是人类进入海洋，寻求与开拓更广阔生存空间的起点，是人类远航的起点、纵横四海的见证，也是物流与贸易的枢纽，富民强国之梦开始的地方。通过海港，人们从陆地走向海洋，在万顷波涛中，感受海洋带来的宽广与自由，在如诗的海风里，释放出生命最大的能量。海洋的变幻莫测、险象环生，也考验着人类的勇气和智慧。一次次向海而行，是对未来的憧憬，对收获的企盼；一次次背海而归，是对家园的眷恋，对故土的忠贞。许多著名的古代海港，都是古代文明的重要发源地，不仅为贸易流通开辟通道，更为文化传播提供条件。来自不同地区的商人、使节、船夫、艺术家和学者、留学生等云集海港，带来各自地区的文化，使海港成为一个多元文化的汇聚地。海港的繁荣和文化交流，不仅加速了人类文明的发展进程，也推动了各地文化的交融与创新。

以海为商，借商传文，中国文化就是这样被中华先民传播到了世界各地，海港也就是在这样的基础上建成，并发挥文化形成和传播的核心作用。从古至今，海港承载着繁荣的商业贸易，无论是古代的丝绸之路，还是现今的21世纪海上丝绸之路，海港都在其中扮演着不可或缺的角色。它不仅仅是船舶停靠的场所，更是文化交流、科技传播的重要通道。由一个个港口串联而成的举世闻名的海上丝绸之路，便是中国促进世界繁荣发展和全球一体化的最好见证。

与世界各国一样，中国古代海港城市一般选址于河海交汇之处，这样对内可以依托内河航运形成支撑体系，对外便于接驳海洋贸易，还可以规避海洋风暴和海盗袭击。这些港口，以各自不同的风貌，促进了港口城市和内河流域的经济发展和国家的繁荣，并随着时间的推移，逐渐发展成为重要的商业中心和军事基地，以及今天国际交流和国际贸易的重要窗口，地区经济文化发展的重要引擎。

海上丝绸之路与欧亚陆上丝绸之路遥相呼应，共同构成了联结亚非欧国家和地区经济贸易和文化交流的通道。15世纪初，古代海上丝绸之路的发展达到巅峰，宁波、广州、泉州等海港的航船御风逐浪，驰骋于海上丝绸之路；而新时代"一带一路"的时代命题和建设海洋强国的基本国策，则将海港推向引领发展的前沿，同时给中国海港提供了难得的历史机遇。因海而生，由港而兴，在古老的海上丝绸之路的历史光芒中，以新思维重新联结陆地与海洋，将海洋文化贯穿于海上丝绸之路，协调人与海洋关系，促进地区经济发展，提升沿海城市影响力，让沿海港口迎来一次新的远航，再次成为中国国力复兴的引擎，这应该是时代赋予中国海港的责任和使命。

灯塔：照亮航路的希望之灯

当夜幕降临，黑暗笼罩着大海，礁石嶙峋，浪涛拍岸之时，一只航船在波涛起伏的汪洋中努力辨识方向，却依然处境不明，孤独无助……试想，此时一束光芒恰好穿透夜幕和水雾，照亮四周，航行者该是如何的喜悦和欣慰！是的，这束光，如生命之光，就自或近或远的灯塔而来！它巍然矗立，高耸于海面，在孤寂中与风浪搏斗，顽强地守持着自发的光芒，播散出温暖的希望；它宛如一名忠诚勇敢的哨兵，默默守护航船的平安；它用希望之光指示船只航行的正确方向，照亮航行者回家的路。历史上每一座灯塔的建立，都有众多海难为前奏。灯塔凝聚着人类坚定不移的信念，是人类勇敢无畏与海天搏斗的历史见证，它是每一位航海人心中的希望之灯、光明之塔。

灯塔是高塔形建筑物，在塔顶装置灯光设备，一般在港口、海岸要道和船只锚泊地修建。在海上建造灯塔，主要是为了指引船只航行的方向，保证夜间航行的安全。作为一种导航标识，其初始用途是帮助船只避开危险，遇到困难时纠正航向，给掌舵人正确的方向指引，防止船只在夜间搁浅、碰撞礁石，或进入港口时迷失方向，引领航船安全驶向目的地。

作为海洋航标设施，人类灯塔的历史可追溯到公元前280年埃及亚历山大港灯塔，它是世界上第一个被文献记录的灯塔。到17世纪，灯塔的设计和建造得到改进，目的是更加适合船只导航。同时，灯塔的建造材料也发生了变化，从石头和砖块转向了钢筋混凝土和玻璃。灯塔的建造需要精确的工程计算和设计，还需要耐心和恒心。在没有现代技术的情况下，古人能够建造出高大坚固的灯塔，展示了他们高超的智慧和坚韧的精神。在电力未出现的年代，灯塔以火为光源。如今，随着科技的发展，现代灯塔已经基本实现了电力自动化，导航功能更加强大，手段更加完备。

作为一种古老的导航和助航设施，灯塔散见于中国的广阔海域，遍布于中国沿海岛屿、悬崖、礁石、险滩等处，无论风霜雨雪，始终巍然屹立，千百年来倾其光芒，照耀着航海者的平安之路，以其鲜明的个性和独特的意蕴，凝聚为中国的海洋文化，演变成历史文物，浓缩为文化象征，在历史的舞台上展示曾经的芳华，在静谧的夜幕下叙说着既往的故事……

炮台：海防前线的忠勇卫士

炮台，这个保卫海疆的坚强壁垒，是海洋安全的守护者。历史上，炮台在抵御外来侵略、捍卫国家主权方面发挥了重要作用。炮台担负着护卫海上船只和港口安全的重任，保障海上贸易和渔业安全，也承担着防范海盗和敌对势力侵袭的责任，不仅为海洋航行提供安全保障，也激励着人们保家卫国，捍卫主权和尊严。如今，随着国际形势的变化和科技的发展，炮台的军事作用逐渐减弱，但作为海洋文化遗产的重要组成部分，透过它们可以窥见当时社会的政治、军事、科技、经济等状况，同时在保护国家海洋权益、传承历史文化等方面，仍然发挥着不可替代的作用。

作为海洋防御的重要设施，炮台也是人类与海洋互动的产物，是探索和利用海洋的历史见证。它是随着火炮的发展而出现的一种战时工事，因应国际海洋贸易和海外殖民扩张的发展，各国纷纷在海岸线上建造炮台，以抵御外敌入侵和保护国家水上运输线的安全。海岸炮台通常建造在沿海地区地势险要之处，是对海洋的控制和保护的具体体现，不仅是一种军事手段的应用，也不仅仅是为了维护国家的利益，更是一种文化象征。它们承载着战争和科技的历史，反映了人类与海洋关系的发展和变化。

中国炮台早见于明代。随着火炮技术的发展，炮台的构造和布局也不断变化和完善。清代炮台更是作为一种重要的防御工事和设施，被大量建造和广泛使用。中国海岸炮台的设计和建造受到了西方军工技术的启发和影响，同时也结合了中国传统的建筑风格和工艺。在建造炮台时，需要考虑地理环境、军事战略和工程设计等多个方面的因素，因而必须具备广博的知识和丰富的经验。这些海岸炮台通常由城墙、城楼和炮位组成。城墙高大坚固，以造成防御上固若金汤之势；城楼则是炮台的指挥中心和观测点；炮位则安装了大口径的火炮，以提供强大的火力，展示威力。除了军事防御作用，海岸炮台还具有其他战略意义，比如作为重要的海防据点，可以控制周边的陆地和海域，为水陆交通提供保护，为军事调度提供支持。此外，海岸炮台还可以作为重要的物资储备基地，为附近的军队提供物资补给。

在中国近代史上，海岸炮台的产生有其特殊背景。当时中国面临着列强的侵略和威胁，特别是来自海上的侵略。为了保卫国家的主权和领土安全，中国开始大规模地修建海岸炮台。这些近代海岸炮台增强了我国的海防力量，在反侵略战争中曾经发挥过重要作用。例如，在两次鸦片战争、中法战争、甲午中日战争、八国联军侵华战争中，中国的海岸炮台在抵御外来侵略中都发挥了重要作用。而在抗日战争期间，有些海岸炮台也成为抗击日本侵略者的重要阵地。总的来说，海岸炮台是中国近代史上重要的军事设施，具有军事防御等多重作用，参与了中国近代史上的许多重大事件，见证了历史变迁，成为中国历史和海洋文化的重要组成部分。

如今矗立于海岸炮台上的海防大炮，依然肃穆朝向大海，向人们讲述着曾经发生在海岸线上的一个个惊心动魄的战争故事。海岸炮台的历史，构成了整个中华民族的海疆御辱史。每一座斑驳古老的炮台，都承载着一段悲壮凝重的历史；透过炮身经由战火留下的痕迹，我们可以想象炮火连天、硝烟弥漫的战斗场面……

现在，历史的硝烟已经散去，守卫炮台将士们的身影已经消失，昔日的军事堡垒已成历史遗迹。但是，值得庆幸的是，饱经沧桑的炮台，历经战争年代的炮火考验与和平时期的建设洗礼，其中的许多依然留存，依然矗立在祖国的漫长海岸线上。无论留存与否，炮台并未被人们遗忘，它们大多已经得到保护与修复，或辟成旅游景点，或建成纪念馆、博物馆，以另一种方式续写着自己的价值，继续着自己的使命。

推动海洋文化从中国走向世界

海洋不仅为人类提供了丰富的资源，也为人类的文化艺术提供了源源不断的创作灵感。从古代的贸易和文化交流，到现代的海洋资源开发和文化旅游，海洋一直以其深邃、宽广和神秘的特性，塑造着富有时代特色的人类文明形态。高度重视和积极保护海洋资源，发挥海洋文化的潜力，推动海洋文明的繁荣和进步，是新时代赋予我们这一代人的使命。未来，海洋历史文化遗产的保护和传承，更需要通过国际合作来实现，我们要在维护海洋秩序和安全的同时，让美丽的海岸风景线成为世界共同发展繁荣的见证。

我国海洋文化历史悠久，在长期发展过程中形成了独特的精神意蕴与价值内涵，是中华文明的重要组成部分，因此，加强对中国海洋文化的历史、现状和未来的研究意义重大。通过研究挖掘其内涵和价值，可以形成具有国际影响力的学术成果，提高国际社会对中国海洋文化的关注和了解，进一步推动中国与世界其他国家和地区在海洋文化方面的交流互鉴，共同推动海洋文化的发展。同时要加强对海洋文化遗产的保护和修复，以确保其存留和传承，发挥其在传统历史文化和爱国主义教育中的独特价值和作用。要特别重视传播方式和手段创新，充分利用互联网、融媒体、人工智能等现代信息技术，创新海洋文化传播方式，让世界更多接触和了解中国海洋文化，进而提升国人海洋文化自信及其在海内外的影响力。另外，健全海洋文化发展政策和法规，培养具有国际视野和跨文化交流能力的海洋文化人才，可以为中国海洋文化走向世界提供有力保障。

总之，海洋文化建设是传承和弘扬中华优秀传统文化的客观需求。我们要站在时代的前沿来审视中华优秀传统海洋文化，提升海洋文化的历史自觉，丰富海洋文化的价值体系，彰显海洋文化的价值内核，充分树立海洋文化的价值自信。在新的征程中，我们必须充分继承中华优秀海洋文化遗产，坚定海洋文化自信，增强海洋强国信念，促进海洋强国建设，推动中华优秀海洋文化走出国门，为世界和平与发展做出积极贡献。

目 录
Content

前 言 / 1

港口篇

引 言 / 2

渤海沿岸港口 / 5

  东临碣石　以观沧海 —— 秦皇岛港 / 5

  云帆转辽海　粳稻来东吴 —— 天津港 / 10

  日出千杆旗　日落万盏灯 —— 登州港 / 20

东海沿岸港口 / 26

  江海通津　东南都会 —— 上海港 / 26

  万物富庶　地上天宫 —— 杭州港 / 35

  走集聚商舸　珠香杂犀象 —— 宁波港 / 43

  百货随潮船入市　千家沽酒户垂帘 —— 福州港 / 52

  苍官影里三洲路　涨海声中万国商 —— 泉州港 / 62

南海沿岸港口 / 72

  千门日照珍珠市　万瓦烟生碧玉城 —— 广州港 / 72

远航起点　双港齐发——徐闻、合浦古港 / 78

灯塔篇

引　言 / 87

渤海海域灯塔 / 91

　　静伫烟墩古台侧——台子山灯塔 / 91

　　塔观双海历沧桑——老铁山灯塔 / 93

　　沧海明珠孤光照——大沽灯塔 / 96

　　六番重建静默久——曹妃甸灯塔 / 100

　　孤岛巨人日孜孜——猴矶岛灯塔 / 105

　　凌云仙阁立斜阳——普照楼灯塔 / 108

黄海海域灯塔 / 111

　　明珠高悬几春秋——烟台山灯塔 / 111

　　一灯孤悬望故乡——圆岛灯塔 / 114

　　燃灯一盏向天涯——成山头灯塔 / 116

　　琴屿飘灯染秋霜——小青岛灯塔 / 120

　　沧舟一叶听浪涛——朝连岛灯塔 / 123

　　石臼老塔是前生——日照灯塔 / 126

　　鹰游山头莲花绽——羊窝头灯塔 / 129

东海海域灯塔 / 132

　　水天之间守黄浦——吴淞口灯塔 / 132

　　澄照浮屠耸碧空——泖塔 / 134

　　老骥独步舟山岛——花鸟山灯塔 / 138

　　双塔曾擎半壁天——江心屿双塔 / 142

塔峙马江名中国 —— 罗星塔 / 146

关锁烟雾尽望乡 —— 姑嫂塔 / 149

英雄兀立厦门港 —— 青屿灯塔 / 151

南海海域灯塔 / 156

百年耸立珠江口 —— 舢板洲灯塔 / 156

伶仃洋上塔灯暖 —— 桂山岛灯塔 / 159

麻石巧艺叠成塔 —— 硇洲灯塔 / 161

尽南祥光几沉浮 —— 滘尾角灯塔 / 163

战士凛然护海疆 —— 白苏岩灯塔 / 167

急水门上塔冲天 —— 木栏头灯塔 / 169

古塔亲睹乾坤换 —— 临高灯塔 / 171

独占鳌头天地宽 —— 博鳌灯塔 / 174

独守孤贞立海角 —— 锦母角灯塔 / 177

五灯悬照宣主权 —— 南沙灯塔 / 180

炮台篇

引　言 / 186

东北海防炮台 / 191

辽左屏藩 —— 大连湾炮台 / 191

北洋保障 —— 旅顺炮台 / 195

守边老将 —— 营口西炮台 / 206

华北海防炮台 / 209

列海捍卫 —— 北塘炮台 / 209

海门古塞 —— 大沽口炮台 / 211

"将军"守口 —— 歧口炮台 / 220

华东海防炮台 / 222

东西并峙——烟台炮台 / 222

威震东海——威海炮台 / 230

胶澳要塞——青岛炮台 / 240

苏杭喉吭——吴淞口炮台 / 249

锁航要塞——江阴炮台 / 253

滨海堡垒——平湖市乍浦炮台 / 258

安定我圉——舟山定海炮台 / 260

海天雄镇——镇海口炮台群 / 264

东南屏障——福州长门炮台 / 270

闽安雄镇——福州亭江炮台 / 273

守护船政——马尾炮台 / 275

天南锁钥——厦门胡里山炮台 / 278

播荡烟尘——漳州屿仔尾炮台 / 285

华南海防炮台 / 288

坚如磐石——汕头崎碌石炮台 / 288

金锁铜关——虎门炮台 / 291

江防关键——广州大黄滘炮台 / 304

炎海风清——新会崖门炮台 / 306

海南保障——秀英炮台 / 309

南疆利器——广西海防炮台 / 316

后　记 / 320

港口篇

引 言

港口是指位于江、河、湖、海交汇要冲，具有水陆联运设施和条件，供旅客及货物集散、船舶出入和停泊、驳运的水陆运输的衔接点和枢纽，具有明确的水域和陆域范围，是联系内陆腹地和海洋运输的一个天然场所，是国际交往交流的一个特殊结点，是一个国家或地区对外交流的窗口与门户。

关于港口的概念，有广义和狭义之分。广义上的港口指一个国家或一个地区范围内港口区域的总称，包括与港口有密切依存关系的各种产业所在的区域。狭义上的港口，则指某个具体的进行船舶停泊、货物装卸、旅客集散等业务活动的场所。自然条件是港口建设的基础。优良的港口，都具有相同的自然属性，只有在满足特定条件的地理位置上，才可能建设港口。地形是不是开阔，地质基础是不是扎实，海域的水深条件、冰冻条件、避风条件等优越与否，决定了港口在整个运输网络体系中的地位和作用。

我国呈西高东低的地势地形，东部地区河网密布、河道纵横交错，绝大部分水域四季皆可通航，具有天然优良的通航条件，所以港口众多。根据海关总署的统计，截至2016年2月底，我国已拥有135个水运口岸，除了新疆、甘肃、宁夏、吉林、山西、内蒙古、西藏没有分布，其他省、直辖市、自治区均有分布。在众多港口中，影响较大的主要有上海港、深圳港、宁波舟山港、青岛港、广州港、天津港、大连港、厦门港、营口港、蓬莱港（古登州港）、连云港、泉州港、福州港、秦皇岛港、香港港、高雄港、九江港，等等。在这些港口中，广州港、泉州港、宁波港、登州港，无论是就其港口诞生的年代而言，还是就其在我国海洋贸易发展史上的影响而言，都堪称我国古代港口的典型代表，被称为"中国四大古港"。

上古时代，勤劳又富有探索精神的中华民族先民，就曾驾着小舟劈波斩浪，与外族发生着间断性的航海贸易等交往，创造了独具特色的海洋文化。发展至春秋战国至秦汉时期，随着社会生产力的发展、航海造船技术的进步、对江河湖海及海洋气象认识的不断加深，逐渐形成了利用海洋的文化心态，成规模的海上渔业捕捞、运输以及海上战争日益频繁，基于此基础之上的港口应运而生。随着港口的诞生，舟楫在此聚集停泊，货物在此集散，各色人等在此交往与交流，不同文化在此碰撞与融合，港口成为中华海洋文化诞生、发展与传播之地。港口的发展史，可以说是中华海洋文化发展史的一个缩影。

最原始的港口是天然港口，有天然掩护的海湾、水湾、河口等场所供船舶停泊、整修、补给甚至躲避风浪。当前史学界关于港口的史料中，尚没有明确关于我国最早港口发轫于何时何地的记载，然而在距今约7000年前的河姆渡文化时期，越人就已经能泛舟于江湖和开展水上活动。发展至春秋战国时期，我国沿海地区就已经出现了兼具海港、河港以及商港与军港多重功能的港口，是各诸侯国非常重要的通海门户。如周元王三年（前474）越王勾践灭吴后，"以南疆句余之地，旷而称为句章，以章封伯之功以示子孙"，在城山渡（今宁波市江北区乍山乡城山村）开拓城池，称"句章城"。后为增辟通海口岸，加强水师力量并加强内越与外越之间的联系，建"句章港"。此外章巽在《我国古代的海上交通》一书中，罗列了我国古代沿海交通线上比较重要的港口及其地位：渤海西北有碣石（在今河北省乐亭县南），是燕国通海的门户；山东半岛北面有转附（即今陆连岛，自春秋时期即为海上港口），南面有琅邪；长江口附近有吴（即今苏州市，古代长江口在今崇明岛以西入海，吴靠近海），更南有会稽和句章（今浙江省宁波市西），是越国的海港。更往南，则东瓯、冶、番禺等各族的都邑应该也都是比较重要的港口。及至秦汉时期，番禺港（今广州港）建立，后逐渐建立杭州港、泉州港、登州港、明州港、上海港、福州港、九江港等港口。南宋时，曾设沿海制置司驻节明州港（今宁波港），其有权节制两浙和福建的沿海地区，使明州城的行政等级上升到历史上的最高点。以古鉴今，无论是古代还是现代，港口发展是港口城市发展的内在动力，这一规律亘古不变、古今相同。

港口是海洋与陆地连接的纽带，是海洋经济和陆地经济的交点，是国际贸易和国际物流的重要节点，是联系内陆腹地和海洋运输的桥梁，也是海洋强国的一个重要依托。发展海洋经济，建设海洋强国，离不开港口这个枢纽。在经济全球化趋势增强、科技革命迅猛发展、产业结构调整加快、经济合作与竞争共存的新形势下，港口无疑将扮演一种重要的、不可或缺的角色。在21世纪的今天，港口作为海陆交通的集结点和枢纽，是人员、商品、资金、信息，以及观念和文化的重要集散地，每个人的衣食住行不可避免地与港口存在关联。繁荣的港口，成为改革开放以来中国深度参与全球经济合作的缩影。在此过程中，中国逐渐成长为全球经济增长举足轻重的贡献者。据联合国贸易发展促进会统计，按重量计算，我国海运贸易量占全球贸易总量的90%；按商品价值计算，则占贸易额的70%以上。2013年，中国的货物进出口总额为4.16万亿美元，超越美国，成为世界第一货物贸易大国。目前，中国已经是名副其实的航运大国：年造船产能达到6000万载重吨，全球第一；海运量世界占比达到26%，全球第一；注册运力1.8亿载重吨，全球第二；全球前二十大货物吞吐量的港口，中国占15个，从2011年起中国港口的年吞吐量已超过了100亿吨；全球前十大集装箱港口中国占7个，自2003年以来我国港口集装箱吞吐量一直位居世界第一。这是举世瞩目的成就！中国的港口是世界港口发展的一个奇迹，是近三十年来国际海运史上最大的亮点。中国港口的崛起，带动了沿海和整个中国经济的腾飞；中国的经济奇迹，使中国港口惊艳世界。

  中国的港口既古老又年轻，在这片东方土地上，中国的港口背负了厚重的历史传承，同时在机体深处，又携带着新世纪不可阻遏的生长基因。我们超越对岛链的固守走向深海，从独木舟到万吨巨轮；从原始的肩挑背扛，到桥吊、龙门吊等大型现代机械的使用；从"渔盐之利，舟楫之便"的海面探索，到深潜、深钻、海底观测等深海探测；从新石器时代的立柱成港，到改革开放后大型现代化多功能港口群的崛起……中国港口的发展经历了一段兴衰荣辱相互交织的不同寻常的历史。让我们由南往北一起追溯和感知中国港口变迁的故事，从港口出发，追寻辉煌的丝路岁月，谱写海上丝路新华章。

渤海沿岸港口

东临碣石　以观沧海 —— 秦皇岛港

秦皇岛港，位于渤海西北部、河北滨海平原的东北侧，扼东北、华北之咽喉，拥有"天下第一关"，是我国北方著名的天然不冻港。这里海岸曲折、港阔水深，风平浪静，泥沙淤积很少，万吨货轮可自由出入，历史上先后被称为碣石港（隋唐之前）、平州港（隋唐）、马头庄港（明清）等。如今这里已成为我国的综合性国际贸易口岸，是世界上最大的能源输出港和综合性国际贸易港口，以输出煤炭、石油为主，为水路、铁路联运港口。

秦皇岛港的历史变迁

据《竹书纪年》记载，夏帝芒"东狩于海，获大鱼"，此处的"海"，应是渤海。既然能够"狩"于海上，说明当时已经能造船并且开始了海上航行。秦皇岛港，古代称"碣石港"，在中国港口史上有着重要地位。我国的一些重要古籍，如《尚书》《史记》《汉书》《三国志》《资治通鉴》等，其中都有关于碣石港的记载。

我国古代对于碣石港所在的位置观点不一，大体可以归纳为"专指""泛指"两种说法。专指说主要有北戴河金山嘴说、秦皇岛南山说和黑山头止锚湾说。认为碣石港在北戴河金山嘴的研究者认定，燕昭王的碣石宫就修建在这里，他的入海求仙船队也是从这里出发的。认为碣石港在秦皇岛南山的学者，根据明成化十三年（1477）在这里所立"秦皇求仙入海处"的石碑，认定这里是秦始皇当年派遣方士入海求仙的始发地。泛指说者则认为，秦皇岛沿海一带地形狭长，海岸多低山岬角，有不少天然优良港湾，如北戴河金山嘴、秦皇岛、山海关老龙头及止锚湾等，这些港湾都是舟楫停泊的理想场所，而碣石港应是附近沿海一带舟船停泊处的统称。

殷商时期，碣石港是孤竹（商代的一个方国，位于秦皇岛地区）向商王朝输送贡物的水陆交通枢纽，也是商王朝对北方少数民族进行征讨、贸易和运输贡物的口岸，舟楫进出频繁，贡使往来不绝。武王伐纣建立周王朝后，开始重视海上交通，以获取鱼盐之利。碣石沿海一带渔盐业发达，也是周朝同北方少数民族地区联系的主要通道，因而倍受重视。

春秋战国时期，燕国是渤海北部的一个小国，经常遭到北方少数民族的侵扰。齐国是当时的东方大国，航运发达，并建立了一支强大的水军。齐桓公为了称霸，以"尊王攘夷"为口号，联合各诸侯国讨伐北方少数民族部落。在讨伐山戎的过程中，齐国水军沿着渤海北上，从碣石附近登陆。燕国出于政治、军事上的需要，也大力发展水军，碣石港遂成为燕国最重要的水军基地。碣石港是燕国都城通往山东半岛、辽东半岛、朝鲜的重要通道。当时已经有从碣石港出发，沿渤海海岸绕行至山东半岛再到东南沿海的航线，以及绕至辽东半岛再到朝鲜、日本的航线，甚至出现了从碣石港到转附港（今烟台港）的横渡渤海的直达航线。这大大减少了海上航行时间，加强了地区之间的交流。

秦皇岛地区自古以来风景秀丽、环境优美，加上位于重要的战略要地，吸引了许多帝王将相、文人墨客到访。据统计，到过秦皇岛的历代帝王有10余位。秦始皇统一六国后，曾先后五次巡游天下，其中第四次巡游（公元前215年）就到了碣石。秦始皇这次的北巡路线，大致是由咸阳出发向北沿上郡（今陕西榆林县南）过九原（今包头），经云中（今呼和浩特）、雁门（今右玉）、上谷（今怀来）、渔阳（今密云附近）、右北平（今天津市蓟州区）到达碣石的驰道干线。秦始皇到碣石后主要干了两件事：一是登碣石山观海，刻碣石门辞，以宣扬他一统四海的功德；二是寻找入海求仙的方士。秦始皇曾派徐福入海求仙，但没有结果；后又在燕地"考入海方士"。燕地和齐地一样拥有许多懂得航海术的方士，韩终、卢生、侯生便是从碣石港出发前往海外求仙的。公元前209年，秦二世胡亥在李斯陪同下也来到了碣石，临海远望，刻石纪念，之后便从碣石率领一支庞大的船队沿海岸南下，直到会稽方离舟登岸，在中国航海史上留下了浓墨重彩的一笔。

汉武帝也曾于元封元年（前110）北巡碣石。他是从山东半岛乘大型楼船穿越渤海直达碣石的，这说明西汉时期的造船能力和航海技术已大为提高，而此时碣石港也已经具备了停泊大型船队的能力。

建安十二年（207），曹操在北征乌桓班师途中，经过碣石，在此休整。曹操解鞍下马，登上碣石山望远。迎着萧瑟的秋风，看着翻卷的海浪，曹操感慨万千，写下了著名的《观沧海》。这首诗不仅描绘了碣石沿岸的壮阔景象，而且表达了魏武挥鞭的豪迈之情。受秦始皇、汉武帝等登临碣石的影响，之后北魏文成帝、北齐文宣帝、隋炀帝、唐太宗等也先后到过碣石。当然，他们来的目的不是出于入海修仙或游山玩水，更多的是出巡或外出征战时路过。清王朝是从山海关南下进入中原的，康熙、雍正、乾隆、道光等皇帝在回奉天（今辽宁沈阳）祭祖时，都会路过秦皇岛并在这里歇脚，登上澄海楼一览海上的壮阔景象。

南北朝时期，冯跋建立北燕之后，为恢复经济、扩大兵源、壮大势力，下令在碣石附近建造海船，并于义熙十年（414）率船队沿漳河溯流而上，从其祖居地运送5000余户军民泛海来到北燕都城。这次海上移民活动，表明当时碣石港已有了相当发达的海上运输业和造船业。隋朝曾先后四次攻打高丽，碣石港从中也发挥了重要作用。大业十二年（616），隋炀帝第一次发兵攻打高丽，总兵力100余万，水陆并进，而专门从事物资供应的人员更是超出了军队人数的一倍。当时水军主要从登、莱两港出发，粮草则主要从东莱、碣石等地输送。当时运送粮草的船只在海上首尾相接达数百里，《资治通鉴》谓之"近古出师之盛，未之有也"。

唐朝对碣石的海上运输也十分重视。贞观十九年（645），唐太宗征讨辽东，碣石沿海一带成为重要的造船中心和军粮储备基地。据记载，在唐太宗征辽东的过程中，参战水军达7万余人，从事海上运输的水手、船工达3400余人。但由于渤海多大风时常引发海难，唐代的海船多采用沿渤海湾航行的路线。

宋朝时期，碣石一带基本上处于辽、金的控制之下。由于宋、辽（后期宋、金）双方对峙或战争的影响，碣石港与山东半岛及东南沿海的海上交往经常中断，海上运输处于停顿状态。

元朝建立后，都城大都所需的物资大多是从江南通过运河漕运而来。但运河漕运的输送量有限，不能满足大都的需求，于是元代统治者开辟了海运路线，且"终元之世，海运不衰"。元代大规模的海运，主要从刘家港（今江苏太仓）运至直沽（今天津），再转运至大都。至元二十年（1283），因漕运的粮食严重不足，也出现过由碣石运粮至大都的情况。之后随着海运的发展，部分运输船只从直沽分流，向北航行至碣石沿海一带卸载，碣石沿海一带遂成为重要的转运基地。此地自宋朝以来长期萧条的航运业，又繁荣了起来。

隋唐时期，因大举用兵高丽，海上军事运输出现"舳舻相次千里，昼夜不绝"的情景，碣石港不堪重负。为减轻碣石港的压力，朝廷在临河近海的平州修建了泊岸（码头），使其成为古碣石港的一个辅助港。

平州港是在秦皇岛地区首次出现的古代大型人工码头，此前码头均为天然港湾。码头建筑于卢龙城西门外，南北向，呈顺岸式，全部为条石加砖的夯土结构。岸壁全部由长5—6尺、高1尺6寸、宽2尺的条石砌筑，共6层，全高不足1丈。每两块条石为一个间隔，中间条石横向摆放。码头平面条石连接处，皆用铁榫固定。岸壁内侧底部用砖筑成地基，高5尺，宽4尺，上部全部夯土。平州港码头既可用于靠泊，又可在洪水汛期起到护城作用。唐朝为加强对渤海北岸和平州港的海运管理，对镇守河北道的藩镇节度使又加以河北道"海运使"官衔，这从一个侧面说明碣石海港和平州泊岸在海上交通运输方面拥有重要地位。

明洪武十四年（1381），徐达奉命经略北方边备，在秦皇岛沿海地区设立山海关等卫，设山海卫指挥使司。第二年十二月，置山海卫，将其从榆关迁至今天的山海关，动工筑山海关卫城，在关城西南的潮河口筑马头庄港，就近接卸、储存、转输由海运而来的大量筑城物资和粮饷。马头庄港是碣石港的辅助港，也叫山海关港，位于山海关西南的潮河口两岸，东岸泊船处距老龙头1公里，西岸泊船处距北关城西南角的山海仓2.5公里，南距海口500米，西距秦皇岛12.5公里，是一个典型的海湾型河口港。马头庄港为顺岸式码头，砖石基础，木桩护岸，呈垂直状，适于沙船靠泊且能够防止潮水冲刷。略高出地面的码头土台子为夯土结构，河宽10—30米，稍加疏浚，500—1000石的粮船乘潮可通行无阻。这种码头施工周期短、造价低，可较快投入使用。

从洪武十四年（1381）到永乐十三年（1415），马头庄港建成后的前34年是其鼎盛期。之后随着军屯政策的实施，山海关附近的军粮需求大大减少，马头庄港的军粮运量大减。万历年间，后金与明王朝在辽东形成军事对峙。在严峻的军事形势下，明王朝

1905年秦皇岛码头建设照片

"竭尽四海之物"以供应北边要塞的物资需求,当时仅山海关一地集结的兵力就达十三四万,秦皇岛沿海一带海运粮饷的船队急剧增加。为适应这种形势,泰昌元年(1620),明朝政府下令疏浚、整修马头庄港,开通了天津通往辽东的水运线路。天启元年(1621),从秦皇岛沿海各港转输至辽东、辽西各地的物资就达216万石,转输能力大大超过了明初鼎盛时期的水平。

清朝建立后,马头庄港的运货量急剧下降。顺治十六年(1659)实行海禁后,马头庄港几乎处于停运状态。康熙二十二年(1683),清政府放宽海禁政策,允许民间装载量500石以下的船只进行贸易往来,马头庄港又恢复了同沿海各港的正常往来。咸丰朝(1851—1861)之后,马头庄港久不疏浚,逐年淤塞,其航运业务逐步向自然条件更为优越的秦皇岛港转移,促成了以商业为主的近代秦皇岛港的崛起。

近代中国沿海港口,有约开口岸和自开口岸之分。前者为列强通过不平等条约胁迫中国政府对外开放的,后者由中国政府自主宣布开放。秦皇岛港就是近代中国政府的自开口岸。1895年,中日甲午战争后,中国丧失了原有沿海港口的主权。无奈之下,清政府准备在秦皇岛自开通商口岸。1898年3月26日,总理衙门向光绪皇帝补奏《添开秦皇岛口岸折》,正在筹划维新变法的光绪皇帝当即批复"依议"。6月10日,在东盐务村成立了开平矿务局秦皇岛经理处,开办运输业务。清政府主动开辟秦皇岛通商口岸,翻开了秦皇岛港历史新的一页。1900年,八国联军入侵中国,英国趁机攫取了开平煤矿和秦皇岛港。此后近50年,秦皇岛港沦为帝国主义列强掠夺中国资源的出海口。1949年新中国成立之后,秦皇岛港迎来了大发展的新机遇。

徐福东渡出碣石

徐福东渡指秦始皇时期徐福被派遣出海采仙药而一去不返的历史事件。徐福是秦代著名方士,字君房,又名徐议,字彦福。其祖先为嬴姓,后因先祖伯益辅佐大禹有功,封于徐地(今江苏洪泽、泗县、盱眙一带),遂以徐姓。至偃王徐诞,已有30余代。公元前512年,徐为吴所灭,徐国不复存在。此后,徐姓子孙分走各地。据徐氏谱系记载,徐福出生于齐王建十年(前255),娶妻卞氏。

据说徐福从小就拜鬼谷子为师,学习养性持身和纵横捭阖之术,是鬼谷子的关门弟子。徐福还精通武术,待到他出山之日,正是秦始皇统一中国之时。经人推荐,

明成化十三年（1477）秦皇岛所立"秦皇求仙入海处"石碑

徐福被秦始皇招为奏事。

秦始皇统一六国后，醉心于追求长生不老之法，四处寻找仙药。《史记·秦始皇本纪》记载，秦始皇于公元前215年东巡碣石——秦皇岛，并在此拜海，先后派卢生、侯生、韩终等两批方士携童男童女入海求仙，寻求长生不老药。明宪宗成化十三年（1477），立"秦皇求仙入海处"石碑一座，以纪圣境。

秦始皇二十八年（前219），秦始皇第二次东巡，大队人马在泰山封禅刻石，然后前往渤海。抵达海边，秦始皇登上芝罘岛，见云海之间山川人物时隐时现，恍若仙境，于是心驰神往。徐福乘机上书秦始皇，说海中有仙人居住的蓬莱、方丈、瀛洲三座仙山，到那里可以得到长生不老的仙药。秦始皇大为高兴，随后根据徐福的要求，派童男童女数千人随他出海求取仙药。之后秦始皇增派人手，令徐福再度出海求药，历时九年却未得归报。徐福担心遭到重谴，奏告秦始皇出海时常遇大蛟鱼阻拦，所以不能到达仙山。秦始皇出海后果遇大蛟鱼，将其射杀并认为此后当可无虞，又命徐福入海求仙药，而徐福此去再未回归。徐福乘船泛海东渡，成为迄今有史记载的东渡第一人。

关于徐福最后渡海而去的归宿，一般认为是在日本的九州岛佐贺一带。因为在佐贺、福冈、长崎、鹿儿岛等地，有徐福当年登陆的大量遗迹和传说。据已故日本徐福会会长饭野孝宥在《弥生的日轮》一书中称，徐福东渡到日本，是在第七代天皇即孝灵天皇登基之后。徐福带到日本的，除了百种工匠，还有水稻、桑麻等农作物种子和医药、耕作、冶炼、纺织等技术，是日本从绳纹时代跳跃至弥生时代的一个重要因素。直至今天，日本的九州岛一带，仍然将徐福尊为农耕之神、医药之神、蚕桑之神，并建有很多神社加以奉祀。

云帆转辽海　粳稻来东吴 —— 天津港

天津位于华北平原的东部，北倚燕山，东临渤海，有"京畿门户"之称。它地处渤海湾西侧，位于海河入海口，是环渤海地区与华北、西北等内陆地区直线距离最短的海港。它历史悠久，在沟通中国古代南北贸易及保证北京的物资供应方面，发挥了重要作用。

天津港的历史变迁

据史学家考证，大约在一万年前，地球上一块巨大冰川化为滔滔江水，奔腾入海，海面水位迅速上升；到了公元前6000年，海浸达到最大范围，我国东部大陆架完全没入大海之中；公元前5000年，天津一带还是一片汪洋大海，直到公元前3800年，天津一带才从大海中露出水面。大约在公元前48年，渤海又发生过一次大海浸，天津这块地方又被大海吞没，到了隋朝之后，才又露出水面。此后，这里逐渐有了居民，他们以农耕和渔业为生。

东汉末年，曹操为了统一北方，在华北平原各自独立入海的沽水、治水、泒（gū）水、滹（hū）沱水及清河之间，开凿了一系列运渠，打通了整个海河流域的航道。

建安九年（204），曹操北征袁绍，为运送军队和粮草而开凿了白沟。淇水从此不再流入黄河，而是被引流入白沟。此举使得白沟具备了通航能力，曹操北征的船舶可以轻松地沿白沟进入洹水，直逼邺城（今属河北临漳），大大加速了战争进程。袁绍溃败后，其残余势力投奔东北部的乌桓，曹操随即率军北征乌桓。

自建安十一年（206）起，曹操又先后开凿了平虏渠、泉州渠和新河渠。白沟渠、平虏渠、泉州渠、新河渠的开凿及各水道的连通，使得华北地区第一次出现了纵贯南北的水路运输线。在曹操战胜乌桓、消灭袁绍残余势力、基本统一北方的过程中，这条水路运输线发挥了重要作用。华北平原上的干渠修通后，清河便改道向北，与沽水汇合而入海。过去单独入海的滹沱水、漳水被清河拦截，向北汇入泒水。这就使得华北平原上的各大河之间能够相互连通，并在今天的天津合流入海，海河水系由此形成。天然的水道和人工运渠，构成了以天津地区为中心、以海河为主体的内河航运网，极大地加强了海河流域的交通和交流，为以后的天津港提供了广阔的内陆腹地。

军粮城位于今天津市东丽区，从唐代开始兴起，是古时兵家必争之地，具有极高的军事价值。军粮城海港位于永济渠、滹沱河和潞河三水汇流入海处，唐代的《通典》称它为"三会海口"的出海口。江南的大批漕运军饷在此储存转运，使这里成为天津地区最早的海港。

唐初幽燕地区处于边防重地，有重兵戍守。据《旧唐书》记载，当时范阳节度使掌管的幽州拥有军队91400人、军马6500匹。这么多的军人和军马，所需粮草仅靠当地的供给远远不够，大部分粮食都要从南方地区运来。当时，除了通过河运从永济渠往北运送粮食的航线，还有由江淮地区经山东半岛到达天津港的海上航线。杜甫曾在《后出塞》其四中写道："渔阳豪侠地，击鼓吹笙竽。云帆转辽海，粳稻来东吴。"之后，他又在《昔游》一诗中提到这条海上航线："幽燕盛用武，供给亦劳哉。吴门转粟帛，泛海陵蓬莱。"海运的军粮运到天津港，再北上进入蓟运河，然后再运至渔阳（今北京密云附近）。为了避免海上风险，唐神龙二年（706），易州刺史姜师度在军粮城附近修浚了连接海河和蓟运河的平虏渠，使其与永济渠相通，河运船便不必入海，海运船只也可经军粮城入平虏渠然后到达渔阳。至此，"三会海口"成为向渔阳地区转运粮食的枢纽。

从军粮城进入平虏渠再到蓟运河这一段的航行是逆水行舟，航行困难，运输量相对较低，于是将士们便在军粮城修建粮仓，先将南方运来的粮食存储下，然后再转运渔阳。这样一来，"三会海口"变成了停泊漕船、囤积军粮的重要港口。

今天人们在军粮城遗址发现了大量唐代陶器和瓷器碎片，其中数量最多的是唐代早期的青釉瓷碗。在遗址的东南部地区，还发现了多处唐代墓葬，曾出土过带有青龙白虎浮雕的大理石棺，以及唐代非常流行的铜镜、胡人俑、明器等。由此可见，唐代军粮城绝非穷乡僻壤，而是当时沿海转运军粮等的港口名镇。

直沽为古地名。金元时期称潞（今北运河）、卫（今南运河）二河汇合处为直沽，在今天津市内狮子林桥西端旧三岔口一带。元延祐三年（1316）设立海津镇，明永乐二年（1404）修筑天津城，它们均为沟通南北漕运的重镇。

晚清时期天津市内狮子林桥西的三岔河渡口

"安史之乱"以后,由江南海运输入的物资逐渐减少,军粮城便逐渐衰落了。北宋时期,宋辽以白沟(今大清河及海河一线)为界,沿河对峙。军粮城一带成为宋辽长期对峙的军事前沿阵地,港口处于停顿状态,丧失了南北转运的功能。北宋庆历八年(1048),黄河北迁夺海河入海,海岸线向东移至"三岔口"处,军粮城作为海港的历史至此结束。北宋时期,三岔口附近有了三女寨、小南河寨、双港寨、泥沽寨、田家寨、当城寨等防御性便寨。到了金代,三岔口发展成为军事要地,直沽寨处于三岔口的水路要津,潞水、御河合流向东注入渤海。金灭辽后,于贞元元年(1153)将都城从东北迁到中都(今北京),天津遂成为转运京都宫廷、军民所需粮食等物资的枢纽。作为京畿门户,天津迅速发展起来。元代,大兴漕运,最初以河运为主。由于河运粮草不能满足大都需求,至元十九年(1282),朱清、张瑄率众在上海修造平底船60艘,载粮食46000石从海上到达直沽,开辟了海运航线,漕运从此实行河海并运。自第一次海运航行成功,从江南到直沽的海上航线总共变了三次。其中,最有名的是至元三十年(1293)由殷明略开辟的第三条海运航线。这条海上航线由位于今江苏太仓的刘家港出发,经过崇明岛向东驶入黑水洋,绕过成山头转西,经莱州穿过渤海驶入界河,然后沿河行至直沽及杨村码头。走这条航线的航期不超过10天,比之前开辟的两条航路分别缩短了40天和30天航期。这是当时往返江南地区和天津间的最佳海运航线。

元代对直沽河道的疏通治理,促进了海运的持续发展。当时有船户8000余名,海船900余艘,常年转运漕粮300万—350万石。在漕运繁忙的时期,从军粮城至杨村五六十公里的河岸边停着上千艘漕船,出现了"晓日三岔口,连樯集万艘;转粟春秋入,行舟日夜过"的繁忙景象。漕船到达直沽后,所载漕粮一部分换装驳船转运通州,然后运到北京,另一部分就在当地储存起来。因此,直沽港既是海船、驳船的装卸交接点,又是存储漕粮之地。至元十六年(1279),在潞河尾闾建造广通仓;至元二十五年(1288),增置直沽海米仓。当时,直沽设置的储粮仓约占京师、通州粮仓总数的2/5,由此可见当时直沽港的巨大规模。随着漕运规模的扩大,元朝政府也加强了对漕运的管理,中统四年(1263)设漕运河渠司,负责修筑河坝、疏通河道,以保证河、海运粮。至元二十二年(1285)又设海道万户府,专门负责管理海上运输。

据史料记载,明朝建文元年(1399)燕王朱棣以"靖难"为名,从北平(今北京）发兵，与其侄子惠帝朱允炆争夺皇位。朱棣率兵从直沽渡河南下，直取沧州，最终攻下南京，夺取了皇位。雄才大略的朱棣深知，直沽作为南北漕运的要冲，地理位置极为重要。永乐二年（1404），明朝政府在直沽设卫筑城。为了纪念"靖难之役"的胜利，朱棣将此地命名为"天津"，意为"天子经由之渡口"。

20世纪60年代初，人们在天津南门外大街发现了一座明代嘉靖年间所立"修建三官庙碑"。碑文有云："夫天津小直沽之地，古斥卤之区也。我朝成祖文皇帝，入靖内难，圣驾尝由此渡沧州，因赐名曰天津，筑城凿池，而三卫所立焉。"此碑详述了天津赐名、筑城、设卫之经过，也证实了相关史籍的记载。

明成祖朱棣迁都北京后，便开始在北京大兴土木，当时修造宫殿所需物资，有很大一部分是从天津港运来的。永乐五年（1407），明成祖派大臣宋礼到全国各地采木，征调了工匠20多万、民夫上百万。四川、湖广、江西、浙江等地的木材被源源不断地运至天津，再从天津转运北京。修建皇宫所用的琉璃砖瓦，大多是临清烧制，然后经大运河输往天津，再转运至北京。由于北京和北部边防部队对物资的需求量不断增多，南粮北运更加频繁，使得天津港的漕粮运输又有了新的发展。明代是天津发展的重要时期，永乐初年建城设卫，人口逐渐增多，南、北运河航线空前繁忙，码头、仓库大量建立，盐运也有了进一步的发展，天津港遂成为北方商旅来往的重要港口。明代漕运准许漕船附载私物，并且不征税，这使得大量的土特产和南方货物得以进入天津，促进了天津民间贸易的繁荣。明代诗人李东阳《吴粳万艘》云："盛朝供奉出三吴，白粲千钟转舳舻。欸乃声连明月夜，参差帆指紫云衢。万年壮丽留畿甸，千里清香上御厨。圣主忧勤先稼穑，子来应未有稽逋（bū）。"从此诗不难看出明代天津港漕运的繁荣景象。此外，明天津户部分司汪必东的《天津歌》，也极尽铺排之能事，为世人展现了天津的壮丽风光和海运繁忙情景：

壮燕游兮瘅（qú）楚人，乘天风兮泊天津，渺渺兮不可以极目，但见波光凌乱，一望四际如摇银。左黄河之一线兮，分远派于昆仑；右帝桥之金水兮，自两山而潆瀠。沧瀛溟渤，合沓澎湃，日夕东注而不舍兮，有若天河下上毂转而环循。逆潮汐以涨岸兮，高百尺之嶙峋。商舶浮海兮杳杳，渔舟聚沽兮鳞鳞。楚艘吴舰，樯簇树而帆排云兮，仍仍而频频。或瞻星于月兮，或号风于雨晨，或包茅以裹玉，或弹冠而擢绅，皆扬衡而含笑，言振步于京尘。仰天枢于北辰兮，陋星桥于西洛；

顾瀛州之在瞻兮，迓蓬莱于东阁。游吾魂兮汗漫，采童谣兮村落。恨野词兮黄（tí）稊，愧翰香兮兰药。景皇风而波立，搜枯肠而吟噱。安得排峰涸海之笔砚兮，继大雅而有作！

清代沿袭明制，漕船同样可以携带私货沿途贸易，同时规定商船可载两成的免税货物。乾隆年间开放"海禁"，南方的商船大量运载粮食、瓷器、玉器、药品、香料及南方水果进入天津，洋货也开始随船流入。当时天津港附近甚至出现了"洋货街""针市街"等专门出售南方及外国商品的街道。道光年间，随着漕运和商业的发展，天津发展成以海河两岸为中心的拥有20万人口的商业城市。当时，来往于天津港的商船络绎不绝，呈现出一片繁荣景象。

1888年紫竹林大街

第二次鸦片战争战败后，清政府被迫于1860年与英、法等国分别签订《北京条约》，天津被划为通商口岸。随后，各国纷纷沿海河设立租界，并修建石块和木桩结构的简易码头。驶入天津的各国船舶，由于数量多且运载量大，多停泊于天津城东南水位较深、海潮可以到达的紫竹林，此处遂被称为紫竹林租界码头。随着紫竹林租界码头的发展，天津港的规模和职能发生了巨大变化，传统的中国帆船逐步为西方大型轮船取代，单一的漕粮、土产品为主的河运贸易，也逐渐为多样的以外贸洋货为主的海运贸易所取代。

1901年《辛丑条约》签订后，西方列强凭借不平等条约所获取的特权，重新在天津划分势力范围，在海河两岸建立了包括英法在内的九国租界，其所占土地达2.3万亩，是天津旧城区的7倍。租界划定之后，西方列强即在海河两岸开始了新码头的扩建工程。为适应船舶大型化的新形势，英、法、俄、德等国还纷纷在海河下游的塘沽抢占地盘、修筑码头，形成了与紫竹林租界码头并存的海河深水段码头区。

潮音寺的故事

潮音寺，原名南海大寺，又名双山寺，是海河下游著名的寺庙。它始建于明永乐二年（1404），和天津建卫同年，距今已有600年历史。潮音寺朝向大沽海口，位于天津市滨海新区大沽街道境内，在大沽口炮台西面，是原塘沽区经济、贸易、文化和民俗活动的中心。许多出海打鱼的渔民都来此烧香礼佛。现在每逢农历二月十九日（观音菩萨诞生日）举办庙会活动，寺内都要举行祈福法会，寺外则有秧歌表演。

天津潮音寺大门

潮音寺位于海河入海口，是船只从海河入海时见到的第一座寺院，因此人们称它为"沽口第一寺"。潮音寺是我国少见的坐西朝东的庙宇建筑，曾历经明清两朝及中华民国的6次修葺，1990年又经天津市原塘沽区政府复修，占地面积5214平方米，由三大殿、四配殿、南北西跨院、一座柳仙亭等建筑组成。现为国家2A级旅游景区，是滨海新区重点文物保护单位及宗教活动场所。

每年的阴历二月十九日即传说中的菩萨生日，都会有许多佛教信徒到此拜佛上香。关于它的来历还有段神奇动人的传说：

原来大沽地区的人们都是以下海打鱼为生的。一天，有姓刘的兄弟俩打鱼时，在海上遇到了大风浪而迷失了方向，好几天没有吃饭了。小船被刮到了一座小岛上，饥饿的兄弟俩躺在小岛上不能动。这时，一位老奶奶走过来，看见他们饥饿的样子，便取出几粒米放入锅内，不一会竟煮成一锅香喷喷的米饭。刘氏兄弟又惊又喜，感激不尽。老奶奶提出要随船北上，兄弟俩欣然应允。次日他们便驾船而返。一路舟行如飞,风平浪静,不日就来到西沽。兄弟俩背着老奶奶,在海河边九曲板上岸,将老奶奶轻轻放在一棵酸枣树下休息,老奶奶面对大海而坐。眨眼间,老奶奶突然变作一尊泥像,头上一股清烟徐徐升起。至此,西沽居民才悟出,这是观音菩萨下界保佑黎民百姓。随后,当地居民便集资在酸枣树旁盖了三间庙宇。依照观音菩萨盘坐的方向,庙宇也坐东朝西,面向大海,取名南海大寺,以供奉南海观世音菩萨。建寺那年,正好是明永乐二年(1404)。

明朝嘉靖年间,大沽口一带倭寇猖獗。为安定民心,嘉靖皇帝拨银重修南海大寺,改土木结构为砖瓦结构,并御笔题名"潮音寺"。

清代,潮音寺因地处南粮北运和北盐南运的枢纽地带,又是保卫京畿的要塞,所以备受朝廷重视。康熙帝曾亲临大沽口,在视察军备的同时,也到潮音寺拜谒,他见寺庙房舍陈旧、设施简陋,于是下令拨款修葺。乾隆帝微服私访大沽口时,也到访了潮音寺。因有两位皇帝先后巡幸,该寺僧人和附近居民以此为荣,潮音寺声名大振。

曾任民国总统的曹锟,出生在潮音寺西南侧。据说,曹锟从小胆识过人,少年被伙伴们奉为孩子王。他经常聚集小伙伴在潮音寺玩耍。一天,他们在寺庙后院发现一只奇形大壁虎,小伙伴们都吓得慌忙逃跑,独有曹锟毫无惧色且用树枝戏逗壁虎。民国初年军阀混战,曹锟攻打岳州凯旋回乡。为庆祝胜利,他拨款重修潮音寺,并在其正殿屋脊上增塑了五狮捧月图,山门屋脊上加塑了"平安"二字。

1992年潮音寺再次进行了大规模的整修,1993年1月15日重新开放。整修后的潮音寺,占地5000多平方米,寺前开阔的地面耸立两根高高的旗杆,像是船的桅杆。寺院由三层大殿、四座配殿、一座柳仙亭和南北跨院园林组成,古朴典雅。在南配殿的院内南侧,立有"修复潮音寺碑记"及为捐资者树立的碑石。今日的潮音寺,已成为天津市进行礼佛民俗活动和旅游观光的重要场所。

北洋水师大沽船坞

北洋水师大沽船坞遗址位于天津塘沽区海河下游南岸,占地约46000平方米。该坞是继福建马尾船政局、上海江南造船厂之后,我国第三家近代船厂,也是我国北方第一个近代化造船和重要军工基地。因其原址有海神庙,故又名海神庙船坞。

天津海神庙始建于清康熙三十四年(1695)。从现存遗址及历史图片看,海神庙的选址非正南正北，而是将主要立面朝向海河入海口的河道处，说明它选址开建时考虑了祭祀海神、指引航路等因素。据文献记载，海神庙由三进大殿组成，前殿为海神殿，御制殿额曰"静洪波"，殿内供奉着海神。中殿为观音阁，殿额曰"潮音清梵"，供奉着观音菩萨。观音菩萨在塘沽地区多有供奉，但以海神庙的最为壮观。观音阁高七丈，是当时塘沽地区最高建筑。后殿为水母殿，殿额曰"涵育厥后"，供奉着水之母，四周有鱼虾贝蟹。

大沽的海神庙

海神庙是1793年英国公使马戛尔尼（George Macartney）登陆的地方。马戛尔尼是西欧各国政府首次向中国派出的正式使节。1793年8月5日，英国使团乘坐炮舰狮子号和英国东印度公司提供的两艘随行船只抵达天津白河口，之后换小船入大沽，落脚海神庙。该事件在中西文化交流史上具有划时代的意义，因此其登陆点也成为具有特殊意义的地标。

海神庙在近代军事基地建设中又成为东方精神的象征。李鸿章除了要将天津建设成为一个军事基地，还把大沽船坞作为修船、造船的场所和军火供应地。它是李鸿章在渤海湾海防部署的重要组成部分——在京师的最后一道关卡天津，建设北洋水师的"天津基地"，以便与威海卫刘公岛、旅顺军港形成拱卫京师的犄角之势。

大沽船坞选址于大沽口海神庙附近，有三个因素值得注意：其一，李鸿章驻节天津，大沽口炮台可以为其提供保护。其二，清代的大沽海神庙附近是船舶停靠地，是海运物资进入内陆的集散地。1862年塘沽区有6个船坞，此地具备建造船坞的基础。其三，整个大沽船坞厂房、船坞、宿舍等，均以海神庙为中心建设，反映了将重要建筑置于中心位置的中华建筑文化传统。

大沽船坞的建设依托海神庙展开，反映了中国近代工业文明与传统祭海文化的结合。福州马尾船政的天后宫、威海卫刘公岛上的龙王庙的建设，都与这种文化有关。我国最早利用近代技术采煤的开平矿务局，也有祭祀窑神的活动。海神庙在这个区域可以起到精神中心的作用。"中体西用"，即将传统的祭海文明作为近代工业的精神内核，是中国工业近代化进程的一个特色。

大沽造船厂甲坞第5号

在大沽船坞建造之前，天津机器局也有一定的造船能力。随着海军舰队的扩大，天津机器局原有的船坞已不能满足修船、造船的需要，光绪六年（1880）二月，购置民用土地110亩修建厂区和船坞。五月，由天津四合顺承包的甲坞兴工建造，十一月竣工。光绪十六年（1890），大沽船坞开始制作枪、炮。光绪十七年（1891），大沽船坞仿造出德国一磅后膛炮90余门。1892年，在船坞院内设修炮厂，兼造水雷。至此，大沽船坞成为一个修船、造船、生产军火的综合军事基地。

民国期间的"海军大沽造船所"大门

光绪二十六年（1900），八国联军入侵大沽口，大沽船坞被俄军占领。光绪二十八年（1902）八月，清政府外务部正式向俄国提出交还大沽船坞的要求，俄国于当年十二月将大沽船坞交还。十二月，奉直隶总督袁世凯之命绘制详图，呈报各坞、各厂损坏坍塌情形，随后加以维修或复建。

清光绪三十二年（1906），袁世凯开办北洋劝业铁工厂，设分厂于大沽船坞，大沽船坞改名为"北洋劝业铁工厂大沽分厂"。民国二年（1913），大沽船坞改名"大沽造船所"，改属北洋政府海军部管理。1937年，大沽船坞变成"大沽造船所"。1945年抗战胜利，该所划归国民政府交通部管辖。

解放后，为了满足生产大型船只的需求，大沽船坞进行了设备更新换代。20世纪60年代，把旧机床换成万能铣床、大刨床等；1964年，建造渤海石油钻井平台；1969年，生产柴油机。

日出千杆旗　日落万盏灯 —— 登州港

登州港，位于蓬莱城北海滨，黄海、渤海交汇处，蓬莱阁东侧，北距庙岛群岛6海里，扼渤海海峡之咽喉，地理位置十分重要。唐武德四年（621）设登州府，始有登州之名，治所在文登县，下辖文登和观阳两县。登州港有我国古代第一港之称，启用于唐，隋唐时期就与泉州、明州、扬州并称中国古代四大通商口岸，是东渡日本的主要出海口，日本、朝鲜的遣唐使多由此登陆，前往唐都长安。作为我国古代北方海上丝绸之路的始发港，当时的登州港呈现出"丝竹笙歌，商贾云集"，"帆樯林立，笙歌达旦"，"日出千杆旗，日落万盏灯"的繁荣景象，为我国与日本、韩国以及其他国家的对外交往做出了巨大贡献。

日渐繁荣的商港

登州港最早只是黑水河与密水河两河入海口处的一个自然港湾，东西地势低洼宽阔，中间呈东北至西南走向，没有确切的名称。从周围原始地貌来看，唐代以前甚至新石器时代登州古港的面积要比现今的水城大三四倍，以后它慢慢发展成为渔船的避风港。战国时，以登州港为主要港口开辟了北方远海航线。优越的地理条件和传统的港航活动，使其秦代航线延长到朝鲜半岛及日本，曾为秦皇汉武海上巡幸、求仙活动的重要港口。据《史记》《汉书》等文献记载，汉武帝巡幸东莱（登州港所在地，港在郡治北）共8次。秦皇汉武的海上巡幸和求仙活动，无疑促进了登州地区造船、航海以及港口业的发展。当时登州港的发展已达到相当规模，为汉代开辟海上丝绸之路奠定了物质基础。

公元前109年，登州港作为军事港口的作用开始凸显。《史记·朝鲜传》记述：汉武帝元封二年即公元前109年秋，"遣楼船将军杨仆，从齐浮渤海，兵五万人"，即从登州沿庙岛群岛用兵朝鲜。东晋咸和八年（333）至咸康七年（341），后赵加紧军事准备，特别加强了海上运输，不断对北燕发动战争，这样"登州港"就出现了繁忙的军事运输。隋唐时期先后十次用兵高丽，登州港与庙岛群岛是用兵运粮至辽东的必经之路，军旅繁忙，百姓须担负各项摊派和徭役。建国初，蓬、黄一带遗有用直径60厘米石磨铺成的街道，这类遗物即隋唐在此大量用兵的佐证。南北朝时期，登州港成为水军基地。在北方战乱期间，为躲避乱世，大批移民从登州港登船迁移至相对稳定的南方。在商业活动中，作为产盐重地的登州，通过登莱诸港将盐运销到其他地方。隋唐五代时期，登州港达到鼎盛，成为当时北方最重要的港口，也是日本及新罗来华朝贡的主要进出海口。自公元618年以来，由于政通人和，山东半岛经济发展迅速，登州港的国际影响日渐扩大。此时，日本朝野出现了学习唐朝文化的热潮，新罗和唐朝的关系十分密切。新罗商船经常航海至登州港从事贸易、外交和文化交流活动，以至于唐朝政府在登州、密州等沿海地区设立新罗坊，负责接待和安置新罗人。登州港海外贸易繁盛，逐渐走向鼎盛。①

贞观元年（627）登州废，地入莱州，武则天如意元年（692）复置，治所改在牟平，中宗神龙三年（707）又迁至蓬莱，领蓬莱、文登、牟平、黄县（今龙口）四县。由于地理位置重要及港区条件优越，登州港很快就发展成与莱州港齐名的北方大港。武则天时期，登州港成为对外贸易的基地，内陆物资在此集结而航运海外，新罗、渤海的进口货物也在此港停卸而转输各地。《新唐书·张廷珪传》中有"会沼市河南河北牛羊、荆益奴婢，置监登、莱，以广军资"的记载，说明此时登州主港地位已经确立。登州设立后，蓬莱在对外交往中的作用进一步显现。《新唐书·地理志》

---

① 朱龙、董韶华《登州港与东方海上丝绸之路》，《中国海洋大学学报》2004年第4期。

中记述，唐代中国与周边各国交流的主要交通路线有七条，而海路只有二条，其中一条就是由登州出发，联系新罗和渤海政权的"登州海行入高丽渤海道"，即从蓬莱出发，通过庙岛群岛岛链，连接辽东半岛，转至朝鲜半岛的航线。这条航线又被后世称为"登州水道"。唐朝的对外交流，据不完全统计，经登州而到长安的新罗遣唐使达30余次，日本遣唐使7次在登州港登陆，进入山东半岛前往内地长安（大批朝、日留学生、学问僧和商旅人士等尚未计算在内）。此外，登州港还是南北交通的枢纽，杜甫在《昔游》中描述的"吴门转粟帛，泛海凌蓬莱"，则是对唐朝廷利用登州港转运南北物资的真实写照。

五代时期，后梁占据中原，而吴越、淮南政权割据江左之地，中原与浙闽陆路不通，此时的登州港便延伸出南下的交通航线。当时"闽王审知奉事朱梁，岁自海道登、莱入贡"，"钱镠入贡，亦由海道抵登、莱出洋"。《新五代史·闽世家》记载："审知岁遣使泛海，自登、莱朝贡于梁。"这些都说明，登州港与莱州港在当时已被作为中原王朝的主要口岸使用。

北宋初期，登州港成为宋朝与高丽海上交通的进出港口，两国交往密切，凡宋船驶向朝鲜半岛者，大多由登州港起航，而高丽船入中国，也首先选择在登州港入关。《宋史·高丽传》有云"高丽往返皆自登州"，《续资治通鉴长编》元丰六年四月条记载"天圣前，使由登州入"，马端临《文献通考·舆地考》也指出，"登州三面环海，祖宗时（指宋初）海中诸国朝贡，皆由登莱"。为了接待海外使者，宋朝在登州设立专门机构负责有关外事活动。《宋史·高丽传》记载说："大中祥符八年，诏登州置馆于海次，以待使者。"在此期间，登州港的民间贸易也十分活跃，两国商人随着国家交好而大谋商机。宋太祖建隆三年（962）至宋神宗熙宁七年（1074），高丽使节、学者、僧侣等来华多达33批，宋朝派往高丽的使者则有10批。

然而，与北宋为敌的辽国占据着辽东半岛，时刻威胁着山东海防，一些不法商人潜通辽人、倒卖物资，引起了北宋王朝的忧虑。为了阻断宋辽之间的海上通道，宋仁宗天圣年间开始封锁登州港口，禁止民船使用。但此后一段时间，官方船只仍出入登州港。到宋神宗熙宁年间，由于害怕辽国兵船的袭击，高丽与宋朝协商，其贡船改变停靠口岸。《宋史·高丽传》记述："往时高丽人往返皆自登州，（熙宁）七年遣其臣金良鉴来言，欲远契丹，乞改途由明州诣阙，从之。"此后，宋朝海事政务中心移至明州（今宁波），海外贸易中心移至板桥镇，登州港则全面封闭。

不断向军港转变

北宋时期的登州港一直在加强军事设施，以防备辽国可能发生的海上袭击。宋仁宗庆历二年（1042），知州郭志高扩大水军编制，增设"刀鱼巡检"，并在海港处修筑马蹄形口朝北的沙堤围子，构成海防水寨，以容纳水军和战船，时称"刀鱼寨"。"刀鱼"乃指宋朝浅海战船，因船体瘦长、船头尖锐而得名。当时的刀鱼寨位于丹崖山东侧海口。此后，登州主港逐渐发展成了大型军港。

苏轼在《登蓬莱阁记》中记述："登州蓬莱阁望海如镜面，与天相际，忽有黑豆数点者，郡人曰：'海舶至矣'。不一炊久，已至阁下。"到了明代，由南京、北京等地至山东半岛，再从登州出海，水陆兼行，只需三天便至朝鲜，是明代初期最为快捷的通达朝鲜的海航路线。

明朝初年倭寇出现，山东沿海均加强海防建设，登州港经过改造，完全变成了军港，史称"水城"。嘉靖《山东通志》记载："新海口即旧屯刀鱼战棹之所，国朝洪武九年，知州周斌奏设登州卫，置海船，运辽东军需，指挥使谢规以河口窄浅，奏议挑深，缭以土城，北砌水门以抵海涛，南设关禁以讥往来。"于是，登州军民在刀鱼寨沙堤围子基础上开始夯筑土城，增强港区的防御能力。当时土城周长约2000米，城内面积27万平方米，呈不规则长方形。万历二十四年（1596），又在土城墙外护以砖石，平均高度7米，宽约8米，其城东、北、西三面增筑敌台。出于军事需要，水城仅开二门，南为振阳门，与陆路相连；北为水门，又名关口门，后来水门两垛之间架板连通，人称天桥，水门也叫天桥

位于山东半岛最北端的蓬莱水城（古称登州港）

口。当时，人们将原河道扩展挖深，引海水入城内，形成城内海，俗称小海。小海面积约7万平方米。这样，城内小海与城外大海沟通，通过水门进出，门宽仅3米，守护容易。城内小海停泊舰船，操练水师，形成封闭状态，一旦海上有寇，战舰驶出水门，出海迎敌。水门内外还建有码头、平浪台、防波堤，用以消波阻沙，减冲缓流，即使海上暴风突起，小海仍可平静无恙。而且小海水位与外海持平，无须候潮，船只可以随时进出。由此，登州港成为结构完备的军事要塞。

明朝时，登州水城还成为朝廷向辽东输送给养的战略基地，港区进出船舶增多，运输十分繁忙。洪武年间，登州海运之船经涉海道……运送军事等物及军事家属过海，支援辽东明军。景泰年间，登州卫上报朝廷海运事宜，就提到"洪武、永乐中，本卫海船攒运军需百物赴辽东者，俱旅顺口交卸，甚便。近令运至小凌、六州河、旅顺口、牛庄河四处交收"。可见，当时登州海船已开辟通向辽东半岛的多处航线。万历年间，明军支援朝鲜抗倭战争，登州港更成为战略物资的转运中心，山东各地的军事物品和粮食都运抵登州装船，转航朝鲜。史书称："行山东公帑（tǎng）三万金委官买籴(dí)，运至登莱海口，令淮船运往旅顺，辽船运往朝鲜；又借临、德二仓米各二万石，运至登莱转运。"天启年间，辽东总兵毛文龙与后金作战，退据朝鲜，军需吃紧，仍然依靠登州港运送补给。有明一代，明朝军队在辽东驻防和在朝鲜作战，很大程度上要依靠登州港的海上补养，登州港在此期间担负着重要的出航任务。清朝时，登州港设施进一步完善。顺治年间，地方官徐可先增设水城天桥铁栅，使港口防卫更加严密。徐可先所写《增置天桥铁栅记》，讲述了水城港区的重要作用以及增置铁栅的益处：

故郡城翼峙海陬，控引巨浸，虑其孤，特更设水城，齿赖唇安，车资辅立，依倚盖甚重也。顾水城北隅，突兀波面，中开广浦，以泊艟（chōng）艨，城缺丈余，以通出入，上横巨板，名曰天桥，制诚善已。独天桥之下不设关阑，咫尺怒涛，飞帆迅驶，倘寇艘突犯，阑入周垣，仓卒张皇，堵御无策，是天桥非通行之口，直揖贼之门也。水城有事，迫近郡城，敌得所凭，我失所恃，是水城非维干之助，直藉寇之资也。夫郡城不可无水城，水城不可无天桥。……爰采众谋，最宜栅闸。疏其罅（xià），任潮汐之往还；密其楗，杜奸宄（guǐ）之窥。窃无事则悬之，而舟行不阻；有事则下之，而保卫克完。外施铁叶，攻击无虞，内研坚材，久长可恃。备万全之纤漏，图永逸于一劳。

从军港复归商港

清同治七年（1868），雷树枚任职登州，又在丹崖山蓬莱阁上建造灯塔一座，为进出港区和通过渤海海峡的夜航船只导航。他在《蓬莱阁灯楼记》中说："郡城蓬莱阁，据丹崖山上，北与大小竹岛及长山庙岛遥遥对峙，为南北商船必经之路。每逢阴雨之夜，云雾渺茫，沙线莫辨，情惧夫误入迷津者之失所向往也"，因此"拟建灯亭以利商舶"，其灯油等费"并水城各栈按月摊捐"，之后"明光所在，帆樯宵渡，可无迷途之虞"。

清朝前期，登州水城仍然按军港模式管理，限制民间船舶出入。乾隆五年《莱州府志·海汛》曾说："登州卫水城即新开海口，紧贴海滨，北城即为蓬莱岛，岛下即为水城。出水城即为大洋。自南来者，或由海道，或由开洋，皆于此萃聚。向北去者或收旅顺，或收津通，皆于此起程。"雍正八年（1730），清朝始允许装运赈粮船舶进出登州港，到乾隆初年有条件开放了山东与奉天的商业海运，商船才又重新使用水城码头。此后，登州港的军港色彩日益淡化，商港作用逐渐加大。张相文《南园丛稿》说：登州港"道咸以前，帆船云集，商务甚盛"。咸丰八年（1858），清政府与英、法签订《天津条约》，将登州辟为通商口岸，条约规定"登州等府城口，嗣后皆准通商"。咸丰十年以后，英国人多次抵达登州考察港口，发现登州港湾水浅，不能停泊大型轮船，于是又把通商口岸改为烟台。此后，登州港的航务和商运活动都转移到烟台港，港口日渐萧条，"仅余断港绝潢，为贩夫佣妇洗菜浣衣之所耳"，兴盛千年之久的登州港到这时已是面目全非。中国北方海上防务也形成了以烟台、旅顺、威海为中心的新格局，蓬莱水城的军事作用不再重要。

民国时期的登州鼓楼和磨盘街

东海沿岸港口

江海通津　东南都会 —— 上海港

上海港地处长江黄金水道与海上南北运输通道的交汇点，以长三角地区为腹地，是中国对外开放和参与全球经济大循环的枢纽港，现已发展成为世界第一大港。

上海港的前世今生

唐宋时期，长江口的主要港口设在青龙镇，即今青浦县东北、吴淞江（今苏州河）南岸。青龙这个名称是三国时传下来的。三国时魏、蜀、吴鼎足而立，吴国水军强盛，据说经常在吴淞江上操练，吴大帝孙权曾经在这里建造形似龙、船身涂以青色的青龙战舰，并将其作为主力编入舰队，青龙这个地名由此而来。唐天宝五载（746），唐朝政府在这控江连海之地设青龙镇。当时的青龙镇，海舶辐辏，岛夷为市，许多船舶进入吴淞江溯流西上，到这里进行贸易。进入宋代，青龙镇与国内外的贸易往来有了发展。就国外贸易来说，当时日本商船往往开到青龙镇，卸下贡品和商货，然后装上中国产品开回日本。这时的青龙镇已有"江南第一贸易港"称号。

北宋政和年间（1111—1118），宋朝政府在青龙镇设立市舶司。该司负责登记和管理船舶，检查货物，征收关税，发给有关证件，收买政府的专卖品，并招待和保护外国商人。人们称市舶司的主管官吏为"结好使"。它有点类似今天的海关和港口管理机关，同时又具有对外贸易部门的职能。在封建统治时期，凡是设立市舶司的地方，都是航运贸易会集的场所。宋代曾经在广州、泉州、温州、杭州等地设立市舶司。相比之下，那时的青龙镇，无论进出船舶吨位还是货运量，都远不及那些港口。后来吴淞江又不断淤浅，航运贸易受到阻碍，青龙镇受到很大影响。宋宣和元年（1119），宋朝政府开河浚江疏治航道后，青龙镇重新恢复活力。经过整治航道之后的青龙镇，"有学、有库、有仓、有务、有水陆巡司"，成为水陆交通运输枢纽，以致海舶辐辏，风樯浪楫，朝夕上下……有小杭州之称，航运贸易相当繁盛。这一时期，航道屡次疏浚又淤塞，后来终因淤浅严重，由大船进出困难渐渐发展到小船也感到不便，于是青龙镇作为长江口主要港口的历史，至宋代后期基本结束。长江口主要港口位置第一次发生变动，一个新的港口——上海镇由此兴起。

上海镇在青龙镇的东南，上海浦的西侧。原来吴淞江南面有18条支流，其中有上海浦、下海浦和澜泥浦等。上海浦南接大黄浦，北面归入吴淞江。海舶商船先要进入吴淞江，再通过上海浦到达上海镇。据历史记载，宋熙宁七年（1074），宋朝政府就在这里设镇，同时设立市舶提举司和榷货场。据清嘉庆《上海县志》载：当时的市舶提举司设在龙华附近高昌乡以西。以此判断，上海镇的位置大约在今天上海的南市一带。

上海镇与青龙镇相距不过几十里，按照当时经济发展水平和物资交流的规模，没有必要在同一时期使用如此相近的两个港口。既然青龙镇已经发挥了主要作用，因此上海镇就只能处于辅助地位。直到青龙镇衰落以后，上海镇才逐渐兴盛起来。在封建社会里，生产力受到束缚，经济发展缓慢，加之封建政府不重视港口建设，因而彼此交替过程较长。还在青龙镇处于长江口主要港口地位时，由于经常淤塞，上海镇就已经崭露头角了。例如宋大观元年（1107），青龙镇进行疏浚期间，原设在这里的监镇理财宫移往上海镇，上海镇首次发挥了主要港口的作用。直到宋宣和元年（1119），疏浚工作完成之后青龙镇才恢复原状。经过这样几次反复之后，上海镇逐步取代了青龙镇的地位，成为长江口的主要港口。

南宋咸淳三年（1267），南宋政府在上海正式建立镇治，并派镇将驻守。但当时元朝入侵，南宋政权摇摇欲坠，自然不可能对港口有多大作为。元至元十四年（1277），元朝政府在上海设立市舶司，与广州、泉州、温州、杭州、庆元和澉（gǎn）浦并列为全国七大市舶司。这时的上海镇，有市舶、榷场、军隘、官署、儒塾、佛宫、仙馆、贾肆，成为全国屈指可数的重要港口。

元朝统治时期，吴淞江下游继续淤塞，严重影响航运贸易的开展。元大德二年（1298），元朝政府将上海市舶司并入庆元（今宁波）。上海镇经历了宋元两代之后，逐步退居次要地位。长江口主要港口的位置第二次发生变动，浏河镇代替了上海镇的地位。

浏河镇也叫刘家港，通称浏河，在长江口的南岸，即今太仓境内的浏河口。元朝初期的浏河，号称"口宽二十丈，水深一百尺"，可以容纳"万斛之舟"，元朝政府曾把它当作漕运基地。

所谓漕运，就是历代封建王朝，采取征收实物租税的办法，向农户征收地租和向民间征收田赋，然后将征收的粮食经水道运往京城。江淮流域盛产粮食，他们每年都要把从这里征收的粮食北运到京城，供应皇室、官僚和军队消费，这就是南漕北运。因此，封建王朝历来十分重视漕运。漕运本来是通过运河进行，但由于运河常常淤塞，不能如期到达，元朝统治者就改从海上运输。从元至元十九年（1282）到至元三十年（1293）的12年中，元朝政府海运漕粮的路线改过三次。第三次就从浏河出发，经崇明出海，向北过成山角进入渤海湾，又过莱州湾到天津。元至元十九年（1282）元朝政府海运漕粮4.6万石。自从选择浏河出海的路线之后，由于港口宽敞，集散方便，到元至元二十七年（1290），漕运数量增加到159万石，九年间增加了30多倍。元武宗至大二年（1309）又增为246万石。元文宗天历二年（1329）更猛增到352万石。漕运粮食数量直线上升，运漕船只不断增加，浏河的港口设施得到长足发展。

明朝前期，浏河盛况不减当年。明洪武元年（1368），明朝政府在太仓设立市舶司。永乐年间，航海家郑和率领的船队，就是从浏河出发，远航亚洲、非洲30多个国家，最远到达非洲东岸，即今索马里和肯尼亚一带。明永乐三年（1405）六月，郑和第一次率船队远航，船队由240艘大小船舶组成。最大的宝船，长约150米，舵秤长11.07米，有12帆，"体势巍然，巨无与敌，篷帆锚舵，非二三百人莫能举动"。这样一支船队，包括它所携带的大量商品，长期远航所需器械和粮食等后勤物资，规模十分庞大。这说明了两个问题：第一，当时中国的造船设备和造船技术已达到相当高的水平；第二，集中这样一支船队启航的浏河港已经有了一定规模的码头仓库、装卸设备和港内水陆运输条件。由此可知，浏河港在明朝前期仍旧是长江口的主要港口。

然而泥沙不断淤积，浏河口外的拦门沙逐渐淤积长达十余里，随潮隐现，恰似大门口横筑一道门槛，正好堵住进出要道，严重阻碍船舶运输。后来泥沙淤积越发不可收拾，即使在大潮汛期间装载百余吨的帆船通过都有困难。这样，作为长江口主要港口的浏河，从元朝开始，经过明朝到清初，又渐渐退居次要地位，长江口附近主要港口的位置第三次发生变动，这便是今天的上海港了。

上海港处在长江三角洲的东端，正好在我国海岸线的中心，南北沿海的货物要在这里换装转运；它又是长江入海的咽喉位置，长江流域资源丰富，经济发达，进江出海的货物也要在这里中转运输。这种"负海带江"的地理位置，给上海港的发展带来了极有利的条件。从航运角度看，上海港坐落在一条从北美西岸，经日本、中国和东南亚的世界环航线路最近点之西不满一百海里之处。由上海至西欧和北美的距离几乎相等，这使得上海和世界各大港口的航线在航运和贸易上处于有利地位。在国内航线方面，上海往北与青岛、大连、天津相连；南面同福州、厦门、台湾、广州相通；从上海向西进入长江，全年都可通航。另外，上海地区河流极多，且直接与大运河相连，组成了一个四通八达的水道运输网，沟通了江苏、浙江、安徽、山东和河北等省的重要航路，有利于航运贸易的开展。

上海地区有这些有利条件，按理说上海港应该比较快地建立和发展起来。然而，实际情况却不是这样。它在建立和发展的过程中，经历了艰难曲折的道路。大约在15世纪末16世纪初，即黄浦江开拓后100多年，上海港的航运贸易就已相当发达。据明朝弘治《上海县志》记载，当时上海商人"乘潮汐上下浦，射贵贱购贸易，疾驶数十里如反复掌，又多能客贩湖襄燕赵齐鲁之区"。这说明当时已经与湖北、河北、山东等地有航运贸易关系。可是这种局面没能维持多久，就衰退下来。

原来自明朝初期起，倭寇便在我国东南沿海侵扰。明嘉靖年间，这种骚扰活动变本加厉。为防止倭寇侵扰，明朝政府采取"锁海"政策，限制海上运输，刚刚有所发展的航运贸易，因此很快就被压了下去。清顺治十三年（1656），清政府为了镇压东南沿海一带的反清起义，再次颁布海禁令，宣布"片板不准入海"，限令沿海居民内迁三十里，不准出海贸易，不准迁移海岛耕种田地，不准下海捕鱼。此令推行以后，田地荒芜，渔舟绝迹，海上运输一落千丈，上海港也几乎处于停顿状态。实行海禁几十年，不但断绝了许多人的生计，加深了人民的苦难，就连封建政府的赋税收入也大受影响。

清康熙二十三年（1684），清政府宣布解除海禁，开放海上运输。次年在广州设粤海关，福州设闽海关，宁波设浙海关，江南设江海关。江海关最初设在江南云台山,后来迁往滨阙,又因关署隘小再迁上海。自从开禁设关之后,清政府一方面准许商船出海贸易,另一方面又颁布各种条令,做出许多限制。譬如,海禁开放之初,规定凡出海贸易,只许使用载重五百石以下的单桅帆船。同时,又规定在海口出入处要预先向地方官报告,登记姓名,取得保结,领得印票,再经验票点数,反复检查,才许进出。清康熙四十二年(1703)以后,出海商船虽然准许配置双桅,但对船只大小仍有限制。最大的船只,梁头不得超过一丈八尺,船员水手不得超过28人。实际上,仍旧没有放宽对出海船舶吨位的限制。

对于造船的规定也很严格。在造船之前要先呈报地方官,取得保结后方可建造。造成之后又要经过检验,合乎规定的才发给执照。清雍正元年(1723)后,限制更多,甚至对船只油漆的颜色都有规定,不许混淆;船首两旁一律要用大字刊刻所属州县名称,水手舵工要留下指纹,违者以盗匪罪论处。

对于航行外洋的船只,还有特殊规定,即要"头巾插花,并添竖桅尖"。回国时,必须验明是否原船。如因损坏调用新船,也必须经过地方官查验,得到许可方准进港。

载货方面更有种种限制。丝绸和茶叶的出口都有定额,不许超载;粮食禁止出口,甚至船上自用的也要按航程远近、船员人数,规定每人每日只准带米一升,火药、硝磺、铁器绝对禁运,并且规定不准携带枪炮和刀矛等自卫武器。因为粮食有限制,所以船舶不敢远航;又因不准携带自卫武器,所以一遇海盗,

鸦片战争前停泊在上海港外的鸦片趸船

1908年的上海十六铺码头

只好听任抢劫，完全无力抵抗。

由于上面这些限制，加上地方官吏的敲诈勒索，常常故意扣船刁难，海上运输的发展就受到阻碍。清康熙二十九年（1690）即江海关设立六年之后，清政府对上海的关税额定例为每年23016.33两。到清乾隆十八年（1753），江海关仍只收税77509两。关税的增长反映贸易的发展，经过60多年时间，关税收入仍极有限，港口发展十分缓慢。清乾隆二十二年（1757），为了维持其封建统治，清政府宣布准许广州一地对外开放。其他各港，包括上海在内只准对内，不许对外。这一措施，对上海港的发展又是一次打击。

1929年上海外滩港

但是历史总是向前发展的。商品经济的不断发展，冲击着封建社会强加的种种人为限制。另一方面，清政府的禁令执行了一个时期之后渐渐松懈起来，许多限制逐渐放宽，不少规定形同虚设。因此，从18世纪后期起，国内沿海运输有了较大进展，上海港的航运贸易也渐有起色。

鸦片战争以后，上海港被迫开放，外国侵略者蜂拥而来。从1843年11月17日到这年年底的6个星期里，7艘外国船开进港口。它们平均吨位为281吨，最大的斯蒂瓦特号423吨，最小的马济伯号是171吨；进出口货物总值为579801元。外国船如此迫不及待地开进上海港，目的在于掠夺。其初期的掠夺活动，以走私鸦片、贩运军火和掠卖人口为主。

1852年，上海港从英国进口的货值已超过广州，输往英国的出口货值也超过广州1.7倍。这时，上海港已成为全国最大的对外贸易口岸，成为仅次于印度加尔各答的亚洲第二大港。

进入20世纪，上海港持续繁荣。1931年，上海港港口吞吐量高达1265.8万吨，成为世界十大港口之一。

1949年5月上海解放，中国收回了港口主权，成立了自己管理的港务机构，上海港的历史翻开了新的一页。今天的上海港，正进入有史以来最繁荣兴旺的时期。自1984年开始，港口货物吞吐量已连年超过一亿吨，成为世界五大港口之一。可以预计，随着我国建设"上海国际航运中心"构想的实施，上海港的发展将更加迅速，必将续写新的历史篇章。

阿美士德号的间谍活动

1832年2月26日夜晚，一艘三桅帆船的幢幢黑影，出现在我国南方的澳门港湾，然后悄悄地朝着东北方向疾驶，这就是历史上臭名昭著的间谍船阿美士德号。它是英国东印度公司的船舶。英国东印度公司是17世纪至19世纪中叶的英国殖民机构。它有一支庞大的武装商船队，奉行着"谁统治海洋，谁就统治世界"的信条，经常为了争夺殖民地和垄断贸易，与荷兰、法国、西班牙、葡萄牙打仗。那么，它这次派阿美士德号到中国沿海的目的何在呢？

18世纪末19世纪初，欧美资本主义迅速发展。当时，英国正在全世界寻求殖民地和争夺市场，迫不及待地对外扩张。在亚洲，中国就成了它觊觎的目标。然而清政府实行闭关政策，认为扩大中外贸易会间接动摇它的统治地位，因此规定对外通商只限广州一口。英国人千方百计地想使清政府改变这一政策，以打开中国的大门。

道光皇帝是清朝的第八位皇帝，在位期间，他整顿吏治，平定战乱，勤于政务。嘉庆二十一年，英国使者曾来到北京城，想见嘉庆皇帝并提出通商要求。不料，双方由于礼制（跪拜）问题发生矛盾，最后不欢而散。

阿美士德号此行带着两个任务。其一，在起航前，胡夏米便接到公司上级命令，调查中国市场的需求程度，以及具体出口价格等相关问题，以便日后的产品出口，并尽早打开中国市场。其二，收集清朝军队情报，绘制海图，掌握沿海炮

威廉·皮特·阿美士德，第一代阿美士德伯爵曾于1816年代表英国率团访华，因礼节上出现分歧，结果未能谒见嘉庆帝。

台资料。

船上有两个重要人物：一个叫林赛，化名胡夏米，对外冒充船主；另一个叫郭士立，化名甲利，德籍传教士。林赛原是在广州一带活动的英国鸦片贩子，发了一大笔不义之财后，看到航运有暴利可图，又向船舶方面投资。他会说中国话，熟悉中国风俗习惯，是了解中国内情的"中国通"。这次，东印度公司派他全面负责间谍活动。郭士立最初曾在马六甲待过几年，学会了汉语，还懂点医道。19世纪20年代来到中国，在广州附近传教。当时，英国鸦片贩子的走私活动越来越猖狂，急需能懂中国话的人和他们合作。郭士立久居中国，熟悉中国风俗人情，正是他们理想的合作人选，所以该公司立刻向他发出"多多分红，从优报酬"的聘书。从此，郭士立便成为鸦片贩子的同伙，一起在中国沿海进行鸦片走私。这次，英国东印度公司派他担任翻译兼医生，让他一面传教一面行医，以掩盖其间谍活动。船上共有70多名水手，船长礼士负责观察水文、测量航道和绘制海图。

1832年6月20日清晨，阿美士德号进入长江，接着向吴淞口进发。它向沿海窜扰时，清政府下令各地"前堵后逐，不准入境，更不准与夷人来往买卖"。与此同时，江南水师也在吴淞口进行戒备，炮艇排列在江面准备拦截。20日中午，阿美士德号接近吴淞口，这时陆上炮台和水上炮艇同时发炮警告，林赛等不顾拦阻和警告，换乘从船上卸下的小艇，强行穿过警戒线，驶进上海港，当天下午在小东门外靠岸。第二天，林赛和郭士立闯进道台衙门，强行提出贸易要求。上海道台告诉他们，根据中国法律，上海不许外国船只进入，也不同外国贸易，叫他们"仍回到准交易之广东地方"去进行交易。林赛等则无理纠缠，说英国允许上海的船舶到英国的港口去，因此英国的船舶就有权利到这里来。他们的强词夺理，一再遭到驳斥，但仍继续无理取闹。后来又交涉过几次，都得不到任何结果，可是林赛和郭士立仍赖着不走。因为公司给他们的任务是刺探情报，所以他们就以与地方官交涉为策略，尽量拖延时间，完成预定的间谍活动。

就在这段时间里，他们抓紧偷测航道，绘制海图。同时窜到炮台，深入要塞内部，搜集从防御工事的结构到枪支弹药的配备，从官兵关系到军队士气，从士兵居住的营房到伙食等各方面的军事情报。他们不但了解了水师驻地的兵力，而且探明了炮台数目。有一次，他们在偷看了500名清军的操练后认为，清政府的"实际军力与书上所说大不相同"，"如果我们这次是作为敌人来的，这里的全部军队不能抵抗半小时"。

  林赛和郭士立特别注意搜集港口情报，他们曾经躲在芦苇丛中的小船上，连续一星期查点进入吴淞口帆船的数目。结果查得在七天之内，共有400艘大小不同、载重自100吨至400吨的帆船，经过吴淞驶往上海。起初几天进口的都是从天津、辽东等地开来，主要是装载面粉和豆类的北方四桅帆船。后来福建帆船也开始到达，其数目每天大约在30艘到40艘之间。另外，还有许多来自台湾、广州、越南、暹罗和琉球的船只。如果这个计算可以代表全年货运量的话，这标志着当时的上海港已是世界主要港口之一了。

  当时鸦片战争还未爆发，清朝对外还保持着强盛帝国的形象。但是，这次竟让阿美士德号任意进入我国的领海和港口，并任其船上人员登陆到处窥探和窃取经济、军事情报，而不敢采取断然措施，足见清政府当时已到了何等昏庸的状态。就连郭士立事后提到他们在上海的活动时也说："本地之全体海军舰队竟不能阻止一只商船进口，真是怪事。"

  阿美士德号在上海逗留了18天，于1832年7月8日离去，继续向北行驶，到过山东的威海卫和辽东沿海一带，然后返航，同年9月5日回到澳门。

  一个多月之后，10月20日郭士立乘了一艘飞剪船在中国沿海又一次进行间谍航行，并于12月底到达上海并停留了10天，继续窥探和窃取情报的活动。

  经过这两次对上海的间谍航行，林赛和郭士立回国后就大肆宣扬上海港的优越性和有利条件。林赛在回国后说："这个地区的自由贸易对于外国人，尤其对英国人的好处是不可估量的"，并且一再表示，"这一地区在对外贸易方面所拥有的特殊优越性，过去竟然未曾引起相当的注意，是十分令人奇怪的"。同时，他狂妄地鼓吹武装侵略，说什么即使"由大小不同的一千艘船只组成的整个中国舰队，都抵御不了一艘英国战舰"。郭士立则在他的《中国沿海三次航行日志》中写道："上海是中国最大的商业中心"，是"中亚的大门，尤其是中国中部诸省的大门"，只有打开这个大门，才能发展西方的贸易。

  林赛和郭士立的航行以及他们的大肆宣传，引起了英国国内殖民主义势力和西方其他资本主义国家商人的普遍关注。此后，许多原在中国南海活动的鸦片飞剪船，开始沿海北上贩运鸦片。1835年10月8日，英国传教士麦都士乘一艘双桅飞剪船到达吴淞口，并于次日抵上海。他在对上海及其邻近地区窥探后回国报告说，"上海虽然只是一个三等县城，但却是中国东部海岸最大的商业中心，紧邻着富庶的苏、杭地区，由此运入大量丝绸锦缎，同时向这些地区销售各种西方货物"，并且断言"上海的贸易即使不超过广州，至少也和广州相等"。

林赛、郭士立和麦都士的这一系列活动，不仅影响英国政府在鸦片战争前对中国的态度，而且直接为其后发动鸦片战争时的进攻和登陆地点，以及战后要求开放的口岸，提供了重要的情报资料。如1839年，在广州活动的英国鸦片贩子、怡和洋行老板查顿，为了对抗清政府派往广东查办鸦片的林则徐所采取的禁烟措施，特地返回英国，建议英国外交大臣、后任首相的巴麦尊出兵侵略中国，并且提出，尽可能迫使清政府开放全部通商口岸，不然也要增辟福州、宁波、上海等口岸。英国的一个大资本家集团组织"伦敦东印度与中国协会"的主席拉本德也向巴麦尊建议，在开放的口岸中要包括与茶、丝、棉布产地相近，并能畅销英国呢绒、布匹、羽纱的北纬二十九度至三十二度之间的地区，也就是指长江口邻近的地区。

由此可见，外国侵略者垂涎上海决非偶然，而是他们经过长期窥探调查、处心积虑谋划的结果。

万物富庶　地上天宫 —— 杭州港

杭州港古称"钱塘港"，地处京杭运河、钱塘江、浙东运河三大水系交汇点，西靠老和山、宝塔山，南临凤凰山、吴山、将台山，北接皋亭山、半山，中部有栖霞岭等山，依山傍水，河网密集，水运条件优越，具有开发港口的天然条件。杭州港依托纵横交错的内河水道、亚热带季风气候、肥沃的土壤、丰富的物产等众多优越条件，逐步由原始自然渔猎靠泊点向军港、商港演变，并逐步发展成为"万物富庶，地上天宫"的东方贸易大港，至今仍是我国重要的对外贸易港。

杭州港的历史变迁

杭州地区的水上活动可以追溯至距今约五千多年前的良渚文化时期，当时出现了诸如良渚、老和山、水田畈等处于萌芽状态的原始自然港埠停泊点。

传说大禹巡视会稽时，在杭州"舍航登陆"会诸侯，后病逝于此地。经五代之后，夏君主少康之子无余为奉祀禹陵，至会稽建立越国。钱塘地区横贯越国中部，且处南北水运交汇要冲，是越国水上交通的重要枢纽。从夏朝建立到建立越国，该地区的铁器铸造技术日趋成熟，铁制农具逐渐得到推广，金属农具的使用和牛力用于耕作，使得该地区农业不断向前发展；手工纺织业的日趋成熟，促使商品交换的频率不断提升；勾践复兴越国后，大力推行一系列诸如省赋敛，劝农桑，奖生育，招人才等富国强兵政策，使得越国"田野开辟，府仓实"，促进该地区商品经济和水上活动的拓展。除了水上商业活动，春秋战国时期的钱塘港还有重要军事功能。春秋中后期，吴、越两国矛盾激化，爆发了频繁的水上战争。出于军事目的，越国开始加强军港建设，人工修筑的固陵军港出现。以固陵军港为基地，越国开展了大规模的水上军事活动，公元前494年吴越会战，越王勾践亲率水军3万人，船只数百艘，浩浩荡荡地驶出固陵港，自钱塘入笞溪抗击吴军。公元前482年，越国在固陵港集中水手2000人、水师官兵4.7万人、战舰数百艘出海入长江，一路经钱塘江直趋苏州，灭掉了吴国。随着固陵军港的出现，以钱塘港军事活动为中心的军事港口，如柳浦港、定山浦港、鱼浦港等相继出现。频繁的军事活动促进了越国造船技术不断提升。这一时期越国已能制造大型水上交通工具，如传说越王勾践灭吴后迁都琅琊时，从固陵港出发到达琅琊港的大型海船——戈船就有300多艘。水上商业及军事活动的频繁，港口建设的加强和造船业的发展，又推动了钱塘港的开拓发展。

《史记·货殖列传》记载："汉兴，海内为一，开关梁，弛山泽之禁，是以富商大贾周流天下，交易之物莫不通，得其所欲。"商品经济的繁荣，对水上运输和港口发展带来了推动力，扼江控海、道通南北的优越地理位置，使钱塘港逐渐成为地区间商品货物交换的枢纽，出现了"船长千丈""商贩前艘"的繁盛局面。秦至三国时期，钱塘地区地貌发生了巨大改变，西湖湾湾口地区由于泥沙的冲积，形成了一片沙洲平原，钱塘港地理位置部分发生变化，同时新增了诸如灵隐港、钱塘堤、官港等一些沙洲人工港口。这一时期的钱塘港，随着钱塘县的开发，港口货物集散活动日益频繁，除了国内商品的集散，开始出现海外贸易的迹象。东汉时期，钱塘港已有海船满载奇珍异货往来，因此引起海盗的觊觎。《三国志·吴书·孙破虏讨逆传》记载，公元172年，杭州富春人孙坚"年十七，与父共载船至钱塘，会海贼胡玉等从匏（páo）里上掠取贾人财物，方于岸上分之，行旅皆住，船不敢进"。海船往来、海盗觊觎等情况出现，表明钱塘港的海上贸易已起步，开始向海上贸易港口转向。东汉华信主持的海塘工程以及三国时期东吴政权对运河的整治修缮等措施，保障了钱塘港北入长江航道畅通，为钱塘港内河远距离通航提供了优越条件。

魏晋南北朝时期，中原战乱，北民南迁，不仅给杭州地区带来了先进生产技术，同时大量南迁北民在此围湖造田，兴修水利，从事农桑，使得杭州地区的农业、手工业得到迅速发展。沈约《宋书·孔季恭传》记载："江南之为国盛矣，地广野丰，民勤本业，一岁或稔，则数郡忘饥，会土（指会稽郡）带海傍湖，良畴亦数十万顷，膏腴土地，亩直一金……扬郡（指扬州）有全吴之沃，鱼盐杞梓之利，充牣八方，丝绵布帛之饶，覆衣天下。"随着杭州经济腹地的开发和繁盛，钱塘县由一个秦汉时期的山中小县逐渐发展成为一郡之首城。钱塘港亦从小型军港、商港逐步发展为东南沿海的国际贸易大港。

隋开皇九年（589）废钱塘郡，置杭州。隋唐五代时期，钱王捍海石塘的修筑、江南河的疏浚，尤其是隋代京杭大运河的通航，杭州港成为附近各州郡商品货物的集散流通之地，以及海外商人北上贸易的必经之所，其海上贸易得到空前发展。该港不仅与日本、新罗、百济、高句丽等国家有着频繁往来，而且和东南亚、西亚、阿拉伯地区以及非洲也往来不断。唐代，日本遣唐使、僧众大多都入明州、杭州和越州港，经杭州港转运河北入长安。日船来杭州港，或是杭州港的船只驶向日本，在这一时期都十分频繁，其目的大多为宗教文化交流和商品贸易。如天宝三载（744），日遣唐学问僧荣睿、普照等，曾追随鉴真和尚到达杭州港。

隋唐五代，海外输入杭州港的货物主要有东南亚及阿拉伯地区进口的犀牙、香药、火油、珠宝、苏木、玳瑁、珊瑚、象牙、水晶、白龙脑等，日本的砂金、锡、水银、绵、绢等，朝鲜半岛的良马、土产及书籍等。从杭州港输出海外的货物，主要有丝绸、瓷器、药材、工艺品、经卷、佛像、佛具等。

《西湖梦寻·钱王祠》载："吴越地方千里，带甲十万，铸山煮海，象犀珠玉之富甲于天下。"《旧五代史·世袭列传（二）》载："庄宗中兴以来，每来扬帆越海，贡奉无阙……航海所入，岁贡百万。"吴越国时期杭州地区海上贸易的繁盛由此可见一斑。为加强对国内外海商和对外贸易的管理，增加赋税收入，越王在杭州设置博易务管理海上贸易。此外，为加强其北方海上贸易管理，吴越国在登州、莱州、青州、密州等设置了两浙回易务。

建隆元年（960），后周殿前都点检、归德军节度使赵匡胤发动陈桥兵变且黄袍加身，推翻后周柴氏政权建立北宋。宋太宗太平兴国三年（978），吴越国归降，宋政府和平接管两浙，全国一统。

《梦梁录》卷十九载："自高庙车驾由建康幸杭，驻跸几近二百余年，户口蕃息，近百万余家。杭城之外城，南西东北各数十里，人烟生聚，民物阜蕃，市井坊陌，铺席骈盛，数日经行不尽。"以繁盛的腹地经济为依托，两宋政府组织建设内河港埠，疏浚航道，建龙山、浙江、保安等复闸，增修钱塘江海塘，整治内外河道，发展船舶修造业，增加港口馆驿、仓库，建立市舶等，杭州港在吴越国发展的基础之上，更上一层楼，进入其鼎盛发展时期。

宋太宗兴国三年（978），在原吴越国博易务的基础之上，建统辖两浙沿海港口的海外贸易的两浙市舶司。《梦梁录》卷九云："今又创市舶所，官府察见吏奸……凡海商自外至杭，受其券而考验之。"为增加政府财政收入，太平兴国初，"诏诸蕃国香药、宝货至广州、交趾、泉州、两浙，非出于官库者，不得私相市易"。同时，宋政府推行了优恤蕃商条例，对外商实行保护、优恤，对于漂洋过海来杭州港的蕃船进行保护。外商船舶入港贸易的，市舶司还要派官员迎至馆驿，并举办宴会招待。蕃商来华经商贸易并定居的，宋政府也出台了相关保护政策。宋朝规定，蕃商来华五世以上，既无继承人，又无遗嘱处置其财产者，其遗产按户绝法处理，由市舶司保管。如外商有遗嘱者，按遗嘱办理。这种优待蕃商的政策，对海外贸易的繁盛起到了积极作用。当时与杭州港交往的海外国家与地区急剧增多，几乎遍及东亚、东南亚及南亚地区，有日本、高丽、大食、占城、渤泥、三佛齐、沙里亭、丹流眉、安南、麻逸、交趾、真里富等国。杭州港口的进出口物品，无论是品种还是质量都大幅度增加。从海外诸国舶来的物品，包括良马、兵器、乳香、玳瑁、金银饰、龙脑、孔雀、大食瓶、乌漆甲、珊瑚、酒器、孔雀伞、香油、人参、硫磺等。从杭州港向海外输出的物品，有瓷器、金银器、书籍、缗钱、缣帛、铜钟、金箔、鞍辔等。

杭州港的海外交通活动，不仅促进了杭州及其腹地商品经济的发展，也推动了中华文化与海外科技文化的交流、碰撞与融合，主要体现在宗教文化、建筑、印刷技术、植茶等方面。这一时期，泛海来杭求问佛法的海外僧众，包括高丽王弟僧统义天、日僧圆尔辨圆、神子荣尊、闻阳湛海、妙见道祐、悟空敬念、约翁德俭、觉琼琳等。在这一时期，有大量海外僧众在杭州净慈寺、灵隐寺、惠因寺等名刹研习佛法。同时，为加强中外宗教文化交流，杭州的中国僧人经由杭州港去日本等国交流佛法。

南宋末年，由于宋朝政治的日趋腐朽等因素，杭州港的海外贸易曾出现一段时间的衰落。但这种状态没有持续很长时间，至元十三年（1276），元军和平占据杭州，杭州港受战乱影响相对较小，港口设施没有受到破坏。在海外关系方面，元朝政府推行了较之前朝更加开放的政策，杭州港得到继续发展。至元十四年（1277），为发展杭州的海外贸易及招徕蕃商，元朝在杭州外港澉浦港设立了市舶司，规定凡是来杭州贸易的海商，均须停泊在钱塘江口的澉浦港，接受市舶官员的验证、稽查和抽解，再将商货运至杭州。由于澉浦港与杭州港之间仍有一段距离，海商们为了获得更多商业利益，不断要求允许将商船直驶杭州。至元二十二年（1285），元朝政府在杭州设立市舶都转运司，除对日益增长的海外贸易活动进行管理外，还负责转储广州、庆元、泉州、上海等港口市舶司抽解的舶货，以及"官本船"贸易的管理。至元三十年（1293），杭州市舶都转运司被撤并，杭州市舶事务先后被划分给杭州税务、江浙行省、行泉府司管理。

为进一步发展杭州港的海外贸易，元朝政府一方面设立海站保护海外贸易，一方面采取一种特殊的海外贸易形式——"官本船"贸易，政府拿出本钱、船只，招揽精通航海及商贸人才，到海外经商。官本船隶属市舶司管辖，在海外经商期间，可以代行市舶机构的相关权力，与商人进行贸易谈判。这一时期的官本船贸易，在杭州港的持续发展繁荣中起到了非常重要的作用。

明清时期，杭州港的海外贸易经历了由盛转衰的巨大转折，其海港功能逐渐减退，从原先的海港、河港兼具的港口，逐渐向内河水运港转变。

杭州港港口地位及其功能转变的原因，大致有以下几点：首先，杭州港作为海港在明清时期地位逐渐下降，尤其进入清代以后，逐渐退出中国主要海港之列。明清两代，政府均推行严厉的海禁政策。明政府只允许官方的朝贡贸易而禁止民间的私人海外贸易，致使杭州港的海外贸易逐渐下滑，明中叶以后民间海外贸易几乎处于停滞状态。但严格的海禁政策使得这一时期出现了一种特殊的现象，即海上走私贸易盛行。及至清代，清政府厉行迁海令，使得杭州港的海外贸易更加萧条。其次，港口地貌的变动使得港区泥沙日渐淤塞航道，杭州港作为天然良港的地理条件丧失，由原先的海、河兼具的河海港口，向单一型的内河港口转变。第三，杭州港的海外贸易虽几乎停滞不前，但其内河港运仍延续了之前的繁盛。其原因在于，杭州地区地处江南鱼米之乡，物产丰富经济繁荣。明清之际，江南地区的生产技术得到大力提升，生产关系由自然经济向商品经济转变，甚至出现了资本主义萌芽。地处江南的杭州，这一时期的市镇经济发达。杭州地区经济发达的市镇，大多分布于水陆交通要道，傍水临河。市镇经济的发展对内河航运、船舶停泊点产生了较大需求，推动了有关港口码头的建设。各具产品特色的市镇经济，推动了港口码头建设，而港口码头的建设为南北货物的流通提供了集散场所，推动了杭州经济的繁荣。

清统一台湾之后，在对外关系方面采取了相对松弛的政策。康熙二十四年（1685），清政府允许宁波、定海、温州、乍浦等开展海外贸易，但唯独没有杭州。由此可见，这时杭州港的海港作用已不被统治者重视。

清光绪二十一年（1895）中日甲午海战战败之后，清政府被迫与日本签订丧权辱国的《马关条约》。光绪二十二年（1896），日本根据不平等条约在杭州拱宸桥一带建立租界，开埠通商。十月，杭州海关设立，隶属于海关总署，负责管理国内外贸易以及征收海关关税。杭州港的海外贸易在这一时期开始复苏，但是其性质已经发生变化，沦为西方列强进行经济掠夺的工具。

中华人民共和国成立初期，国民经济亟待恢复，西方资本主义国家对新中国实行经济封锁，杭州港出口商品数量较少。随着国民经济的恢复发展，杭州港的对外贸易在出口商品数量、种类以及产品结构方面都有所发展。20世纪70年代以后，杭州港几经变迁，从艮山港到洑（fú）家港，从管家漾到崇贤港，港口不断发展，吞吐量逐年增长，物流产业链辐射浙江、江苏、上海、安徽、福建等周边地区。港因城而兴，城因港而荣，杭州港极大带动了杭州及其腹地经济的繁荣发展。

范蠡与固陵军港

范蠡，字少伯，又名鸱（chī）夷子皮、陶朱公，春秋楚国宛（今河南南阳）人，春秋末期政治家、军事家、经济学家。后人尊称其"商圣"，是中国民间信仰中财神的原型人物之一。他出身贫贱，但聪敏睿智、胸藏韬略，《越绝书》云："一痴一醒，时人尽以为狂。然独有圣贤之明，人莫可与语。"他年轻时与楚宛令文种相交，后与其一起由楚入越，辅佐越王勾践灭吴。功成名就之后浮海出齐，归隐于江河湖海之间，变姓名，自称鸱夷子皮。在齐国期间，范蠡醉心于耕作及捕鱼、晒盐之业，很快累积了千万资财，但又乐善好施。后为齐王赏识，拜为相国。三年后，再次还相印于齐王，尽散家财归隐湖海，移居宋国陶宛，操计然之术以治产，没出几年，经商积资又成巨富，自号陶朱公。史学家司马迁称："范蠡三迁皆有荣名。"

范蠡因经商之才而广为人知，但其军事政治谋略也不逊于其经商之才。《越绝书》卷八云："浙江南路西城者，范蠡敦兵城也。其陵固可守，故谓之固陵。所以然者，以其大船军所置也。"西城即固陵，后改称西陵、西兴，即现今杭州钱塘江南岸萧山县西兴镇。文中所提及的固陵即杭州港前身固陵军港，是杭州历史上最古老的人工港。

春秋时期，固陵军港位于浙江之口，与钱塘的吴山、凤凰山等山隔江相对，内有自然河道通向会稽，港内可以驻囤数百艘战船。其中心由一片山陵组成，山陵上修筑城池，谓之"固陵城"，港口以此城而得名固陵港。固陵军港的修筑由大夫范蠡主持，其选址可谓独具一格。以固陵港为越国水军基地，越水师进可出钱塘入太湖，与吴国一较高下；退可守越国会稽门户，保存自身实力，在越国与吴国争战期间具有十分重要的战略地位。据《吴越春秋·勾践入臣外传》记载："越王勾践五年五月，与大夫种、范蠡入臣于吴，群臣皆送至浙江之上。临水祖道，军阵固陵。"

固陵军港建成后，越国以此为水军基地，开展了大量的军事活动。吴越争战期间，越国从固陵港调集水军出海抗吴、灭吴的军事活动多达八次。史料记载，固陵港建成不久，越王允常率水军自固陵港出师伐吴。周敬王二十四年（前496），吴王阖闾

临水祖道亭

乘越王允常薨、其子勾践新立之机，选精兵三万，向越国进发。勾践调固陵军港水军亲自督战，诸稽郢为大将，灵姑浮为先锋，畴无余、胥犴（hān）为左右翼，与吴兵会战于檇（zuì）李，吴王阖闾伤重不治而亡。周敬王二十六年（前494）二月，吴王夫差为报父仇，举全国之兵从太湖取水道伐越，勾践率固陵水军三万余人，战船数百艘，由钱塘入笤溪迎战吴军，不敌，退守固城自保。周敬王三十六年（前484）春，勾践派大夫诸稽郢率兵三千，助吴攻齐。经过十余年秣兵历马，周敬王三十八年（前482），勾践集中水师两千人、训练有素的士兵四万、诸御千人、战舰数百艘，

从固陵港兵分两路夹击吴国都城姑苏（今苏州）。一路从固陵军港出杭州湾，沿海路北击姑苏；一路由固陵军港出发，由内河航道直击姑苏，大败吴师，杀吴太子。周敬王四十二年（前478），越又伐吴，大败而归。周敬王四十六年（前474），越派水陆两路大军围吴。周敬王四十七年（前473），在范蠡谏言下，灭吴。公元前468年勾践北上迁都琅邪，命军士八千领越民三万，乘戈船（大海船）三百艘及木筏等过东海达琅琊，此后将琅琊作为其军事活动中心，开展一系列争霸战争。这是中国历史上最大的一次海上移民，也是一次壮观的航海行动。从上述吴越之间多次水上作战活动不难看出，固陵军港是当时越国复国和雪耻的重要依托。

钱王捍海石塘

钱镠，杭州临安人，是五代十国时期吴越国的开创之主，字具美，小名"留婆"，是五代十国时期雄踞一方的军事家、政治家，有"海龙王"之称。传说，钱镠出生时满室红光，长相丑陋，他的父亲认为他是不祥之人，想要把他扔到屋后的石井之中，但其父此举被其祖母劝阻，因此得乳名"婆留"。钱镠年少时，不爱农耕爱刀剑，时人称其无赖。唐末五代时期，北方长期战乱，藩镇割据，灾害迭起，民不聊生。"浙东大疫，死去大半"，"江南大旱，饥人相食"，有童谣说："八月无霜寒草青，将军骑马出空城。汉家天子西巡狩，犹向江东更索兵。"生于这个时代的钱镠家境贫寒，不得不以贩卖私盐为生。后在临安石镜镇守将董昌征兵时投军，入伍之后因智勇双全，得到擢升，唐乾符年间升为董昌的部校，后由偏将而掌控一州之兵。势力壮大之后，他翦除刘汉宏、董昌等地方叛臣，占有了两浙之地，从此独据一方。开平元年（907），朱温即位，国号大梁。此消息传到临安，时任镇海节度使的钱镠第一个派人至汴京祝贺，并表示愿意臣服于大梁，被封为吴越王兼淮南节度使。吴越国自此建立，定都临安（今杭州）。

吴越初建，钱镠为维护地方安宁，修筑捍海石塘、拓建杭城、疏浚湖浦、发展农桑、开拓海运、扩大贸易，使吴越之富"甲于天下"。

五代十国时期，自钱镠统一两浙之后，杭州逐渐成为两浙的中心地区，经济飞速发展。但是钱塘江沿岸洪水灾害频发，一直得不到很好治理。根据相关资料记载，杭州修筑防海大塘开始于三国时期，但所采用的修筑方法为土筑法，一直修一直被毁。中唐以后唐王朝衰落，藩镇割据势力崛起，致使钱塘江海塘长期处于失修状态，海潮带来的损失十分严重。为解决潮患带来的巨大危害，公元910年，钱镠组织20余万兵民开始大规模的修筑捍海石塘。

根据相关记载所述，修筑海塘动工时适逢八月，海潮太大，修筑好的堤岸很快就被冲垮。后来，钱镠命人用竹笼填塞石头沉入海中，堆砌成大石塘，塘外再打下木桩，使石塘十分牢固。经过大致两个月的时间，从六和塔到艮山门长达3389593丈长的捍海石塘终于建成，后世称之为"钱氏捍海石塘"。捍海石塘建成以后，钱塘江大潮很长时间没有影响到杭州居民的生产生活，为杭州港的繁盛奠定了基础。

走集聚商舶　珠香杂犀象 —— 宁波港

宁波港，古称"勾章港""明州港""庆元港"，地处东海之滨，甬江、姚江和鄞江三江汇合入海处，扼南北水路要冲，负山临海，港湾众多，深入内陆，河网星罗棋布；主要由北仑港区、镇海港区、宁波港区、大榭港区、穿山港区组成，是中国著名的深水不冻良港。

宁波港的历史变迁

宁波先民的水上活动最早可以追溯至7000年前的河姆渡文化时期，这是迄今为止已被实物证明的中国最早的航海活动。河姆渡位于甬江上游姚江北岸，距宁波城区约25公里。1973年首次在这里发现新石器文化遗址——河姆渡文化。河姆渡文化与海上交通有密切联系。其遗址由四个文化层组成。经碳14测定，第四文化层的年代距今约为7000年。出土的文物中直接与海上活动的有6支木桨，其中两支比较完好，一支残长92厘米，另一支残长63厘米。桨叶长50厘米，阔12.2厘米，厚2.1厘米；柄部与桨叶用同一块木料制成。残留的桨柄下端绘刻弦纹和斜线纹相间图案。全器细长扁平，形如柳叶，造型轻巧，做工精细。同层出土的还有鹿、龟、犀牛、象及各种淡水与海生鱼类和猪、狗、水牛等动物骨骼。[①]1989年在江北慈湖遗址中，又发现了大约5000~6000年前的木桨。另外，还有金枪鱼、鲨鱼、鲸鱼等深海鱼遗骨的出土，都说明大约六七千年前，在今宁波余姚

---

① 郑绍昌主编.宁波港史[M].北京：人民交通出版社，1989年，第8页

县河姆渡一带的古人已经能"刳木为舟，剡木为楫"，并开始从事海上活动，且具有近海捕捞的能力，同时通过海上原始工具，向周边地区传播稻作文化。

周元王三年（前473）越王勾践灭吴后，"以南疆句余之地，旷而称为句章，以章封伯之功以示子孙"，在城山渡（今宁波市江北区乍山乡城山村）开拓城池，称"句章城"。城山渡在姚江边，东距三江口22公里，西去河姆渡3公里，溯姚江可直达余姚县城，顺流入甬江经镇海大浃口则出大海，具有非常优良的建港条件。为增辟通海口岸，加强水师力量并加强内越与外越之间联系，建"句章港"。至此，宁波古港"句章港"形成。

秦统一六国后，废分封，行郡县，句章开始置县，隶属于会稽，句章县开始成为县治所在地。两汉及三国东吴时期，其作为港口的功能得到进一步加强。句章港建成之初一直是个军港，以军事活动为主，经济活动较少，因此句章港之名多见于海上军事活动的记载，像《东越列传》《三国志》《孙恩传》中均有记载。相对来说，关于句章港的海上贸易活动的记载较少，但是实际上甬江流域的近海贸易很早就已经出现。《鄞（yín）县通志·食货志》有云，句章港实为"周以来海道运输之要口"。鄮（mào）县县治同谷，曾是甬江流域与舟山群岛附近居民贸易的重要场所。公元前221年秦置鄮县设治于此。鄮廓在鄮山山麓，即今宁波市东50里的鄞县宝幢附近，那时有小浃江通海。小浃江是一条与甬江平行的短源河流，但要比甬江短窄，全长约15公里，唐时已截流筑坝蓄水不通海舟。据《十道四蕃志》说：鄮山"以海人持货于此，故名"。《乾道四明图经》也说："贸山……以海上持货贸易于此故名。而后，汉以县居贸山之阴，加邑为鄮。"《浙江通志》亦称："鄞县东三十里为鄮山，古鄮县是以此名。先时山麓与海相际，百货来此贸易。"从上述资料可见，秦汉时期常有舟山群岛各岛及沿海渔人，驾着满载海产品的船只，从海口进入小浃江来到同谷，以交换当地生产的粮食和其他农副产品。《三国志》有云："澶洲，在海中其上人民，时有至会稽郡货布。"由此可见，此时期的甬江流域的水上经济活动与人员交往已相当频繁。

隋唐时期，陆上"丝绸之路"因政治原因受阻，"海上丝绸之路"开始兴盛，此时明州"乃海道辐辏之地，万里之舶，五方之贾，不可数知"，逐渐兴盛起来。隋开皇九年（589），余姚、鄮、鄞三县与句章合并，合称句章县，仍属于会稽郡。随着地理活动变迁和人类商业活动兴盛，甬江、姚江、奉化江汇合处的三江口，开始成为最有利船舶运输之地，句章港的地位逐渐被三江口取代。

唐武德四年（621），废句章县，余姚划归新置之姚州，而以原句章、鄞、鄮三县地置鄞州。武德八年（625），废鄞州，改置鄮县，属越州。唐开元二十六年（738），随着甬江流域商贸业发展，人口日稠密，海产品和丝织品在此集散，故江南东道采访使齐浣上奏建议将鄮县划分为鄮、慈溪、翁山（今舟山）、奉化四县，增设明州（今宁波）以统辖之，设州治于小溪，明州港一词始出现于史册。此期明州港已经形成了浅水河运、深水海运相结合的交通格局，并与日本、朝鲜半岛以及南洋诸国建立了比较密切的通商关系。繁盛的海外贸易促使明州港成为"海上丝绸之路"的始发港口之一，与扬州港、广州港并列全国三大对外贸易港口。

唐时明州港也是日本遣唐使的主要停靠港口之一。《新唐书·东夷传·日本》："新罗梗海道，更由明、越州朝贡。"根据相关文献统计，自公元630年至894年，日本共派出13次遣唐使，其中在明州登岸的有3次。天宝十一载（752），日本孝谦朝遣唐使舶3艘首次横渡东海，经舟山海域在明州奉化江支流鄞江之端小溪（今鄞州鄞江桥镇）登岸。而第三次则是在明州三江口东渡门至渔浦门沿江船舶停靠码头上岸。登陆地点的变更，与当时明州治所的迁移有直接关系。鄞江扼四明山之隘口，平原江河密布，小溪港水路可达古句章，经姚江水道可至会稽郡，水路交通十分便利。但随着经济社会发展、人口繁衍，鄞江因其地卑隘，发展受阻。故唐穆宗长庆元年（821），明州刺史韩察将州治从小溪镇移至余姚江、奉化江、甬江交汇的三江口，城署移至今宁波老城区公园路一带，并建明州城，其内城南城门就是宁波市仅存的古城楼遗址鼓楼。随着治所的迁移，政府大力推动港口建设，对内疏通杭甬运河，对外开发与日本、高丽、南洋各地的航线，三江口作为联通海内外市场的枢纽位置日益凸显，逐渐发展成为对外进行经济文化往来的重要港口。最初是发展与日本和高丽的经济文化关系，如公元792年日本高僧空海禅师到中国天台山国清寺留学，公元806年从绍兴通过水道来到明州，经舟山海域启程归国，开日本真言宗。空海回国时带回茶籽，将其栽种于日本滋贺县，还把中国制茶工具"石臼"带回日本仿制，中国制茶的蒸、捣、焙、烘等技术也传入日本。唐会昌二年（842），明州商人李邻德驾驶木帆海船从明州港启程，沿海北上到达朝鲜半岛和日本。据《安祥寺伽蓝缘起资财帐》记述，唐大中元年（847），日本僧人惠运、仁好、惠萼等"乘唐人张支信、元静等之船，从明州望海镇头而上帆，得西南风，三个日夜归着远值嘉岛那留浦"。此后逐渐与波斯、大食商人进行经济、政治、文化往来，如后唐清泰二年（935），高丽派使者李仁日护送在高丽、百济传天台宗佛教的明州僧人子麟返明州。此为明州首次接待高丽使者。

宋元时期，明州港海外贸易繁盛，名列两浙路各海港之冠，是名副其实的东亚大商港。《四明志·叙赋下·市舶》云："（明州）东南际海，海外杂国，时候风潮，贾舶交至。"根据何伟主编、谢安良著《丝路听潮·海上丝绸之路文化》所述："到达明州的内河航船，一般从东渡门外的三江口换乘海船经甬江出海。同样，从岭南、福建等地及日本、高丽来的海船，在明州驻泊后，改乘内河船，经浙东运河至杭州，与大运河对接，直达当时中国最大的商业城市扬州。唐代明州的水产贡品就是取道运河，昼夜兼程运往长安的；而明州的越窑瓷器也通过明州港销往日本高丽等海外地区。"由此可见，在此时期的中外经济交往中，尤其是在中国同日本、高丽等国的海外贸易过程中，明州港发挥着非常重要的作用。

为进一步促进明州港海外贸易发展，增加国家财政收入，宋朝政府鼓励"商贾懋迁""以助国用"，一方面大力招引外商来华贸易，如宋太宗雍熙四年（987），特"遣内侍八人，赍敕书、金帛，分四纲，各往海南诸番国，勾召进奉，博买香药、犀牙、真珠、龙脑"，一方面出台一系列薄征商税、降低关税率的措施。据《四明志·叙赋下·市舶》记载：原细色舶货是五抽，粗色舶货是七分半抽一分。后改为不分粗细，优润抽解，对高丽和日本商船的纲首及杂事是十九分抽一分，对其他船客是十五分抽一分。

为加强对明州港的管理，北宋淳化二年（991）将杭州市舶机构迁至明州定海县。第二年，监察御史张肃上言非便，市舶司迁回杭州。真宗咸平二年（999）九月，两浙转运副使王渭言："奉敕相度杭、明州市舶司，乞只就杭州一处抽解"，遂正式设置市舶司于明州，同广州、杭州市舶司并存，被称为"三司"。此外，市舶库、海运码头、市舶宾馆、市舶船厂等附属机构亦相继设立。徽宗政和七年（1117）为加强与高丽的贸易，在明州特设来远局，造两只巨船、百只画舫专门接待高丽使臣。此外，据乾隆《鄞县志·街巷志》记载："有波斯馆，该地驻有波斯团"专门接待波斯商人来华。为进一步规范管理，《元丰广州市舶条法》规定："诸非广州市舶司辄发过南蕃舶舡，非明州市舶司而发过日本、高丽者，以违制论。"也就是说，国内商船出海去往他国贸易，必须办好相关签证程序才能放行；全国各地去往日本、高丽的船只，必须先到明州港办好签证发舶手续之后才能放行。因此，明州成为官方指定的与日本、高丽通商贸易的唯一港口。这种地域条件的限制至元丰八年（1085）发生变化，补充条款载："诸非杭、明、广州而辄发海商船舶者，以违制论。"据相关文献记载，在海外交往方面，明州港对外交往除了继续加强与日本和高丽的商贸与贡使关系，其范围不断扩展到阇婆（印尼爪哇地区）、真里富（真腊，即今柬埔寨）、占城（越南）、渤泥（加里曼丹北部）、三佛齐（苏门答腊东南部）等东南亚、西亚诸国。如《宋史》记载：淳化三年（992）十二月，阇婆国遣使来宋"朝贡"，由中国商人毛旭做向导，历经两个月的航行，到达明州定海县。所带贡品中有象牙、真珠、檀香、玳瑁、槟榔盘、犀装剑、金银装剑、白鹦鹉、丁香、藤结花蕈等。宋朝赐金币甚厚，并赐良马戎具。宋乾道元年（1165），有一个真里富国（位今暹罗湾东北岸）的富商在明州病故，遗有巨额资财，明州知州赵伯圭为这个外商备棺成殓，并派死者门徒护丧归国，发还其全部在华财产，死者家属深为感动，捐出归还的全部财产，造了三座浮屠。

南宋时期，由于宋室南迁，定都临安（今杭州），杭州成为全国的政治、经济、文化中心。与杭州毗邻的明州港受辐射作用影响，不仅对外交通贸易的位置更加显要，且因毗邻京师，其拱卫京师的军事功能在这一时期也日益凸显。商港和军港的并行发展，政府政策的大力扶持，使得这一时期的明州港江夏码头"南则闽广，东则倭人，北则高丽，商舶往来，物资丰衍"。南宋绍熙五年（1194）宁宗即位并改元庆元，因明州为其潜邸所在，故将其改为庆元路，治所在鄞县（今宁波市辖区）。

元世祖至元十二年（1275），沿用庆元路之名改明州为庆元府，旋改称庆元路，明州港也随之更名为庆元港。元朝统治者推行了较两宋更为开放的对外政策，允许海外商人自由来华贸易，且"凡邻海诸郡与蕃国往还互易舶货者，其货以十分取一，粗者十五分取一，以市舶官主之"。《元典章》明言"有市舶司的勾当，是国家大得济的勾当"。故元初，先后设立了泉州、上海、澉浦、温州、广州、庆元（即宁波）、杭州七所市舶。且各地市舶司"每岁招集舶商，于蕃邦博易珠翠香货等物。及次年回帆，依例抽解，然后听其货卖"。与此同时，元朝统治者对海外文化的输入尤其是宗教文化的输入，推行了兼容并蓄的方针，无论是本土的道教教徒，还是异域传来的也里可温（基督教教徒）、答失蛮（伊斯兰教教徒）、头陀（佛教教徒），在商税、进出关口待遇等方面都给予优待。如《元史·食货（一）》记载："五年，诏僧、道、也里可温、答失蛮、儒人，凡种田者，白地每亩输税三升，水地每亩五升"，甚至"河南、江浙省言，宣政院奏免僧、道、也里可温、答失蛮租税"。宣政院的上奏虽最终没能通过，但从中可看出元朝政府对宗教徒经商活动的支持和优待。宽松的海外贸易与文化交流政策，为庆元港（宁波港）的发展添砖加瓦，呈现"是邦控岛夷，走集聚商舸；珠香杂犀象，税入何其多"的繁盛景象。

明太祖吴元年（1367）十二月改庆元路为明州府。洪武十四年（1381）二月，因避明国号改明州府为宁波府，取"海定则波宁"之意，领鄞、慈溪、奉化、定海、象山五县。宁波港之称由此开始。

相比于元代的活跃繁盛，明代的海外贸易可以说是黯然失色。明代中国开始把自己蜷缩在一个狭小圈子里，尤其是理学意识形态体系的建立，使得官方对民间商业活动产生了戒备心理，传统重农抑商思想回归，对海外贸易采取道德的否定，除了政府间的"朝贡贸易"，限制私商贸易活动，推行"海禁"政策。明太祖洪武时期严令"禁濒海民私通海外诸国""敢有私下诸蕃互市者，必置之重法"，明成祖永乐时期虽稍有松动，但依然把"海禁"政策当作不可违背的"祖训"。"海禁"不仅禁止本国人出海贸易，同时还限制海外客商来华，只允许和明朝有"朝贡"关系的国家来华进行"勘合贸易"，所以规定宁波港只能接待日本贡船。此后，原先帆樯如林的宁波港日益萧条，除了几年一次的日本贡船，几乎没有其他国家的商船进港。尤其是明朝嘉靖年间，随着倭患日趋严重，明朝政府的"海禁"更加严厉，宁波沿海连下海捕鱼与海上航行都在被禁止之列，导致宁波港长期处于闭港或半闭港状态。

清军入关后，为隔断沿海地区居民与台湾郑氏政权的联系，清政府采取了较明政府更为严苛的"海禁"政策。顺治十二年（1655）清政府下达沿海省份"无许片帆入海，违者置重典"的禁令，顺治十八年（1661）立界移民，强迫宁波台州、温州三府的沿海居民内迁30里，并且挖两丈多深、两丈多宽的壕沟，临沟筑起四尺多厚、八尺多高的城墙作为边界。一系列越来越严苛的禁海政策与措施，使得宁波港在清初的四十多年里十分萧条，海上贸易和沿海渔业生产停滞。此种萧条状况持续到康熙二十二年（1683）清军攻克台湾。康熙二十三年（1684）清政府颁布"展海令"，次年在宁波设立浙海关，对外贸易得到发展。然这种情况持续时间不长，乾隆二十二年（1757）清政府发布谕令，仅限广州一口对外通商，所有外国船只只能在广州停泊、交易，不允许一船入浙。这种状况一直持续到鸦片战争之前。这一时期宁波港海外贸易萧条，但它与国内港口的贸易得到复苏。《镇海县志》说到："宁郡……外省通直隶、山东，本地通杭、嘉、绍、台、温各处。"当时宁波港沿海贸易，北至关东、河北、山东，中自江苏，且溯长江深入四川兼走湘、鄂，南到台、温、闽、广，都是船只直接往来，而且相当频繁；与省内的杭、嘉、绍、定海、象山等地，或以海上或自内河，货物集疏，更是往来不断。①到了嘉道年间，宁波港出现了商贾聚于甬江，商船云集辐凑的繁荣景象。

19世纪40年代以后，受西方列强入侵的影响，宁波港呈现扭曲发展之状。《南京条约》《五口通商章程》《虎门条约》等不平等条约，使得宁波港被迫对外开放。西方列强通过夺取主权，建立据点，霸占海关，控制港口，垄断航运，推行"洋化"等一系列手段，逐渐使宁波港成为半殖民地性质的港口，首先服务于西方商品输出及资本输出的需要，而非中国经济发展的需要。太平天国时期，虽然太平军占领宁波后一度给宁波港带来新的希望，经济秩序较为稳定，商业贸易得到恢复和发展，但是随着1862年太平军被迫撤出，宁波港重新落入西方列强之手。1937年全面抗战爆发，上海、杭州以及其他沿海许多港口相继失陷后，内地各省与外部的物资交流，只能通过宁波港与上海租界之间轮船运输。这种物资间的交流，使得宁波港的港口地位迅速提升，其商业、运输业、服务业在这一时期出现了空前繁荣。1941年4月日军占领宁波，宁波港港口、码头、航道全部被日军海军特务部控制。此后日军接管招商局，成立"东亚海运株式会社"，霸占了宁波港航运事业。抗战胜利后，由于日占期的严重破坏以及国民政府的内战政策，宁波港的复苏十分乏力。解放前夕，国民政府在逃往台湾之前，对宁波港进行了大肆破坏，奄奄一息的宁波港再次遭受重创。1949年5月宁波解放后，宁波市军事管制委员会接管浙海关；同年6月13日，市军管会接管招商局宁波分公司；6月26日，接管上海航政局宁波办事处；1950年3月1日，江海关宁波分关又改名为上海海关宁波分关；12月27日，海关总署指示上海海关宁波分关改组为上海海关宁波支关；1951年12月28日，宁波支关被裁撤。20世纪四五十年代，是宁波港重新起步阶段。从可供运输船只奇缺、航道阻塞到港口基建基本完成，体制改革稳步推进，专业化管理逐步走上正轨，宁波港逐渐重新焕发新的生机与活力。中共十一届三中全会以后，随着全国工作重心转移到经济建设上来，宁

---

① 郑绍昌主编：《宁波港史》，北京：人民交通出版社1989年2月版，第111页。

波港进入了高速发展阶段。镇海新港的发展、北仑新港的建设、航道的重新整治、杂货泊位的不断扩建，以及配套铁路、公路的建设，江海联运的开展，使宁波港从河岸港发展为河口港和海峡港兼具的万吨级港口。1982年2月竣工的十万吨级北仑矿石中转码头，成为目前我国最大的矿石中转码头。1985年9月建成的年吞吐功能400万吨的北仑号驳油平台，是中国第一个海上最大的驳油平台；1986年6月建成的年吞吐能力为20万吨的镇海液体化工专用泊位，是我国目前第一座五千吨级液体化工专用泊位。

现在的宁波港是一个集内河港、河口港和海港于一体的多功能、综合性的现代化深水大港，是中国超大型船舶最大集散港和全球为数不多的远洋运输节点港。

宁波商帮

中国民间谚语："无绍不成衙，无宁不成市。"民间还有老话说："不管是千里路，还是是万里远，只要有市面，就有宁波人。"从守海渔获到通江达海，从辟港句章到甬通天下，宁波自古以来就是我国重要的港口城市，宁波商人遍布中国的五湖四海、世界的七大洲四大洋。

在中国古代十大商帮中，宁波商帮是一支后起之秀。它大约形成于晚明清初。明代厉行海禁政策，民间走私贸易者甚众。其时，明政府多次围剿宁波沿海从事走私贸易的海商，故而原先泛海者大多转向国内市场，宁波商人在国内经商的开始增多。清代中后期，尤其是康熙年间开放海禁之后，随着宁波港贸易复苏，宁波商帮实力不断增强，在其足迹所到之处相继设立会馆，社会上开始流传"无宁不成市"之说。宁波商帮以新兴的近代商人群体的姿态，在全国各地众多商帮中脱颖而出，跻身于中国古代"十大商帮"之列。鸦片战争之后，宁波成为被迫开埠的五口之一。随着门户洞开，宁波商帮迅速进入新兴的对外贸易领域，在洋行买办中迅速崛起。19世纪八九十年代，随着国内民族资本主义的发展，宁波商帮在航运业、金融业领域逐步占据重要地位，独步商界。20世纪三四十年代，由于社会动荡、市面萧条等原因，宁波商帮被迫转向海外发展，很快在海外形成了海外宁波商帮。20世纪70年代末改革开放之后，宁波凭借其优越的港口条件和国家政策支持，发展迅速。从整个发展历史来看，宁波商帮没有出现衰落时期，至今仍在海内外具有重要影响和地位。而其之所以能长盛不衰，在中国近现代史中占据显著位置，成因有三：其一，地利。宁波三面环海，海道四通八达，河道交错纵横，是中国最古老的港口之一，东方丝绸之路的始发港之一，故而商贸活动有着天然的地利之便。其二，重商传统。自秦汉以来，宁波人守海渔猎，开拓万里波涛，成就了宁波人敢于冒险创业、善于吸纳创新的重商传统，经商成风。如《慈溪县志》记载，乡民大多是亦农亦商，农闲时跑"单帮"，从事贩运业，一旦经商有成，即携亲带友一起干。其三，受到外来文化的影响。唐宋以来，宁波港外商纷至沓来，洋货琳琅满目，商民泛海兴贩，海外商贸往来频繁，深受外来文化影响。

宁波商帮在中国商业史上创造了一个又一个传奇，出现了一大批优秀商人，为近代中国社会做出了开创性贡献。如有"红帮裁缝"之特定称谓的宁波商帮裁缝，其源流在现在宁波鄞州区姜山镇孙张漕村，发祥地在浙江奉化江两岸。宁波商帮裁缝早在明代足迹就已到达北京，发展至清末几乎垄断了北京的成衣业。"红帮裁缝"以做西服名扬上海滩，当时外国人被称为红毛人，因此，宁波裁缝被人称为"红帮裁缝"。关于宁波成衣业的祖师爷有一个传说：相传19世纪中晚期，宁波人张尚义在横渡杭州湾时，船不幸翻沉，危急之下，他抓住了一块浮板，经过数日的海上漂泊，到达了日本横滨码头，成为海难的幸存者。在陌生的环境里，他凭借着会裁剪的手艺找到了糊口的方法，那就是为海边的俄国船员和荷兰人修补西装，后来成了西装裁剪的高手。经营有成之后，他回到故乡将自己的亲朋好友一起带到了横滨，向他们传授制作西装技艺，扩大作坊，创办了"同义昌"西服店。多年以后，他的儿子张有松回到上海，创办了中国第一家西服店——福昌西服店，并向宁波同乡传授裁缝手艺。从此之后，"红帮裁缝"成为宁波裁缝的特定称谓。

桑梓之谊、豪迈之气、英雄之勇，于宁波商帮"海客"而言，就是融于他们灵魂与血液中的海洋文化情结。宁波商帮，从某种意义上来说，不仅仅是一个经济群体，更是传播中国特有的海洋文化精神的文化群体。

唐塔 —— 天封塔

武周夯基平地升，堆沙成塔四海名。

七级浮屠云雾破，百丈雄梯港标明。

灯映万间观南斗，日晒千帆瞰东溟。

自从宝珠金光闪，檐下三江波浪宁。

天封塔，亦称唐塔，始建于唐武后"天册万岁"，迄于"万岁登封"，故名"天封"，位于今宁波市大沙泥街西端。相传建塔时，人们采用了泥沙层层堆积把砖石送上去的办法，宁波有童谣云："天封塔，十八格，唐朝造起天封塔，沙泥堆聚积成塔，鲁班师傅会呆煞。"

天封塔塔身高约18丈，地面共七级（俗称七级浮屠）十四层，七明七暗，呈六角形，地下基层二层，共十八层。每一层塔上飞檐鬼斧神工，塔体（元代重修的壶门顶上）砌有放置文物的穿窿和龛，为江南特有的典型仿宋阁楼式砖木结构塔，具有宋塔的玲珑和庄重，巧甲天下。

天封塔

唐代，明州港开始崛起，逐渐发展成为当时国内三大对外贸易港口之一，海上船只往来频繁，天封塔成为当时明州港江海通航的水运航标和港口城市的重要标志，是"海上丝绸之路"的重要文化遗存。海外客商、使节、僧侣由明州港上岸、中转、返航。传说宝塔中藏有宝珠，使甬江、姚江和奉化江三江从此波宁浪静，有"遇江涛，奠海门；为郡之内镇者，天封也"之说。

百货随潮船入市　千家沽酒户垂帘 —— 福州港

福州港位于我国大陆东南部、台湾海峡西部、闽江入海之处。江海交汇使得福州港既有内河港区，又有沿海港区，地理位置和港口条件优越。从汉代东冶港形成之后，此地便一直是我国重要的对外港口，在郑和下西洋及与琉球的交往、贸易中发挥了重要作用，至今福州港仍是我国对外开放的重要港口之一。

福州港的历史变迁

据《汉书》记载，汉高祖五年（前202），汉高祖刘邦任命无诸为闽越王，负责管辖闽中地区，其都城变为东冶，东冶港因此而得名。东冶名称由冶山而来。冶山在福州东北面，为屏山东支的一座山丘。传说欧冶子曾在此铸剑，故名。东冶城为闽江入海口，背靠山麓，江水环抱，合浦、交趾、九真、日南七郡进贡给朝廷的玳瑁、珠玑等特产，都是从海路运到东冶港，再由海上转运至北方沿海，而后再从陆路运送都城。除了作为贡品的转运口岸，东冶港还有着军事运输口岸的作用。

三国时期，吴国打败闽越后，东冶港便成为吴国的重要海上基地。吴国黄龙二年（230），孙权派遣将军卫温、诸葛直率领万人部队"浮海求夷洲"，并带着数千夷洲人返还。夷洲即今天的台湾岛。公元226—231年，吴王孙权还派遣朱应、康泰率领船队前往南海各国。在帆船沿岸航行的时期，东冶与夷洲仅一水之隔，又是吴国水师南下的必经之地，所以吴国的上述海上活动，都可能以东冶港作为重要的中转和休整港。后来，吴王孙皓又派遣李勖、徐存从此沿海道南下至广西，联合其他军队攻打交趾。

从汉代至隋朝800多年间，东冶古港是南北海上交通的重要中转口岸及闽越地区重要的对外海上交通口岸。隋朝建立之后，高智慧起兵自立为东扬州刺史，割据福建地区，有海船1000多艘。隋文帝派遣杨素领兵征讨，高智慧兵败，退守福州。杨素也从海道追至，后在泉州剿杀了高智慧。

唐初政治稳定、经济繁荣，闽南地区也获得了长足的发展。开元年间东冶改名为福州。随着海内外贸易的不断发展，福州港成为当时南方地区重要的外贸港口。天宝十载（751）怛（dá）罗斯之战后，大食占据了中亚地区，割断了唐朝与西域的陆路通道，唐朝在此之后便致力于经营与海外诸国的海上交通，海路取代了陆路成为中外交流与贸易的主要渠道，因此，福州港对外交流和贸易快速发展，通商国家和地区飞速增加。除了与东南亚诸国的传统航线，还开辟了许多新航线，其中主要有新罗、三佛齐、印度、大食等。在唐大和年间（827—835），福州港继广州港之后也设立了市舶司，管理对外贸易、征税以及保护各国侨务，福州因此在东南沿海地区声名鹊起，成为各国商船纷至沓来、中外商贾云集的国际大港。

晚唐时期藩镇割据，唐王朝逐渐失去对福州地区的控制。五代时期，闽国建立者王审知利用中原鼎沸，统治者忙于争夺皇位无暇南顾之机，采取保境安民政策，发展生产，使闽地出现较长时期的安定局面。历史记载，王审知曾下令凿去位于福州北黄崎海道中梗舟之巨石，开辟了对外贸易大港——甘棠港，同时开辟了福州对外贸易的航路，为福州发展海外贸易创造了交通条件。甘棠港的开辟对福州经济是如此重要，以至于皇帝亲自颁发诏书，对王审知开甘棠港的行为作出嘉奖。至今位于鼓楼区庆城路22号的闽王祠内，还可以见到被称为"天下四大唐碑"之一的《恩赐琅琊郡王德政碑》。这通石碑高4.2米、宽1.7米，碑顶为亭子所遮，碑底下承龟趺，碑面有多道裂痕，篆额"恩赐琅琊郡王德政碑"，为唐天祐三年（906）哀帝李柷敕建。碑文为侍郎于兢撰，内容为王倜书，记载了王审知家世及其治闽政绩等。其中多处记载王审知开辟甘棠港，大力倡导海外贸易的事迹。这些事迹大多带有神话色彩。曾主持甘棠港开辟工程的刘山甫在《金溪闲谈》中说："黄崎镇先有巨石屹立波间，舟多覆溺。王审知为福建观察使，尝欲凿之而惮于力役。乾宁五年（898），因梦金甲神自称吴安王，许助开凿。及觉，言于宾僚，因命判官刘山甫往设祭。祭未毕，海内灵怪俱见。山甫于僧院凭高观之，风雷暴兴，观一物，非鱼非龙，鳞黄鬣赤。凡三日夜，风雷始息，已别开一港，甚便行旅。驿来以闻，赐号'甘棠港'。"

王审知及其继承者治闽期间，与福州交往的国家有新罗、占城、三佛齐等。闽王王和即位，新罗曾遣使献剑；天祐二年（905），三佛齐等国使者前来朝贡；天德二年（1150），占城国相金氏婆罗出使福州。

王审知致力于海外贸易的另一项措施是在福州设置"榷货务"，委任张睦专门管理舶货征榷事宜。张睦不负所望，把此项工作做得有声有色，因此他从三品官累封至梁国公。为了达到招徕外商的目的，闽王曾在福州举办"万人大佛会"，引来南海三佛齐国王及其附属国君臣前来观看和朝贡，福州港出现了万国来朝的盛况。闽国从海外贸易中抽解来的象牙、犀角、香料、珍珠、玳瑁等海外珍宝，有一部分进贡给中原王朝，每年从登莱海道北上运至汴梁，大部分是供统治者享用的奢侈品，但政府的海外贸易却为之后的民间贸易奠定了基础。

宋元时期，泉州港成为当时世界著名港口之一，福州港在对外贸易方面的地位与作用相应下降，但仍是国内贸易的重要港口之一。福州港与福建境内及邻近地区沿海也有船舶往来。由于战乱等因素，福州港成为福州与内地交往、贸易的主要交通口岸。五代时，朝鲜半岛的新罗、高丽就已经与福州有海船来往。据《高丽史》统计，福建海商占中国海商的首位。那时，福州商人还远渡日本经商，北宋天圣六年（1028），福州客商周文裔前往日本，赠右大臣藤原实资方物多种。同时，福州土特产也随着新罗、日本、琉球、大食等地的商船流行于海外。荔枝是当时闻名遐迩的贡品和贩运海内外的重要土特产。当时福州港的海外贸易范围已东到日本、西到阿拉伯诸国，元代福州港的海外贸易继续保持繁盛。马可·波罗曾说福州的工商业非常发达——这个地方制糖很多，珍珠宝石的交易量也很大，经常有印度的船舶携带大量贵重货物来此贸易。当时福州造的福船为中国海船之最，两宋之际，转运使吕颐浩给宋高宗上《论舟楫之利》折记载："南方木性，与水相宜，故海舟以福建船为上，广东、西船次之，温、明州船又次之。北方之木与水不相宜，海水咸苦，能害木性，故舟船入海不能耐久，又不能御风涛，往往有覆溺之患。"从此，福建所造之船成为公认的性能最优良之船舶。《舆地纪胜》中描述福州沿海"海舶千艘浪，潮田万顷秋"，反映出闽都海船数量之多、福州海路的热络繁忙。

元朝大体继续了宋代的海上贸易，闽都的出海港口一如既往的繁盛。福建官员萨都剌诗"三山云海几千里，十幅蒲帆挂秋水"，描述了其所乘福船是挂有十面风帆的大型海船。元代闽都沿海福船仍旧往来如梭地进出各个港口。

在明代，福州港与琉球的贸易关系，使其地位显得日益重要。为了保证与琉球的贡舶贸易顺利进行，甚至专门设立市舶仓库。明朝在广东、福建、浙江都设有市舶司管理港口贸易。但是，明代的市舶司是建立在朝贡贸易基础上的市舶管理。市舶司的主要职权是"掌海外诸番朝贡市易之事，辨其使人、表文、勘合之真伪，禁通番，征私货，平交易，阇其出入而慎馆毂之"。明代是高度中央集权专制时代，在海外贸易方面实行的是贡舶制度。所谓贡舶，就是明代把与明朝进行贸易的国家都看作是来朝贡的，"凡外夷贡者，我朝皆设市舶司以领之……许带方物，官设牙行，与民贸易，谓之互市。是有贡舶即有互市，非入贡即不许其互市"。换言之，只有在朝贡的名义下，外商才能来进行贸易。

简而言之，宋元的海外贸易管理，从对象来说，不分公私，统管一切海外贸易活动。在管理类型上，不仅管出口，而且管进口征税。但是，明代的朝贡贸易管理，性质是完全不同的。明朝政府明确规定，有朝贡才有贸易，换句话说，贸易是建立在朝贡基础上的，海外诸国必须承认自己是明朝的附属国，才能以朝贡宗主国的名义前来进行贸易。

明朝实行闭关锁国的海禁政策，对于海外贸易采取敌视态度。有限的朝贡贸易，

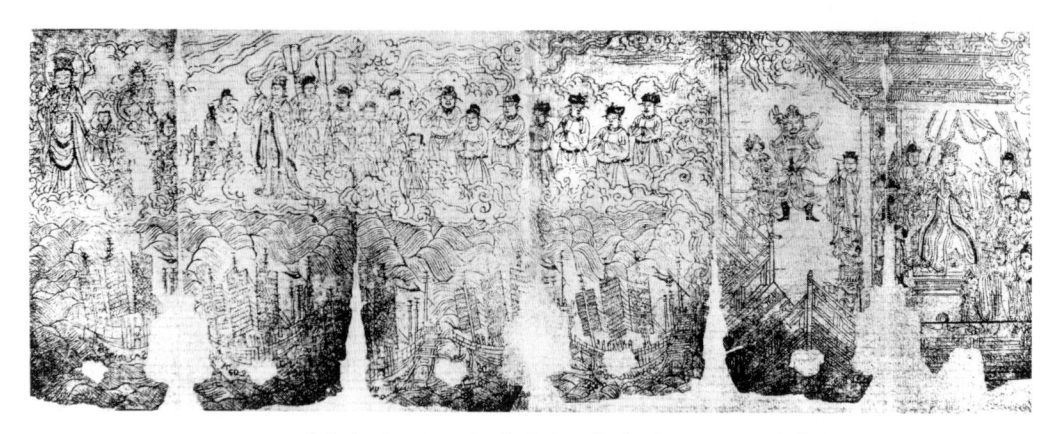

《太上说天妃经救苦灵应经》卷首郑和下西洋情景

也是在政府严格管控下进行。所以,福建市舶司的设置,开始是设置在远离省会的泉州,但是福建布政司设在省府福州,而代表皇帝征收舶物的市舶太监也时常驻节福州。这样就造成"朝使贡蕃络绎往来,宿顿省垣,供亿无已"的状况。管理机构分别两地,既靡费钱财又不便管理,所以从成化二年(1466)开始,福建地方官员便屡有移司福州之议,虽历尽波折,但终于在成化十年(1474)完成了由泉州迁司福州之举。

明成祖永乐年间,为了弘扬国威,加强同亚非各国的友好往来和开展经济、文化交流,航海家郑和奉命率庞大船队七下西洋,成为世界古代史上最大规模的远航。郑和船队第一次是从刘家港(江苏太仓浏河镇)出长江口,泛海至福州外港——长乐太平港停驻,伺风开航西洋各地。太平港成为郑和下西洋的重要基地。郑和下西洋船队在长乐太平港停驻时间最长的一次达十几个月;停驻期间,主要是为下西洋做最后的准备工作,如招募富有航海经验的船工、火长,补给海程所需各项物品。郑和船队所带日常生活用品及用于交换用商品多达40多类,除了在南京筹办的,一部分就在长乐太平港补充,福建的茶叶、雨伞、樟脑、各色纺织品、瓷器等,都是郑和下西洋所带重要物品,素负盛名的福建盐、油、糖等亦是船队的生活必需品。长乐圣寿宝塔是当年俯瞰太平港的瞭望塔,也是郑和下西洋船队进入太平港的航标塔,郑和船队的停驻促进了该口岸的商品贸易。2万多人在停驻期间的生活消费及各种船上必需品、贸易品的采办,都需要从市场得到补充,因此太平港一时人如云集,形成大的集市。福州港在海外的知名度也进一步提升。一些经郑和招徕来华进贡的国家,贡使来中国都选择福州港作为转口口岸。《明实录》记录了海外渤泥、苏门达剌、古里、柯枝、麻林等国使者都来过闽都。如永乐六年(1408),渤泥(今加里曼丹岛北部）国王那惹加那率其妻子、陪臣来中国朝贡，曾停驻福州港。永乐十八年，古麻剌朗国（今菲律宾棉兰老岛）国王斡剌义亦敦也率其妻子、陪臣来华朝贡，返程时也在福州港停泊。这说明福州港已成为各国贡使喜欢落脚之地。

到了明宪宗成化年间（1465—1487），泉州港日渐衰落，明政府乃决定将泉州市舶司移址福州。这样，原来海外贸易极不发达的省会城市，"由于饶鱼盐、果实、纺织之利，乃有改机之绢，绨衣之丝……器物精巧"而备受青睐，"省城的河口，以及濒海的琅岐、嘉登诸岛之人，无不辏来不断，远航海外"，福州便成为引人注目的一个对外交通、贸易之地，与日本、朝鲜、琉球及东南亚诸国均有贸易往来，其中尤以对琉球的贸易最为频繁。

清初虽然短期海禁，但康熙统一台湾后又解除海禁，福州沿海又逐步开始繁荣，福州港仍旧是海上丝绸之路上举足轻重的始发口岸。清代闽北的茶叶、景德镇的陶瓷，大量通过闽江水路会集福州港出洋。这不仅在地方史志文献中多有记载，而且在福建沿海、南海等海道发现的沉船也发现了实物证据。

昔日之闽都，以其滨江临海的地理优势和开放包容的人文精神，为中国海上丝绸之路的发展做出了卓越贡献，留下了丰富的历史文化遗产；今日之福州港，正乘着改革开放的东风，在"一带一路"的新征程中，扬帆起航。

与琉球的朝贡贸易

明清政治大一统，社会稳定，琉球与中国确立了宗藩关系。明初，将泉州港作为中琉朝贡贸易的合法港口。但由于福州距离琉球更近，加上明政府派遣的负责运载琉球贡使、贡物船舶上的36户船工、水手的籍贯大多属于福州，因此朝贡船只大多违例停靠在福州而不是泉州。成化年间，明政府接受了这一既成事实，把福州港作为中琉朝贡贸易的法定港口。

对于琉球的进贡次数，明初特许为一年一贡：永乐至景泰年间升至一年两贡或三贡；明成化以后被定为两年一贡，人数只许几百人。此后，琉球或两年一贡，或数年一贡。清代，中琉贸易比较稳定，始终保持"两年一贡"，但琉球通过接贡船、护难船、飘难船等方式，仍旧保证每年至少一次来福州通商贸易。除琉球商人来福州贸易之外，这一时期福建商人也到琉球经商。

琉球自身资源匮乏，它进贡给中国的物品大多来源于东南亚各国。琉球商人通常将来自中国的货物带去东南亚各国，然后在那里换取大量的当地特产，琉球使者来华朝

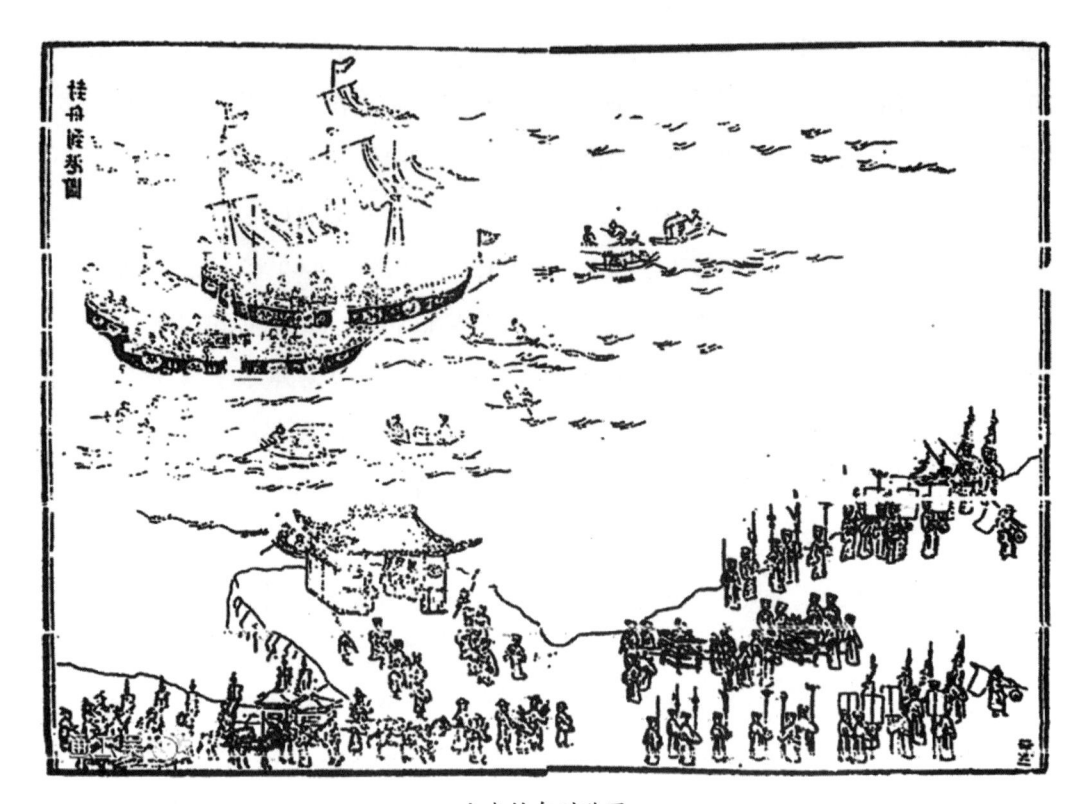

琉球封舟到港图

贡时再将这些东南亚特产带到中国；或者是一些商人到东南亚各国收购当地货物，另一些人从事中琉贸易，但这两方面的贸易均以琉球为中转地。因此，在福州港所进行的中琉贸易，实际上是通过琉球为中介的福州与海外各国的贸易。在中琉贸易中，贸易所得利润大多归琉球。根据《闽书》的记载，在中琉朝贡贸易中，琉球运往福州的商品主要有金银、粉匣、玛瑙、象牙、牛皮、香料、苏木、乌木、胡椒、硫磺、马匹等。

道光二十四年（1844），福州对外开埠，西方列强通过一系列不平等条约取得了福州港的各项管理权。而且，在国外航线上，外国船行控制了进出口商品运输的绝大部分；在国内航线上，外国船行也占据了土货贸易的很大份额。福州港通商后，鸦片、纺织品大量输入，茶叶等土货大量出口。咸丰三年（1853），由广州、上海出口闽茶的通道受阻，清政府随即解除了福州港茶叶出口禁令，福州于是成为驰名世界的茶叶集散地。茶叶出口也带动了其他商品出口，进出口贸易总量全面上升。同治二年（1863），福州港进出口贸易总值在11个主要通商口岸中仅次于上海、汉口而位居第三位，其中出口商品总额仅次于上海而居第二位。到了19世纪80年代以后，因为茶叶出口量减少，福州港在全国贸易口岸中的地位才有所下降。同治三年，清政府开放海上贸易，闽北茶叶多销往福州。茶叶品种有红茶、绿茶、花香茶和茶砖，其中价格最贵的是白毫银针茶。这里除了部分是闽东、闽西茶，大多是闽北建茶。19世纪60—80年代，福州口岸茶叶出口量一直占全国茶叶总出口量30%~50%，是全国主要茶叶输出口岸之一，是晚清驰名世界的茶叶集散地，与汉口、九江并列为"全国三大茶市"。

1919年成立由闽海关管辖的闽江疏浚工程局，在闽江沿岸抛石筑坝，并对河道进行疏浚，整治了马尾到福州城区的航道，曾一度使航行于上海至福州的千吨级轮船直接驶抵城区码头。

19世纪70年代的马尾船政全景俯瞰。

民国二十四年（1935），在福州台江江滨路建造了6座小码头，即俗称的第一至第六码头；接着，聘用荷兰人设计，由上海铁工厂承包施工，于民国二十五年（1936）在马尾罗星塔一带建造可供4000吨海轮靠泊的浮码头2座，并建有仓库2座。这就是近代福州港口仅有的码头泊位。

中华人民共和国成立后的相当一段时间，海峡两岸形成对峙局面，港口建设发展缓慢，偌大的马尾港区，1966年吞吐量仅30万吨，台江作业区仅23万吨。

1978年中共十一届三中全会之后，福州港利用中央赋予福建省的特殊政策，抓住有利时机求发展，福州港走向新生。

柔远驿

柔远驿，明代官方全称为"进贡厂柔远驿"，属市舶司派出机构，主要负责入贡商品的检验、装卸、存储、加工等业务，民间又称"琉球馆"。

15世纪末、明中叶之前，因为琉球至中国间交通以直航福州港最为便捷，加之从事中琉贸易的人员很多是明初移民到琉球的福州河口人，因此前往中国的琉球人往往先在福州停靠，再前往福建市舶司所在的泉州，其时福州官方在城东南河口地区设有廨舍，专供琉球人临时休息，福州民间称之为"琉球馆"。明朝初期的永乐三年（1405），明成祖就在泉州建立隶属于福建市舶司的来远驿，专门用于接待琉球人。但因为琉球使者和商人的船只多在福州靠岸停泊，明朝就于成化八年（1472）在福州设立用于接待琉球人的怀远驿，其地址就在河口地区的原琉球馆附近，并废止泉州的来远驿。成化十年（1474）（一说成化五年）明政府将福建市舶司移至福州。万历年间，为区别于广州的怀远驿，福州的琉球馆更名为柔远驿。此名取自《尚书·舜典》中的"柔远能迩"，寓意"优待远人，以示朝廷怀柔之至意"。

明代的柔远驿规模相当大，内有前厅、卧房、后厅、贰门、守把千户房、军士房、大门、天妃宫、进贡厂等，用于琉球使者、商人居住及储存贡品和商品。明末清初，南明隆武帝将国都设在福州，清军进攻福州时柔远驿被严重破坏，在靖南王耿继茂占据福建期间它又被作为兵营，琉球来宾不得不与军队同住一处。康熙五年（1666）琉球国王尚质上奏康熙帝请求恢复柔远驿，康熙准奏并令福建督抚重建该驿。但该驿重建后，靖南王的藩兵仍拒绝迁出。三藩之乱中，柔远驿于康熙十三年（1674）再遭重度损坏，直到康熙十八年（1679）才由康熙帝下令重建，增设天妃堂，允许接待海外客商，定期进行"海祭"，祈祷天妃妈祖的活动。康熙三十年（1691）增建了崇报祠，翌年柔远驿因台风袭击严重受损，福建地方政府随即修复了厢楼、墙垣，并重修了馆内的天妃宫，因琉球贡使人数增加到300人，原驿馆难以容纳，琉球方便在大厅西南侧增建了小四间用于贡使居住。嘉庆二年（1797），琉球使臣上奏修缮柔远驿，清朝方面便由一些宪台官员捐资重新修复了除土地祠和崇报祠外的柔远驿房舍和设施。嘉庆九年（1804）正月初九，馆内天妃宫楼上灯烛失火，并蔓延到全驿。这次火灾造成严重的破坏，是柔远驿历史上最大的火灾。虽然火灾系琉球方过失所致，但清政府仍以怜恤的名义接受琉球使者重建请求，参照原样修复了柔远驿。道光二十二年（1842），柔远驿河口通事（土通事）居住的视馆公署被大风摧毁，琉球接贡存留通事普久岭里之子上表呈请另修一座土通事公馆，清政府遂于道光二十四年（1844）在原视馆公署右侧新建了长五开间、宽二开间的土通事公馆。同治十二年（1873），柔远驿进行了中琉断交前最后一次大修,土通事公馆馆舍扩建为长五间半、横四间半。

1875年,日本强迫琉球王国停止向清朝朝贡、关闭福州琉球馆,并提出吞并要求。1876年,在琉球与清政府交涉无果的情况下,中琉断交,福州柔远驿作为琉球使者驻地的功能消失。

1879年日本正式吞并琉球后,日方曾提出由其接替琉球国继承柔远驿作为日本资产,但被中国方面拒绝。尽管如此,此后直到1937年日本发动全面侵华战争,前往福州的琉球人(实际上包括很多日本人)仍继续使用该馆居所。直到20世纪90年代,原柔远驿逐渐被蚕食缩小至不到原来的十分之一。1992年,福州市政府修复了柔远驿,其建筑面积仅剩600平方米,作为福州对外友好关系史博物馆,用于陈列福州的海外交流史,包括中琉和中日关系史的文物展品。现在,该馆已被列为福建省级文物保护单位。

福建三海关 —— 闽海关

闽海关,是清代东南四海关中最早设立的两关之一。1684年始设于漳州,由福州将军兼管。设立海税监督,满汉各一人,笔帖式一人,任期二年。首任满汉监督,分别为户部郎中吴世把和兵部主事张濬。康熙二十九年(1690)后"专用满员,一年一易"。雍正二年(1724)闽海关归福建巡抚管理,时任福建巡抚黄国材委粮驿道韩奕管理税务。雍正四年(1726)福建巡抚毛文铨,以韩奕病重故委延平府知府张道沛接管。继又委派泉州府知府张无咎管理征收,而张无咎又因仓谷案发,时任福建巡抚沈廷正奏请以盐驿道陈豫朋暂行管理之责。雍正七年(1729)复设海关监督。雍正十年以海关监督准泰暂署福州将军。乾隆登基后,重新放税权于地方,先是由闽浙总督兼任闽海关监督,并授予驻厦门的兴泉永道兼理海关日常行政事务的特别职责,乾隆三年(1738)改归福州将军(也称镇闽将军)兼理,"凡商船越省贸易及贩往外洋者,出入官司征税"。

福建闽海关由掌握军权的将军兼管,不再是单纯的财政目的,而是带有鲜明的政治军事色彩。这无疑与台湾海防有关。闽台一水之隔,台湾历来为多事之地,控制台湾、安顿民生、配运台谷,督促地方给养等问题,一直是清政府关注的焦点。这可能是清政府对闽海关采取与其他海关不同管理措施的原因所在。

1757年闽海关停止征税事宜,海舶进出口均集中于广州,由粤海关征税。鸦片战争后,清政府被迫开放了五个通商口岸,其中包括福州。海关作为管理贸易的机构，得以重新在福州设立。按清制，海关由海关道台（正四品）管理，但在这五个海关中却有两个例外：粤海关沿袭十三行旧制仍由内务府管理，而闽海关则由福州将军（正一品）管理。咸丰十一年（1861）聘三名外国人分任税务司、副税务司。1901年《辛丑条约》签订后，距离海关周围50里内常关划归当地海关税务司管辖，被闽海关接管的有福州、厦门、三都口三总口常税事务。其中，福州总口以南台为总关，分关有闽安镇、馆头、闽安港里三处；厦门总口驻扎本埠，附近有排头门、鼓浪屿、厦门港三个稽查口岸；三都口有原属东冲口的宁德、白石、八都、飞鸾、盐田、二都、罗源、可门、七星礁等处关卡。从此。福州将军署理的海关事务徒有虚名。1862年厦海关设立后，原属闽海关的厦门正口亦改称厦门常关，同年福州将军委任协领广星督理厦门常关税务。此外，厦门、蚶江、五虎门三口分别于康熙二十四年、乾隆四十九年、乾隆五十三年被指定为专向对渡口岸。负责对渡台湾鹿耳鹿仔港、八里坌三口，配运兵谷及戍台军队眷属职责。嘉庆十五年始准各口通行，不拘对渡。

民国时期，闽海关理船厅改称港务课，负责人称港务长，其内部机构演变成总务课、秘书课、会计课、统计课、监察课、验查课。民国二十年（1931），成立民船管理处。翌年5—11月，关区内设营前、涵江、海口和秀屿分卡，三江口、潭头分所。此后，闽海关分支机构变化颇大，到民国三十一年（1942）6月27日，关区内各分卡有八都、仙游、罗源、上杭、浦城、漳州、闽安、竹岐（临时）、永春、邵武、涵江、霞浦、建瓯、朋口。民国二十七年（1938），厦门、汕头沦陷后，其所属分卡由闽海关代管。福州沦陷后，泉州代理税务司负责涵江以南各分卡，其他机构均在沦陷区内。日军撤离福州后，总关恢复领导全关区。民国三十三年（1944）10月，日军入侵福州，闽海关北迁南平，翌年5月由南平迁回，同时关闭南平的延福门、教场坊和水南支所；6月16日，南平办公处关闭。1949年8月，福州解放。8月24日，中国人民解放军福州军事管制委员会派员接管闽海关，从此闽海关结束了近百年由外国人统治的历史。

苍官影里三洲路　涨海声中万国商 —— 泉州港

泉州港，古称"刺桐港"，地处东海之滨，枕山瞰海，海岸线曲折，港湾众多，素有"三湾十二港"之称。所谓"三湾"，即泉州湾、深沪湾、围头湾。三湾之中又各有四港：泉州湾内有洛阳港、后渚港、法石港、蚶（hān）江港，深沪湾内有祥芝港、永宁港、深沪港、福全港，围头湾内有围头港、金井港、安海港、石井港，合计"十二港"。得天独厚的水文条件，水深港阔，海洋资源丰富，交通便捷，使得泉州港逐渐发展成为"舟车辐辏，舳舻相接，梯航万国"的天然良港和海防要地，及至宋元时期它被誉为"东方第一港"。

泉州港的历史变迁

泉州的水上交通最早可以追溯至春秋战国时期，据《越绝书》载：百越族非常擅长造舟航海，称其"水行而山处，以舟为车，以楫为马，往若飘风，去则难从。"及至秦汉时期，闽越人的舟楫文化益盛，《汉书·严助传》载："（闽）越方外之地，断发文身之民也，以处溪谷之间，篁竹之中，习于水斗，便于用舟。"《太平寰宇记·泉州风俗》亦载："泉郎，即此州之夷户，亦曰游艇子……散居山海，至今种类尚繁，其居止常在船上，兼结庐海畔，随时随徙，船式头尾尖高，当中平阔，冲破逆浪，都无畏惧，名曰了乌船。"

真正有文字史料记载的泉州海上交通，是南朝时印度高僧拘那罗陀前来泉州。《续高僧传》载：拘那罗陀在南朝梁大同十二年（546）八月从扶南（今柬埔寨）达于南海（今广州）。"沿途所经，乃停两载"，以太清二年闰八月始届京邑（建业，今南京）。又于陈天嘉二年从晋安泛小舶至梁安郡，"权止海隅"，至天嘉三年九月，"发自梁安，泛舶西引。业风赋命，飘还广州。"魏晋南北朝时期，北方战事频繁，南方相对稳定，大量北民南迁。衣冠南渡所带来的先进生产技术、全新的中原文化及大量移民，使得泉州的农业、手工业、商业在这一时期得到飞速发展。航海事业亦随着泉州的农业、手工业、商业的发展逐渐发展起来。

隋唐时期，陆上丝绸之路逐渐衰落，大食帝国自阿拔斯王朝迁都巴格达后，大力发展海上贸易，加强了与印度洋乃至东亚地区国家的商业交往。原先已经形成的东亚航运贸易圈和印度洋航运贸易圈被串联沟通起来，出现由海路进行东西方经济文化交流的大通道——海上丝绸之路。这条航线经东南亚进入南中国海后，可以直接到广州，或者继续北上，经台湾海峡至长江中下游及北部中国、朝鲜、日本等地。地处台湾海峡西岸的泉州，蕃客往来频繁，至唐武德年间泉州已成为"海上丝绸之路"的起点，其海路所通国家和地区，东北至高丽（今朝鲜）、日本，南达南海诸国，西抵印度半岛。随着泉州逐渐发展为海外交通贸易繁盛的商贾重镇，泉州港的地位愈加突出，海内外交通和贸易空前繁盛，外商云集，成为唐代四大港口之一，与广州、扬州、明州（今宁波）并列。

五代时期，王审知割据福建，实行保境安民政策，福建境内相对稳定。此外，这一时期的当政者大力发展海外贸易，积极"招徕海上蛮夷商贾"，使泉州港成为福建南方与外界交往的重要枢纽，经济日趋繁荣。

宋元时期，泉州港进入迅速发展的黄金时期，繁盛程度甚至超越广州港。元代到过泉州的马可·波罗和伊本·巴图塔都认为泉州港是当时世界第一大贸易港。北宋，泉州农业、手工业和商品经济的发展，为海外贸易的蓬勃发展准备了物质条件。宋哲宗元祐二年（1087），

泉州市舶司遗址

元朝政府在泉州设置市舶司，泉州市舶司的设立使泉州获得了中央政府组织和财政上的双重支持；万安桥（洛阳桥）的修建，使洛阳江天堑变通途，周边地区商旅贸易更加便利，海外贸易急剧增长，泉州港更加繁盛。《泉南诗》曰："蛇冈蹑龟背，虾屿据龙头。岸隔诸蕃国，江通百粤舟。"及至南宋时期，宋皇室南渡，定都杭州，因为杭州与泉州之间距离相对较近，加之统治集团逐渐意识到海外贸易的重要性，希望通过海外贸易增加政府财政收入，所以不断调整政策，通过放宽对洋货交易的管制，降低舶税，投入巨额折博本钱，优异推赏，犒设洋商，改善泉州港口基础设施，安静航路等措施，推动泉州海交外贸事业的发展。这一时期，泉州港来往爪哇、马来、日本、高丽、暹罗、印尼的大型商船日渐增多。此期泉州城内人流如织，人种繁多，有操本地口音的泉州人，有身材高大、金发高鼻深目的外国人，如英国人、法兰克人、犹太人、色目人、亚美尼亚人、阿拉伯人等，故时人有诗云"海商辐辏，夷夏杂处"。泉州港日益发展成"苍官影里三洲路，涨海声中万国商"的国际贸易港口，被誉为"东方第一大港"，与古埃及的亚历山大港齐名。

元代泉州港的贸易没有遭受战火摧毁，海外贸易正常开展。宋末元初，掌握泉州实权的蒲寿庚降元后，元朝政府大力发展海外贸易，在全国设泉州、上海、澉浦、温州、广州、杭州、庆元7处市舶司，其中泉州最被重视。当时其他海港，外国货物

陈立德漆壁画作品《涨海声中万国商》

税十五抽一，唯泉州港三十取一。优惠的低关税政策，使泉州在吸引外商方面具有更大优势。此外，在泉州设行省，采取多种措施，大力发展泉州海外贸易，使这一时期泉州海上贸易的深度与广度，比南宋时期有了新的发展，泉州港成为中外海上交通的重要枢纽、名符其实的世界性大港。泉州地位之显要，诚如大德六年（1302）泉州人庄弥邵在其《罗城外壕记》中评价的那样："泉本海隅偏藩，世祖皇帝混一区宇，梯航万国，此其都会……四海舶商，诸蕃琛贡，皆于是乎集。"

元代的泉州港是一个商品集散中心，海内外大量的船只在此停泊，外国商品不断运送到这里，或在此交易，或由此分散到全国各地。元代莆田人林亨在其《螺江风物赋》说："通道而南，城趋乎刺桐。胡椒、槟榔、玳瑁、犀象、殊香百品，异药上自宝物、香药，下至木帛、葛布，都在进入枫亭草市市场之列。"此外，泉州港还是当时中外政治、文化交流的一个枢纽，许多中外使节、传教士和旅行家都由这里出海或登岸。意大利旅行家马可·波罗在公元1291年奉元世祖忽必烈之命，护送阔阔真公主远嫁波斯时曾途经泉州港，他在《马可·波罗游记》里写道：刺桐（泉州）是世界最大的港口之一，大批商人云集于此，货物堆积如山，买卖的盛况令人难以想象，此处的每个商人必须付出自己投资总数的百分之十作为税款，所以大汗从这里获得了巨大的收入，此外商人们租船装货，对于精细货物必须付该货物总价的百分之三十作为运费，胡椒等需付百分之四十四，而檀香木、药材以及一般商品则需付百分之四十。据估算，他们的费用连同关税和运费在内，总共占到货物价值的一半以上。然而就是剩余的这一半中，他们也有很大的利润，所以他们往往运载更多的商品回来交易。日本学者桑原骘（zhi）藏在其《蒲寿庚考》一书中提及元代外人纪录的泉州时，引用了以下一段文字：Zayton（泉州）一港。印度商船来者频繁，输入香料及其他珍异。支那南部商人来此者极众，外国输之无数珠玉及其他品物，均由彼等分配于南部各处。余敢断言：亚历山大利亚以外商港如有胡椒船一艘入港以供耶稣教国，此Zayton港必有百艘（或以上）之胡椒船入口。此港盖世界两最大贸易港之一也。

  元末，由于元统治者推行民族歧视政策，致使泉州地区民族矛盾不断激化，及至至正年间（1341—1370）发生了持续十年之久（1357—1366）的"亦思巴奚战乱"。这场战乱，延续时间长，波及面广，对泉州的社会经济造成了极大损害。民族矛盾激化导致泉州人盲目排外，许多外国客商纷纷逃离，泉州的海外交通中心地位受到严重动摇，泉州港兴盛数百年的海外贸易几乎中断，直接导致泉州海外交通走向衰落。

  从明代开始，中国开始把自己蜷缩在自己的圈子里，尤其是理学意识形态体系的建立，使得官方对商业产生极大的戒备心理，传统的重农抑商思想回归，对海外贸易采取否定态度，限制私商贸易活动。此外，这一时期，西方国家进入大航海时代，海盗倭寇经常侵袭我国沿海地区，给沿海贸易带来了严重威胁。为抵御海盗倭寇侵扰，防止国民出海贸易与外国势力勾结威胁自己的统治，明朝开始实行"海禁"政策。洪武七年撤销泉州市舶司，从洪武四年（1371）到二十七年连续四次下达"片板不得入海"的禁令。明太祖三番五次地训诫沿海地区商民："敢有私下诸番互市者，必置之重法。"实施海禁政策之后，明朝的对外贸易受到严格控制，海外贸易全由官方垄断。尚与中国保持贸易关系的国家，以朝贡方式与明朝政府进行官方贸易。其间有严格限制，如必需持有明朝政府颁发的"勘合"和"金叶文表"才能入境[①]，还限定海外诸国要按照规定的朝贡期限（如琉球二年一贡、安南和高丽三年一贡、日本十年一贡）、限定的船数、贡品数、航路和随从人数，进行有限制的互市。其中有些国家（如三佛齐、暹罗、琉球等）海商来华互市时，虽受到免于征税——即所谓"不征"之国的待遇，但由于上述种种限制，海外贸易成交量大为减小。当时泉州港

---

① 吴幼雄、黄伟民、陈桂炳主编，《泉州史迹研究》，厦门：厦门大学出版社，1998年6月第1版，第81页。

被限定为仅通琉球,而琉球国小而贫,所贡之物多贩自日本、吕宋等国。南洋诸国海商为获得免征舶税的优惠,大多假琉球之名来泉州互市。在这种情势下,泉州港衰落之势加剧。

　　清代,受清初战争、海禁政策以及立界移民的影响,对外贸易停顿。不仅私人海上贸易被阻塞,连封建官府直接控制的市舶贸易也一度完全停顿。这给泉州的社会经济带来致命打击,海外贸易一蹶不振,昔日"涨海声中万国商"的景象不再。康熙时期虽撤销海禁,开放出海贸易,并为此设立征收贸易关税和管理海外贸易事务的闽、粤、江、浙四个海关,海外贸易有所复苏,但泉州港仍无法摆脱走向衰落的命运。鸦片战争前后,西方势力以坚船利炮叩开中国大门,在我国东南沿海疯狂走私鸦片,蚶江港和泉州港的其他支港,都成为烟毒走私据点。1842年鸦片战争失败,清政府被迫与英国签定《南京条约》,把厦门列为通商口岸之一,从此远洋航船多改在厦门港停靠,泉州港沦为厦门港的附属港。

　　民国时期,军阀割据混战,社会动荡不安,泉州港没有恢复发展的外部条件。军阀势力、土匪势力交相为恶,泉州经济尤其是私营经济陷入困顿,整个社会经济凋敝。太平洋战争爆发后,泉州沿海为日军掌控,海上航线被切断,侨汇断绝,海外贸易几乎处于停顿状态。上述种种原因,导致了这一时期的泉州港持续走向衰落。新中国成立尤其是改革开放后,泉州立足以市兴港、科技兴港的原则,经过几十年建设,千年古港开始重新焕发出新的生机和活力,逐渐成为全国重要的对外贸易口岸之一。

裹头赤脚半蕃客

　　"裹头赤脚半蕃客,大舶商樯多海宝。"中国古代通常称域外之地为"蕃",域外来华之人为"蕃人"、"蕃客"。泉州港的海外贸易萌芽于南朝,崛起于五代,兴盛于宋元,逐步发展成为享誉国际的东方第一大港。繁盛的海外贸易,不仅带来了琳琅满目、各具特色的域外物产,同时还有肤色各异的波斯人、阿拉伯人、印度人、犹太人、欧洲人等海外蕃商来泉州定居,他们被统称为"南海蕃人",简称"蕃客"。他们有的娶本地女子为妻,所生孩子称为"半南蕃"[①]。因宋朝规定"化外人,法不

---

① 半南蕃:蕃人与本地人的混血后裔,带有鲜明的混血特征。至今泉州人中仍然不乏高鼻、深目、多髯的阿拉伯、波斯人与当地人的混血后裔,如马、丁、陈、郭、蔡等大姓是其中的典型代表,民间有谚云:"丁家的鼻子,苏家的胡子。"

当城居"，因此蕃客侨民大多居住于泉州城南，如印度僧人啰护那，阿拉伯蕃商施那围，南毗国时罗巴智力干父子等皆迁居于泉南。《代谢仆射相公》诗云："海商辐辏，夷夏杂处"，逐渐形成了"裹头赤脚半蕃客，大舶商樯多海宝"的蕃商聚集地——蕃人巷，亦称"蕃坊"。蕃坊内设有市舶司、来驿站、清真寺等，为蕃商、蕃客提供贸易、生活、信仰等方面的服务。

泉州永居蕃客的形成主要有三大因素。首先，是"海上丝绸之路"的兴起，带来了大量的海外商人来泉贸易。其次，是泉州地处亚热带季风气候区。古代航海主要依靠风力，因受季风气候的影响，东南亚、南亚、西亚的蕃商一般在春夏之交起南风时北上来华；无论他们的商业活动或是其他活动是否完成，都要到秋冬之际才能够乘北风南下归国。但这只是对比较近的东南亚国家而言，马六甲以南、以西的地区（如南亚、西亚）因路程遥远而赶不上风信，还得等来年季风再起才能归国。三佛齐国①地处马六甲底端苏门答腊东南岸，是中国、东南亚与南亚、西亚的重要交通枢纽。海商往返一趟三佛齐须在"期年"以上，所以比三佛齐更远的海外商人只要来华，都不可能在当年返回国内，而至少要住华一年半才能回国。如果因商务、通婚、传教或其他原因不能归或不愿归者，就成了"永居蕃客"。宋赵汝适《诸蕃志·大食国》写道："大食在泉之西北，去泉最远，蕃舶艰于直达。自泉发船，四十余日至蓝里博易住冬。次年再发，顺风六十余日方至其国。本国所产，多运载与三佛齐贸易，贾转贩以至中国。……有蕃商曰施那帏，大食人也，侨寓泉南，轻财乐施，有西土气习，作丛冢于城外之东南隅，以掩胡贾之遗骸。提舶林之奇记其实。"除了外国商人来泉定居，泉州商人、手工艺人也有一部分侨居海外，如苏门答腊岛西北部的兰里就是漳、泉海商船舶修理、货物集散和转运的重要港口，成为泉州商人和手工业者的聚居地。又如北宋雍熙至淳化年间，晋江安海李庄李公蕴自幼跟随其父李淳安前往交趾（今越南）贸易，并在交趾北江定居，初任黎朝殿前指挥使，赐姓黎。宋真宗大中祥符二年（1009）交趾黎朝出现叛乱，李公蕴平定有功。后黎朝末帝黎龙铤薨逝，李公蕴被朝中大臣拥立为交趾王。

公元1010年，李公蕴登基，迁都大罗城，改名升龙（即今河内），开创了安南李

---

① 三佛齐国为存在于大巽他群岛上的一个古代王国,鼎盛时期其势力范围包括马来半岛和巽他群岛的大部分地区，后亡于爪哇满者伯夷国，旅居于此的华人梁道明复国，明朝后在此地置旧港宣慰使。

朝。李公蕴登基后派遣使者向宋廷称臣纳贡，宋真宗册封其为"交趾郡王"，仁宗朝封其为南平王，后追谥交趾国太祖神武皇帝。李朝历九世为陈朝所代替。而陈朝的开创者陈日煚（jiǒng），也是晋江安海李庄周边的陈厝坑人。根据《宋史》记载："昊昑（chǎn）卒，无子，以女昭圣主国事，遂为其婿陈日煚所有。"再次是政府注重保护外商，吸引外商来华贸易定居。如《唐大诏令集》卷十记载太和八年（834）上谕曰："南海蕃商，本以慕化而来，固在接仁恩，使其感悦。如闻比年长吏多务征求。嗟怨之声，达于殊俗……其岭南、福建及扬州蕃客，宜委节度观察使常加存问。"宋元祐二年（1087），宋廷在泉州设立市舶司，吸引大量蕃商来泉贸易。"东南有海道，所以扞（chàn）隔诸蕃，如三佛齐、大食、占城、阇（dū）婆等数国，每听其往来，相为互市。遂于岭南之广州、福建之泉州，各置市舶一司。诸蕃通货，举积于此。荆、淮、湖外及四川之远，商贾络绎，非泉即广，百货所出，有无易此，亦生人大利也。"[1]为加强对"蕃坊"的管理，招引海外蕃商来华贸易，增加朝廷市舶收入，官府设"蕃长"一名负责管理"蕃坊"日常事务，主要从蕃客中挑选比较有声望且财力雄厚的人来担任。此外，为了使蕃商安心定居泉州，满足蕃商子弟求学的需求，泉州一些地区开设了蕃学。由此，更多蕃商来华贸易，使泉州的商业经济空前繁盛。

来泉蕃商带来了大量奇珍异宝，极大丰富了泉州物产。《云麓漫钞》记载：福建市舶常到诸国舶船，大食有嘉令、麻辣、新条、甘秠（pī）、三佛齐国则有真珠、象牙、犀角、乳香、沉香、煎香、珊瑚、琉璃、玛瑙、玳瑁、龟筒、栀子香、蔷薇水、龙涎等，高丽国则有人参、银、铜、水银等物。

此外，随着蕃商定居而来的是泉州文化的繁荣。波斯人、阿拉伯人、印度人、犹太人、欧洲人等海外蕃商，带来了各具特色的域外文化，尤其是宗教文化。因政府充分尊重蕃商的宗教信仰和生活习俗，所以许多蕃商修建了自己的宗教庙宇。如北宋雍熙年间，印度僧人啰护在泉州城南建立一座佛刹（今宝林院）传扬佛法。南宋时，印度名僧天锡主持修造了开元寺东边镇国塔第五层，砌合塔尖。穆斯林蕃商于大中祥符二年，在当时蕃商聚集的城东南通淮街修建艾苏哈卜寺（圣友寺，即保留至今的涂门清净寺，是阿拉伯穆斯林在中国创建的现存最古老的伊斯兰教寺）。

---

[1] 苏文菁主编，徐晓望著：《闽商发展史·总论卷》，厦门：厦门大学出版社2013年版，第52页。

随着他们在泉州的贸易活动、宗教信仰、家庭生活的日趋稳定,海外蕃商逐渐成为泉州人中的一个独特群体。这个群体逐渐融入泉州本土社会,使得异域文化与本土文化相互碰撞、融合,推动了泉州文化的发展繁荣。

洛阳桥与宋代泉州海外贸易

洛阳桥又称万安桥,始建于北宋,位于泉州市洛阳江上,是我国第一座跨海梁式石桥。该桥系花岗岩石筑造,工程规模巨大,工艺技术高超,被誉为"海内第一桥"。明代谢肇淛(zhè)《五杂俎》曰:"天下之桥以吾闽之洛阳桥为最,盖跨海为之,似非人力。"《晋江县志》亦曰:"泉之属,巨桥有二:一为万安;一为安平。"由此可知洛阳桥在泉州的历史地位。后世更把洛阳桥与北京卢沟桥、河北赵县赵州桥、广东潮州广济桥,合称为"中国四大名桥"。

洛阳桥的兴建与宋代泉州海外贸易发展相关。入宋以后,泉州成为我国东南沿海经济发展高地,海外贸易非常发达,是一个重要的对外贸易港口。但是,与快速发展的社会经济相比,泉州的地理交通条件则相对落后,清代李庆霖在《重修万安桥碑记》中指出:"泉郡枕海而居,凡溪港之支流,地势之洼下,皆需桥以济。"洛阳桥所在的万安渡口是泉州与福州之间官道必经之地,宋代泉州郡守赵令衿在《石井镇安平桥记》中说:"濒海之境,海道以十数,其最大者曰'石井',次曰'万安',皆距闽数十里,而远近南北官道所从出也。"在未修桥之前,这里只能以海渡渡人。不过,这种海渡既危险又麻烦,严重阻隔南北交通,影响社会经济发展。据《泊宅编》记载:"泉州万安渡水阔五里,上流接大溪,外即海也。每风潮交作,数日不可渡。"另据《泉州府志》记载:"万安桥未建,旧设海渡渡人,每岁遇飓风大作或水怪为祟,沉舟而死者无算。"因此,在洛阳江上修建一座桥,就显得非常迫切和必要。早在北宋庆历年间,"郡人陈宠甃(zhòu)石作沉桥",但未成功。北宋皇祐五年(1053),僧宗已及郡人王实、卢锡再次倡导修建洛阳桥,直到蔡襄任泉州郡守的宋嘉祐四年(1059)建成。

洛阳桥建成极大地改善了泉州水陆交通条件:"渡实支海,去舟而徒,易危而安,民莫不利",大大方便了商旅的安全往来;"南接漳广,北通江浙,往来于兹者殷",对沟通南北交通,促进南北经济发展起到了巨大作用。事实上,洛阳桥兴建的最大意义,是从根本上扭转了福建的传统商贸交通路线。因为在洛阳桥未建之前,受阻于洛阳江江面宽阔、水深流急，自泉州北上福州，不得不由城北出朝天门，攀登高山峻岭，盘旋羊肠小道，经仙游抵达福州。崎岖山路，只身跋涉尚且疲惫，更何况通商旅、畅货运呢？洛阳桥的建成，使泉州与福州之间的交通干线改由平坦的惠安、莆田北上，无需再远绕崎岖的山岭，福建沿海陆路干线从此定型，此后900年间没有大的变动。传统商贸路线的重塑，使洛阳桥成为福建南北交通大动脉的枢纽，密切了泉州与闽东、闽北的联系。由此，洛阳桥结束了"万安渡头行人悲"的历史，呈现出"南通百粤北三吴，担负舆肩走骒牝（lái pìn，此泛指马）"的景象，极大便利了南北商业贸易的交流发展。更重要的是，由于洛阳桥南连泉州、北接福州，扩大了泉州港的内陆腹地范围，东通泉州湾"宋明间洋艘岁泊于此"的乌屿港和后渚港，地处通海联陆的交通要冲，方便了中外商船的货物运输、装卸和转运，因此它为宋代泉州海外贸易发展和泉州港的繁荣，奠定了坚实基础。

明代王世懋《闽部疏》称"闽中桥梁甲天下"，而洛阳桥就是其典范。洛阳桥的兴建本身，是宋代泉州海外贸易发展的必然要求，其兴建、重修的资金主要来自海外贸易；而大桥的建成、重修又促进了宋代泉州海外贸易的进一步发展，两者之间形成了良性循环。总而言之，洛阳桥的建造实现了泉州港海外贸易的陆海联运，它的历史就是一部泉州"海上丝绸之路"繁荣发展的历史。

南海沿岸港口

千门日照珍珠市　万瓦烟生碧玉城 —— 广州港

广州港，古称"番禺港"，地处珠三角北部，东接粤东，西连佛山，北依白云山、越秀山，南临珠江，扼珠江水系分支东江、西江和北江的交汇要冲，且水道纵横、淤泥较少，常年能保持适合航行的稳定水深，有虎门、横门、磨刀门、崖门等水道出海，既是河港也是海港。港口地处海洋性亚热带季风气候区，夏季持续时间长，主导风向为东南季风，冬季持续时间较短，主导风向为东北季风，霜期短，这使得广州港成为一个天然不冻港。其夏季东南季风每年持续时间达四五个月时间，为古代主要依靠风力的帆船海运提供了重要条件。海外诸国大量帆船来此，或进行商贸活动，或中转停泊，大大促进了广州港的发展，使其逐渐发展成为"千门日照珍珠市，万瓦烟生碧玉城"的东方大港。

逐渐成为全国外贸中心

广州在秦汉以前，是我国南部少数民族百越族的聚居地，越人善于行舟。1956年，中山大学历史系学生在广州东郊进行实习测量时，于距市中心约15公里的飞鹅岭捡到石斧等数十件石器，后中山大学历史系会同广州市文物管理委员会进行多次考古发掘，出土了大量石斧、石锛、石镞、石凿、石矛、石环等磨制石器，雷纹、夔（kui）纹等硬陶片，以及若干陶纺轮、陶网坠、陶碗。根据考证研究，考古专家认为这里是距今约4000-2200年的新石器时代遗址。根据石斧、石镞、陶网坠等文物的出土，以及飞鹅岭所处的位置推测，在新石器时代，广州先民可能已经具备了在水上航行、渔猎和生存的能力。

《淮南子·人间训》记载：秦始皇"又利越之犀角、象齿、翡翠、珠玑，乃使尉睢（suī）发卒五十万，为五军，一军塞镡（tán）城之岭，一军守九嶷（yí）之塞，一军处番禺之都，一军守南野之界，一军结馀干之水，三年不解甲弛弩"。这段记载讲述了秦始皇当初经略岭南的原因之一，同时说明秦时广州地区已经有大量犀角、象齿、翡翠、珠玑的出现，而这些奢侈品大多属于舶来品。因此可以推测，当时已有相关海外贸易的存在。所以，可以说秦初是广州港形成的萌芽期。

地处岭南的广州，由于先秦时期地广人稀、密林如海、水泊如星，开发得较中原地区要晚。秦统一六国在南海设郡县之前，岭南地区呈现出原始部落割据格局，文明开化、经济开发程度较低。根据相关史料记载，对岭南地区文明开化、经济开发起开拓性作用的人物是南海郡尉任嚣和赵佗。秦始皇三十三年（前214）设南海、桂林、象郡三郡于岭南，郡治设在番禺（今广州）。此后，中原人口不断向岭南越人聚居区迁移。南海郡尉任嚣建"任嚣城"（番禺城），在岭南推进教化，传播中原文化及其先进生产技术，促进了岭南地区的文明开化、经济发展。秦末天下大乱，任嚣病重之际将开发岭南的重担交给了赵佗，后赵佗建立南越国，都城设在番禺，并将城池加以扩建。南越国建立后，赵佗善待越人，在任嚣的基础上进一步推进岭南地区的开发，促进了岭南尤其是广州地区农业、手工业的发展，为广州港海上贸易的发展奠定了基础。

秦汉时期，由于地理环境的限制，从中原、江南、西南地区通往岭南大多是走水路，内河航运比较发达。《淮南子·原道训》载："九嶷之南，陆事寡而水事众。"古人利用山谷间的天然地势，由长江水系的湘江、赣江等水域结合陆路交通，在秦汉时逐渐开辟了多条跨越南岭的古通道，其中最著名的有五条。其路线大致为：经湘江—灵渠—漓江—西江至广东；经零陵溯湘江而上—道县—桂岭—贺江—漓江—西江至广东；经郴州—涟水—阳山—英德—北江至番禺；经牂牁江—西江至广东；经赣江—大余—大庾岭—南雄—浈水至番禺。这五条通道的南北两端，分别连接长江水系和珠江水系通航河道，将中原、江南各地与岭南地区密切联系起来，为岭南与国内各地的商贸往来提供了便利的水路交通。国际航运方面，秦汉时期海外交通的两条主要航线，即东、西航线的始发港都是广州港。从广州港出发，东可至吕宋（今菲律宾），往西经东南亚、印度洋、波斯湾可至东非等地区。内河航运与国际海上航运的发展，使得由中原、江南、岭北而来的货物在广州港集散，或在广州附近进行买卖，或由此转运国内其他地区，或在此经东、西航线转运至海外。而海外货物在广州港集散后，也同样要沿着珠江水系、长江水系向中原、江南、西南地区贩运买卖。日益繁盛的国内、国外商品贸易，得天独厚的地理交通位置，优良的港口条件，使得广州港逐渐发展成为全国屈指可数的商贸大港。东汉班固《汉书》载："处近海，多犀象、玳瑁、珠玑、银、铜、果布之凑，中国往商贾者多取富焉。番禺其一都会也。"

东汉末年，东吴孙权将其势力向岭南地区拓展，并于建安二十二年（217）将交州州治从广信迁至番禺。吴黄武五年（226），交趾太守士燮死后，为加强对岭南地区的管辖，孙权将岭南地区一分为二，将合浦以北划为广州，广州治所在番禺。东吴政权对海事尤其重视，一方面推进东南沿海地区经济社会尤其是造船业建设，一方面经由东南沿海各港口从事军事活动，使得此时期的广州港既发挥着商港功能，也发挥着军港的作用。随着海上商业活动和军事活动的日益频繁，岭南地区的政治经济中心逐渐向广州转移。

自三国至魏晋南北朝时期，由于北方长期战乱，大量汉民南迁避祸，这一方面带来了先进的生产方式，促进了江南以及岭南地区的开发，另一方面随着北民南迁而来的还有全国经济重心尤其是外贸市场的南移，广州港因此成为全国商品的集散地。因此，广州港迅速发展，在前代的基础上逐渐发展成为当时全国最大的外贸中心、世界性大港。

隋唐时期，广州港获得了比以往任何时期都更快的发展，唐代重要的海外航线大多从广州起航。根据邓端本编著《广州港史·古代部分》所述，中国商船从广州港出发，经马六甲海峡横越大洋可直航斯里兰卡等地。当时从广州至海外各地的航线，经常性的定期航线有六条：

第一条，广州—南海（即东南亚）—锡兰（斯里兰卡）—阿拉伯海—波斯。此线经阿拉伯海入波斯湾。

第二条，广州—南海—锡兰—美索不达米亚（今伊拉克）。此线经阿拉伯海复经亚丁湾至红海。

第三条，波斯—锡兰—南海—广州。

第四条，阿拉伯海、锡兰、南海、广州之间。

第五条，锡兰—阇婆（爪哇）—林邑（越南中部）—广州。

第六条，广州—南海。

除了海外航线得到大范围拓展，国内沿海航线也得到极大发展。从广州到中原内地的航线主要有两条，一是取道骑田岭之路线：从广州至韶州、过骑田岭至湖南的郴州，再至衡州（衡阳），潭州（长沙），达岳州（岳阳），过长江抵江陵、襄州（襄樊）、邓州（河南邓县），过蓝关至长安。二是取道大庾岭路线：从广州至韶州，过大庾岭至虔州（江西赣州）、吉州（吉安）、洪州（南昌）、江州（九江），然后沿长江顺流至池州（池州市贵池区）、宣州（安徽宣城），润州（江苏镇江），过长江至扬州，溯大运河至汴州（开封），再由汴州至洛阳出潼关达长安。

从以上国际经常性的定期航线及国内航线来看，此时期广州港的贸易范围，不论是海外还是国内都得到了很大拓展。从广州港出发的商船，经南海、马六甲海峡、印度洋、波斯湾、红海等海域，可以抵达东南亚、南亚、西亚、欧洲、非洲沿海大多数国家和地区。此外，贾耽在《皇华四达记》中也曾描述广州至南海、印度洋、波斯湾、红海等沿岸各国的航线，称之为"广州通海夷道"。

唐朝统治者推行对外开放政策，重视海外贸易。由于海外贸易发展以及国家税收增收的需求，唐开元二年（714）在安南设市舶使，总揽海舶事务，加强海外贸易，广州港海外贸易出现鼎盛局面，每年入港的中外船只大约有4000艘。由于海外贸易的繁盛，当时的广州成为外国人来华定居的重要地区，《苏烈曼游记》载："中国商埠为阿拉伯商人麇集者，曰康府。"根据相关学者考证，当时侨居广州"蕃坊"的阿拉伯人、波斯人、印度人、南洋商人、海外僧侣约有10万之众，而有些年份来往广州通商贸易、传教的人数甚至高达80万人次。由于贸易范围的不断扩展，唐代不论是由外输入广州港的货物，还是由广州港向外输出的货物，其种类均十分庞杂。由海外输入广州港的货物除珠贝、象牙、犀角、紫檀木等，还有大量品种繁复的香料和植物，而由广州港向外输出的货物，主要有瓷器、丝绸、茶叶、铁器、金银、纸张等。[①]

"安史之乱"至唐德宗推行两税法之前，广州港也曾经度过一段短暂的停滞甚至衰落期。天宝十四载（755）爆发的"安史之乱"，使唐朝由盛转衰。北方战乱也殃及岭南地区的广州。社会的动荡，广州地方官员对外商的敲诈勒索，使得大量海外商人对来广州港贸易望而却步，甚至一度引起外商的暴动。《资治通鉴》卷二二〇载：758年9月"广州奏：大食、波斯围州城，刺史韦利见逾城走，二国兵掠仓库，焚庐

---

① 邓端本：《广州港史》（古代部分），北京：海洋出版社，1986年3月第1版，第49~51、56页。

舍，浮海而去"。

唐德宗推行两税法后，国家政局趋于稳定，财政收入增加，社会经济开始恢复，广州港得以恢复和发展，海外贸易开始复苏。《全唐文》第六部载："东南际天地以万数，或时候风潮朝贡，蛮胡贾人舶交海中。若岭南帅得其人，则一边尽治，不相寇盗贼杀，无风鱼之灾，水旱疠毒之患，外国之货日至，珠香象犀玳瑁奇物溢于中国，不可胜用。"

宋元时期是岭南经济文化中兴时期，由于宋皇室偏安江南一隅，北民大量南迁，弥补了岭南地区在土地垦殖方面的人口不足，珠江三角洲在这一时期得到了长足发展。科学技术的进步、人口的增长，各类灌溉工具的使用，促进了岭南地区尤其是珠江三角洲农业、手工业、造船业以及商业的发展，广州港的繁盛超越前代。从广州港出发的国际航线，较之唐代有了进一步拓展，从波斯湾地区延展至东非地区。除了航线的延展，朝贡贸易的次数也较前代有了很大提升。以占城为例，唐代占城朝贡27次，而宋代高达49次之多。

海外贸易的繁盛，使广州港客商云集，商品堆积如山，市舶收入逐年增加。宋太祖开宝四年六月在广州设市舶司，管理海外贸易，征收船舶税款，鼓励外商来华贸易。为进一步规范管理市舶司，元丰三年（1080）正式修定"广州市舶条"，其中包括对船舶出入港的管理、抽解、禁榷和博买、禁止官员私营海外贸易，以及对招揽外商有功者的奖励、违背条例的惩罚措施等内容。虽有市舶法对官吏私营海外贸易进行约束，但仍有大量官吏受巨额利润的刺激与诱惑，私下经营海外贸易。

广州市舶司的设立和市舶法的出台，一方面促进了海外贸易的发展，另一方面也促进了工农业生产的进步。受市场需求的推动，宋代广州的制瓷业、造船业、金属制造业、食品加工业，均取得长足进步。

元代，广州港的地位下滑，逐渐被泉州港取代。虽地位下滑，其海外交通与贸易仍有所发展。摩洛哥旅行家伊宾·拔都他曾言："秦克兰（广州）者，世界大城市之一也。市场优美，为世界各大城市所不及。"元代陈大震《南海志》称："山海为天地宝藏，珍货从出，有中国之所无。风化既通，梯航交集，以此之有易彼之无，古人贸通之良法也。广为蕃舶凑集之所，宝货丛聚，实为外府。"至元二十三年（1286）元朝廷设广州市舶司，完善市舶条例，贸易条件更为宽松，税率较之前代更低。元朝时期，广州甚至出现了专营进出口业务的"舶牙"，海外交通与贸易的范围得到进一步延展，通过广州港以及泉州港与中国建立贸易及朝贡关系的国家多达140个。

明代，为巩固新生政权，恢复发展农业经济，严防倭寇侵扰，"羁縻"海外诸国，明朝政府制定了严格的海禁政策。受严格的海禁政策、"首告"制度影响，明中叶曾经一度封禁泉州、宁波两个港口的海外贸易，广州成为当时唯一的对外通商港口。明正德、嘉靖年间，由于严格的海禁政策，明令禁止外国商船进入广州港，大量外舶只能停靠在珠江口、澳门等地。

此外，明代在广州设怀远驿招待外国使者，与明朝政府保持朝贡或是通商关系的国家包括浡泥、阁婆、满剌加、苏门答剌、苏禄、柔佛、丁机宜等国。当时的广州港中外货物云集，正如《广东新语》所云："百货之肆，五都之市，天下商贾聚焉。"

清军入关以后，为加强统治，巩固海防，继续推行"片板不得入海"的海禁政策，导致清政府"军马之供亿，每患不敷，度支之经营，尚苦莫措者"。台湾被平定以后，为解决闽粤兵饷、贫民安养、腹地省份钱粮不足等财政困境，康熙二十三年（1684）"始开江、浙、闽、广海禁，于云山、宁波、漳州、澳门设四海关，关设监督，满、汉各一笔帖式"。开海贸易之后，广州港的海外贸易发展状况好转，出海贸易者以及来华贸易外商纷至沓来。为进一步巩固统治，防夷治夷，乾隆二十年（1755）冬，清政府撤明州、泉州、上海三处口岸，乾隆二十一年（1756）撤全国各处口岸，仅留广州一口，广州港成为当时唯一的对外通商港口，海外贸易更加繁盛，逐渐成为全国的对外贸易中心。粤海关设立之初，往来广州港的番船大约有20艘，1836年达199艘，且船舶吨位逐渐由4万吨增至7万吨。大量外国商船经由广州港进入国内，如美国的中国皇后号、潘拉斯号等。同时，国内也有大量船舶经由广州港驶向东南亚、南亚等地通商贸易。除船舶之外，此时期广州港的对外贸易额巨大，在鸦片输入之前的很长一段时间里，中国在与西方的贸易中一直处于出超地位，出口货物主要包括瓷器、丝绸、茶叶等。根据史书记载，清道光十七年（1837），广州出口货物贸易额为3509.5万元，入口贸易额为2014.9万元，出超达1494.5万元。

衰落与复兴

第一次鸦片战争后，随着《南京条约》等一系列不平等条约的签订，广州港各项主权丧失，逐渐沦为半殖民地化的港口。五口通商之后，广州港的外贸中心地位开始走下坡路。加之香港岛被英国割占,香港维多利亚港逐渐兴起,广州港的海外贸易受到极大冲击。至咸丰三年(1853)其外贸中心的地位被上海港取代。第二次鸦片战争之后,全国各沿海港口及内河港口先后开放,广州港的对外贸易更是每况愈下。

洋务运动期间,洋务派在广州创办了一批近代企业。如光绪十年(1884)张之洞到广州任两广总督后,创办了炼铁厂、广东钱局、广雅书院、广雅书局。同治十二年(1873)瑞麟创办了广州机器局,大力兴办造船业,同时采取一系列政策推动民营企业的创立、发展,促进了广州港贸易的恢复与发展。甲午战争后,广州港的半殖民地化程度进一步加深,其进出口贸易的经营权完全为列强所控制,虽进出口贸易激增,但入超严重,且内河航运及沿海航标几乎完全把控在列强之手,广州港成为列强向华南地区倾销商品和掠夺原材料的重要据点。抗日战争至解放战争时期,广州港先后受日本、美国控制,在日占时期被完全殖民地化,广州港的外贸几近停滞,后虽有恢复,然几乎为日本所垄断。抗战胜利至新中国成立之前,广州港成为美国对中国展开经贸活动的重要转运站和实施侵略行为的根据地,其内河航运及沿海航运得到一定程度的恢复,但1946年国共内战爆发之后,又再次走向萧条。

新中国成立以后,尤其是改革开放以来,广州港发展为国家综合运输体系的重要枢纽和华南地区对外贸易的重要口岸,与80多个国家和地区的300多个港口及国内100多个港口通航,是世界著名的十大港口之一,也是中国华南地区最大的对外贸易口岸。

远航起点　双港齐发 —— 徐闻、合浦古港

海上丝绸之路,是古代中国与世界其他地区进行经济文化交流交往的海上通道,是沟通人类物质文明和精神文明的重要通道,是海洋文化的重要标志和载体。《汉书·地理志》卷二十八记载:"自日南障塞、徐闻、合浦船可行五月,有都元国。又船行可四月,有邑卢没国。又船行可二十余日,有谌离国。步行可十余日,有夫甘都卢国。自夫甘都卢国船行可二月余,有黄支国,民俗略与珠崖相类。其州广大,户口多,多异物,自武帝以来皆献见。有译长,属黄门,与应募者俱入海,市明珠、璧流离、奇石异物,赍黄金杂缯而往。所至国皆禀食为耦,蛮夷贾

船,转送致之……自黄支船行可八月,到皮宗。船行可二月,到日南、象林界云。黄支之南,有已程不国。汉之译使自始还矣。"这是目前我国"海上丝绸之路"最早的文献记载。书中记载了汉武帝派遣黄门使者从合浦和徐闻等港口出发,出使今越南、马来西亚、印度尼西亚、斯里兰卡、缅甸、印度等国,携带黄金和各种丝绸纺织品远航,汉朝外交使团的船队与沿途国家进行友好公平的贸易往来的情况。结合地理位置、自然条件、文献记载、汉墓陪葬物、文物古迹等各方面因素综合分析,可以推断徐闻、合浦古港是我国古代海上丝绸之路最早的始发港。这两座双子海港点亮了中国海上丝绸之路的起点。

远洋首航 —— 徐闻古港

徐闻港,位于雷州半岛的最南端,与海南岛隔海相望。1993年11月,广东省文物考古研究所专家通过大型探方发掘,在徐闻县五里乡二桥、仕尾村发现大范围的汉代生活遗址,从而证明此处是汉代徐闻县县治所在地和徐闻港遗址。徐闻港三面环海,航行条件极好,自古就是南方各地通往海南岛的首选之地。徐闻港的兴起,首先倚赖于良好的天然环境。从徐闻港近海海岸的自然条件来看,雷州半岛东部冬季盛行东北风,夏季盛行东南风,海面的风浪很大,导致这里很难找到良好的港口。但是,徐闻港位于雷州湾内,避风条件好,具有得天独厚的优良条件。而且就南海而言,10月、11月盛行东北季风,12月至翌年2月是鼎盛期;西南季风在5月至8月是鼎盛期。风向和风力又会影响海流的流向,因此出海的时候要等到海流方向适合,否则就会被冲到其他地方。每年的风向、风力及海流的情况不尽相同,为了不错过最佳出海时间,最好的办法就是在雷州半岛的一处海港内等待观察,待条件合适再出海。而徐闻就是极好的观察港。此外,琼州海峡宽窄不一,水深差距很大,是航海的危险区。而且,此处有鲨鱼出没,因此航行都要绕过琼州海峡,从北部湾南下。这也是雷州半岛西部应该有一个港口的理由。徐闻港位于大陆的南端,是当时海外航行的必经之地,也是两汉时期我国船舶航向东南亚和印度洋的始发港和海外诸国到达中国的目的港,许多远洋船舶都会在徐闻港停留以补充淡水和食物。

徐闻港兴起于汉代。汉代的造船水平有限,航船不能远离海岸,因此必须将商品集中到某一港口再转运海外。史料记载,三国孙吴以前与海外各国交往,通常都是先中转到某一港口,一般会选择在徐闻、合浦、日南(今越南中部)等地。此外,徐闻还有良好的政治经济条件。秦始皇统一全国后，锐意经营岭南，修建了灵渠，沟通了中原到岭南的航路，加强了中原与岭南的联系。西汉建立初期，长期轻徭薄赋，与民休养生息，国力渐强。汉武帝时汉军一举打败南越王赵佗，迁移了许多中原人到岭南，带去了大量劳动力和先进的耕种技术，大大促进了岭南经济社会的发展，徐闻港也因此得到迅速发展。

秦汉时期是开辟海上丝绸之路并将其发展为远洋航行的时代。汉武帝早年很有作为，不但开拓疆域，还注意和境外诸国交往，并且开创了官营海外贸易。西汉朝廷派出使者率领船队，由海路沿着中南半岛的海岸线，过南洋群岛，抵达印度东南海岸和斯里兰卡等地。公元前1世纪，中国丝绸已成为地中海地区最为珍贵的衣料，其中部分丝绸是从海上丝绸之路运到地中海东岸的；外国的香料、金银器、宝石、琉璃器等货物也从海路运到中国。

关于徐闻古港的研究，近年来随着海上丝绸之路研究的升温，它受到较多的关注。20世纪70年代，广东省考古人员和相关单位发掘了51座汉墓，出土了许多陶器、铁器、铜器、银饰、珠饰等，还有10枚五铢钱。根据五铢钱上模糊的文字，可辨认此批汉墓属东汉时期。

20世纪八九十年代，在汉代徐闻港故址发现了大量汉代的绳纹板瓦、筒瓦等，还有保存完整的"万岁瓦当"。此后，徐闻故址附近的村民陆续打捞出象牙、大蚌等，加之此前发现的洋人铜头、网锤、铜碗等，说明徐闻古港的对外贸易十分发达。

1990年，广东省文物考古专家在徐闻古港故址采获"万岁瓦当"。1993年，考古人员在此进行大型的探方挖掘，清理出宅基、水井、墓葬，发现大量的文物遗存。附近东岗岭发现大量汉代墓葬，出土了许多带有几何图纹的印文砖、铁釜、陶罐等。

徐闻古港在两汉时期达到巅峰，此后由于航海技术的进步以及岭南经济重心的转移等因素，徐闻港不再是通往东南亚各国的必经之路，徐闻在南海丝绸之路中的地位逐渐降低，开始走向衰落。其衰落的原因是多方面的：

首先是自然条件的恶化。两汉以后，徐闻港的泥沙含量逐年增加，港口慢慢被淤塞，以至逐渐丧失了天然海港的优良条件。自然方面的原因终究是次要的，两汉后期及此后的政治变化才是徐闻古港走向衰落的主要原因。东汉后期，宦官和外戚交替把持朝政，政治黑暗，地方官吏和豪强集团的政权争夺日益加剧，最后形成三国割据的局面。政治上的动荡影响了海外贸易的发展。此时期交趾国，趁着中原混乱而乘机攻打徐闻等地，阻断了徐闻等地的对外航线，给徐闻港以沉重打击。

再次，晋代以后，番禺（广州）逐渐取代徐闻、合浦，成为中国最大的对外贸易口岸。秦通五岭之后，珠江三角洲迅速发展起来，使番禺成为西江、北江、东江的三江货物集散地，加之梅岭孔道的通畅，广东与中原的经济联系和贸易往来日益频繁。另外，徐闻港的兴起是因航海技术有限而需要有中转港停留，两汉之后中国航海技术迅速发展，船舶吨位增加，抗风打击能力加强，已经不再需要沿岸航行，因此番禺港的地理条件更加适合当时的航行。

最后，远洋航路的改变给了徐闻港又一重大打击。《新唐书·地理志》明确记载了从广州出发到印度洋的航线，这条航线基本上是从海南岛东部海面出发，经过七洲洋直下南中国海，再通过马六甲海峡到达印度洋。由此可以看出，唐代通用远洋航线已经不再经过徐闻港，徐闻港兴起的优势条件几乎全部失去，其最终的命运只能是日益衰落。

综上，徐闻港作为汉代海上丝绸之路的始发港之一，在海上丝绸之路的发展中曾经占据重要地位。两汉时期是徐闻港发展的黄金时期，当时的徐闻港不仅是货物集散中心、中转港口，在政治上也有一定影响。魏晋以后，由于自然条件和社会条件多方面原因，徐闻港逐渐衰落。

三墩，雅称"瀛岛联璧""蓬莱三仙洲"，琼州海峡北部的三个小岛，立于徐闻县城以南10公里处的海面上，分别称头墩、二墩、三墩，总称"三墩"。三墩上草木常青，远观宛若海面上镶嵌着三块绿玉，相传是南海观音散落在海面的三颗碧玉。明代徐闻乡贤、兴化通判邓邦基《城月池记》云："吾邑山水故称奇胜，左磐石龙，右居石虎，三墩宾其南，双磐主其北，群山丛崒，委蛇迤迤，而大海绕其前焉。萃律汪洋相距，百里许联如走练，莹如玉壶，芙蓉紫盖，监湖白云，与之博巧斗奇，真天地间有数山

徐闻古港遗址

川矣!"三墩,相互偎依,呈品字形飘浮在海面,形成了汉代海上丝绸之路徐闻始发港的屏障,见证着千年古港的兴衰。

南珠故郡 —— 合浦港

合浦港,位于广西壮族自治区的南部,地处北部湾北部海岸,素有"南珠故郡,海角名区"的美誉。合浦是古代海上丝绸之路在中国大陆海岸线最西端的起点,在2100多年前就成为中外通商往来的重要门户。合浦博物馆里,陶器、青铜器、金银器、水晶、玛瑙、琥珀、松石……一件件当地出土的文物,见证了合浦作为海上丝绸之路早期始发港的历史。

早在秦汉以前,合浦沿海一带已有小规模的海外贸易,原始港口在这里出现。约在公元前214年前后,灵渠开通,沟通了中原至合浦的水道,从而促进了合浦沿海港口的发展。公元前210年,秦始皇死后,天下大乱,蜀国王子乘乱取象郡,秦南海尉赵佗由合浦率兵征讨。据说在"廉州府西北四十里有糠头山,一名军头山,相传秦尉佗驻军于此"。南越王赵佗以合浦港为军事基地,兼并桂林、南海、象郡后自立为南越王。今合浦县城东门外的东山寺,相传为南越王赵佗行宫改建。

西汉武帝建元六年(前135),南越国丞相吕嘉杀南越王赵兴及汉朝使者,反叛汉朝。元鼎四年(前113),汉武帝发五路大军征讨。其中一路由伏波将军路博德、楼船将军杨仆征集"楼船十万人",水陆并进,"会至合浦征两瓯"并取得胜利。元鼎六年(前111)汉武帝在岭南设置九郡,合浦也正式出现在此九郡之中。

到东汉时,在平叛征侧、征贰的叛乱中,马援不仅以合浦港为军事基地,而且从粤、闽等处漕运粮食至此,极大地促进了合浦港口的发展。此外,当时的合浦港可算是一个深水良港,便于船舶停靠,合浦港与东南亚各国和西方国家的海上交通贸易往来也十分频繁,成为官方贸易港口。南流江水量充足,是良好的水路货运通道,中原内地和云贵高原的货物主要通过湘漓水道、红水河水道和左、右江水道三条通道进入合浦境内。

西汉桓宽在其《盐铁论》中记载:蜀郡的货物运到南海交换珠玑、犀、象等珍品,中国的丝绸也由徐闻、合浦、日南等处出口,在海上售予大夏、安息、天竺的商人,然后转卖给大秦(罗马)。当时中国海船带了大批的金银、土产和丝绸,从广西的合浦出发,途经都元国、邑卢没国、谌离国和夫甘都卢国,航行到印度半岛南部的黄支国（今印度康契普拉姆），然后，从已程不国（今斯里兰卡）返航，途经皮宗国（今印尼苏门答腊）回国。印度半岛及东南亚的许多岛国商人则携玛瑙、琥珀及奇珍异物到合浦和中国内陆交换丝织品、珍珠、陶瓷器等。

20世纪中期以来，合浦地区先后挖掘出汉墓500多座，出土物品一万余件，大部分都是海外舶来品，与《汉书·地理志》中记载的舶来品相吻合。其主要品种有铜凤灯、陶器、玛瑙、琥珀、琉璃、水晶、玉块、金、银、铜等。其中，三足盘、凤凰灯、铜屋等现在是国家一、二级保护文物。合浦汉墓出土文物中数量最多的是玛瑙，其中最著名的是由琥珀雕成的狮子、蜻蜓、篮子等精美文物。玛瑙、琉璃等多产于罗马，琥珀主要产于印度以及欧洲和非洲有关国家，这表明早在汉代以前，合浦就已经与上述国家和地区有了通商关系。从合浦汉墓出土文物来看，与汉代合浦郡有贸易往来的国家和地区有印度尼西亚、缅甸、印度、新加坡、马来西亚、斯里兰卡和意大利（罗马帝国）等。另外，香料贸易也是合浦海外贸易的重要内容。香料产地主要在东南亚地区的苏门答腊、马来半岛和婆罗洲等地，合浦、贵港的汉墓都出土了各种质地的香薰炉。以上出土物足可以证明，合浦港是中国"海上丝绸之路"最早始发港之一。

三国时期，东吴黄武五年（226），以南海、郁林、苍梧三郡为广州，以交趾、日南、九真、合浦四郡为交州，由于各种因素的影响，合浦与中原的关系越来越远。六朝以后，由于岭南地区特别是珠江三角洲地区经济日益发展，很多移民来到广州，带来中原地区先进的生产技术和生产方式，从而促进了当地的生产。南朝时期，中国海外贸易空前发展，广州港逐渐兴起。自唐代以后，合浦港逐渐转变为中小型港口。

合浦港的衰落与徐闻港有着相似之处。

首先，是地理条件方面的缺陷。合浦港海面比较狭窄，港口附近海域暗礁很多。另外，环涠洲岛一带珊瑚密布，较大船只航行十分不便。两晋以前，由于航海知识及造船技术的局限，海上航行的方式主要是沿海岸航行，因此合浦港算是一个条件良好的港口，较为发达。但是，随着航海技术的发展，大船已经可以直接驶经大洋海面至各大港口，合浦港的重要性便降低了。

其次，是广西水路交通的发展。隋唐以前，广西的货物运输以水路为主，南流江是当时连通岭南与中原地区以及东南亚的重要水上通道。随着社会经济的发展，广西陆路交通和内河航运都有了很大的发展，南流江在交通运输中的地位逐渐降低，合浦逐渐落后于广西其他城市。

第三，是南流江流域自然条件的变化。历代以来，由于统治者不够重视以及自然环境变化，南流江水利年久失修，河流淤积频繁，洪灾经常发生，以至于河床逐渐升高，入海口逐渐缩小。到了明朝中期，合浦港中心地区的廉州镇已经不存在出海口了。明朝末期，原在廉州镇附近的大海已荡然无存，合浦港发展日益停滞，港口逐渐向北海港转移。另外，与珠江三角洲相比，合浦地区产业较为单一，而且三国两晋南北朝时期战乱不断，合浦作为军事重镇，成为兵家必争之地；经过东汉末吴初、西晋末东晋初、梁末三次大的人口迁徙，番禺作为经济中心城市逐渐崛起等，这些都是合浦逐渐衰落的原因。

灯塔篇

引 言

从有航海开始就有航标，中国最早的自然航标可以追溯到4000多年前的夏王朝。《尚书·禹贡》记载"岛夷皮服，夹右碣石入于河"，这里所说的"碣石"，就是秦始皇行宫遗址矗立于海上的石头，而秦皇岛外，今有魏武曹操登临的碣石为证。一块礁石、一座山头都会作为航海途中的标记，借以指明航程、保证安全。借助着这种自然航标，伟大的航海家郑和先后七次下西洋，终于绘制出一幅航海图，堪称古代航海者利用大自然实物作为航标的杰出之作。

随着水运经济的发展，碣石为标已经不能满足航运的需要，人们吸取船只触礁、搁浅、翻沉的经验教训，在水域中刻石示警、立标指浅，或以烽火来引航——白日燃烟、夜间点火、雾天敲锣，以此为航船指点迷津。这就是原始的人工航标。

中国古代建在沿海的宝塔和望楼，也常被视作引导海上船舶航行的人工航标。唐代乾符年间（874—879），僧人如海在上海青浦泖（mǎo）河建泖塔，夜间塔顶悬灯，成为航海之人往来之望。唐、宋以来，我国海湾港埠的显著之处陆续建成一些宝塔、寺庙，多由僧人管理，这些塔、庙往往兼具宗教信仰与指航引渡的双重功能。

中国早期灯塔多为民间善举、僧人募化或官民集资共建。明洪武二十年（1387），福建惠安崇武渔民自发集资兴建崇武灯塔，这是我国第一座具有引航功能的灯塔。清乾隆四十三年（1778）在台湾澎湖渔翁岛修建的西屿灯塔，是最早官民自建自营的灯塔。

中国古代灯塔（航标）也有官府营建的。明永乐十年（1412），明成祖朱棣为下旨在上海外濒临长江出口处东南沙滩上垒起一座高30余丈的"土山"——宝山烽堠（hòu），烽堠"昼则举烟，夜则明火"，以指引船舶航行。清雍正十三年（1735），吴淞港口南北两座炮台竖起高杆，悬挂明瓦号灯两盏，作为港口南北的标识，往来船舶可依照标灯行驶，这是较早的由官府兴建的灯桩。

近代中国灯塔的发展是伴随着屈辱而开始的。1840年鸦片战争后，西方列强与清政府签订一系列不平等条约,中国的大门被逐渐打开。当时的海关作为被列强操纵的要害机构,开始在中国沿海、长江、对外开放的港口及航道上设置航标,以满足列强经济掠夺和海上贸易的需要。这一时期,中国灯塔爆发式增长。

1868年,清政府成立船钞股,主管中国沿海及长江和各通商口岸的灯塔。当时引进世界航标设备、技术和管理方法,大规模建设灯塔,从长江口一直延伸到舟山群岛、台湾海峡、黄海、渤海……截至1927年底,海关管辖的沿海灯塔共59座,另有6艘海上灯船,加上香港、澳门和台湾及私人建造的灯塔,共近80座。大连老铁山灯塔、烟台猴矶岛灯塔、宁波七里屿灯塔、香港鹤咀灯塔、澳门东望洋灯塔、台湾鹅銮鼻灯塔等,均为此间有代表性的灯塔。

1937年7月,日本发动全面侵华战争。随着越来越多城市和港口的沦陷,沿海灯塔也多为日军所控制。第二次世界大战末期,盟军大举反攻,为切断日军的海上运输线,对沿海灯塔大举轰炸。到1945年8月日本战败投降时,中国沿海有36座灯塔(船)毁于战火。

国民党败退台湾前夕,对长江下游和沿海航标进行破坏,许多灯塔、灯桩、灯浮以及航标处受到毁坏。

1949年新中国成立,中国航标事业也随之迈进了新阶段,中国沿海航标成倍增加。特别是进入20世纪80年代以后,在沿海重要的口门或转向点,新建、重组或改造了一批灯塔,引进一批具有当时世界水平的灯器,形成中国沿海现代化的"灯塔链"。1978年完工的天津大沽灯塔,是我国自行设计并建造的第一座大型海上灯塔。1995年建成发光的海南木栏头灯塔,塔高72米,堪称当时国内乃至亚洲第一高塔。

20世纪90年代,我国已拥有了具有世界先进水平的沿海差分全球定位系统和航标遥测、遥控技术以及船舶自动识别系统,航标技术已经达到世界先进水平。伴随着科技的发展和时代进步,充满高科技含量的新时代航标如雨后春笋般涌现,太阳能的一体化灯器、RBN-DGPS系统及北斗卫星导航系统等,更让航标插上了飞翔的翅膀。

进入21世纪,伴随着海洋强国的战略,中国沿海灯塔建设从未止步。2015年,南沙群岛上华阳灯塔和赤瓜灯塔先后建成,开创了中国灯塔建设从大陆沿岸、沿海走向深蓝的新纪元。

时至今日,AIS虚拟航标已广泛使用,提高了助航服务的时效性与便捷性,无人机已参与了航标助航服务，在不久的未来将形成海陆空一体化巡航模式，届时会大幅提升航标巡检效率，降低船舶运行成本，提升巡检安全性。

我们不禁要问：在现代航标技术和导航技术飞速发展的今天，作为传统导航手段的灯塔还有存在的价值吗？答案无疑是肯定的。

灯塔并没有退出现代航海的视野，它不仅可以成为古老航海业的代言人，也在现代化航海运输中占据不可缺席的地位。灯塔是海上船只来往的指明灯，用以引导船舶航行或指示危险区。没有灯塔的港口就是一个死港。目前中国沿海的灯塔、灯桩共计5000余座。现代航标可以引导船舶按设计好的路线航行，但是遇上礁石、浅滩等航行障碍物时，就需要作为视觉航标的灯塔来引导了，这是最直观也是最有效的方式。

在地缘政治中，灯塔事关主权、海权，更是一个国家对相关海域实施有效管理的象征。边境灯塔上的"中国海事"几个字无疑以凛然之姿宣誓着一个国家的主权。从2015年起，中国在南沙海域相继建设了华阳、赤瓜、渚碧、永暑、美济等5座现代化大型灯塔，它们悬照在南沙上空，以挺拔的身姿和夺目的光芒明确地向世界昭告——这里是中国的祖产，这里是中国的领海。

诸多重大历史事件均与灯塔发生了密切联系。作为一定时期的历史遗迹，灯塔在岁月的洗礼中见证了时代的变迁与发展。一些灯塔历经风雨，见证了一个城市的发展，一个国家的兴衰，甚至一个民族的危亡。1997年，国际航标协会在全世界范围内挑选了100座灯塔作为世界历史文物灯塔，中国有5座灯塔名列其中，分别是花鸟山灯塔、老铁山灯塔、江心屿双塔、泖塔以及临高灯塔。在国内，更多灯塔陆续被列入全国重点文物保护单位之列，诸如普照楼、猴矶岛灯塔、小青岛灯塔、朝连岛灯塔、罗星塔、姑嫂塔、硇（náo）洲灯塔等。因为文物具有不可再生性，随着时间的不断推移，灯塔的历史文物价值只会与日俱增。

灯塔是一种塔形建筑物，由塔体与灯体两部分构成。塔体的建筑材料来源颇广，石头、砖块、水泥、花岗岩及钢铁等不一而足，总体原则是要抗风抗浪，保证塔体本身持久耐用。中国沿海灯塔也大抵如此。灯塔的外部造型各式各样，圆形、方形、多边形等层出不穷。灯塔在设计时还要考虑到防潮、通风、透光以及瞭望等多种建筑要素。现代社会在建造灯塔时，除去灯塔建筑所必备的要素外，更多地考虑灯塔的美观性及其与所在城市文化的契合度，传达出一个城市的风貌、精神以及历史、文化，灯塔与城市融为一体，成为一个城市的标志性景观与建筑。可以说，一座座灯塔就是没有围墙的开放式建筑博物馆。

灯塔往往依水而建，立于险象环生的岛屿、礁石以及沿岸的岬角、浅滩上，与蓝天大海相映衬，造就一处处独具魅力的海岸景观。"塔观双海""琴屿飘灯""硇洲古韵""滘（jiào）尾祥光""关锁烟雾""灯塔松涛"等，都是以灯塔为核心的美妙风景。这些灯塔在向世人诉说着动听的故事，吸引着人们前往聆听。

灯塔更是一种精神的导引。灯塔能为海上航行的船舶指明危险的礁石浅滩，而自己的立身之地却往往在险礁怪石之上，这种赠人以安全、置己于险地的精神，足令人敬重。班思德《中国沿海灯塔志》云："夫海岸之灯塔，犹海上之逻卒也。处境岑寂，与世隔绝，一灯孤悬，四周幽暗。海风挟势以狂吼，怒潮排空而袭击，时有船只覆没之惨，常闻舟子呼援之声，气象险恶，诚足以惊世而骇俗也。"每于孤岛岬角险峻之处为船舶指引航向，于惊涛骇浪无助之时救人性命，这是灯塔精神的内涵所在。

灯塔巍峨挺拔于高处，每于暗夜绽放光芒，在苍茫高远的海天里，燃烧着自己，照亮着别人。与"燃烧自己，照亮他人"的灯塔精神相辉映的，是灯塔上的守夜人。他们忍受着与世隔绝的孤寂之苦，含辛茹苦、无怨无悔地让灯塔准时亮起，为海上的孤舟指明方向。守塔工们将生命交给了灯塔，而陪伴他们的惟有一片苍茫高远的海天。灯塔和守塔人共同完美地诠释了"燃烧自己，照亮他人"的精神内涵，也给人以温暖的启迪。

灯塔于黑暗阒静中向海面散发着希望之光。在漫漫长夜里，灯塔坚守于风浪中，以母亲般慈祥的目光，给海上迷途的船只送去希望，指引着它们抵达家的方向。从过去到现在，灯塔始终屹立在海岸线上，给了多少人以心灵的慰藉与鼓舞。灯塔在，希望就在。

现在，让我们由北向南对中国沿海灯塔做一次巡游，一起追溯中国灯塔的前世今生，一起聆听中国灯塔的往事新篇，一起感受中国灯塔的时代脉动。

渤海海域灯塔

静伫烟墩古台侧 —— 台子山灯塔

台子山灯塔矗立于渤海湾东北角、辽宁省营口市鲅鱼圈区墩台山山顶，是中国沿海最北端的灯塔。

鲅鱼圈原是辽南的一个渔村。史料记载，清朝康熙年间常有打鱼船来此打鲅鱼，因此处港湾似弧形而得名"鲅鱼圈"。历史上，鲅鱼圈一直归属盖县（今盖州市）管理。1984年1月，为建设鲅鱼圈港，经国务院批准，设立了营口市鲅鱼圈区。如今这里已成为辽东湾经济区的核心港口。

墩台山，又称台子山，位于鲅鱼圈区北部，曾是鲅鱼圈境内的最高点。它面朝渤海，风物清秀，因山顶建有明代烽火台而得名。据《明实录》记载，永乐九年（1411），倭寇犯金、盖二州，劫掠沿海人民，在其后的数年间，倭寇来若奔狼，去若惊鸟，无恶不作，阻断辽东海运，威胁海疆安全，因此永乐皇帝下令，在北起营口（时称梁房口）、南至复渡河（时称苇子套）一线修筑烟墩八座，以守卫海疆。其中的深井烟墩，正是如今鲅鱼圈墩台山烽火台最初的名字。从此，鲅鱼圈有了地标一样的建筑，而这座山，因为烟墩的修建也有了自己的名

望海而建的台子山灯塔

字。作为军事预警通讯设施,深井烟墩遇有敌情,日间焚烟,夜间举火。在墩台山烽火台建成的第四年即1419年,辽东总兵刘江利用烽火台传递军情,在金州附近全歼来犯倭寇1500余人,史称"望海涡大捷"。此战系明朝抗倭首次大捷,之后百余年,辽东海域倭患绝迹。清代,海防废弛,在岁月风沙的侵蚀下,墩台山烽火台渐渐颓败倾圮。1988年烽火台得以重修,再现往日风采。

墩台山烽火台是鲅鱼圈最古老的历史遗存之一,长时间代表着山海间的天际线。600年来,它一直在默默守望着这片海域的安宁。烽火台重修不久,在它的西侧,一座现代化的灯塔拔地而起,延续着烽火台驻守海防的使命,这就是台子山灯塔。

台子山灯塔于1989年9月兴建,1993年6月正式发光,采用钢混结构建造,塔顶为红色,塔身为白色,塔高20.9米,灯高131.4米,灯光射程25海里,闪白光,周期10秒,有备灯。灯塔同址设有船舶自动识别系统(AIS)基站。

台子山灯塔是伴随我国20世纪80—90年代沿海航标全面现代化而兴建的,它的作用主要是为进出鲅鱼圈港的船舶提供助航服务,同时,也与大孤山灯塔、太平角灯塔一道构筑起辽东湾北部海域灯塔链,长年为进入这片海域的船舶指引航向。

灯塔建成之初,营口海监局对灯塔结构进行合理改造的同时,对用工制度也进行了大胆改革,将看护灯塔的工人由原计划编制的7人3班倒,改为夫妻两人昼夜管理,既节省人力,又方便生活。"夫妻灯塔"的值守模式在全国航测系统传为佳话,开创了航标人"以塔为家"的管理工作新模式。台子灯塔因此被誉为中国第一座"夫妻灯塔"。

如今,墩台山烽火台与台子山灯塔都被纳入墩台山公园的特色景点。在它们之间新建起一座钢结构观光塔,这座观光塔成为鲅鱼圈新的制高点。在墩台山上,古老的烽火台与现代的观光塔、灯塔并肩而立,反差强烈,诉说着鲅鱼圈的过去和现在。

塔观双海历沧桑 —— 老铁山灯塔

在辽宁半岛之最南端,与山东半岛隔海相望,有一处人文与自然完美结合的著名景观——"塔观双海",它被誉为大连新八景之一。这里的"塔"即百年历史灯塔——老铁山灯塔,"双海"指黄海与渤海。

老铁山又名马石山,为千山山脉余脉,位于辽东半岛尖端、辽宁省大连市旅顺口南端,与山东半岛隔海相望。其间的老铁山水道是我国最凶险的水道。老铁山灯塔就位于老铁山西南一个海拔86.7米的岬角坡地上,三面环海,一面靠山。灯塔下方,是险峻陡峭的山崖,它与山东蓬莱的理论对角线即为黄海、渤海的分界线。黄、渤两海浪潮,由海角两边涌来,交汇在老铁山,由于海底地沟运动和两海各自不同水色作用,东部黄海部分水是深蓝色,而西部渤海水却显得浑浊,略呈微黄色,在此形成一道"泾渭分明"的水流,即黄渤海分界线。"老铁山头入海深,黄海渤海自此分;西去急流如云涌,南来薄雾应风生。"这首流传甚广的诗,形象地描绘出这一壮观景象。

老铁山水域自古素称:"无风三尺浪,有风浪三丈;若过铁山岬,小心把命丧。"其凶险由此而知。此岬历来为航海雄关,近闻山呼海啸的隆隆巨响,交汇处海沟附近有数米直径的巨大漩涡,并有许多暗流。在航海界,老铁山水道曾被称为"东方百慕大"。而早在汉唐时期,老铁山水道就是中原与东北地区的重要交通线。考虑到过往船舶的安全,清政府于1893年在此设老铁山灯塔,作为渤海海峡的重要航标。

老铁山灯塔的兴建,是中国近代海防建设的一个缩影。鸦片战争后,西方列强迫使中国开辟了更多的通商口岸。为了保障海上船舶安全,西方列强通过一系列不平等条约操纵海关,在中国沿海和长江口修建各类航标,灯塔建设即是其中重要一项。伴随着海关主持下的灯塔建设,加之北洋舰队与旅顺军港的发展,清政府部分有识之士痛定思痛,认识到海防建设的重要性,遂逐步开始中国近代海防之建设历程。

1880年,清政府决定在旅顺口大兴土木,建造中国一流的海防设施。旅顺军港开启了一系列附属工程建设,如炮台、码头、船坞、船池等,以保障北洋水师的航行安全。光绪十七年（1891）4月1日，北洋海军提督丁汝昌就因老铁山水道水流湍急，过往船舰频繁，致电当时的海关总税务司赫德，请求在旅顺口老铁山设立灯塔，为船舶导航。故此，清朝海关税务科1892年在旅顺老铁山岬角动工兴建老铁山灯塔。

老铁山灯塔主体部件由法国人设计、制造，后由英国人在旅顺勘测、修筑，建成后归清政府海关海务科管理。灯塔采用优质石料和水泥筑就，塔身采用圆形平台式钢制结构，塔底基海拔86米，塔高14.2米，外径6米，光源采用油灯，转动部分采用机械传动。灯塔的核心部分，安装着一部工艺精湛的水银浮槽式旋转机，能够有效减轻转轴摩擦，因此老铁山灯塔能够使用百余年。

对老铁山灯塔来说，最为珍贵的便是灯笼里的透镜，被称为老铁山灯塔的"镇塔之宝"。透镜直径1.82米、高2.88米，由280块水晶玻璃手工研磨镶嵌而成，通体洁净明亮，旋转起来光影变幻莫测，宛如一座水晶殿堂。透镜中心呈圆形球状，宛若牛的眼睛一般。在"牛眼"周围，是一圈圈的折射棱镜，它们有着极强的聚光能力，被称为"八面牛眼透镜"。由于透镜的聚光力强，为防止阳光照射带来火灾隐患，守塔人一直沿袭着日出关灯拉灯帷的习惯。此举无形中为老铁山灯塔的内部构造增添了神秘色彩。每到夜晚，"牛眼"睁开，射出两束旋转的光柱，划破漆黑的夜空，为过往船只指明方向。

老铁山灯塔修建于时运多舛之中国近代，故其命运甚为艰难坎坷。它既目睹了旧中国之苦难与屈辱，亦见证了新中国之复兴与希望，可以说是中国近代历史的一位亲历者。

老铁山灯塔建成的第二年便爆发了中日甲午战争。战争中，为北洋舰队照亮航程的灯塔，目睹了它损失惨重的失败。接下来，日军在旅顺进行了三天三夜的大屠杀，老铁山灯塔又亲眼目睹了脚下这座城的至暗时刻。甲午战争后，老铁山灯塔成为日本的战利品，管理权由清政府转至日本人之手，直至1895年11月日方才

夜晚的老铁山灯塔

将其管理权交还清政府。1898年，沙俄侵占旅顺大连，老铁山灯塔转由俄国人管理。1904年，旅顺军港内停泊的船只换成了俄国太平洋舰队，日俄战争在中国的土地上爆发。老铁山灯塔眼看着日本军舰发射的鱼雷扑向俄国舰艇，也眼看着占领203高地的日军榴弹炮猛烈地轰击旅顺军港，旅顺城内工厂、房屋被炸毁，耕牛被抢走，粮食被抢光，几十万人流离失所。这场战争之后，老铁山灯塔被日本占领长达40年。

从1897年到1945年，老铁山灯塔在风云跌宕中，于清政府、日本、沙俄之间五次易手，不仅饱受海上风暴的侵袭，也尝尽炮火连天带来的折磨。

邮票上的老铁山灯塔

第二次世界大战结束后，苏联军队进驻旅顺大连，老铁山灯塔亦被苏军接管。1955年5月，老铁山灯塔才又回归中国管理。

新中国成立后，老铁山灯塔的灯源以电灯取代了油灯，还配备了电机，兴建了无线电指向标塔。但不论是用油灯还是电灯，由于水晶灯罩的作用，灯塔的射程总能保持最远，其射程能达到25海里，现仍为亚洲照度最强、能见距离最远的引航灯塔。如今的老铁山灯塔，已安装了全球卫星定位系统（GPS）、船舶交通管理系统（VTS）以及船舶自动识别系统（AIS）。现代科学技术的应用，使其导航能力大为增强。

时过境迁，见证了中国近代史累累伤痕的老铁山灯塔，现在为军舰导航的次数渐渐减少，为渔船的助航服务逐渐多了起来。老铁山附近的渔民将老铁山灯塔视为保护神，在海上只要看到它就知道到家了。随着改革开放的深入和"一带一路"的倡议的实施，老铁山水道往来的船只越来越多。早期它的灯光只为星星点点的过往船只导航，但如今老铁山海域的渔船灯光渐渐密了起来，岸上渔村的灯光渐渐多了起来，说明环渤海经济圈在发展。来自辽宁海事局的数据显示，2006—2018年间，老铁山水道平均每年来往船只7.5万艘次，最高年份超过8.6万艘次，而且其中大船数量有所增多，碰撞事故则大为减少。这一切，老铁山灯塔功不可没。

随着我国海洋事业的发展，老铁山灯塔受到越来越多的关注。1997年，老铁山灯塔被国际航标协会评选为世界历史文物灯塔，成为全球100座历史文物灯塔之一。2002年，国家邮政局发行"中国历史文物灯塔"特种邮票，一套5枚，老铁山灯塔荣列其中。2003年，被辽宁省列为省级重点文物保护单位。2013年，又入选国务院第七批全国重点文物保护单位，第十二届全国运动会在这里成功采集火种。作为珍贵的历史文化遗产，老铁山灯塔已成为大连的新"国宝"。

沧海明珠孤光照 —— 大沽灯塔

在渤海湾的汪洋之中，有一座美丽的灯塔，白天如凌波仙子静立水面，夜间则化为沧海明珠光芒四射，它就是我国自行设计、自行建造的第一座海上灯塔——大沽灯塔。

大沽灯塔矗立在大沽口外的海面上。大沽口地处海河入海口，东临渤海，西接海河平原，与塘沽隔河相望，"地当九河津要，路通七省舟车"，自古就有京津门户、海陆咽喉之称。

在漫长的历史岁月中，大沽口的可视航标经历了从狼烟、篝火到海神庙，再到灯船、灯塔的演变。

从元朝起，就有渔船进出大沽河的记载。当时河口浅滩很多，技术条件落后，时常发生海难。于是，大沽渔民在沽口浅滩处垒起石堆，点燃狼烟、篝火指明危险地带，起到导航的作用。

清朝康熙年间在此兴建的大沽口海神庙，既是重要的地标建筑，又是皇家祭祀海神、庇护安全航行的精神支柱，成为人们心中的一座灯塔。对于大沽船民来说，海神庙就是他们航海中不可缺少的航行标志和守护神。

1860年，天津正式开埠，进出天津港的船舶日益增多，早先的简单航标无法保证船只的安全，亟需设立新航标。由于大沽口附近水域水文情况复杂，无法兴建灯塔，便建灯船代行灯塔的功能。

1878年8月，天津海关把原系轮船招商局的一条旧趸船伊顿号改造为灯船，并从南通狼山水道的旧灯船上拆下一套灯具装上，作为发光光源，当时其亮度只有350烛力。这便是第一条大沽灯船。翌年3月，由于该船船体破败不堪，负重过度，以致倾斜沉没，造成近40名船员死亡。

1880年8月，天津海关另造了一艘铁骨木壳轮船，把原来因年久自沉的伊顿号的灯器打捞上来，悬挂到新灯船上，亮度增加到2000烛力，同时还配备了警务号角和数面铜锣，以弥补灯光在浓雾天气的不足。中日甲午战争爆发后，大沽灯船奉命暂时撤除，战争结束后恢复发光。后来，外灯罩意外被一群迁徙的野鸭撞损，灯船再度停止发光。

天津海关1911年购置的大沽灯船

1911年，一艘钢制新灯船代替原木质灯船。该灯船呈红色，两侧写有白色英文"大·DAKU·沽"字样，上置四等旋转明灭灯一盏，烛力也增加到了45000支，10秒闪光一次；同年8月24日，船上灯器正式发光，射程约11海里；1922年，灯器改为四等强氏白炽煤油蒸汽灯，亮度增至50000烛力。

1948年，解放战争接近尾声，溃败的国民党军队从塘沽乘船撤退时，故意用枪将灯器打碎并抛入海中，使大沽口海上交通陷入混乱。中华人民共和国成立后，灯器又被修复。

1958年12月，海河口兴建防潮闸，大沽口航道停止使用，大沽灯船移位新港主航道最南端进口处。2001年，退役的大沽灯船找到了它最后的归宿——团岛航标展览馆。

大沽灯船自使用以来，为引导船舶安全航行发挥了重要作用。但因灯船小、抗风浪能力差，每遇大风则需将灯船拖进港内。每年冬季，大沽口海面结冰，灯船从年底至次年3月都需撤出海面，改由较大吨位的拖轮装上灯器来代替灯船，"工凌""海明""航明"等拖轮均做过临时灯船。

随着海洋航运业的不断发展，往返天津港的国内外船舶日益增多，之前的导航设施日显落后，新航标的设置势在必行。从20世纪50年代初开始，有关部门就提出要在大沽口外的海面上建造一座灯塔。1952年，塘沽航务工程局在新港南防波堤外修建灯塔，本已打下了几根钢桩作为塔基，后风暴突起，海浪咆哮，钢桩瞬间被冲得无影无踪，于是作罢。随后，天津新港第二期扩建工程项目再度决议修建大沽灯塔，之后却因基建规模缩减，灯塔施工被迫停止。紧接着，新港第三期工程展开，大沽灯塔的修建重新提上日程。1967年，天津航道局、交通部下决心修筑大沽灯塔。翌年初，天津航道局、港务管理局及交通部水运设计院等相关部门的科技人员，赴港口对导航设备现状及附近海况展开调查，经过详细研究与规划，决定建设一座水上灯塔。1970年，交通部批准了大沽灯塔的修筑方案。

大沽灯塔工程于1971年10月18日正式动工。海上施工，困难重重。有一次灯塔正在施工，风浪骤起，施工船剧烈摇晃，面临着随时被大海吞没的危险。附近的一艘驳轮立即靠拢过来施救，结果第一次不仅没有成功，反而撞坏了驳轮的水箱。等到施工船最后得救时，距可能发生的海难事故仅有短短的五分钟。此后，为安全起见，建塔施工只能在每年夏季的70天内进行。大沽灯塔直到1978年5月1日才建成发光，这项工程前后花去了六年半时间。

大沽灯塔在建设过程中，遭受了两次严峻的考验。一次是1976年8月26日的唐山大地震。当时灯塔已建到第九层，有40多米高。地震前一天，海面上风平浪静。发生地震时，塔身剧烈摇晃，发出咔咔巨响，14名担负施工任务的工人在熟睡中被惊醒，不由自主地左摇右晃，大家担心做了几年的工程可能毁于一旦。震后检查，除塔身+10.6米接缝处局部开裂变形外，其余各部均完好无损。为了万无一失，施工方对塔身进行了加固。据了解，世界上所有建筑在海上的灯塔，都没有经历过这样的大地震的考验。

第二次考验同样发生在1976年。10月15日下午，秀山号万吨远洋轮在锚地走锚，由于导航失误，突然撞到了还在建设中的大沽灯塔上。结果，货轮被撞开了一个大口子，而灯塔只掉了一点外皮，安然无恙。1980年，技术人员用激光测量仪来验证塔身垂度，发现无任何偏差。这两次考验证明了大沽灯塔的坚固与稳定，不管是灯塔的定位、建筑施工，还是灯器制作，在当时都是高水平的。

大沽灯塔位于渤海湾天津港航道外端，塔身整体是一座混凝土结构的圆塔，塔高38.3米，共11层。灯塔的水下部分为一个重1500吨的碓台式钢筋混凝土沉箱和54根24.5米长的钢板柱，用掉近30000立方米的沙石。塔顶安装了高6.2米、重16吨的旋转式牛眼透镜，灯光发射中心高39米，射程17海里。这座圆形的灯塔，外部饰以白瓷砖和红白玻璃，红白相间，和谐美观。塔冠为六面红色板壁，间有金黄色花格窗，庄重朴实，颇有浓郁的民族特色。塔顶的巨型灯具在夜间能够发出旋转着的光束，无论阴、晴、雨、雾都能导航。自建成到现在，大沽灯塔20多年来一直保持着100%的发光。由于特殊的地理位置、鲜明的建筑造型，再加上其重要的助航功能，大沽灯塔赢得了"夜海明珠"的美誉。

大沽灯塔是我国自行设计的第一座海上灯塔，也是我国目前唯一一座有人值守的海上灯塔。为使灯塔正常发光，从1982年10月开始，第一批灯塔工人登上了大沽灯塔，开始了海上值守的日子。这些灯塔值守人员，从每三个月轮换一次，到每两个月轮换一次，再到一个月轮换一次，终日面对汪洋大海，日夜坚守在灯塔上。这些守塔人忍受着常人难以想象的寂寞和艰辛，长年驻守在每层不足20平方米的空间里，往返攀登132级台阶巡检着各层的机电发光设备。淡水和食品全靠给养船输送，有时风浪大给养船靠不上，灯塔工只能就着咸菜和酱油吃饭。这些守塔人坚定执着，就像这坚固的大沽灯塔一样，用自己的生命点燃引航之光。

随着现代科学技术的不断发展，大沽灯塔的助航设施也在不断升级换代。1990年更换了PRB-21灯器，发光亮度大大增强。1992年，安装了海标Ⅱ型雷达应答器。2001年安装了从西班牙进口的FGA-300型灯器。2002年至2003年，大沽灯塔实行了遥测遥控技术改造，对主航标灯、备用航标灯、雷达器的工作状态进行实时监测，并传输数据至监控中心以备处理。监控系统可对灯塔工作情况进行远程遥控，并实现了太阳能供电，降低了大沽灯塔的运营成本。2017年，天津航标处与中国电信公司合作，建成了"大沽灯塔通信基站"，解决了天津港水域信号覆盖不佳的问题，改善了它周边的网络通信条件。今天的大沽灯塔，用自己独特的地理位置为天津港撑起了信号伞。由于它的存在，锚泊于南北锚地的大部分船舶都可以接收到手机4G/3G信号。在科技发达的今天，

邮票上的大沽灯塔

图片来源：林轩编《邮票图说中国科技》，科学普及出版社，2012年1月，第82页。

大沽灯塔仍然无愧于"夜海明珠"的称号。

大沽灯塔是中国第一座从海底建起的固定式灯塔，也是世界上屈指可数的大型海上灯塔之一。大沽灯塔的建成，结束了大沽灯船使用近一个世纪的历史，标志着中国助航技术发展到一个新的水平，我国航运工程技术进入了更高阶段，填补了我国在海上建设大型孤立式建筑物的空白。40余年过去了，船舶导航定位更加依赖卫星、网络，灯塔的导航作用逐渐弱化。但大沽灯塔，早已成为天津港的地理标志，它承载了天津港不可移除的航海文化。2006年5月22日，大沽灯塔作为现代灯塔之一，被制成特种邮票在全国发行，向国内外展示了它的雄姿。2014年，大沽灯塔被公布为滨海新区不可移动文物。2016年，天津航标处拍摄制作"'三化'示范建设巡礼片"，其中就有大沽灯塔。2020年，大型航拍纪录片《航拍中国·天津篇》推出，大沽灯塔再次闪耀登场。

六番重建静默久 —— 曹妃甸灯塔

滦州故地，冀东新港，渤海滨沙岛，天津外水廊。背陆地而有浅滩，面大洋而有深槽。唐王于兹歇马，曹妃就此驻魂。唐王伤怀爱妾，兴曹妃殿于孤岛。此为该地得名之始。

这是天津海事局于2006年镌刻在唐山曹妃甸灯塔铭文开头的一段文字，点明了曹妃甸的地理位置、地貌特征以及地名由来。

曹妃甸地处唐山南部、渤海湾西岸，位于天津港和京唐港之间。曹妃甸沙滩方圆数十里，横亘直沽海口。据《滦南县志（1979—2005）》卷记载，曹妃甸为一带状沙岛，南面略高于北面，四周略高于中间。它形成于6000年至3000年前，为古滦河三角洲湖区，系滦河经由老溯河中、下游在这里入海而形成的巨大三角洲。滦河不断东移后，在海水的经久冲刷作用下，这里的三角洲渐渐脱离河口和陆地而形成海岛。从甸头向前延伸500米，水深即达25米，甸前深槽水深达36米，是渤海最深点。

曹妃甸这一名称的由来，千百年来一直披着一层神秘的面纱。相传，唐朝初年，唐太宗李世民跨海东征时，随他东征的有一个姓曹的妃子，她姿容秀丽，能歌善舞，深得唐太宗李世民宠爱。李世民每每出行，曹妃都随行伴驾。一次，当船只行至渤海湾滦州南部海域时，曹妃突患重病。此时，忽见前面有一海岛，李世民急令龙船靠岸，扶曹妃上岛治疗。由于海岛荒凉，少有人烟，时日不多，曹妃就撒手西归。李世民万分悲痛，命人置办棺椁，祭奠十日，然后将曹妃深埋于此。离开海岛时，敕令留岛官兵在此建造三层大殿，塑曹妃像，赐名"曹妃殿"。后来，渔民海客每逢在此歇脚便焚香祈祷，企盼曹妃神灵保佑自己平安无事。久而久之，这个拥有"曹妃殿"的小岛就成了现在的"曹妃甸"。

曹妃甸南端海域深阔，是进入天津、大沽、北塘等港口的航运要道，也是各种船只由塘沽通往秦皇岛、大连等港口的主要航线。据传，沙甸上原有一座小庙，常被视为海上航行的标志。但因岛域附近多暗沙，不谙航路者，船毁人亡于此者不在少数，这就有了在甸上设立灯塔来给船只导航的必要。曹妃甸灯塔最早建于清光绪年间，迄今已有百余年历史。灯塔数易其址，几度复建。

据传，最初在此建立灯塔的是一个叫法本的僧人。僧人法本在岛上建庙修行，见来往船只因不辨方向而搁浅甚至发生海难，就派出僧人，白日击鼓鸣示，夜间挑灯指路。由于海风太大，灯火常被吹灭。法本听说道台衙门有一盏水晶灯，便去化缘。道台不肯施舍，法本就用棉花蘸香油缠在小手指上燃烧，围观百姓为此愤愤不平。道台恐激怒百姓，只得忍痛拿出水晶灯。法本燃指化灯一事传开后，有人施银两，有人舍砖石，一座灯塔遂在曹妃甸建立起来。水晶灯燃起，来往船只便可辨明方向。这就是曹妃甸上的第一座灯塔。

实际上，曹妃甸灯塔的第一次兴建，也是伴随着近代中国屈辱的历史而开始的。由于列强用坚船利炮打开了中国的大门，1861年天津被迫开埠成为通商口岸。开埠之初，鉴于天津渤海湾主航道上没有正式的导航设备，而英国怡和、太古两家轮船公司以及中国上海轮船招商局的船只赴天津者日多，尤其是吃水较深的火轮夹板船不时驶进渤海湾，英国轮船公司极力要求海关在曹妃甸设立灯塔或螺旋式铁柱灯桩，但由于当时的建筑技术有限和建塔资金匮乏，未能成议。直到清光绪十二年（1886），李鸿章才答应拨款在曹妃甸上建一座灯塔，当年6月18日开始发光。天津海关派一名主任管理灯塔，但不常驻，委托曹妃甸内的和尚代为照料（与法本和尚建塔护塔故事暗合），1893年增派副管理员一名。

灯塔建成后，1895年和1900年曾有两次强风暴淹袭曹妃甸，岛上殿庙渔铺被淹冲大半，岛民迁徙，岛上日渐荒芜。由于地面沉降，1901年沙甸与陆地完全断开。为保护灯塔安全，天津海关在其底部增建保护月台，在岛上建起一栋管理员宿舍，并将原六等定光灯器改装为四等水银浮槽闪光灯器，每隔20秒连闪2次，光照射程达11海里。1920年后又不断在月台四周打桩、抛石，以资保护。但终因抵御不住海潮及流冰成年累月的冲刷、侵袭，曹妃甸灯塔日渐坍塌直至报废。

1925年，不得不放弃原塔易地重建新塔。新塔位于原塔西北方向约900米，以柚木桩为基础，上建角钢铁架，当年9月1日建成发光。灯塔高14米，设四等乙炔灯器，闪白3秒，灯光射程12海里。在管理上，撤回值守人员，改为无人值守。这是曹妃甸灯塔的第一次重建。当时的曹妃甸灯塔位于曹妃甸沙垒上，属于浅滩避让标志。

抗日战争期间，为打击侵华日军的海上运输，中国抗日部队将灯塔拆除。曹妃甸灯塔被拆后，除少部分机件由天津海关运回外，其他如铁架、灯器等全部遗失。此番拆除，曹妃甸灯塔停止发光达6年之久。因为没有了明灯指引，曹妃甸海域常常发生海损事故，除有记录可查的朝鲜大昭丸号等较大船舶在此遇险外，各种小型船只于此遇险者更是屡有所闻。1949年11月，上海纽约太平洋水运工会向中国海关呈请早日恢复曹妃甸灯桩，否则船东将不愿派船驶来大沽口，曹妃甸灯塔的重要性于此可见。

中华人民共和国成立后，中央人民政府决定重建曹妃甸灯塔，并将其纳入政务院《关于1950年航务工作的决定》计划恢复的灯塔之一。1950年3月，海关海务处勘定新灯塔位置，4月下旬派周寿椿副工程师赴塘沽负责建造事宜。建造灯塔期间，施工人员每天工作12小时之久，提前完成了建塔任务。新塔于1950年6月27日建成发光，上置环照灯具，配乙炔灯器一盏，周期3秒闪白，射程达13海里。这是曹妃甸灯塔的第二次重建。

曹妃甸沙滩孤立于渤海湾中，越甸而过的潮水及周围的海流，始终是灯桩安全的威胁。1950年新建的灯塔东侧距平均高潮水没线约100米，到1960年平均高潮水没线已近至灯桩附近。为保障灯桩基础的稳固，施工人员先后采取了若干措施，结果无一奏效。为保障灯塔的安全，1962年天津港决定对曹妃甸灯塔进行迁建。这次迁建沿用1950年的设计图纸，但将灯桩位置向西迁移了360米。4个月后新塔建成，1962年8月21日正式发光。新塔高13.4米，灯光中心高14.1米，上设环照乙炔灯，闪白3秒，射程12.5海里。是为曹妃甸灯塔的第三次重建。

随着科技的发展，新材料和技术也被应用于曹妃甸灯塔。1975年，灯塔改用锌空湿电池供电。1977年5月，又改为太阳能电池和镉镍电池组供电，从而彻底解决了灯塔的能源补给问题，减轻了航标工人的劳动强度。到了20世纪80年代，随着我国及世界航运业的发展，天津港的货物吞吐量成倍增加，但经过20多年的风雨和海潮的侵袭，曹妃甸灯塔的桩体已被严重锈蚀，因此重建灯塔、改善曹妃甸海域的助航条件又被提上议事日程。

1986年，天津航道局决定把曹妃甸灯桩作为当年的重点工程。根据曹妃甸沙滩多年的冲淤变化情况，这次在灯桩选点上打破了以往由西向北以求灯塔安全的旧框框，大胆将灯塔的位置向航道方向推进了2250米。而且，新建的灯塔在视距上可与1978年5月建成的大沽灯塔相互衔接，能够更好地改善天津港船舶的助航条件。同年9月6日，曹妃甸灯塔第四次重建后正式发光。新塔以钢质沉箱和砼（tóng，混凝土）灌注桩为基础，建成高23米的钢管架灯塔，上置美国自动动力公司FA-251灯器一盏，白光3闪周期12秒，射程达14海里，配12块镉镍电池。1988年又在塔身安装了雷达应答器，实现了全天候助航的功能。

因为工作环境恶劣，历次建成的曹妃甸的灯塔往往提前退役。1986年新建的灯塔也只使用了10年就超出了设计寿命年限，钢结构塔架因海上盐雾的不断侵蚀而生

20世纪重修的四座曹妃甸灯塔，时间分别为1925年、1950年、1962年、1986年。

锈严重、塔身倾斜。1998年，为保障助航作用，交通部第一航务工程勘察设计院修改设计方案，将钢结构塔架改为玻璃钢塔体。灯塔基础下部为灌注桩，上端嵌固在混凝土平台中；平台高6米，直径10米，其上部与玻璃钢灯塔连接，玻璃钢塔体高18米。灯塔安装进口航标灯器和雷达应答器，利用太阳能电池供电，灯光射程14海里。新灯塔于2000年1月18日通过验收并投入使用，塔身为灰白相间的颜色，庄重古朴。这是曹妃甸灯塔的第五次重建。

2003年10月10日，曹妃甸海域发生50年未遇之风暴潮。岛上施工民工及勘测技术人员共80余人未能及时撤离，避难于曹妃甸灯塔塔身。救援完成后，当地政府官员对曹妃甸灯塔非常重视，于2006年在灯塔所在处勒石刻碑以为纪念，并在塔身下方以详细图文展现了曹妃甸灯塔的前世今生。

从2003年起，首钢决定迁址曹妃甸。伴随着首钢的迁入，曹妃甸也由最早的带状沙岛一跃而为河北省唐山市曹妃甸区，逐渐成长为一个海港城市。首钢京唐建设公司建设的光辉，扫除了这片土地长久以来的寂寞。那座灰白相间的曹妃甸灯塔独自矗立在喧嚣中，显得那么的孤独和格格不入。一度传闻，曹妃甸灯塔要被拆。而对生活这片土地上的人们来说，曹妃甸灯塔承载着他们的记忆，自然不愿将它就此抹去。

2018年10月以来，关于曹妃甸灯塔改造重建的消息便一直活跃在当地各类大小媒体上，2019年交通运输部海事局正式批复实施曹妃甸灯塔改造项目。得知这一消息，对于曹妃甸灯塔有着深厚情感的人们，自然是奔走相告。人们期待这座将集ATS及AIS基站、海洋监测、海洋数据采集，以及航海信息发布等功能于一体的综合性现代化灯塔早日面世；期待第六次重修的曹妃甸灯塔能够更好地发挥助航效能，并优化渤海中西部水域综合助航服务体系。

"千载以降，世人屡与天公斗勇，不避风浪，不畏险阻，傲视天地，睥睨（pì nì）苍穹。沙甸灯塔兴替，薪火不断，足见民智之无穷。"这是天津海事局于2006年镌刻在唐山曹妃甸灯塔铭文结尾的一段文字。

沧海桑田，世事巨变，曹妃甸灯塔从历史深处慢慢走来，始终沉默但又不断发光，给这片神奇的土地照亮前进的方向。

孤岛巨人目孜孜 —— 猴矶岛灯塔

在渤海湾长山水道北侧,有个0.28平方公里的小岛,因其礁石外形酷似一只卧猴而称猴矶岛。小岛海拔104米,是长山列岛32个岛屿中很小的一个。岛虽小,却是渔家的"耳目"、海上行船的"水警",在渔民心目中它不亚于海神赐灯,被人们亲切地称作"航标岛",而这些名头的获得都源于1882年修建的猴矶岛灯塔。

长山列岛在地理上属于庙岛群岛,处于水绝壤断之地,孤悬海外。属于长山列岛之一的猴矶岛,地处渤海海峡中部的北纬38度线上,是一座孤零零的海岛,像天外飞来的一块巨石,插在山东半岛与辽东半岛之间,被视作守护渤海的"门闩",自古以来战略地位十分重要。

猴矶岛本是一个无人居住的小岛,1876年《中英烟台条约》签定后,英国人于1882年在岛上修筑了庙岛群岛的第一座灯塔,并修建了雾炮和两座英伦风格的石头房子。有了当时非常先进的灯塔,侵略者的军舰和货轮不分昼夜地从黄海穿过渤海海峡,畅通无阻地直达津门,因此猴矶岛灯塔也见证了近代中国被侵略的屈辱。

猴矶岛灯塔为圆柱式造型,通身漆黑,高14.2米,分灯笼、塔身两大部分。上面的灯笼外径3.5米,哥特式伞状铜顶,笼体内部又分上下两室。上室为结构框架,周边镶嵌24块巨大弧形钢化玻璃,室内正中分设上小、下大两副灯具,其中小灯备用,大灯可照15海里。夜幕降临后,大灯每隔12秒就闪射一次柱状的白光。下室为封闭式铸铁结构,塔壁厚约2厘米,仅留几个圆形防水窗,海浪一般打不到这里。灯塔塔身结构简洁,齐棱齐角的花岗岩条石,砌出厚达0.8米、内径3.5米的圆形塔壁,就连塔内盘旋而上的楼梯,也是一根根悬着揳入塔壁的条石。

据说,英国人建造这座灯塔时,所有材料,包括这一块块条石,全是在英国制造完毕、试装成功后,拆卸下来海运到中国的。每一块条石上全都写有编号,并且凿有纵向的透孔。运到这里后,英国工程人员按编号垒砌条石,条石上的透孔上下之间孔孔相连,形成一根根自上而下的管道,工程人员再把熔化的铅液灌进那些凿入基岩的管道,待铅液冷却成一根根粗大的铅棒后,所有条石、包括基岩就被牢牢地"焊"在了一起。这样砌成的塔座浑然一体,间不容发,坚不可摧。从此,这个

猴矶岛灯塔

"孤岛巨人"就被牢牢地"焊"在小岛山体的岩基上，历100余年风雨而岿然不动。

除了灯塔，当时英国人还在岛上安装了2门导航大炮，用作雾天引航。关于这两门导航炮，还有一则故事。有一年，一艘满载着中国文物的外国巨轮自大沽起航回国，遇上大雾天气，此时猴矶岛上的导航炮突然失灵，巨轮偏航搁浅。半夜时分，这艘巨轮欲趁高潮期离岸脱险，刚刚驶进北黄海，突闻导航炮鸣响，巨轮误以为已行到成山头（成山头又称"天尽头"），于是调整航向，迎着导航炮的方向驶去，结果一头撞在"海上坟地"老东礁上，瞬间葬身大海。老东礁，当地人称"曹州府"，一位贪赃枉法的知县去曹州府上任时因大雾在此船毁人亡，因而老东礁就被当地人视为"阴曹地府"，是不仁不义者的归宿。在老东礁，不仁不义的帝国主义侵略者也得到了自己应有的归宿。

1928年，国民党东北海军第二舰队进驻长岛，海军司令沈鸿烈在猴矶岛上安装雾号，百里之外就可听到雾号的低沉吼声，从此"猴矶雾笛"成为长岛一大特色。每当大雨大雾天气，小岛上空就会传来一阵一阵哞哞的类似牛吼的声音，当地人称之为"英国牛"。因为地处渤海海峡咽喉地段，百里之外均可听到猴矶雾号的低沉牛吼，所以这里一直被航海者称为"京东第一笛"。当年的导航炮现存于庙岛显应宫。

建成后的100多年里，除了最初几年冬季停燃，即便是在日俄战争和抗日战争中，猴矶岛灯塔都一直在履行职能。英国殖民猴矶岛时期，还在此修建了舞厅，以打发英籍灯塔管理人员的寂寞时光，岛上现存的欧式建筑依稀可见当日的繁华。多年以后，这座小岛上只有几个管理人员在此守候。

猴矶岛位于海上要道，礁石密布，船舶触礁遇难的险情层出不穷。但是猴矶岛上的灯塔工却只能履行守护灯塔的职责，而不敢贸然离塔前往施救，这是很早就定下的规矩。猴矶岛灯塔建成之后的第7年即1889年,灯塔英籍管理员身染重病、危在旦夕,情急之下,另一英籍副管理员率两位华籍职员,驾舢板冒死送他去陆地就医,结果风大浪高,舢板被掀翻在海里,4人无一生还。此案发生后,英国有关管理部门发布紧急命令,严禁服务中国灯塔之管理员轻率驾船冒险营救遇难船只和人员,明确指出救护之举虽属人道主义,然而灯塔工唯一职守是专司灯务、保障航行。因此,猴矶岛上的灯塔工们,有时面对海难不得不袖手旁观。但是,一旦有人游到岸边,灯塔工们仍会施以援手。1910年10月,海上突起大风,船只纷纷遇险,猴矶岛灯塔一下子收容了120多个漂到岛边的渔民,灯塔工们倾囊相助,拿出所有食物,没让一人饿死在岛上。至今,猴矶岛附近若有海难,落水之人就会首先游向"发光"的猴矶岛,投奔岛上的灯塔工。

如果近距离观察猴矶岛灯塔,会发现塔身东南向外的墙上大概两米多高的地方,有七八块条石莫名其妙地凸出表面约1厘米。据说,解放战争期间,共产党游击队想像炸毁敌人炮楼那样,来炸毁这座被国民党用来给军舰导航的灯塔。他们从里面放进去好多炸药,才把这几块条石向外炸出来一点点,最后只好放弃。这也从一个侧面印证了这个"孤岛巨人"的坚不可摧。

悠悠百年,猴矶岛灯塔默默地服务着过往不断的船舶。史料记载,此塔建成初期烛力有45000支,而维持其灯火,对灯塔工来说是一件非常艰苦的工作。如今经过一代代改进,这座灯塔的灯光已能打到20海里远。灯具中装上了烟台航标处自己研制的六泡自动换泡机,再有灯泡熄灭的故障,换泡机会瞬间自动将其修复。灯塔上还装备了先进的雷达应答器,雾锁大洋的时候它照样能为船舶助航。现在猴矶岛灯塔已经具备了无人看守的条件,管理上也实现了电子远程遥测及操控。

2006年,山东省人民政府公布猴矶岛灯塔为山东省文物保护单位。2013年5月,猴矶岛灯塔被国务院公布为第七批全国重点文物保护单位。

如今的长山国际水道百舸争流,这座屹立在渤海深处100多年的灯塔,仍然在为过往的中外舰船指明航向。猴矶岛灯塔,像一位永不怠惰的敬业的海警,百年如一日孜孜不倦地指挥着海上交通。

凌云仙阁立斜阳 —— 普照楼灯塔

　　蓬莱口岸，海舶所趋。丹崖建阁，邑之名胜。下多礁石，出没涛波。不有指南，宵航之患。清同治十三年始建灯塔，制如小亭，体微，用备一灯烛，险示以彼岸，黑月霾夜，恃以无虞，舟人便焉。鼎革后修葺斯阁，易而为楼，名以普照，高危无当，圮不旋踵□□。承之斯邑守土之责，奋迹是保，爰诸邑人改制为塔，以符其名。

　　这是2018年在蓬莱阁景区新出土的20世纪初民国时期蓬莱阁灯塔残碑上的一段文字，记载了蓬莱阁普照楼灯楼的建设，以及民国初年改称灯塔的经过。

　　蓬莱港旧称登州港，唐代就与泉州、扬州和明州（宁波）并称为中国四大古港，是中国近代四大对外通商口岸之一，也是北方海上丝绸之路的一处重要起点。

　　登州港位于山东半岛最北端蓬莱城北丹崖山下，北距庙岛群岛6海里，扼渤海海峡之咽喉。这里最早是一个自然港湾，经多次修建而逐渐形成规模。在繁华的时候，这里曾经"丝竹笙歌，商贾云集"，"日出千杆旗，日落万盏灯"。宋代苏轼在《蓬莱阁记》中记载："登州蓬莱阁望海如镜面，与天相际，忽有黑豆数点者，郡人曰'海舶至矣'，不一炊久，已至阁下。"事实上，宋明时期蓬莱水城均是我国北方的海防要塞。

　　在古代海上丝绸之路中，人们驾船航行于茫茫大海，征服海洋的能力有限，但又祈望克服海上的惊涛骇浪，于是，保佑平安的海神便应运而生。在与登州港相连的丹崖山上，唐朝建有龙王宫，宋朝建有天后宫，它们均是供百

民国时期的普照楼灯塔

姓祭祀祈求航海平安的。

蓬莱龙王宫建于唐贞观年间（627—649）。从海上丝绸之路来唐求法的日本名僧圆仁在《入唐求法巡礼行记》中记载："城北是大海，去程一里半。海岸有明王庙，临海孤标。"可见龙王宫在当时已引起日僧圆仁的注意。龙王宫一直是登州百姓出海祈拜之地，香火繁盛。至宋朝，妈祖文化兴起，龙王宫作为海神崇拜才日渐式微。

蓬莱阁天后宫始建于北宋崇宁年间（1102—1106），为我国最早兴建的天后宫之一。宋朝宣和四年（1122），宋使节路允迪出使高丽，使船突遇海上大风，路允迪的座舟受妈祖庇佑而有惊无险，事后他奏明朝廷修建天后宫。蓬莱天后宫是北方妈祖文化的传播中心。天后娘娘是蓬莱渔民信仰的海神，相传海神娘娘在晚上会显灵搭救海上遇难的船只。

对于当地渔民而言，蓬莱龙王宫、天后宫可以为登州港的来往船只"保驾护航"，更多的是一种信仰崇拜，而清朝兴建的普照楼却是实实在在地尽忠职守，为夜晚迷途的渔船指明航程。

普照楼灯塔是蓬莱水城最有年代感的一座建筑，也是我国古代海上丝绸之路上建立最早、至今留存的灯塔之一。蓬莱阁普照楼灯塔原称灯楼，位于蓬莱阁东北角绝壁丹崖山上，始建于清同治七年（1868）。灯楼由当时登州府同知雷树枚倡建，主要作为夜间及天气昏暗时行船导航的航标。

雷树枚在《蓬莱阁灯楼记》中记述了灯楼始建的初衷与经过：

> 余宦游山左三十年，足迹几遍。而海滨之区，尤留意焉。初至成山，见山顶有灯楼。询之土人，知为南北商舶而设。至文登鸡鸣岛、利津铁门关亦均有之。盖海口类多礁石漩流，商舶往来，皆知趋避，其为益殊非浅鲜也。登州海口林立，近年潘伟如廉访督税东海关，建灯楼于福山、烟台及宁海崆峒岛，商人咸颂其德。郡城蓬莱阁，据丹崖山上，北与大小竹岛及长山庙岛遥遥对峙，为南北商船必经之路。每逢阴雨之夜，云雾渺茫，沙线莫辨，情惧夫误入迷津者之失所向往也。
>
> 余于同治七年分守来郡，即拟建灯亭以利商舶。兹商之彭明府，慨然以为可行，遂议定灯油等费每月需制钱若干。余与彭明府、李二尹、李少尉、应千戎并水城各栈，按月摊捐，交陶允执茂才妥为经理。并示谕各岛居民，俾共知悉。从此垂诸久远，永无废堕，庶几明光所在，帆樯宵渡可无迷途之虞。未敢云便民

普照楼（最右侧建筑）远眺

也。亦分守是邦者聊尽吾心云尔。

雷树枚仿效海滨之区如成山、福山、烟台等地的灯楼，而在蓬莱阁倡建灯亭，以利商贾船舶夜间航行，并获同僚响应，蓬莱灯亭始成。从1868年开始，普照楼就平静恬淡地面对着惊涛骇浪，楼上的燃油灯彻夜发光，为远道而来的船舶指路。古人行船至此，夜晚辨别方位靠的就是普照楼的灯光，看到普照楼上闪烁的灯光，就知道到蓬莱了。

普照楼为三层砖木结构，楼身六棱，楼顶斗拱，内设扶梯盘旋而上，顶层为木结构六柱支撑，形状似亭子。它高耸于丹崖山绝壁，近看似危楼悬空、摇摇欲坠，远观如鹤立云端、飘然欲仙，极具凌云仙阁的标志性意义。

1941年，普照楼毁损，灯塔停止发光。一位"新人"接替使命，东海关龙口分关在普照楼西侧的老北山（现田横山）山巅新建灯塔一座，称为老北山灯塔（又称蓬莱头灯塔），替代普照楼灯塔。两座新老灯塔遥遥相望，犹如母子情深，难以割舍。

老北山灯塔在1952年被改为高7.6米的铁架结构，1978年又改建为石砌圆柱形灯塔，塔高10米，加装灯笼。2000年7月，老北山灯塔重建为高20.3米的白色圆柱形灯塔。这座日益现代化的老北山灯塔，现在仍然在为航行于登州水道和进出蓬莱港的船舶提供助航服务。

1958年普照楼重修，成为蓬莱阁古建筑群的重要建筑之一，也是整个蓬莱阁的地标性建筑，现为国家重点文物保护单位。

如今的普照楼，尽管已经从航海地图上消失，但它并没有被人们遗忘，航海的人们永远记得在夕阳西下后普照楼上的灯光，那是进入蓬莱海域的标志。海上仙山蓬莱岛的普照楼，永远给人以希望。

黄海海域灯塔

明珠高悬几春秋 —— 烟台山灯塔

烟台山位于山东省烟台市芝罘区北海岸线中部，南连繁华的市区，东、北、西三面环海，面积约8公顷，海拔45.2米。因为它北出海中，与芝罘岛对峙，是船只进入芝罘湾、驶向太平湾的天然航标，又因为它是太平湾之一臂，在烟台市区中轴线北端，所以被称为镶嵌在烟台市区的一颗璀璨明珠。

据史料记载，烟台山原系水中一座荒凉的小岛，后因东西两河口长期冲刷和砂砾堆积而逐渐成为陆连岛。由于它的位置重要，历来被视为军事要地。明洪武四年（1371），朱元璋下令禁海后，有人勾倭为寇，在沿海地区大肆抢掠，危及我沿海疆土安全。于是明洪武三十一年（1398），明朝政府在胶东沿海设置靖海卫，又在奇山设守御千户所；在烟台山上建烽火台，遇到敌情，夜则举火，昼则升烟，以此示警。烟台山从此被作为海防重地，长年驻守军队。由于烟台山历来没有统一称谓，或按其形状叫"熨斗山"，

20世纪初叶的芝罘（烟台）港

或以其方位称"北山"，当山上修起狼烟台后，当地人遂称其为"烟台山"，后来连同山前东西海岸线一带的居民区，也被约定俗成地称为"烟台"。

烟台山上刻写着烟台市数百年的沧桑历史，尤其是遍布山头的那些外国建筑物，记录着烟台自19世纪60年代初开埠后，在西方列强凌辱下所走过的道路。烟台山灯塔是这段历史的重要见证人。

第二次鸦片战争，清朝战败，被迫签下《中英天津条约》，辟登州（今蓬莱）为通商口岸。当时英国驻华公使马礼逊见登州湾不适合作为港口，便一路徒步东行数百里，进入芝罘地界。他登上烟台山，只见小山三面环海，山后水深湾阔，乃一处天然良港，遂单方违约，弃登州而选烟台。1861年5月，清政府批准将通商口岸由登州改为烟台。1861年8月22日，东海关开关征税。1862年1月，清政府首次将芝罘称烟台。自清同治五年（1866）起，东海关便开始利用这座高6.5米的烽烟台，在其顶部建起一座带木柱屋顶的简易灯楼和旗杆，以此助航进出烟台港的船只和预报天气风信。1893年10月，烟台首次发行中英文邮票，其图案便是烟台山、烽烟台、灯楼、旗杆。这是烟台山灯塔的前生——灯楼。

为适应日益繁忙的航运需要，清光绪三十一年（1905），英国人在烟台山古刹院建了灯塔，位置就在烽烟台原址。英国人把中国用来象征着御敌安邦的军事设施，变成导航舰船的灯塔，取名烟台山灯塔。1886年修建的原烟台灯塔（又名陆逊灯塔），则更名为崆峒（kōng tóng）岛灯塔。

烟台山灯塔塔身建在古刹建筑物之上，纯系中国式样，外型如坚固炮垒之棱堡。当时的海关海务科灯塔股为节省经费，建筑灯塔往往因陋就简，烟台山灯塔使用的镜机是经维修后的大戢山灯塔旧机，职员宿舍及储存室都为古刹房屋，灯塔及古刹外墙

1905年修建的第一代烟台山灯塔（第一代烟台山灯塔）

涂以白色，古刹内部保留原貌。

烟台山灯塔开点初期，烛力33000支，设三等明灭灯一盏，光柱有效射程达17海里。为了引导船只停船靠岸，灯分为红、白二色弧光，白色弧光用于指示崆峒各岛间向南或向西航行正路之用，而红色弧光所及之处则为危险地带，红白二光每秒各明灭一次。灯塔设有旗语杆，设专人管理、瞭望。此外，灯塔还使用几种挂标、夜用灯笼来向港内船只预报各海区风信。那时，不论从哪个方位向烟台山望去，都能看到灯塔，它被称为"船舶航行的指南针"。这套灯塔航标延用了几十年，也见证了烟台近代受到殖民统治的屈辱史。

1949年中华人民共和国成立后，第一代烟台山灯塔继续发挥其导航作用。到了1982年，由于老灯塔年久失修，高度也偏矮，不能满足引航的需要，这座有77年历史的烟台山铁制灯塔被肢解，有着584年悠久历史的砖砌烽烟台也被拆毁。第二代烟台山灯塔于1986年8月1日正式动工建设。

第二代烟台山灯塔采用清华大学的设计方案，该方案设计为"古典城堡式群体建筑"风格，与烟台山整体建筑融为一体。新灯塔比原灯塔向西推移大约8.5米，塔高49.5米，明灭相间周期为9秒，灯光射程20海里。塔底依旧采用古堡式风格，与历史悠久的烟台山水相映成辉，内部结构如同一个倒置的海螺，下粗上细螺旋式上升，轴心为高31米的电梯，电梯四周为12层钢梯，两条通道殊途同归，直至光源部分灯笼。灯笼由24块凸面玻璃组成一个直径3米、高3米的圆柱体。灯笼中的发光体透过4只牛眼透镜，分成4柱平行光，再透过灯笼的挡风玻璃射出。整个透镜由一台电动机带动旋转，36秒转动一周，4次明灭。新塔功能齐全，集灯、讯、导功能于一身，基部内设各种库、室及电、水、暖等设备。

烟台山新灯塔于1988年6月1日建成投入使用。新灯塔对于烟台至大连航船的利用尤为方便。当烟台山灯塔、崆峒岛灯塔从视线中消逝不久，海上航行的人们就会看

烟台形象标识

到大连水域中的航标，不用再为船位不准而担心。

新灯塔矗立烟台山多年后，为了给人们提供一个抚今追昔的条件，有关部门拨出专款恢复了老灯塔的容颜，并在塔内建起航海博物馆，古烽火台也得以再现当年的雄姿。

烟台山灯塔被誉为"黄海夜明珠"，成为烟台的地标性建筑，烟台市也是全国首个以灯塔作为地标的城市。2017年4月，烟台形象标识正式发布。标识中，烟台山灯塔是核心部分，也是主体元素之一，与其他元素构成一幅水墨形态，以传统文化韵味勾勒出"仙境海岸 魅力烟台"的和谐美。

如今，烟台山灯塔每天由专人负责准时开关灯，指引轮船进出港。作为旅游景点，每天都有众多游人登上49.5米高的塔顶欣赏烟台的黄金海岸。"黄海夜明珠"依旧高悬在烟台上空，并将继续见证烟台的春秋代序、物换星移。

一灯孤悬望故乡 —— 圆岛灯塔

在广袤无垠的黄海之上，有这样一座小岛，它长300米、宽140米、面积0.032平方公里，只有四五个标准足球场大，抽一支烟的工夫就能绕岛走一圈，站在海拔62米的最高点大吼一声，全岛人都能听见。这就是我国领海基线点之一的圆岛。圆岛东岸为岩石断崖，高40米以上，北部较缓，有小道通往山顶。顶部还不到半个篮球场大，在地图上很难找到它的踪影。圆岛虽小，地位却很重要。它是中国大陆自黄海向东延伸的终点，海上前哨。以立在圆岛顶端的石碑为起点，向东12海里以内仍为我国领海，超过12海里以外便是公海。

圆岛距离大连陆地近30海里，是辽东半岛沿海最南端的孤岛。凡是从南方海域到大连的船舶，最先见到的陆地目标就是圆岛，因此就有"发现了圆岛，就是看到了大连；走到三山岛，就是进了大连港"的说法。因此，圆岛就有了"大连第一岛"的美名。由于它形如圆圆的馒头，所以被称为"圆岛"。站在圆岛的制高点上环顾四周，大海的辽阔令人震撼——地球是一颗巨大的圆，人仿佛就站在地球的中心。

在海图上，圆岛的位置画着一颗五角星，用以标志圆岛灯塔的准确位置。圆岛灯塔始建于1925年，1991年重建。塔身为白色圆柱形钢筋混凝土结构，安装封闭式集束旋转灯器。塔（桩）高20米，灯高66米，灯光射程20海里，灯质为闪白15秒，装有无线电指向标和雾警设备。白天可直接利用圆岛测定船位，晚间则可借灯光定位。所以，圆岛被海员称为黄海北部的导航"安全岛"，而圆岛灯塔被誉为"大连海区第一灯"。从建成起，圆岛灯塔的光芒便在黑夜的海上，风雨无阻地为过往大连港的船舶提供着位置测定和航向指引服务。准备入港的船舶，看到圆岛灯塔，就感觉回到了母亲的怀抱。

圆岛灯塔

现代航标技术渐渐向数字化发展，但灯塔作为传统的导航手段，是现代航标技术无法替代的。虽然有些灯塔可以采取太阳能供电，但是遇上恶劣天气电压不稳时，灯塔照明还需要启用柴油机发电。圆岛远离陆地，遥控遥测信号易受干扰。为了保证过往船只的安全，圆岛一刻也离不开灯塔工。因此圆岛灯塔一度是我国北方海域唯一有人值守的孤岛灯塔。

圆岛实际上是一个礁石坨，属于基岩形海蚀地貌，岛的周围礁石林立，沟堑岩洞遍布。海岛由坚硬的花岗岩构成，岛上没有淡水，也几乎没有泥土和植被。石缝里零星地钻出的一些野草，就是这里的生机。岛上的气候条件也非常恶劣，曾经驻守圆岛灯塔10余年的姜昌军在诗歌《圆岛情》中如此描述："到冬季，北风急，狂浪吼，无平憩；入夏时，临雾季，一整月，二天曦。"灯塔工们就在这与世隔绝的远海荒岛上，在逼仄局促的海上孤塔里，远离喧嚣尘世，几十年如一日默默地守护着灯塔，只为明灯璀璨，照亮航程。在圆岛值守的灯塔工中，在岛上工作时间最长的达23年。长年在大连港航线上航行的船舶，途经圆岛灯塔时总会拉响汽笛，向灯塔人致敬，听到汽笛声，灯塔人的心里都是暖暖的。

泥土，这个在陆地上不足为贵的东西，在圆岛却是无价之宝。1955年，一支部队带土上岛建菜田，节约滴水保战备，把圆岛建成了坚守祖国东大门的"海上壁垒"。

从20世纪70年代开始，扎根圆岛、爱岛奉献的"一把土精神"，一直在灯塔工中流传。航标工和解放军战士探亲回岛时，都会带来家乡的一把土，以此表示扎根海岛的决心。后来，土越来越多，人们用石头和砖块将其包围起来，形成了"一把土田"。现在，航标工们在"一把土田"上种韭菜、黄瓜、豆角、丝瓜、南瓜、辣椒。由于岛上淡水都是从大陆上运来的，所以这些蔬菜只能用雨水或洗碗、洗脸水浇灌。当然，对灯塔工的生活所需来说，这点蔬菜不过是"杯水车薪"，但绿色生命从他们亲手缔造的"一把土田"中诞生、成长，给他们孤寂的精神生活带来了勃勃生机。

2016年9月21日，基于北斗卫星导航系统的远程遥测遥控通信终端在圆岛灯塔安装完毕，经北海航海保障中心大连航标处调适并被正式投入使用，圆岛灯塔的科技现代化又往前迈进了一大步。在这个突兀于黄海的孤岛上，那盏依然矗立的孤灯依然闪亮，似乎在提醒着航海的人们——前方就是家乡，前方就是母亲的怀抱。

燃灯一盏向天涯 —— 成山头灯塔

观中国地图，胶东半岛如一条牛角抵入渤海，牛角的顶端就是成山头。成山头因地处成山山脉最东端而得名，三面环海，一面接陆，与韩国隔海相望，仅距94海里。这里是中国陆海交接处的最东端，也是我国最早从海上看见日出的地方，自古就被认为是日神所居之地，春秋时称"朝舞"。

成山头又被称作"中国的好望角"，这根源于它矗立于"天尽头"的地理位置。当时的人们相信"天圆地方"，以为这环海之地就是地之一角了。《史记·秦始皇本纪》记载，秦始皇曾经东巡至此，地近临海，见山上云雾缭绕，大海烟波浩渺，遂曰"仙境，天尽头"。旁边的丞相李斯遂手书"天尽头，秦东门"，这六字后来被勒石成碑，立于成山头顶峰，面向大海。因年代久远，石碑的上半部分断裂落入大海。始皇帝的"天尽头"碑，后来则被康熙手书的"天无尽头"所取代。

成山角北临渤海，东南临黄海，像一把尖刀直插在两海之间，主航道距成山头仅5海里，是黄海船北上渤海及大连船南下的必经之路，南来北往的船舶都要靠它来定向、导航。这里风大、雾多、崖险、水深、流急、浪恶，明礁周围遍布暗礁。据海洋部门统计，这块水域年平均8级以上大风日达128天，海流时速3海里以上；年平均雾日87天，是中国沿海雾最多的海域。古往今来，在此触礁船只不计其数。当地渔民一直流传着一条谚语——"成山头，成山头，十个艄公九个愁"。

早在公元7世纪，山东成山角已成为近海航线的必经之地。杜甫在《后出塞》诗中曾写道："云帆转辽海，粳稻来东吴。"为指引过往船只，元代就有在成山头岬角"垒砌石堆，树立标杆，白天悬挂布幡，晚上悬点灯火"的记载。可以说，成山头是我国近海航路上最早、最重要的航标之一。

清道光元年（1821），道人徐复昌募捐在此兴建一座灯楼。据传，清嘉庆二十三年（1818），一艘江南货船北上，在成山头附近沉没，只有账房先生徐复昌一人生还。劫后重生的徐复昌在附近的始皇庙出家。为帮助过往船只安全通行，他回江南化缘三年后，回到成山头，在紧靠海边的山崖上建成一座木质灯楼。灯楼位于荣成市成山头始皇庙门东侧，当时为木质两层结构，上层置铜盆贮油膏，晴夜通宵燃烧导航。下层悬挂一口铁钟，雾夜则击钟传声，方便船只避让。然而这种原始的木质高杆照明灯所发出的萤火之光，往往挡不住狂风的吹袭。1859年，一上海人在成山头附近海域遭遇海难，其遗孀给钟楼捐献一座高两米、重达一吨的铜钟，铜钟取代了铁钟，据说敲击铜钟发出的声音可传至30余里外。

清同治二年（1863），木质简易灯楼被改建为木石两层结构的灯塔。塔宽约3.6米，高约6米，四角用花岗岩砌起，外形酷似一座瞭望台。在露天的台顶高处架着横梁，横梁上放着一个很大的铁盘。每逢黑夜降临或是海上起雾、刮风之日，便在铁盘里架起木柴，燃起大火，渔民就能借助那通红的火光调整航向，平安返回。

1874年，由英国人把持的清朝海关出资，在旧灯塔的西南方修筑了一座新塔，为碉堡式的圆形建筑。塔身完全用长方形花岗岩块石砌成，每块石头都有一米见方。这座白色的灯塔本身并不高，当时有11.51米，但是它的灯高出海平面约67米，为二等灯，每15秒快速连续2次闪白，在晴朗的天气条件下灯光有效射程可达22海里。

成山头火盆灯塔

成山头是有名的"雾窟",这给船舶的航向带来了极大不便。在这里,1887年宝大号轮船触礁沉没,1890年福佑号轮船遇险,1895年苏州号轮船失事,全舟覆没……这些事故都与成山头的雾有关。灯塔的灯光在雾天射程很近,为了防止大雾天气里海上船只看不见灯光、辨不清方向,成山头灯塔在很早就设置了雾炮。1893年英国人又在灯塔南偏东80米处建响房,增设气压雾笛一套,雾笛每隔两分钟便自动鸣笛一次,笛声可传至30海里之外。1927年,改装最新式直径七寸的雾笛,由三架24马力的"鲁司墩"引擎策动。雾笛后来又被多次替换、更新设备,直至2000年撤除。

成山头灯塔建于多灾多难的时代,建成不久就险遭破坏。中日甲午战争期间,日军于1895年1月20日在军舰掩护下,从成山头灯塔西南10多公里处的龙须岛登陆,摧毁了安设在成山头灯塔上与威海卫北洋海军基地联络的电台。幸运的是,灯塔没有遭到破坏,在日本占领期间一直在海关管理下正常运行。

成山头灯塔建成后,不仅引导着过往船只,还曾庇护过受到日本侵略者践踏的同胞。在日本侵华期间,只要空中有日本飞机飞过,当地村民就会一起往灯塔方向跑,因为日本人是不会轰炸灯塔的。这座灯塔一度是当地村民的救命塔。1942年2月22日,日军占领荣成县城(今成山镇驻地),随后便控制了灯塔。

日本侵华期间,一位国际主义战士在成山头灯塔留下了光辉的足迹。1941年12月珍珠港事件爆发后,成山头原美籍灯塔管理员被日军驱逐,俄罗斯人伊塞克·古莱克带领全家,辗转来到成山头灯塔工作。当时,日军利用成山头灯塔为频繁的海上行动提供导航服务、储存物资。伊塞克利用自己灯塔管理员的身份,为抗日武装提供帮助。在灯塔的无线电设备被没收后,他通过私藏的无线电台向抗日武装发送船舶航行情况的信息。日军加强控制后,伊塞克转而利用成山头灯塔灯光颜色的变化和灯光闪烁信号的变换、遮光窗帘的变形及其位置的变动,为抗日武装提供敌军情报。1943年,伊塞克身份暴露,日军将他押到烟台,严刑拷打,十个手指甲尽被剥落,却未能从他口中获得任何关于抗日武装的情报。直到1945年第二次世界大战结束,被折磨得奄奄一息的伊塞克才重获自由,回到烟台张裕的临时居所。1946年,年仅47岁的伊塞克在烟台去世。为了感恩伊塞克为中国抗战做出的贡献,有关部门在成山头灯塔旁为他立像以表纪念。

1945年日本战败后,成山头灯塔又回到了中国人民手中。解放战争爆发后,灯塔被破坏。1950年，利用原来的基础，交通部门重修该灯塔。从此，成山头灯塔的灯光，就再也没有熄灭过。从海面上望去，白色的石砌塔楼朴实典雅，好似一座欧式古城堡。圆形的灯塔海拔60余米，设旋转双牛眼透镜，灯光射程20多海里，其中还设有为来往船舶导航的无线电指向标。

为增强导航效果，1989年成山头灯塔加高至17.12米。一般的灯塔只有主灯、备灯，而成山头灯塔却还有一盏辅灯，这跟成山头"天尽头"的地理位置有关。灯塔于1990年更换PRB-21灯器，2004年10月完成AIS基站建设，2005年9月8日安装烟台航标处自行研制的PRB-21型灯器智能控制箱。其后，卫星导航、电子导航系统都被运用于成山头灯塔。成山头航标站的一位站长说，几乎所有的灯塔导航信息工具都在成山头灯塔使用过，成山头灯塔本身就是一部中国灯塔发展史。

20世纪30年代成山头灯塔全景

成山头灯塔和伊塞克雕像

现在的成山头水域为我国第二大海上船舶航行密集区，每年在此水域航行或作业的船舶达16万次以上。特别在渔汛季节，晚上航经这片水域，会见到远处密密麻麻全是灯火，犹如迷魂阵，真可谓"百里渔火，千帆唱晚"。

成山头这个太阳升起的地方，曾被《中国国家地理》评为"中国最美八大海岸"之一，并与海南三亚的亚龙湾、台湾基隆的野柳一起名列三甲。而成山头灯塔，这座在威海海域建制最早，从简易灯楼发展到现代高科技的灯塔，始终闪亮在这个天涯海角和旭日初升的所在，用自己始终如一的赤忱之光，照亮航船前行的路。

琴屿飘灯染秋霜 —— 小青岛灯塔

20世纪30年代，著名作家郁达夫曾从上海乘船至青岛，后来在其《青岛、济南、北平、北戴河的巡游》一文中，对青岛有过这样的描述："白的灯台，红的屋瓦，弯曲的海岸，点点的近岛遥山，就净现上到视线里来了，这就是青岛。"这里"白的灯台"就是指小青岛灯塔。

据史料记载，"小青岛"是青岛版图中最早有名字记载的岛屿，原称"青岛"，面积仅有0.012平方公里，海拔17.2米。小青岛位于青岛湾南部，小巧如螺，山岩耸秀，林木葱郁，故得"青岛"之名。此名称最早见于明代，清乾隆年间《即墨县志》已有关于"青岛"即今日小青岛的记载。从空中看小青岛，其外形如一把古琴，故称"琴岛"或"琴屿"。据《琴岛诗话》记载，"琴岛"之名"取其山如琴，水如弦，清风徐来，波声铮铮如琴声之故"。

关于"琴岛"之名，当地还流传着一个传说——天上有位弹琴的仙女，爱上了一位英俊憨厚、朴实勤劳的青年渔民，她下凡与他结为夫妻，柴米油盐，恩爱非凡。丈夫白天出海打鱼，琴女在家操持家务。每到傍晚丈夫打鱼归来时，琴女便去海边抚琴，用琴声指引丈夫返航。后来，玉皇大帝获悉此事震怒，在海上掀起一阵狂风，使琴女丈夫命丧大海。琴女抚琴在海边等啊等，可是丈夫却迟迟不归，最后痴情的琴女也跟着殉情了。但此后人们仍然能听到海边传来的琴声，据说那是琴女的灵魂和琴声幻化成的海浪拍岸的声音，诉说的是琴女对丈夫的思念。后来，人们为了纪念琴女，就把这座小岛叫作"琴岛"，同时还在岛上塑造了琴女的塑像。

而小青岛的灵魂就在掩映于一片翠绿中的白色的灯塔——小青岛灯塔。小青岛灯塔，不仅是船舶进出青岛港的重要助航和定位标志，同时也是青岛前海的地标性建筑。

青岛市位于山东半岛东南部，南临黄海，与朝鲜半岛隔海相望，地理位置十分显要，环境优美，气候宜人，被誉为"黄海珍珠""东方瑞士"。明万历年间，青岛成为海港，青岛口也成为青岛村及胶州湾口的统称。清同治元年（1862），清政府于山东烟台设立了东海关，同治四年（1865），鉴于青岛商业贸易日趋繁荣，又在青岛设了分关，青岛口位置愈加重要。

鸦片战争后，西方列强对中国虎视眈眈，纷纷在中国划分自己的势力范围，英、俄、德、日等外国军舰曾多次在胶州湾海域活动，勘探地形。其时清政府驻法、俄、奥大使许景澄就对青岛的重要地位作出如下描述："其外群山环抱，口门狭仅三四里，口内有岛中峙，实为天然门户，……溯自浙之温州以北，至于青齐滨海各处，非口门坦漫即港路浅狭，惟该湾形势完善，又居冲要，为地利之所必争。"

中日甲午战争中国战败，列强不愿日本独占中国，于是掀起了瓜分中国的狂潮，青岛这块天然宝地自然成为列强争夺的对象。1895年11月，俄国太平洋舰队就借着"过冬"的名义，把军舰开进了胶州湾。德国方面也不甘示弱，起初向清政府提出要求租借胶州湾50年，未果后一直伺机占领青岛，并同俄国达成协议——只要德国支持俄国占领旅顺，俄国就同样支持德国占领胶州湾。

1897年11月1日，在山东省巨野县传教的两名德国籍传教士被杀，这就是闻名一时的"巨野教案"（又称曹州教案）。尽管清政府对责任人采取了"惩凶""罢官"等措施，但德国方面还是牢牢抓住了这个借口，派远东舰队由上海进入胶州湾，不费吹灰之力便占领了青岛口岸的全部要隘。1898年3月6日，德国迫使清政府签订了《胶澳租借条约》，租期99年。1898年9月，德国人开放青岛为自由港；同年10月，德皇威廉二世命名胶州保护地的新市区为青岛。这座海中孤屿则被德国人称为"阿克那岛"，并着手在岛上修建灯塔。

德国侵略者首先在岛上设立了两个用以指示"停泊场"的绿色灯标，以指挥进出青岛港的船只。1898年10月开始在岛上修建灯塔，1904年灯塔建成并投入使用。灯塔以白色大理石花岗岩为主要建筑材料，塔身高15.5米，呈八角形，通体白色，整体形状为底宽上收的宝塔状，上部为圆柱状，覆钢质尖顶。塔身内部有30级螺旋式楼梯可到达塔顶，灯塔顶部装有一盏乙炔气灯，灯光为红色，每3秒钟闪光1次，天气晴朗时，可以在15海里外看到。

1914年8月20日，日本对德国宣战。这是一场帝国主义在中国争夺权益的非正义战争，战火所及之处，民不聊生，满目疮痍。青岛港在这场战争中损失惨重，德军在最后撤退时，对港口重要设施实行破坏，所有航标设施均被毁坏，小青岛灯塔也在劫难逃，灯笼部分及发光设备毁损到不堪使用，只有塔体部分基本完好。

日本强占青岛后，控制了青岛海关，考虑到其政治、经济利益，开始着手恢复青岛港口的正常运转，修复港内码头及航标灯塔设施，并垄断了青岛港的航运权。日本将小青岛改名为"加滕岛"，1915年7月将小青岛灯塔重建为白色八角形石塔。同年，青岛港正式对外开放，日本以青岛港为基地，在山东疯狂掠夺各种资源，扩张势力范围，小青岛灯塔完全被日本的殖民统治所利用。1921年，日本将小青岛灯塔的照明设备更新为五级亮度屈光射线灯，每5秒闪红光1次。

1904年修建的小青岛灯塔

第一次世界大战结束后，中国作为战胜国，在巴黎和会上提出收回德国在山东一切权益等正当要求遭到拒绝。后经北洋政府及中国人民的不断努力，1922年，青岛终于回到了中国的怀抱。中国政府收回青岛后，胶澳督办公署将小岛重新命名为"小青岛"，于20世纪30年代初辟为"小青岛公园"。

1938年日本第二次侵占青岛后，小青岛成为日军驻地。1941年，日军为了将小青岛作为军事基地，方便小岛与陆地的联系，修建了一条长377米、宽8米的堤坝，将其与陆地相连，小青岛从此成为陆连岛，其东侧成为停泊日本军舰的锚地。日本还将小青岛的山体打通，在山体下面设立军火库、潜望镜、观察口等军事设施，另在岛上修建了一条从山洞通往码头的轻轨火车道。至此，小青岛港成为日本军商两用、军用为主的一个港口，其运营管理要听命于日本驻青最高军事当局，航标灯塔设施也全部被日本军方管控。

解放战争时期，中共青岛地下党领导码头工人秘密进行了护港斗争，使小青岛港未受损坏，小青岛灯塔再次回到中国人民的怀抱。新中国成立后，小青岛灯塔由中国海军管理，海军有关部门对其进行了技术革新。1963年，安装了500毫米旋转式牛眼透镜。1997年安装了西班牙进口FGA-175新型灯器，继续为进出胶州湾和青岛港的船舶提供导航服务。

小青岛灯塔遭遇数次战火，无力自主沉浮，它见证了那个多灾多难近代中国的苦难历史。今天的小青岛灯塔，由于国家的强大，不再任由外人强占，但这一白色的小小灯塔，因其复杂的身世、独特的魅力，已经成为青岛的城市文化符号。小青岛灯塔先后被青岛市政府、山东省政府列为历史文物和古迹，2006年被列入全国第六批重点文物保护单位。

百余年来，灯塔既为小青岛带来了生命，也为青翠的小岛注入了灵性。亭亭玉立的八角形灯塔洁白如玉，矗立在绿色青山之上、蓝色海天之间，与青岛栈桥相映生辉。每当夜幕降临，白色灯塔的红光闪耀于万顷碧波之上，在夜空中穿刺，令人神往。尤其置身于回澜阁上，凝目于嫣红的光芒之中，不觉有种飘飘欲仙的感觉。著名诗人卞之琳1935年来到青岛，住在莱阳路的一家旅馆里，从居室的窗户可以看见小青岛，他写道："入夜以后，小青岛灯塔上的红灯一闪一闪，给人以诗的遐想。""琴屿飘灯"之美名不胫而走。小青岛灯塔的夜景，不止一次出现在文人的笔尖。著名作家郑振铎称"琴屿飘灯"一景的妙处，在"海面上时明时暗的红灯，如同乘舟于海上"。作家王亚平凭借《灯塔守者》中的诗句——"在这曙色欲来的前夜，我把生命献给了光明"，奠定了自己在青岛诗坛上的地位。有人说，小青岛之于青岛，就像栈桥之于青岛的意义一样，代表了青岛的人文底蕴和历史文化。朦胧的夜色、广博的大海、跳动的灯火，写就了青岛老十景中最具诗情画意的一景。为此，以"琴屿飘灯"命名的小青岛，也就成了青岛市的城市象征。

如今，小青岛灯塔在青岛航标处守塔人员的精心维护下，塔上灯明标亮，继续为来往的船只指引方向。夜幕下，走过一个世纪的"琴屿飘灯"，依旧是小青岛的灵魂所在。

沧舟一叶听浪涛 —— 朝连岛灯塔

提及崂山，人们首先想到的它是道教圣地，而在2019年10月，青岛市崂山区有一处文物晋升为第八批全国重点文物保护单位，它就是有着100多年历史的朝连岛灯塔。

朝连岛灯塔位于青岛市崂山区近海的朝连岛上。朝连岛自古至今是人迹罕至的小岛，它距离陆地最近处31.48公里，面积0.2455平方公里，海岸线长4.15公里，海拔最高点为68.8米。朝连岛整体呈东北—西南走向，东北端的南侧有一小岛，称"太平角"；西南端亦有一座小岛，唤作"西山头"；两岛与主岛之间有潮沟，落潮时相连，涨潮时分隔，因而得名"潮连岛"，后衍生为"朝连岛"；因岛体狭长，神似钱褡子，故也叫"褡连岛"；又因形似舟船，亦称"沧舟岛"。编纂于1928年的《胶澳志》记载："搭（褡）连岛，亦称作连岛，在崂山南海面二十海里，为胶澳区东南界最远之属岛。高出海面七十余公尺，上建灯塔，旧隶即墨地，实为胶澳区之极东辖境。"

第二次鸦片战争后，青岛的门户被外国列强打开。德国迫使清政府签订《胶澳租借条约》，紧锣密鼓地在胶澳修建港航设施。根据当时港航的需要，德国殖民当局投入175万马克，建造了灯台等港航设施，其中航标128处。

1898年，德国在朝连岛建立第六级临时性标灯，作为东来船舶驶入青岛海域内的第一座航标使用。同时，按照计划开始修建正式灯塔，至1903年朝连岛灯塔建成，时称搭连岛灯塔。灯塔为地上二层石砌八角形褐色石塔，塔高12.8米，灯质闪白10秒，射程24海里，遇大雾每10分钟燃放药线炮一次以示灯塔所在。

朝连岛灯塔是德国海军在青岛海域建造的规模较大的灯塔，也是黄海海域最早的航标建筑之一，在当时它的设计理念和制作工艺都是顶尖的。与此同时，团岛灯塔、小青岛灯塔、马蹄礁灯塔、大公岛灯塔等灯塔相继建成，近代青岛航标体系的构建基本完成。随着港航设施逐步完善，近代青岛的港口贸易也迅速崛起。据资料统计，到1914年日德战争爆发前夕，青岛港的贸易额跃居全国第三位，达6044.89万海关两。

1914年7月，第一次世界大战爆发。同年10月，日本对德宣战，出兵青岛。为有效地进行海上及岸线的防御，德国将浮标、灯台等设施一律撤废，其中就包括了朝连岛灯塔。日本占领青岛后重新修缮了航标设施，将青岛港口附近海域的航标增至36处。1915年8月14日重建朝连岛灯塔，安装了煤油汽灯和雾笛，灯标等级及等质为第三等，白色闪光，每10秒闪光一次，雾笛每隔27秒吹鸣3秒。

第一次世界大战结束后，经多方努力，1922年10月北洋政府收回青岛，日本撤出青岛，港航设施移交中国，朝连岛灯塔也回到了中国人民手中，继续为青岛港口的船舶指引航向。1937年日本全面侵华战争爆发，1938年1月日军再次占领青岛，朝连岛灯塔再次落入日本人之手。

1945年7月31日上午11时40分，两架美机飞抵朝连岛上空，投下四枚炸弹和一枚燃烧弹，致雾号、机器、宿舍等被毁，灯台玻璃全部破碎。1945年8月日本无条件投降，将满目疮痍的朝连岛灯塔再次移交中国。

1949年6月青岛解放后，人民政府本着"修旧如旧"的原则，对朝连岛灯塔进行了多次加固和整修。灯塔采用附属建筑物与灯塔嵌为一体的建筑形式，建筑面积约333平方米，塔高12.8米。整体建筑平面呈"工"字形，灯塔主体由塔身和灯室两部分组成。塔身为八角形石砌构筑，石椽出檐。灯室外观呈灯笼状，上挂风向标表，外部为铜质结构，镶嵌360度全明玻璃，内装12层LED航标灯，灯质为闪白8秒。灯塔主入口为北向，通过一组旋转楼梯直达塔顶。附属建筑为守塔人办公及居住处所，高两层，通体石质构造，中轴对称，南北立面各有一座阶梯式的对称山墙，山墙呈"人"字形，四面坡屋顶覆以红色牛舌瓦。

随着科技进步和科技水平的提高，朝连岛灯塔设备也在不断地升级改造，以适应现代航标发展的需要。2010年，朝连岛灯塔实现了灯塔无人值守的技术要求。但是出于安全等角度的考虑，朝连岛灯塔并没有实现无人化管理，依旧有守塔人在这长年无淡水、无居民、无航班、无耕地的"四无"岛屿上寂静守候。

朝连岛灯塔2011年被国家文物局列为"第三次全国文物普查百大新发现"文物点之一，2012年被公布为区级文物保护单位，2013年被公布为省级文物保护单位，2019年被列入第八批全国重点文物保护单位名录。

因为伴随血泪的历史，青岛近现代重要史迹及代表性建筑的保护成为一项重要课题，而青岛的历史灯塔则是其中重要一脉。如今的朝连岛灯塔在发挥助航功能的同时，也以保护为主，每使用一段时间之后，都要遵循"修旧如旧"原则进行维

朝连岛灯塔

修，但不改变其原有结构和风格。

远望朝连岛，这座海中的孤岛如同大海上的一叶扁舟，在上下翻滚的海浪中时隐时现。这座孤岛和这岛上的这座百年老灯塔一起，静静地聆听着海浪拍岸的声响，默默地守护着这片重要的海域。

石臼老塔是前生 —— 日照灯塔

提起"日出初光先照"之城——日照，人们脑海中浮现出的便是大海、沙滩、港口。作为一个港口城市，指引船只航行的灯塔也是不少人心目中的地标。而提起日照灯塔，老日照人都还记得，它还有一个"前辈"——石臼老灯塔。在日照灯塔建成前，它一直在为日照沿海船只导航。

在日照，流传着这样一句话——"先有日照港，后有日照市；先有石臼所，后有日照港。"日照市因港而设，日照港的前身则是石臼所。石臼老灯塔建于20世纪30年代的石臼所，自1933年投入使用至1992年退役，承担了一个甲子的海上导航任务，是日照历史上最宝贵的历史建筑之一。

石臼建村于宋代以前。石臼之称，一说自宋代始，有漂泊海洋的渔家在东南隅岬角驻足拴缆，上岸舂米为食，形成多处臼状石坑，故称"石臼"；又说宋代岳飞部将李宝破金后屯兵此处，用"石臼"杵米而得名。明初，为防倭寇设备御千户所，始称石臼所。民国初期，石臼所港是山东南部的商港，常有商船到此。20世纪30年代石臼商人贺仁菴捐建石臼老灯塔。在那动乱的年代，石臼老灯塔应是中国华北地区唯一的民间自建灯塔。

贺仁菴，土生土长的石臼所人，生于1887年。他的父亲是日照县石臼所"福春行"商号创始人，"福春行"经营的大帆船航运业务在当时被称为"江北第一桅"。贺仁庵18岁从青岛礼贤书院毕业便子承父业，将"福春行"越做越大。他引进国外先进的蒸汽机轮船发展海上运输，成立"长记轮船行"。长记轮船行很快发展成"华北第一船行"，每年的货物运载量可以称雄华北，贺仁菴本人也成为名副其实的"华北船王"。

民国二十年（1931）9月，地处重要位置的石臼所面临一场劫难。土匪刘桂堂

（刘黑七）率300多个匪徒由莒县窜至日照沈疃一带，先攻陷日照城，又兵临石臼所，在日臼所西面和北端安营扎寨，虎视眈眈地想要杀进石臼所。眼看石臼所即将遭劫，贺仁菴前去拜见青岛特别市市长沈鸿烈，寻求帮助。沈市长派军舰一艘、官兵若干，日夜兼程赶往石臼所。入夜，正当土匪们准备大开杀戒时，只见石臼所海面上忽然闪起几道神秘的电光，土匪以为救兵甚众，望风而遁。其实，那电光是军舰的探照灯在石臼所前海寻求靠岸地点。

军舰的到来，使石臼所免去一劫。事后，贺仁菴提出在石臼所建一座灯塔，一是军舰可以借此直接靠岸；二是给进出港和过往的船只提供方便；三是可以立一块纪念碑，回报沈鸿烈的恩德。历时近一年的就地取材，人扛肩抬，一座五层高、黑白相间的灯塔赫然矗立在石臼嘴上，一座"沈公纪念之碑"也牢牢地镶嵌在灯塔上。1933年3月，灯塔和纪念碑相继落成，报青岛海关批准，选择吉日启用。沈公纪念之碑是有感于沈鸿烈的无私支援，因沈鸿烈字成章，故该灯塔在当时也曾被称作"成章纪念塔"。

石臼所灯塔建于石臼嘴三面环海的礁石上，刚建造时有五层，高16.6米，占地约30平方米，是当年日照地区最高的地标性建物。灯塔为中式棱台八边八角型，一至四层采用日照丝山所产之花岗岩黑白交错砌成，第五层由八面窗户做成墙面，以八片铸铁和钢化玻璃锁上螺丝组装而成，屋顶采用八片铸铁焊接，再以八片铜皮覆盖于外以避免锈蚀。灯塔最顶部设有风向仪，塔内有回旋楼梯可登至塔顶。第五层为灯室，灯室内有一座德国制造的紫铜圆鼓形骨架和一组法国原装煤油灯，煤油灯玻璃灯罩前置有一座法国制圆型三棱式多层透视聚光放大折射仪，以人工手摇方式转动巨大发条，使灯座以缓慢的速度不停转动。其光程可远播14海里，每逢夜间均能定时、间歇发光，有人形容其亮光宛如黑夜中的万丈光芒。

为了将石臼所灯塔尽快投入使用，贺仁菴以昂贵的薪金聘请了英国人前来担任灯塔管理员。灯塔的设立，为保障当地商人、渔民的出海，以及进出海口船舶的安全发挥了重要作用。

解放战争时期，石臼老灯塔遭到严重破坏。1953年对灯塔进行维修改造，此后灯塔一直发挥着引路导航的作用。由于年代久远，又历经多次摧残，现今已无法确认纪念碑完整的碑文内容。当初兴建时的灯塔第五层铸铁，以及铜质所造之八面墙壁、屋顶和紫铜圆鼓形骨架后来也不复存在，三棱式多层聚光透视折射仪仍在原处，煤油灯则于数年前被青岛灯塔博物馆收为馆藏品。1982年，日照港集团开始进行灯塔周边填海工程，石臼所灯塔原三面环海处已成陆地，灯塔仍矗立原处。这座石臼嘴屹立近90年、有着特殊的地理位置和建筑风格的石臼灯塔，记载了一段刻骨铭心的历史，在见证了一个年轻港口孕育、诞生、发展、壮大的辉煌历史。

2013年，石臼灯塔被列为日照市文物保护单位，2015年被列为山东省级文物保护单位，2017年获评"日照优秀历史建筑"第一名。2018年10月，经过贺仁菴的女儿贺郁芬努力争取，山东省文物局对石臼灯塔进行修缮并复原了第五层。于此，这座有着生动故事和悠长历史的灯塔重新回到了人们的视野。

抗战胜利后的石臼灯塔（左）和2018年修缮后的石臼灯塔（右）

1985年5月，在石臼老灯塔的东北边新建石臼灯塔。移址重建的石臼灯塔同年9月竣工，为钢筋混凝土结构，塔身黑白横纹相间，与老石臼灯塔相似。1992年灯塔正式改名为日照灯塔，老灯塔停止发光。日照灯塔高36.2米，灯器高度39.9米，灯质闪白8秒，灯光射程18海里。2005年3月，灯塔广场改造时对灯塔的外观进行了重新装饰，由原来的黑白横纹相间变成通体白色，以与广场的色彩相融合。日照灯塔处于灯塔广场的核心位置，犹如从大地破土而生的"定海神针"，它可以显示潮汐变化，用红蓝两色表示潮汐的高低。华灯初上，蓝色灯柱上升即表示附近海域正在涨潮，灯柱全部变为蓝色则表示最高潮位；红色灯柱下降则表示海水正在落潮，灯柱全部变为红色则表示最低潮位。

亭亭玉立的日照灯塔现在已经成为日照港新的徽标，曾经的地标——老成持重的石臼老灯塔也没有从此沉没于历史深处，新老灯塔一起密切关注着往来的船舶，一起见证着日照港的兴衰与变迁。

鹰游山头莲花绽 —— 羊窝头灯塔

在江苏北部沿海辽阔的海面上，镶嵌着14个岛屿，其中最大的就是连云港港口对面的连岛。连岛古称"鹰游山"，又称"嘤游山"，曾是华夏古代少昊鸟王国的中心，《太平寰宇记》云"其山周回浮海中群鸟翔集，嘤嘤然自相喧聒"，《云台山志》云"群鹰常集其上"，因此得名。此岛后来分为两岛，中间形成沙堤，连为一岛，所以有东连岛、西连岛之名，总称东西连岛。

连岛地处黄海之滨、海州湾畔，呈东南—西北走向，有大小山头11座，主要由剥蚀山体构成，岛屿岸线大部分是海蚀崖，占全岛面积的92%，地势十分险要。史料记载，鹰游山海中诸峰连起，遥镇洪波，与北云台山大桅尖奇峰对峙，中开一门，状若天阙，昔称鹰游门，早在唐代便被称作"海道第一程"，因为从鹰游门沿海向北，便是东渡的海口。清代诗人商盘曾如此描述鹰游门："水涛若连山，溅衣珠百琲。清苍通一气，浑灏涵两戒。赖此鹰游门，万力束澎湃。"鹰游门内风平浪静，自古以来就是漕运必经之路，同时也是渔船聚泊避风之处。这鹰游门就是现今的亿吨大港——连云港港口。

羊窝头灯塔便矗立在连岛最东端的山峰羊窝头上。"羊窝头"得名于此间岩壁之上一块奇特的巨石，其形如二羊抵头。连岛有史以来，就是渔民的定居之地。在西汉初年，连岛属于琅琊郡管辖，"东海琅琊郡界域刻石"至今屹立在东连岛羊窝头北麓，与东连岛苏马湾界域刻石互证，也成为连云港地区唯一的省级保护文物。连岛的渔业资源，一直在整个海州湾渔场中占有重要地位。东西连岛又是一道固若金汤的挡风阻浪的天然屏障，顺理成章地成为连云港港口的海上屏风。1993年，"海上长城"连云港西大堤的建成使连岛与陆地相连，连岛从此告别了"隔海千里远"的历史，形成30平方公里的全天候港池和20多公里长的码头岸线。连岛又是天然的军事要塞，它与连云港的旗台山，共同构成了扼守港口的门户。

　　海上要塞连岛，在风雨飘摇的近代中国一度成为外国列强的觊觎对象。第二次鸦片战争后，中德签订《胶澳租界条约》，德国将山东全省纳为自己的势力范围。但德国殖民者并不以此为满足，它以山东为根据地，继续扩张势力，直到把黄河中下游都作为它的势力范围。光绪三十一年（1905）春，由德国海军上将冯·施佩伯爵指挥的远东舰队艾姆登号轻型巡洋舰，从青岛港出发，向邻近的海州湾驶来。当看到海平面上出现了一座巨大的东西连岛时，德国水兵以为自己发现了"新大陆"。德舰在西连岛附近海域抛锚驻舰，德军乘舢板在沙滩登陆，在海拔171.7米的大山顶竖起了自己的旗帜，并高兴地鸣放火炮。正当德国殖民者欢呼雀跃地庆祝占领胜利时，西连岛的渔民与驻扎在鹰游山的东海营官兵早已悄悄地将德国殖民者团团围住。经过双方多次交涉，德国殖民者见寡不敌众，同意撤离鹰游山，这场发现"新大陆"的闹剧才告结束。

　　连岛，这座屹立在黄海中的哨兵，像一座不朽的海上长城，捍卫了祖国东陲海疆。出于对连岛重要地理位置的考虑和港口发展的需要，1936年，国民政府总税务司署胶海关出资，责成连云港分关筹建东连岛羊窝头灯塔，并于当年的6月30日建成启用。羊窝头灯塔初称鹰游山灯桩，为白色铁架，塔上设有连闪灯具，光质为白色。1957年，连云港港务局将塔身改建成5.5米混凝土结构。1991年，连云港航标区（连云港航标处前身）将灯塔供电改为市电供电，并配CCF-100免维护电瓶6块，灯器改为FA-251旋转灯。1995年，交通部专项拨款将羊窝头灯塔在原位重建，由上海航标区航道设计室设计，云台建筑公司施工，建成白色方形钢筋混凝土塔身，塔身内有储物房间。塔顶置直径2.2米的灯笼，灯器为美国TRB-400型，配有ML-300备用灯，并于12月8日发光使用，同时建围墙178米，占地面积1371平方米。羊窝头灯塔的改建，使得连云港港口口门更加醒目。2005年底，同址建有船舶自动识别系统中继站。2006年，在羊窝头灯塔建设中继站且安装了AIS配套设备。

　　如今的羊窝头灯塔塔身高15.9米，灯光射程16海里，为无人值守灯塔。羊窝头灯塔在建筑上别具一格，有如莲花花瓣的底楼簇拥着主塔，塔身呈白色，有纵向红线条做装饰，红色塔顶与蓝天相对，与白云相依，与青山相偎，与碧海相伴，对比鲜明，勾勒出一副醒目耀眼、绚丽多彩的具有东方神韵的巨大风景画。状如盛开莲花的羊窝头灯塔,是夜间识别连云港港口的良好目标;而从海上望去呈黑白相间竖条的旗台山交管台,则是白天识别港口和定位的良好目标。羊窝头灯塔与旗台山交管台遥相呼应,成为进出连云港港口船舶的安全导航员。

诗意山海,曼妙连岛,有如莲花的羊窝头灯塔已在山头屹立80多年,它徐徐绽放着,从过去到现在,向着未来,有始而无终。

东海海域灯塔

水天之间守黄浦 —— 吴淞口灯塔

江海交汇的吴淞口，水天相接，海鸥翔集，舟楫如流。吴淞口导堤如两条长臂护卫着来往的船只。在吴淞口北导堤顶端，一座100多年前建造的灯塔，高耸于水天之际，成为上海乃至长江流域与五大洲交往的航标。在星月皎洁之际，吴淞口灯塔摩尔斯信号闪烁着刺破天际，为夜航的巨轮导航，成为船舶出入吴淞口的保护神。

吴淞口是万里长江的入海口。长江从青藏高原起由涓涓细流，流淌6380公里，奔流到襟江带海的上海宝山。明成祖《宝山碑记》云："濒海之虚，当江流之会，外即沧溟，浩渺无际。凡海舶往来，最为冲要。"海船每入长江口，辄有风浪之险。为了海上航行的安全，明永乐十年（1412），在长江口南岸（今浦东新区高桥镇临江畔）"立堠表识"，垒土筑成方圆百丈、高三十余丈的一座小山，上建烽堠，"昼则举烟，夜则明火，海洋空阔，遥见千里"。这就是我国历史上第一座具有航海灯塔性质的"宝山烽堠"。当年郑和率船队下西洋时，自浏河港出发经吴淞口出海，宝山烽堠便是当时的江海航标，并被记入郑和航海图。沧海桑田，历史上的宝山烽堠在潮水的冲刷下早已不见踪影，只有明永乐皇帝的"宝山御制碑"诉说着过往的历史。

吴淞口灯塔

1843年，第一次鸦片战争的炮火，打开了中国的5个通商口岸。上海开埠，进出吴淞口的商船逐年增多。史料记载，当时上海港占中国全部对外贸易的55%。为了航道安全，1871年设长江口灯浮，吴淞口灯塔自此成为江海航标。此后，无论日月更替、季节变幻，还是暴风骤雨、阴霾迷雾，吴淞口灯塔总以其执着的灯影守护着这片海域，为来往的中外航船指路。

开埠后的上海吴淞口热闹起来，外国商船吨位不断提高，产生了航道水深和船舶吃水不相适应的矛盾。1911年，由荷兰工程师设计的1395米长的吴淞弧形双导堤水利工程完成。吴淞导堤又称吴淞石埂，位于黄浦江河口西岸与长江南岸接壤处，右侧筑顺堤，与弧形左堤形成喇叭口，引导潮汐主流冲刷河口浅滩，增大进潮量，建成后黄浦江形成了稳定的潮汐河道，上海港借此快速发展起来。为方便船舶的航行，在石埂东端设趸（dǔn）船，晚上点灯作为航标。

1928年，民国政府拆除石埂东端的趸船，新安置重20余吨的固定灯标即河塘灯桩，它高13.8米，日夜发光。由于桩身矮小破旧，经过多年的风吹雨打，桩体严重倾斜，船舶很难识别。灯塔导堤在涨潮时容易被淹没，给航行安全带来较大隐患，常有小船搁浅于导堤之上。

新中国成立后，曾多次修理灯桩，对导堤进行勘测、维护，并增设导堤灯桩。1988年，上海海事局对河塘灯桩进行改造重建，改桩身为圆锥形铁筒，并改名为吴淞口灯塔。1997年，吴淞导堤修复工程竣工。1998年，河塘灯桩退役。

1998年9月26日，吴淞口灯塔开始改造重建；1999年12月29日，一座白色圆柱形钢筋混凝土灯塔建成发光。灯塔位于吴淞口导堤的首端，距黄浦江左岸约1400米，塔高20.1米，灯高17.4米。从此，吴淞口灯塔被赋予了现代气息，灯塔也有了自己独特的语言。一艘航船夜行大海时在13海里之内，就会看到闪白5秒1次的灯塔光芒，由此即可确定来到了上海的吴淞口海域。

吴淞口灯塔是一座无人值守灯塔，采用世界上先进的遥测遥控系统完成各种信号的采集、主副灯转换等工作。灯塔的主灯采用TRB-400旋转灯器，六面发光，采用白色平面透镜，周期闪白5秒，灯光射程13海里。灯塔备灯采用ML-300型灯具，周期闪白5秒，灯光射程7海里。主灯受日光阀控制，能自动开启工作。TRB-400控制板带有自检功能，一旦主灯出现故障，控制板会自动切换到副灯工作，以保持灯塔正常发光。

为了提高透光率，灯笼的玻璃采用弧形浮法玻璃。灯塔电源采用地下埋设方式，从岸上引入380伏电缆至塔内配电箱。外部的三相四线经配电箱分配后，引出线三路220伏交流稳压电源用于航标设备、控制器和蓄电池补充。一旦发生停电，将自动切换到备用电源。备用电源由7只2伏1000安的蓄电池组成，当岸电恢复正常，又可重新转换为岸电供电。塔内所有的导线一一连接穿管，并引入灯塔接地线。

塔内还设有避雷设施，在380伏进线处安装了一只德国非一般模块式电源防雷器，它能使电路上因感应雷击而产生的大量脉冲能量释放至安全地线，以保护电路上的用户设备。同时，在主要供电线路上安装了一个1000伏的隔离变压器，双重保护航标设备及遥测遥控设备。灯塔装有雷达应答器，具有全天候助航功能。

2006年3月1日施行的《上海黄浦江通航安全管理规定》第二条明确："本规定中所称黄浦江，是指从吴淞口灯塔至浦东界标的连线（即黄浦江界）与闵行发电厂上游边界至巨漕港上口连线之间的水域。"据此，吴淞口灯塔已从单纯的航标、景点，上升为国家法定地理标记物。

2006年5月，国际航标协会第十六届大会在中国上海国际会议中心举行。为此，国家邮政局发行《现代灯塔》特种邮票全套四枚，吴淞口灯塔榜上有名。

2010年世博会期间，吴淞口灯塔更是达到最佳工作状态。夜间，吴淞口灯塔的灯光显示出"中国海事吴淞口"等字样，提高了在复杂背景光下灯塔的识别度。过往船只能在第一时间感受到"世博欢迎您"的暖意，以及丰富的航道信息所带来的航行便利。

2019年7月11日，第15个中国航海日当天，位于上海霍山路上的航海邮局里，全国首枚以"吴淞口灯塔"为原型的彩色邮票宣传戳发行，吸引了大批邮品爱好者。作为上海航海文化的地标，吴淞口灯塔在人们心目中已具有举足轻重的地位。

有"上海第一灯塔"之称的吴淞口灯塔，100多年来就这样一直静静矗立在水天之间，守护着黄浦江、长江和东海交汇的这片水域。

澄照浮屠耸碧空 —— 洲塔

中国航标的历史漫长而悠远，礁石、山峰等便是最早的自然航标。随着佛教进入中国，一座座佛塔拔地而起。由于有些佛塔在夜间悬挂灯盏指引航向，因此建在沿海的佛塔、望楼常被航海者视为出入海口的人工灯塔或航标。上海泖塔即如此。

泖塔位于上海市青浦区朱家角镇，屹立于泖河中的泖岛上，它的历史要追溯到公元874年。那时，上海的出海口在西泖河，对面是东泖河，东西泖河中间就是泖岛，泖岛的外面就是上海的入海口。泖河又称泖湖，秦时称"谷水"，烟波浩渺，广袤无垠，绵延数千里，分为上、中、下三片，故称"三泖"，有圆泖、大泖、长泖之称。泖河靠海，故海上南来北往的船舶络绎不绝，码头云集，海运繁忙。唐天宝年间在此设立青龙镇，作为对外贸易的港口。

唐乾符元年（874），高僧如海来到泖岛，看到船在夜间或浓雾中时常迷失方向，夜间往往搁浅小洲，出于普渡慈航之心，着手在泖河中心的沙洲上修筑台基，在此之上建造塔寺，以庇佑船只进出海港的安全。传说如海法师为造塔历尽艰辛，每年只能建造一层，历时五年，至879年五层佛塔终于建成。因佛塔建于泖岛上，故称泖塔。泖塔建成后，如海法师在此"作井亭，施汤茗"，为来往船只提供休憩之处，夜晚则在塔顶悬灯为过往船只导航。《青浦县志》记载："其泖湖广阔，来往船只均以泖塔为标志辨别方向而航行，夜间以塔上航灯指示航道。"1982年当地一位渔民打捞起一通石碑，青石质地的石碑上刻录的碑文，清晰地记载了泖塔为来往船只指引方向的往事。

泖塔高29米，为五层四面方形砖木结构，每层两面有壶门，另两门则隐出，各层方向相互转换，壶门过道上有砖砌叠涩藻井。塔型结构简洁，造法工整，塔上设有飞檐翘角，各层腰檐坡度平缓、斗拱粗壮，颇具典型的唐代风韵。据说，飞檐上还有挂铃，每当湖上有风，挂铃就会发出清脆的叮当声。后来由塔而建院，在塔四周增建殿阁，寺院初名"澄照禅院"。到了宋代，澄照禅院香火旺盛，得以增建，由院改寺。宋景定年间（1260—1264），寺院易名为"福田寺"，泖塔成为寺院建筑群的一个组成部分，故泖塔又被称为"福田寺塔"，因古时此地地属长水县，故又称"长水塔院"，泖塔又称"长水塔"，民间则俗称"泖塔"。

由于泥沙的淤积，在长江入海口处逐步形成了长江三角洲，以及黄浦江和上海的大片滩地。而河道的变迁与海岸线外移，使得泖河周边往来船舶越来越少。南宋以后，青龙镇开始衰落，泖塔脚下的港口逐渐变为桑田，曾经兼具佛塔与灯塔功能的泖塔，也逐步失去了其作为灯塔的功能。宋朝末年，泖塔结束了它作为航标的使命，但作为佛塔，当地人依然对它奉若神明，爱护有加。

明永乐十年（1412），明成祖下令在青浦筑土山，史称"宝山烽堠"，成为我国最早的皇家航标，初建便为郑和下西洋提供了航行安全保障。从此，宝山烽堠接替了泖塔的航标使命。直到明万历年间，宝山烽堠在值守了170年以后，因受风暴与海潮袭击坍陷海中。此后，明清两朝长达400余年的海禁政策，使我们开始疏远海上航标，泖塔昔日的航标功能逐渐颓废。

从佛塔兼作引航航标，到转为导航的烽堠，泖塔不仅见证了中国航标的发展历程，也见证着上海这座海滨大都市的历史变迁。

宋元两代泖塔均有圮坏，明天顺年间僧人道泰募化重修泖塔，之后僧人德义曾增饰此塔。明正德年间泖塔一度毁于水盗，幸得练塘人胡道真重整。明嘉靖年间建大雄宝殿，又有信士林茂修塔。明万历年间陆续添建藏经阁、放生台、伽蓝殿、潮音阁等，成为颇具规模的佛教寺院。清嘉庆、光绪年间也曾两次重修泖塔。后来青浦练塘人推选的"练塘八景"，其中"塔院晓钟"即指泖塔。相传，泖塔还有一个奇特之处，就是塔身与地平面的位置根据潮水而定：涨潮时塔身也会随着水位升高而升高，落潮时塔身则会跟着下降，但由于几经重建，此现象已不复存在，但是泖塔依然矗立。

清末，受太平军活动影响，寺院遭受破坏。再加上年久失修，到抗战时期，澄照塔院仅残存泖塔，其砖身虽固，塔刹、相轮尚在，但腰檐破残，塔顶宝瓶被盗。如今，古老的泖塔仍巍然独立，然而已不能登临。

1949年新中国成立后，各级政府也对有着1000多年历史的泖塔给予关注。1959年，泖塔被列为青浦县文保单位，1962年被定为上海市级文物保护单位。现存的泖塔修缮于1995年11月，1997年完工。修缮后的泖塔，依然保持着唐代风韵，依旧是五层方形砖木结构，仿木斗拱挑出檐口，造型飘逸。一层塔身饰有几何纹栏杆，塔内呈空心结构，整塔雕廊翘檐，两面开门，四面花窗，玲珑精致。

1997年10月，经国际航标协会理事会审查，在27个海洋成员国推荐申报的106座世界历史文物灯塔中，以上海青浦泖塔为首的5座中国历史文物灯塔跻身百强之列。1998年，国家航标协会面向全球发行"世界灯塔100强"，泖塔位列其中，成为上海唯一入选的世界级灯塔文物。2002年，国家邮政局首次发行了以灯塔为题材的特种邮票——"历史文物灯塔"，一套共五枚，泖塔编号第一。值得一提的是，2003年阿富汗发行灯塔邮票,一套共六枚,图案分别是南非、法国、中国、越南和日本五国的六座灯塔,其中代表中国灯塔的就是泖塔。

不能不提的是,"九峰三泖",山清水秀,文物众多,自古便是上海松江的游览胜地。泖河水面宽广,波光掩映,古塔倒影,堪称胜景。从唐宋时代起,此处便成为江南水乡胜景,泛舟游览者甚多,不少文人雅士游历泖河、泖岛和泖塔后,留下诸多题咏泖河古塔的诗文。

峰泖奇观图卷(局部)。明代璩之璞绘。

泖塔自建成后,不少名人文士也在塔寺中挂匾题联,为古塔增色不少。其中有赵佶题"云山堂"、朱熹题"江山一览"、赵孟頫题"方丈"、董其昌题"小金山"、李待问题"浸月藏烟"等。明成祖朱棣于永乐四年(1406)率军北伐,驻扎应州,登城玩赏时亲题"峻极神功"。明武宗朱厚照正德三年(1508)督大军在阳和、应州一带击败入侵的鞑靼小王子,登塔宴请有功将官时,题"天下奇观"。塔内现存明清及民国匾联54块。对联也有上乘之作,如"拔地擎天四面云山拱一柱,乘风步月万家烟火接云霄";"点检透云霞西望雁门丹岫小,玲珑侵碧汉南瞻龙首翠峰低"等。

现在的泖岛已改名"太阳岛",大量的投资开发已使这里成为著名的旅游度假区,而顶着"世界历史文物灯塔"光环、历经风霜而古意盎然的泖塔,则是景区迎宾的主要标志,依旧是沪上胜景之一。

今日泖塔

老骥独步舟山岛 —— 花鸟山灯塔

人说"中国灯塔看浙江，浙江灯塔看舟山"，在舟山群岛，密集地矗立着许多灯塔，其中塔龄百年以上的就有10座。这些灯塔中名气最大的，莫过于太平洋四大灯塔之一、跻身世界历史文物灯塔百强之列、荣登国家"历史文物灯塔"特种邮票票面的嵊泗花鸟山灯塔。

打开海图，从浙江的岱山岛开始向东北方向寻去，绕过三星岛，横渡黄泽洋，穿过马鞍列岛，就到花鸟山岛了。花鸟山的轮廓像一只展翅高飞的海鸥，鸟头向东，花鸟山灯塔就建在海鸥扑棱着的翅膀上。

花鸟山岛位于嵊泗列岛东部，马鞍列岛北部，属于大陆基岩岛。由于海水侵蚀作用，岛上形成了独特的丘陵地貌，层峦叠嶂，峡谷幽深，花草树木种类繁多。据史料记载，宋代这里已有人烟，成书于南宋乾道年间的《四明图经》卷七《昌国》记载："石弄山，在县东北九百五十里，山石玲珑，东西相悬，人可出入。"石弄山，就是现今的花鸟岛，"石弄"之名来源于岛上的一条形似岩石生成的胡同形山谷。明朝天启年间《舟山志》记载，"石弄山，山石玲珑，云影穿漏，故名"；后又有"花脑山"之称，取其为众花山主脑之意。至清代则"花脑山""花鸟山"并用。鸦片战争期间，英国人来到此地，因花鸟山形状似马鞍，便称其为北马鞍岛。灯塔造好后，起初名字为"北马鞍灯塔"，后来很快改名为"花鸟山灯塔"。从此以后，花鸟岛的名字，才被正式固定下来。

舟山群岛是中国第一大群岛，"千岛之城"舟山自古就有"江浙之门户，四明之藩篱"之称。早在唐代，舟山就是中国海外贸易港口——明港的出海口。宋元时期，舟山是我国通往日本、朝鲜、东南亚等地的海上交通要道，是海上丝绸之路的重要中转站。随着海运经济的繁荣与发展，为保障船舶的航行安全，早在唐代舟山沿海就设置了助航设施，指引夜间船舶航行。据当地居民叙述，唐朝时在舟山大衢岛的观音山上，建有寺庙宝塔，每到傍晚庙里的僧人便在塔顶悬灯，以指引渔船返航，该塔因此被称为"天灯塔"。其后，沿海渔民出于实际需要，在岸边兴建简易航标以引导船舶返航，如在高处兴建土堆、宝塔及守望台等，点燃柴火或植物、动物油脂以发光照明。虽然这些航标简陋，明灭无常，无专门人员管理，照距亦只有一二海里，但对沿海渔民来说，它们却是航海归来的希望与精神慰藉。元代海运机构在长江口江海交汇处，设置了诸多航标船，船上树立"旗缨"作航标。清同治以后，舟山群岛许多岛礁上，逐步建立起一批大小不一的灯塔与灯桩，花鸟山灯塔亦建于此期。

鸦片战争后，西方国家侵略势力逐渐由沿海深入内地，上海、宁波、南京、镇江等地以及长江内河港口，陆续开辟为通商口岸，英国还开辟了上海至太平洋的航线。花鸟山作为中国东部海上航道的必经之地，地理位置极其重要，而附近暗礁浅滩众多，随着中外海运贸易的不断发展，保障船舶安全航行成为亟需解决的问题。从19世纪60年代开始，由英国人控制的清朝海关开始在浙江东部沿海地区建造灯塔，海关总税务司赫德亲自勘察沿海各处，规划兴建灯塔事宜，最先建设的便是甬江口的七里屿灯塔。经过勘察，清同治九年（1870），清海关海务科在舟山海域兴建了花鸟山灯塔，由清政府聘请英国人管理。

关于花鸟山灯塔的修建背景及其重要地位，班思德在《中国沿海灯塔志》里这样记载：花鸟山灯塔，为卫护扬子江口三大灯塔之一，距大戢山东偏北约26海里，对于取道近海航海线经由舟山群岛而南驶之船只，虽无直接功用，然其指导由上海直达日本以及经过太平洋之远海航路，厥功则伟，而为绝不可少之标识也，且该灯塔适居航路分野交叉之地，北往船只因得恃以测定航行正路，以避鸡骨礁之险，即驶入扬子江口之船舶，亦可籍以照耀于后焉。

　　花鸟山灯塔名义上是清朝海关海务科筹建，实际上是当时英国殖民者夺取海关管理权、盗用中国海关税银所建，为其扩大对中国的经济掠夺，特别是长江三角洲的经济侵略服务。当年英国殖民者在灯塔开工时，不仅征用中国大量工程技术人员和劳工，还使用岛上渔民进行惨无人道的"活人奠基"。可以这样说，花鸟山灯塔是中国人民用自己的智慧、财富和血肉之躯建筑起来的。花鸟山灯塔设施完整，工艺先进，建筑坚固，建成40年后才进行过一次较大规模的修葺。

　　花鸟山灯塔塔身呈圆柱形状，上半部涂黑色，由铁板筑成，下半部涂白色，由混凝土和砖石建成，通体共有四层，顶层使用巨大的玻璃作为墙体，圆顶为铜铸，安装着强大的光源。其下一层有外置廊台，可凭栏远眺。灯塔周围还有无线电铁塔、发电房、机房、仓库、宿舍、码头等附属设施，整体占地约2.2万平方米，建筑和装饰均属欧式风格。塔高16.5米，灯高89米。塔内设置四面圆形头等镜机牛眼透镜，每面透镜用八圈三棱型水晶玻璃拼装，直径1.84米。这是中国现存直径最大的旋转镜机，目前已无法复制。灯塔建成后，亦不断更新技术，添置新式导航设备，提升烛力，增置电钟、雾笛等各式导航设备，为船舶安全航行提供全方位保障。聚光灯安装在灯塔顶层中央，采用2千瓦卤素灯，周围置四面透镜和旋转机组，每分钟旋转一圈，使聚光灯同时射出四道光线，射程为24海里，可称"夜海奇光"。

　　花鸟山灯塔的导航方式非常齐全，有光波、电波和声波等，可为不同距离的船只提供不同的导航手段。灯塔周边建有两座无线电铁塔，提供的无线电远距导航方式可每15分钟向船只呼号一次，报告船舶所在的经纬度。雾天时，灯塔还提供近距

邮票上的花鸟山灯塔

离声波导航，每80秒连续鸣笛2次，每次声长1.5秒，声音传播范围4海里以内，是中国传音最远的气雾喇叭，当地人俗称其为"老黄牛"叫。

花鸟山灯塔是当时中国沿海灯塔中规模大、导航技术先进、设备完善的灯塔之一，代表了当时世界较先进的航标灯塔技术。因地理位置重要、规模巨大、功能齐全、历史悠久且具有国际影响力，它又被称为"远东第一灯塔"（远东第一座灯塔应为澳门东望洋灯塔）。

花鸟山灯塔建成后，英方在花鸟岛上大肆圈地、筑围墙，禁止中国渔民正常通行。他们还通过诱买、骗契、强行收买等一系列卑鄙手段，获得了花鸟岛上的土地使用权。1904年，时任清政府商务部头等顾问官的张謇，得知此事后上奏朝廷，愿亲往处理此事，为当地渔民伸张正义。获准后，张謇乘福海号渔轮赴花鸟岛，与当时英方主管此事的马里斯谈判，不仅要求英方退契、退还强占的土地，还要求英方允许该岛渔民自由行走。经张謇的据理力争，谈判取得胜利，不仅维护了我国的领土完整，也保障了岛上渔民的切身利益。

1937年7月，日军发动全面侵华战争，海关总税务司梅乐和驻留上海，但日籍管理人员大量增加，沦陷区航标灯塔实际上已被日方控制。1938年，日军攻占上海，花鸟山灯塔作为长江口与东海航道的交通要地，自然在日军抢夺之列。1943年，侵华日军占据花鸟岛，花鸟山灯塔的管理权从英国人手中转移到日本人手上。

1944年，日军铺设了一条海底电缆，从花鸟山岛直达日本东京。为了服务其海上秘密军事运输及军事侵略，日军勒令花鸟山灯塔变更灯光信号闪烁频率及灯光颜色。受日本人胁迫，当时花鸟山灯塔的管理员——俄罗斯人伊塞克不得不改变灯光闪烁信号和灯光颜色，但暗地里故意拖延时间，想方设法把日军的机密传送出去，使中国和盟军方面掌握日军海上军事行动的情况，使日军精心策划的阴谋最终落空。伊塞克后来辗转管理猴矶岛灯塔、成山头灯塔，至今在成山头灯塔旁还有他的雕像和传记碑。

解放战争期间，国民党军队试图炸毁花鸟山灯塔，但最终未果，至今还能在水晶透镜上看到其时留下的弹痕。1950年，舟山解放，花鸟山灯塔终于回到了中国人民的怀抱。

随着时代的发展、科技的进步，花鸟山灯塔的导航设备也日新月异。这座灯塔栉风沐雨150年，见证了中华民族近代史的屈辱以及奋发崛起的历史。1997年10月，花鸟山灯塔被国际航标协会列为世界历史文物灯塔。2001年,花鸟山灯塔被公布为第五批全国重点文物保护单位。2002年,它与泖塔、老铁山灯塔、江心屿双塔、临高灯塔一起,作为国家邮政局"历史文物灯塔"特种邮票发行。在浙江岱山的中国灯塔博物馆中,还珍藏着1899年花鸟山灯塔使用过的煤油灯,它已成为该馆的镇馆之宝。

双塔曾擎半壁天 —— 江心屿双塔

在浙江南部,瓯江入海口不远处,有一座江中孤屿,因独特的地理位置和深厚的文化底蕴,获得了"中国诗之岛,世界古航标"的美誉,它就是充满历史人文气息的温州江心屿及其双塔。江心屿是中国山水诗歌的发源地,故有"诗之岛"之称;而"世界古航标"则是对岛上矗立的东西双塔而言,江心屿双塔在1997年被列入世界百座历史文物灯塔,成为世界航标遗产。2002年国家邮政局发行"历史文物灯塔"特种邮票,江心屿双塔赫然在列。

江心屿位于温州市区北面瓯江的出海口,总面积约7万平方米,东西长,南北狭窄,四面环江,与鼓浪屿、太阳岛、橘子洲齐名,列为"中国四大名屿",素有"瓯江蓬莱"之称。江心屿早在南北朝时期就已名扬海内外。

南朝永初三年(422),谢灵运担任永嘉(今属温州市)太守时,面对滚滚瓯江,远眺江中孤屿,在秀丽风光的陶醉中,写下了千古名篇《登江中孤屿》,诗云:"江南倦历览,江北旷周旋。怀新道转迥,寻异景不延。乱流趋孤屿,孤屿媚中川。云日相辉映,空水共澄鲜。表灵物莫赏,蕴真谁为传。想象昆山姿,缅邈区中缘。始信安期术,得尽养生年。"永嘉的山水风光,特别是这座江中孤屿,激发了谢灵运的灵感,中国古典诗歌中的山水诗歌流派由此诞生。自然,谢灵运当之无愧地成为了"中国山水诗歌的鼻祖",这座毫不起眼的江中小岛便成了中国山水诗歌的发源地。

随着诗句的传颂,江心孤屿吸引了越来越多的文人墨客前来一睹风采。李白、杜甫、孟浩然、韩愈、陆游、文天祥、林景熙、高启、朱谏、陆耀、袁枚、朱彝尊、郭沫若等历代诗人名家或涉江登岛,或赋诗留念,在江心屿留下大量的诗篇墨迹,为这座孤岛增添了浓郁的文化底蕴,如今这些历史遗迹依然错落有致地点缀在江心屿两座古塔间。2004年，启功先生题字"诗之岛"花落江心，更是对江心屿在中国诗歌文化史上的地位与影响的充分肯定。

江心孤屿并不寂寞，随着佛教传入中国，屿上逐渐建成梵宇和浮屠。唐咸通七年（866），于西山东麓建净信禅寺。宋开宝二年（969），又于东山西麓建普寂禅院。南宋建炎四年（1130），宋高宗赵构为避金兵南下，曾驻跸普寂禅院。有寺必有对应之塔。江心孤屿分为东西两峰，东名象岩，西名狮岩，东西两峰对峙，峰巅各矗立一座凌云高塔。"一川砥柱横沧海，两塔凌空映彩虹"（明·章纶《饮江心寺》），"潮声喧万马，塔影浸双龙"（清·刘现《江心送别》），这都是对江心屿双塔的形象描绘。

邮票上的江心屿双塔

据史料记载和考古学家的考证，江心屿东塔始建于唐咸通十年（869），后毁于兵火，南宋绍兴十年（1140）重建，元至正、明万历、清乾隆年间分别进行修缮。东塔为6面7层，地径8米余，塔高28米，为砖木结构，每层塔面均有一莲花形佛龛，外围走廊飞檐重叠，高阁流丹，可由扶梯直上塔顶。随着江心屿东峰佛塔的出现，瓯江入海口终于有了古老的航标灯塔。每当夜幕降临，在瓯江深处的江心屿上，东塔的佛灯就会点燃，灯火辉煌，通宵不熄，海上航行的船舶每每以此为望。

进入北宋时期，温州经济更加发达，航海技术迅速发展，对古塔航标的需求也更加强烈。于是，在江心屿东塔独自矗立100年后，在它的西侧，另一座佛塔在北宋开宝二年（969）拔地而起。西塔建成后，明清时期曾多次修缮。西塔为塔系楼阁式建筑，呈六角形的中空结构，共7层，塔高32米。和东塔相类似，西塔每层每面均有小佛龛，内置造型精致的佛像，青石坐凳围绕在塔的周围，有楼梯可以盘旋至楼顶。相比于东塔，西塔更高，故航标的作用也更凸显。

江心屿东西双塔均有唐塔遗风，在文脉传承上双塔应为孪生姊妹。南宋绍兴十一年（1141）刘愈《东西塔记》载，东塔"顷因兵火，与院俱烬，惟故址存，绍兴戊午（1138）……凡形制严饰，悉与西塔等"，可见东塔是完全仿照西塔而重建的。后来，二塔在历次修葺中均未改"真身"，保持着原貌。

宝塔既是佛教文化在瓯越大地传播的证物，又是大陆文明延伸到海洋文明的航标。江心屿双塔建成后,从北宋开宝二年至清光绪年间一直是引导来往瓯江船舶进出温州港的重要航标,兼具佛塔与灯塔双重功用。白天,双塔是温州港区的引航物标;夜晚点燃佛灯,又成为瓯江上夜航船只的导航目标。

东西双塔夜间导航的景象被形容为"塔灯萤煌",屡屡出现在诗人的笔下。宋绍兴二年(1132)任温州知州的杨蟠《孤屿山》诗云:"孤屿今相见,元来却两峰。灯塔相对影,夜夜照蛟龙。"清康熙年间进士林元桂《江心观灯塔》诗云:"浮屠高插寺西东,永夜层层宝炬红。万点星球悬海上,两枝火树落天中。烟凝岛屿看如屋,光照楼台望若虹。果是老蛟不成寐,几回惊起满江风。"清末光绪年间吴桢《江心塔灯》诗云:"闪闪彻星杓,竿灯两塔挑。空江浑不夜,佛国有云霄。"

随着温州从事海外贸易的人越来越多,江心屿双塔的助航功能也显得日益重要。从北宋张择端的《清明上河图》中可以看到,北宋都城汴京已有温州的专卖店。宋代瓷窑中最著名的龙泉哥弟窑在远销海外、走向世界的过程中,温州港和江心屿是必经之地。

东西双塔是我国"第一对直线导标",其前低后高的组合极具科学依据。根据1979年瓯江水域测量资料,江心屿东塔高程为48米,西塔高程57米,两塔之间水平距离为340米。根据现代导标原理和诸多条件对照这两座古塔,从双塔高度上看,后塔(西塔)高于前塔(东塔),两塔自江面以上高程在60米以下,水平距离较为理想;从双塔结构形状上看,塔形各异,可以通过塔形来辨别方位。沿着瓯江,驶向温州,当东西双塔水平重叠成一线时,恰巧指向瓯江上的安全航道,是视线最佳距离。此时船距前塔(东塔)距离为5300米,航向260°,正是瓯江主航道。航行到离东塔约800米处时,再转向237°航行,即可抵达温州港区锚泊或靠码头。双塔东面是宽阔的江面,有浅滩、沙埂险阻,所有进港船只都要靠这两座最显著的人工建筑来导航。江心屿双塔与现代直线导标的原理相吻合,1000多年前这种极具智慧的设计让人啧啧称奇。

晚清江心屿

近代以来,由于西方列强的侵略,

江心屿东西双塔同样见证了中华民族的屈辱历史。清光绪二年（1876），《中英烟台条约》签订，温州被辟为通商口岸。1895年，英国人在江心屿东塔建新领事馆。由于东塔塔檐和塔顶是飞鸟的乐园，大量的鸟粪和嘈杂的鸟叫声，催生了英国驻温领事拆除东塔塔顶、塔檐和塔内回廊塔檐的想法。当时的清朝政权已病入膏肓，唯洋人马首是瞻，东塔未能躲过浩劫，最终只剩下中空无顶的砖构塔身。后来，江心屿上的飞鸟携带着榕树的种子飞向塔顶，在温暖的"小洲"上驻扎，种子生根发芽，渐渐长成枝繁叶茂的参天大树。东塔再次成为鸟的天堂，也成为江心屿上的一道亮丽风景。据说，这是世界上唯一一座在塔顶长树的灯塔，堪称奇观。

东塔的这株榕树生长了100多年，无土培植，根垂塔中，全年常绿。20世纪80年代末以来，塔顶树木的生长已对东塔的生存构成巨大威胁。塔顶榕树景观与古塔安全孰重孰轻，在当地引发一场争议，大家莫衷一是，始终踌躇在历史事实与市民情感的两难间。考虑到温州市民的特别感情，经过文物和古建筑专家的论证，通过保留塔顶榕树、维修加固塔身的方式，"塔树共存"的奇观得以保存至今。只是东塔已算不上一座完整的塔，一般塔所具有的飞檐翘角等明显特征已荡然无存，只有浑身的斑驳。今天的东塔仍巍峨雄伟，像一座饱经风霜、历尽沧桑的历史丰碑矗立在东峰之巅。

温州港人工建造正式航标的时间较晚，大约在清光绪三十二年（1906）才建起近代灯塔。在江心屿双塔建起后900余年的漫长时间里，除海禁时期外，港区往来船舶进出港航行、抛锚、停靠码头

江心屿东塔

20世纪初叶温州江心屿双塔全景绘画

均依赖江心屿双塔导航。在近千年的悠长历史中,江心屿双塔是瓯江水域唯一的人工导航标志,堪称光耀日月的古代灯塔。

塔峙马江名中国 —— 罗星塔

从福州沿闽江东下,约30里到达马尾港,可见岸边的小山上耸峙着一座古塔,这就是福州马尾港的标志——罗星塔。罗星塔是一座空心石塔,矗立在闽江下游三水(闽江、乌龙江、马江)合汇处的罗星山上,一度是海上船舶抵达榕城福州的标志。相传明朝时有一艘荷兰船为避外洋海风,驶入闽江海口,泊于罗星塔下,因不知所处地名为何,故称罗星塔为"中国塔"。从此,"中国塔"成为国际公认的海上重要航标之一。

马尾港是福州的外港,四周群山环抱,闽江口外有琅岐岛、马祖列岛、白犬列岛等一系列岛屿屏障,使它成为一个天然避风港。远在1000多年前的东汉,就有些南方的货物由福州经此转运到当时的京城洛阳。唐时,马尾港是中国九大外贸口岸之一。

马江得名于"大马礁"——闽江中一处状如马的礁石。《闽都记》记载,马江"在江(闽江)右里,南台、西峡皆汇于此。江心有巨石如马头,潮平则没,潮退则现,故名"。清代以后始有马尾之名,因其地处石马尾部而得名。

罗星山是马江中的一座岛屿,称罗星岛,因其位于三江合流处,突立水中,回澜砥柱,水势迴旋,若处"磨心",故又称"磨心岛"。只是多年来因航道淤泥冲积,罗星岛现已与闽江北岸陆地连成一片。

罗星岛对福州城有着"藏风聚水"的意义。清乾隆年间《福州府志》载,西晋初年,太守严高想在福州建城,曾绘地形图请教地理学家郭璞,璞以"马江水泻为病",一时难断,后见"罗星山,在马江北岸。登之,百里诸山皆在左右,当省会要害,砥障奔流以入海者也",遂同意建城。罗星岛下的闽江河段已近海口,水位受控于潮汐,为规则半日潮,每天涨退潮两次,江海在此回旋。北宋时,福州知州程师孟在罗星岛的一块礁石上题刻"中流砥柱"四个大字,后被泥沙所掩。

罗星塔,又名七娘塔,相传它最早是由宋时柳七娘所建。据《闽都记》记载,南宋时岭南女子柳七娘因姿容秀丽被乡间豪强看中，将她的丈夫安上罪名谪戍至闽。柳七娘随夫入闽。后来，丈夫不幸亡故，七娘变卖家产在此建造一座石塔，替夫祈求冥福。为了纪念柳七娘，至今罗星塔的下方还有她的雕像。

宋元明三朝，福建海外贸易发达，尤以宋元为最。凡进出闽江海口的船只，都因有罗星塔引航路、镇水势而保平安。作为古代港口航标，罗星塔早在明初就被绘入郑和航海图，当年郑和的船队曾在马尾附近的闽江口做出航准备。经过300多年风风雨雨，至明万历年间，罗星塔被海风推倒。明叶向高《登罗星塔》诗末云"宝塔销沉何处问，漫将遗迹说前朝"，对罗星塔的倒塌满是遗憾。

明天启年间，徐㴿上书朝廷"兴复古迹，重创石塔，以培风水，以振文运事"。于是，天启四年（1624）一座七层八角的石塔重新矗立在原塔基上，塔高31.5米，塔座直径8.6米。每层均建拱门，内部设台阶可拾级而上。塔门及神龛位置错开，以减小塔基压力。石塔每层均有石栏杆和泻水檐，塔角上镇有八佛，檐角下悬铃，风过处叮当作响。"舵楼风细听铃语，月近家园渐觉圆"，海上归来的人每见罗星塔，每闻风铃声便觉格外亲切。塔刹为石桌式，上放一灯，塔顶有一小窗，便是供守塔人点灯导航之用。重建后的罗星塔继续在闽江海口发挥其航标作用，郁永河《渡乌龙江》诗称："浩荡江波日夜流，遥看五虎瞰山头。海门一望三千里，只有罗星一塔浮。"

1656年，郑成功率军恢复中原，进驻罗星塔，在塔下筑土寨城堡，坚持抗清一年，而后一举收复台湾。1761年，福州知府李拔从连江经琯头、闽安至罗星塔，见两岸重峦叠嶂，潮涌浪翻，罗星岛突兀江中，形势险要，有感而发，大书"砥柱回澜"四字，并作《罗星塔铭》，盛赞罗星塔"如户之有键，喉之有舌，诚所谓扼要争奇、天造地设者也"，将其形势和作用概括为"中流砥柱，险要绝伦，以靖海疆，以御外侮"，充分肯定了罗星塔的海防意义；之后让人刻石，以表其胜。此铭现藏于罗星塔第二层西向的石龛内。

1842年，英国强迫清政府签订《中英南京条约》，开放广州、福州、厦门、宁波、上海五处为通商口岸。之后，福州门户洞开，罗星塔遂为欧洲人所熟悉，外国人的船舶行驶到福州马尾外海时，远远一座屹立山顶、砥柱海天之高塔，便欢呼"China Tower"，约定俗成，罗星塔在国际上就有了"中国塔"的称呼，成为国际公认的航标、闽江门户的标志。罗星塔在世界邮政地的名称为"塔锚地"（Pagoda Anchorage），据说在很长一段时间里，从世界各地寄到马尾的信，信封只要写上

"中国塔"几个字就可以寄到。

五口通商后，各国兵船、商船纷纷进入闽江海口，触礁沉没事故屡有发生。英国人借口保护其船舶航行安全，派军舰闯入马尾港，探测港口航道，设置航标。此时，清政府方知需要高程标准，于是在闽江下游设验潮站，即水文测量站，并请德籍工程师对闽江下游水位和流量进行系统观测。从1866年至1896年，经过30年的测量和研究，终于把闽江罗星塔段的最低水位确定下来，以"罗零"（罗星塔零点）作为最低水位固定观测标记，福建凡陆上高度（海拔）和水下深度都以它为起算点。由于"罗零"长期浸于水中不方便测量与观察，因此在其正上方刻上标记，称为"罗零基准点"，简称"罗基点"。作为福建水域的测量标志，"罗基点"一直被沿用到新中国建国初期，它比后来全国通用的黄海零点低2.179米。今天，罗星塔公园内还有一个"罗零基准点"纪念碑。

这座为海上航船指明航向的和平之塔，可以镇海疆、御外侮的海防之塔，却在一百多年前见证了一场惨烈的海战——中法马江海战。1884年8月23日，法国兵舰如入无人之境般地开入马尾江面，和福建水师的兵舰一在塔东一在塔西遥遥相对。法舰发出开战通牒，福建水师指挥官何如璋却按兵不动。法舰大炮齐发，福建水师仓促拔锚应战，但战机全失，江面战斗仅进行了近半小时，"毁闽船不过数刻"（李鸿章语），福建水师全军覆没，死796人，沉兵舰9艘和各式木船40余只。海战同时，法舰轰毁了洋务派经营近20年的马尾造船厂和两岸炮台，以及无数民房。战争中，罗星塔受损多处，战后重修时特地造了一颗直径近7米的铁球嵌在上面，以代替被炮火损毁的塔刹。

解放前夕，国民党军队溃逃时，破坏了马尾港的浮码头，又沉船抛石封锁了闽江口，罗星塔也一度遭到毁坏。解放后，福州市人民政府在1964年将罗星塔列为市级文物保护单位，并进行大规模修缮。1985年，罗星塔被公布为福建省级文物保护单位；2013年3月，又被公布为第七批全国重点文物保护单位。

今日罗星塔

沧海桑田，随着罗星岛与陆地连成一片，加之闽江航道航标的发展，罗星塔也慢慢地不再像从前那样具有重要的导航、助航功能。今天，罗星山已被开辟成公园，罗星塔也被修葺一新，被纳入船政文化主题公园的组成部分。罗星塔依旧耸峙在罗星山上，塔身还保存着大量的导航标灯龛。登临塔顶眺望，马尾港附近水域一览无遗，虽然已无战火的硝烟，但这座出现在世界海图上的"中国塔"，应该永远不会忘记100多年前在马江水域的那场惨烈的海战。

关锁烟雾尽望乡 —— 姑嫂塔

"古刹倚嶒霄，乘风独听潮。千杯迎海市，万里借扶摇。琼树当空出，飞帆带月遥。二妃环佩冷，秋色正萧萧。"这是明朝苏濬的《咏姑嫂塔》诗。姑嫂塔屹立宝盖山上，高峻挺拔，面朝大海，远望犹如孤峰突起；每当海云初生，氤氲浮绕，颇有蓬莱仙境之感，因此"关锁烟雾"素来是泉州府的胜景之一。苏濬诗中所提"二妃"乃借舜之二妃娥皇、女英来借喻姑嫂塔传说中的姑嫂二人，姑嫂二人在秋风萧瑟中向大海深处眺望征人归帆，望眼欲穿，无限凄楚。对征人而言，如果见到姑嫂塔浮于水面，恍听环佩之声，则知故乡将近，无限欢欣。姑嫂塔在很长一段历史时间里，承载着闽南侨乡人民对故乡的眷恋。

姑嫂塔矗立于福建省泉州市石狮宝盖山上，又称"万寿塔"，或称"关锁塔"。宝盖山是一座黑压压的大岩石山，因它茕茕孑立，无他山为邻，俗称"大孤山"，明人黄吾野曾谓此处"乱嶂江边出，大孤山最孤"。宝盖山海拔并不高，唯其是平地孤峰，令人倍觉其高，站在这里可以一览千桅竞发。它独立海隅，颇有镇南疆而控东溟之势，"关锁塔"由此得名。因其背靠泉州湾，面对台湾海峡，《泉州府志》载"泉城关锁水口之镇塔也"。

姑嫂塔建于南宋绍兴年间，由僧人介殊募资捐建，至今已有近900年的历史。姑嫂塔占地325平方米，塔身高22.86米，底座边长5.2米，外望五层，实为四层，呈六角形，为仿楼阁式花岗石空心石塔。塔之六面，似有设门，其实仅一门可通，可从塔中石磴拾级而上。第一层西北面开，一拱型石门，二至五层各有两个门洞，轻角倚柱梅花形，顶置穹形斗拱，塔身从下往上逐层缩小，每层迭涩出檐，外有回廊围栏环护四周，内有石阶可绕登塔顶，塔顶有葫芦宝刹。二层门额上刻有"万寿宝塔"四字，故此塔又称"万寿塔"。顶层外壁建有方形石龛，雕有佛像三尊，乃三世尊佛，但民间多讹传为姑嫂石像。

姑嫂塔

有人认为"姑嫂塔"乃"关锁塔"之谐音，但关于这座塔的故事已经传播久远，深入人心。明代泉州著名史学家何乔远在《闽书》中早有记载："昔有姑嫂嫁为商人妇，商贩海，久不至，姑嫂塔而望之，若望夫石然。塔中刻二女像……"另传古有姑嫂二人，切盼飘洋过海的亲人，竟日垒石登高远眺，伤心而死，时人哀而筑塔祀之，故名姑嫂塔。

姑嫂塔的传说有各种各样的版本，但无一不是社会现实的缩影，而苦盼亲人回归是它的核心内容所在。《泉州府志》载，从宋代到清乾隆年间，泉州共发生11次大旱，曾经发生过"种不入土，民相食"的悲惨情景，于是一代代泉州人离乡背井、出洋谋生。姑嫂塔的传说，是侨乡人民过去的苦难生活和悲惨遭遇的反映，也是侨乡人民移民海外的历史见证，是人间深沉感情的记载。

姑嫂塔除了宗教的意义，更有航标的价值，《泉州府志》记载此塔"高出云表，登之可望商舶来往"。姑嫂塔建成后，与建于北宋政和年间的六胜塔（又名"石湖塔"）一起，成为古泉州港海外交通的航标。

泉州港是中国古代海上丝绸之路上的千年古港，1087年设立市舶司正式开港后，先超越明州港（宁波），后追平广州并在南宋晚期反超。当时西方称之"刺桐"（Zaitun），在海上丝绸之路的高峰期（12—14世纪），泉州港占有重要独特的历史地位，是当时世界性的经济文化中心。在马可·波罗游记里，泉州港被誉为"东方第一大港"。宋末至元代，泉州海外交通贸易进入黄金时期，海上贸易东至日本，西达东南亚、波斯、阿拉伯、非洲，当时海舶蚁集，人流络绎，由此出口陶瓷、绸缎、茶叶、金银等，进口香料、胡椒、药材、金银珠贝等，泉州也因此成为中国第一大港,并与埃及的亚历山大港并称为"世界第一大港"。南宋吴自牧在《梦溪录》中说:"若欲船泛外国买卖,则自泉州便可出洋",足见泉州港当时对外贸易的繁荣。明清海禁后,泉州港逐渐衰落。

随着海上丝绸之路的开辟,作为海上丝绸之路支点的泉州及其南安、晋江、石狮、惠安等港口地区的一大批闽南人扬帆过海跨台湾、下南洋,甚至直奔欧美,在他乡垦荒辟地,筚路蓝缕,建家立业。明代黄仲昭编修的《八闽通志》记载,"在永宁有石塔,甚宏丽,商舶自海迁者,指为抵岸之期",这里说的"石塔",就是"姑嫂塔"。当年华侨们多从此地落船或起岸,可以想象,当年姑嫂塔目送着闽南先民们横渡大海闯荡异域,当海船渐行渐远,当姑嫂塔慢慢淡出视线,游子们终于意识到,故土已经远离,他们面对的将是茫茫大海那一边的异域和不可知的未来。后来,姑嫂塔守望着游子们远航归来,当海船越驶越近,高塔渐渐扑入眼帘,海外游子们欣喜若狂,欢呼雀跃,因为他们终于回家了。姑嫂塔已经成为海外游子梦中家乡的符号,成为海外侨胞"摇篮血地"的鲜明标志。

姑嫂塔自南宋建成后屡遭雷击,多有损坏。清乾隆四十三年(1778)斥资重修,并作碑记,"关锁塔者,泉南形胜也。主离官焕文明之象,高出海甸,表堤岸之观"云云。虽宝盖山上海风甚大,但因姑嫂塔外观肥矮,收分甚大,因此能屹立近900年而完好。

新中国成立后,福建省人民委员会于1961年5月公布姑嫂塔为第一批省级文物保护单位。1979年为姑嫂塔安装了避雷设施,并于1981年精心修缮,增建凉亭一座,凿山石阶161级。2006年,姑嫂塔被评为第六批全国重点文物保护单位。

英雄兀立厦门港 —— 青屿灯塔

青屿是一个很小很小的岛屿,位于厦门的南端,与相距十公里的厦门岛隔海相望,面积仅0.06平方公里,在普通地图上难以找到它的踪迹。它兀立在台湾海峡的万顷波涛上,如沧海之一粟。青屿的东北方向,远处是大、小金门,近处罗列着大担、二担、三担、四担、五担五个岛屿,说是岛屿,其实它们只是一块块大礁石。青屿离大担诸岛直线距离不过3000米左右,比离厦门更近。

青屿灯塔就坐落在青屿岛北面突出的斜坡边，与对面大担诸岛形成犄角之势。青屿灯塔建于光绪元年（1875），距今已有140多年历史。它并非厦金海域最古老的灯塔，大担灯塔比它早12年兴建。传说在很多年以前，大担岛上的寺庙里住着个老和尚，他侍奉着妈祖，日夜为来往的船只祝祷。那时海上还没有灯塔，往来船只在夜间航行十分危险，为了保障船只的安全，每天太阳一下山，老和尚便会到岛上最高的天灯峰上点燃一盏油灯，为夜航的船只指点方向。这便是厦金海域第一座航标灯。青屿灯塔建成后，它和大担灯塔成为一对名副其实的"姊妹塔"。只是后来大担灯塔消失于两岸对峙的硝烟中，只剩下青屿灯塔这座"英雄之塔"与大担诸岛咫尺相望。

厦门地处中国东南沿海，台湾海峡西岸，扼台湾之要，自古以来就是战略要地，被称为"东南门户"。《厦门志》记载"厦为漳郡之咽喉"，"同安三面距海，金厦尤为险要，门户之防也"。作为八闽之门户、海防重镇，厦门海运发达，它有一个天然的大陆港口，浪平水深，往来行驶船只不受潮水影响。厦门港海上交通极为便利，靠近台湾、东南亚，北部可达天津、上海及宁波等港口，又是香港和上海两大商埠之间海运的中心。早在鸦片战争以前，就已是"海道四达，帆樯毕集"，五湖四海的船只云集厦门港，清末时人赞叹厦门"厦庇五洲客，门纳万顷涛"。

青屿灯塔的兴建，与近代厦门的开埠有着直接的联系。鸦片战争后，《南京条约》签订，厦门被开辟为通商口岸。1843年，厦门正式开埠，英国在厦门鼓浪屿设立领事馆，随后，美国、日本、荷兰及比利时等国亦纷纷在厦门设立领事馆，港口、海关及航运均被洋人控制。英国占领厦门港后，进出厦门港的船舶逐渐增多。为适应繁忙的航运贸易，防止海难发生，英人控制下的海关对港口设施进行了完善，兴建码头及助航灯塔。从1865年第一座灯塔——大担灯塔开始，至19世纪80年代，厦门海关负责的中国东南沿海南段航道灯塔已达10余座。青屿灯塔是当年厦门海关兴建的第三座灯塔，也是我国东南沿海最古老的灯塔之一。

1875年12月13日，青屿灯塔正式投入使用。班思德《中国沿海灯塔志》记载："（青屿）岛畔突出之坡，开凿使平，灯站即建于上，灯塔乃系砖筑，为八角形，饰以红白相间直纹，灯光高出水面一百三十尺。"石砌门楣上刻有"1875 D.M.HEDERSON ENCINEER"，是为灯塔兴建时间和设计师的名字。塔身有门，螺旋形石阶通往塔顶。初建时，青屿灯塔甚小，亮度也微弱。安装四等透镜一白二红形定光灯，灯器由法国巴比尔公司制造，装置贮油灯，配以二芯"道特式"灯头作为发光之具，白色弧光烛力960支，红色弧光烛力530支。1909年改装煤油蒸汽灯，配以35厘米白炽纱罩。1929年又撤废旧式棉胶质纱罩，而以"自燃式"纱罩代之，故其白光亮度增至8000烛力，红光增至3000烛力。从建成发光，青屿灯塔便一直指示船舶避开青屿航道附近险滩。

日本自19世纪末侵占台湾及澎湖列岛后，便对隔海相望的福建垂涎欲滴。日本早有占领厦门的野心，因此厦门港成为其重点侵略目标。1937年8月25日，日本宣布对中国中南部海岸进行封锁，厦门亦在其间，日军派遣两艘军舰游弋在厦门港外，意图阻断厦门海运。1938年5月10日凌晨，日本海军兵分三路进犯厦门，5月13日，厦门沦陷。日本侵占厦门后，迅速控制厦门港，试图使厦门港成为其进一步入侵中国和东南亚的堡垒。为此，日方对港口交通严密监控，在码头、渡口设置岗哨排查来往人员，封锁港口，限制渔船出海。在日军侵华期间，厦门港实际成为专为日本服务的军用港，厦门港的航标灯塔设施也不可避免地为日本军事侵略与经济掠夺服务。直至1945年日本战败投降，青屿灯塔才重新归中国管理。

抗日战争胜利后，青屿灯塔由国民党驻厦门海军接管。国民党方面积极通过厦门港抢运军事物资及兵力，青屿灯塔主要为其军事服务。国民党力保厦门地位，福建省最高军政机关"福建绥靖公署"亦迁移至厦门，把厦门作为其最后"复兴"堡垒。1949年10月15日，解放军渡海作战，以厦门北部高崎为主攻方向，经过近二日的激战，厦门全岛终获解放。解放军进驻厦门，接管了厦门港口一切事务，青屿灯塔亦被解放军接管。

解放战争胜利后，蒋介石集团败退台湾，确立了军事反攻大陆的政策，使得台湾与大陆分离，还对台湾海峡进行军事封锁。国民党军队在金门、大担等岛屿，不断对厦门港口及沿海地区进行炮击、轰炸。厦门港遭到极大破环，港口设施如航标灯塔、航道及码头等均遭不同程度的破环。厦门作为海防前线，一直被炮火硝烟所笼罩，兀立港口的青屿灯塔则见证了那段难忘岁月。

1958年，驻扎在大担诸岛上的国民党军队剑拔弩张。中国人民解放军也进驻青屿，修筑工事。为了打击国民党军队的嚣张气焰，粉碎美国企图划峡而治、制造"两个中国"的阴谋，解放军在1958年发起了惩罚性大规模炮击封锁行动——"八·二三"炮战。1958年8月23日下午5时30分，驻扎厦门的人民解放军依据中央军委命

青屿灯塔

令，对金门岛发起炮击，密集的炮火前后持续了85分钟，随后断断续续地双方一直处于军事对峙阶段，互相开炮。大担灯塔就此湮没于硝烟中，青屿岛也被炮弹炸得面目全非，岛上房屋全部被毁，惟独青屿灯塔躲过浩劫，岿然不动，仅在塔身留下了8处弹痕。1958年10月初，解放军宣布解除封锁，改为"单打双停（逢单日炮击，双日不炮击）"，逐渐减少攻势。1979年元旦全国人大发表《告台湾同胞书》，海峡两岸关系开始全面缓和。

当年炮战中，诗人马铁丁的一首《厦门颂》，经作曲家瞿希贤谱曲被迅速传唱开来："厦门，厦门，你是英雄的城，千里海涛万里浪，你屹立在祖国的国防线上。大炮雷轰金门岛，打得敌人魂飞胆散；万里长空雄鹰飞，屡建奇功震四方；神勇快艇擒敌舰，威名天下扬……"青屿灯塔因此也成为当之无愧的"英雄之塔"。

饱经战火的青屿灯塔不仅见证了海峡两岸从对峙到和平的历程，而且至今还担负着为和平导航的责任。1958年炮战之后，青屿灯塔一直被闲置，直至1974年经过维修后重新发光。此后灯塔技术亦不断改进，1995年5月，青屿灯塔引进了美国进口灯器TRB-400，照距大为增加，灯光射程达18海里，并装上了雷达应答器。2001年1月，厦门与金门"小三通"航线正式开启，它逐渐成为海峡两岸往来的"黄金通道"。而大担岛附近海域的青屿灯塔就处于厦金航道的咽喉位置，其现实意义更加凸显。2005年7月间，随着JX11号航标的成功抛设，厦金航线厦门、金门航道成功对接，厦金航线通航环境得以改善，两岸经贸发展和人员往来更加频繁，掀开了海峡两岸交流的新篇章。

2005年，青屿灯塔被正式列为厦门市第五批文物保护单位，文物管理部门为青屿灯塔立碑，明确予以保护。2013年，青屿灯塔被福建省人民政府公布为第八批省级文物保护单位。从战火中重生的这座"英雄之塔"，至今依然伫立在厦门港的门户上，不管刮风下雨、寒冬酷暑，都默默地点亮自己，护佑着中外船舶安全进出厦门港。

南海海域灯塔

百年耸立珠江口 —— 舢板洲灯塔

在我国沿海，许多城市都有自己的标志性灯塔，如青岛的小青岛灯塔、烟台的烟台山灯塔、大连的红白灯塔等。作为中国东南沿海的重要城市——广州，也有属于自己的标志性灯塔，它就是广州南沙虎门口的舢板洲灯塔和金锁排灯塔。其中，建于1906年的金锁排灯塔，由于虎门大桥的修建而在1993年停止使用。而舢板洲灯塔至今仍在尽职尽责地指引着进出广州的船只，继续发挥着百余年来一直发挥的航标功能，是中国沿海历史名塔中为数不多的"活塔"。

舢板洲岛位于珠江口和伶仃洋交汇处，是虎门水道与蕉门水道出海处之间龙穴岛东侧的一个孤岛，四面环水，广州港主航道就从岛屿东面经过。它是"弹丸之地"，高约30米，面积0.013平方公里，七分礁石，三分茅草，是一片浅礁石滩，远远看去，小岛像一叶海中行驶的小舢板，故名"舢板洲"。这里是珠江口的咽喉之地，岛屿周边有众多的险滩、暗礁，地形险要，站在岛上有时可见近处有沉船残骸，因此人们说这里是"龙穴之口，虎门之喉"。

广州港历史悠久，自古以来就是对外贸易的重要港口。广州古称番禺，商周时期为北越、南越地区，越国先民很早就有海上活动的足迹，史料记载"越人驾舟如履平地"，"惟独越国人可在海上行驶"。秦汉之际，广州港市就已形成，中国的海上丝绸之路就此展开。唐朝时期经济繁荣，国力强盛，鼓励海外贸易活动，这一时期，广州远洋航运贸易尤为发达，唐政府还在广州设立市舶使，对海外贸易进行统一征税管理。至宋代，广州港仍是其时最大的航运贸易港，远洋航线与海外贸易在唐朝的基础上又有扩展。明清虽有海禁，广州港的航运贸易亦保持着相对的繁荣，明清后期一度关闭闽、浙口岸，仅留广州一口通商。直至鸦片战争之前，广州港对外贸易活跃，各国商船云集于此，但广州一地的繁荣，已无法掩盖整个清帝国的衰败与没落。

鸦片战争后，西方列强通过不平等条约控制了中国的海关，开始在中国沿海以及江河沿岸设置助航灯塔，以加强对中国的经济掠夺。1842年，《中英南京条约》签订后，广州被辟为通商口岸。广州海关被洋人控制，广州港的各项主权逐渐丧失，沦为半殖民地港口。舢板洲灯塔就是在这样的历史背景下兴建的。

随着广州被开辟为通商口岸，广州港中外贸易日益繁荣，近代大型货船吃水较深，广州港原有的简易航标无法满足导航需要。为了保障广州港中外船舶的安全航行，粤海关兴建了舢板洲灯塔。当船只从公海驶入通向广州的航道时，视野里出现舢舨洲和金锁排这两座灯塔，就意味着广州到了。灯塔之下的航道，在古代是著名海上丝绸之路的必经之地，在近代则是重要的国际航道。从航道史的角度来说，舢舨洲灯塔和金锁排灯塔位于珠江口航道最危险的两大礁石之上，因为有它们的存在，虎门航道才成为畅通无阻的黄金水道。

舢板洲灯塔建于1915年，耸立于舢板洲的顶部，是一座五层方形砖砌建筑，外观像手枪，也似蓄势待发的捆绑式火箭。灯塔由法国人设计，它是中国航标灯塔中少见的塔楼合一的建筑，主塔高13米，副楼高6米。整座灯塔下面还有一层地下室，供储藏物品和安放发电机。灯塔的灯笼部分为圆柱锥顶，四壁构成一个约5平方米的圆形楼阁，周围嵌上透明玻璃作灯罩，夜间灯光透过玻璃壁直射四方。

舢板洲灯塔"构造甚为灵巧，机件乃系新旧配合，实为各处灯塔所罕见，不啻置新酒于古瓶"（班思德《中国沿海灯塔志》）。据考证，该灯镜机原来是江海关（即上海海关）所属沙尾角灯塔的旧式头等定光灯的中央机件，因灯机巨大，故所建的新外罩也必须足够大才能相容，所以灯柱做成圆柱形结构。然而灯机中所置的电石灯头，却简单微小，使得灯机及外罩显得宽阔如屋，给人以小脚穿大鞋之感。这样设计，在当时是比较新颖的，而且新旧机件混合配置，所用物料十分经济，发光能力却较强，虽然最初亮度只有4500烛力，然而对于指引船舶往来虎门已是绰绰有余。

灯塔最初设置的是电石灯头，并且配有电石雾炮，当炮膛里电石瓦斯混合空气燃烧时，便会发音，俗称"牛号"。这种低沉的牛号声音可以传递到很远的地方，主要是在雾天导航时使用。1949年后，灯楼安设了乙炔灯。1982年，舢舨洲灯塔成为我国第一批采用太阳能蓄电池供电的灯塔，此后又陆续安装了雷达装置、风力发电

黑夜中的舢板洲灯塔

机、电雾号等最新式设备，可在任何天气条件下全天候提醒过往船舶注意安全，成为集视觉、音响、无线电航标于一体的特大型灯塔。2000年，灯塔引入西班牙牛眼透镜主灯，灯呈六角形，灯壁上有一圈圈如波纹的同心圆，可以聚出6束光线，虽然灯泡只有60瓦，但在黑夜里，它的射程可达18海里。此外，还安装了一盏美制辅灯，万一主灯失灵，辅灯会自动亮起，成为永不熄灭的夜间明灯。2012年，灯塔主灯更换为美国泰兰公司TRB—400型旋转灯器，灯光更加亮丽。

舢板洲灯塔自建成后就没有改建过，虽为老建筑，但灯塔依旧坚固如初，木门窗、铁板等仍然是最初的物件。当时灯塔外墙以石灰砂浆抹面，呈乳白色，当地人称"白灯楼"，后来改造时依旧保留了其白色的外形。完整保留的，还有用在塔身和引桥的缸砖，每块缸砖上均刻有"KMA"字样，这是当年开滦矿务总局的英文商标"Kailuan Mining Administration"的缩写。

已有百余年历史的舢板洲灯塔除了经受风雨的侵蚀、岁月的磨砺，还经受了炮火的洗礼——灯塔上至今还保留着当年日军飞机俯冲扫射的痕迹——四根被子弹打弯的铁护栏和一枚嵌在铜门上的子弹，这是抗日战争中虎门海战的遗迹。

战争已成过往，舢板洲灯塔至今仍旧低调而又高傲地矗立在珠江口，在茫茫长夜中为过往船只照亮航程，指挥着它们避开险滩。这座守护一方海域的灯塔也有它的守护人，那就是低调、朴实、默默奉献的灯塔工。其中最让人感动的是黄家四代灯塔工，从民国时期的黄带喜，到新中国成立后的黄振威、黄灿明，再到新世纪接过守塔接力棒的黄登科，真是当之无愧的"航标世家"。

舢板洲灯塔从历史深处走来，它的文物价值也越来越受到政府部门的重视。2011年舢板洲灯塔进入广州市不可移动文物名录，2018年又被列入广东省文物保护单位名录。

伶仃洋上塔灯暖 —— 桂山岛灯塔

在珠江出海口的伶仃洋上，莲花山脉从大陆延伸入海，百余座海拔200米至300米的丘陵岛屿矗立海中，形成我国华南沿海"四大群岛"之一的万山群岛。这些如颗颗明珠散落的海岛，航道交错繁忙，连接粤、港、澳三地，素有"万山要塞"之称。

桂山岛是万山群岛中离珠海最近的一座，西距澳门17海里，北距香港仅3海里，是各国船只通往珠江口的海上交通要塞，更被誉为"一国两制"的交汇点。桂山岛岛屿面积4.75平方公里，与中心洲、牛头岛相连之后陆地面积达到近10平方公里，目前是万山群岛中开发最完善、居住人口最多的岛屿。

桂山岛原名"垃圾尾岛"。1939年，日军曾侵占此岛。1950年，国民党粤南群岛指挥部集中30余艘舰艇和陆战队主力驻守该岛，企图负隅顽抗。5月25日，人民解放军发起解放万山群岛战役。桂山号等军舰向守敌发动进攻，战斗中，中弹着火的桂山号在垃圾尾岛吊藤湾抢滩登陆，强占阵地，与国民党陆战团展开生死搏斗，经过半天激战，桂山号的大部分指战员壮烈牺牲，他们以生命为后继部队的胜利开辟了道路。为了纪念桂山号军舰，此岛被改名为"桂山岛"，公刘诗称"沉下去一条桂山号，升起来一座桂山岛"。万山海战是中国海军第一战，桂山岛上巍然矗立的桂山舰烈士纪念碑记录了这场战役的经过以及悲壮与荣耀。

解放后不久，桂山岛灯塔就在桂山号英雄们长眠的桂山岛上点亮，为川流不息的航船指明通向大海的征途。凡是乘船从国外来珠海的旅客，当视野里出现桂山岛这座灯塔时，就意味着他们到达目的地了。万山群岛附近的渔民们，亲切地把桂山岛灯塔称为"家门口的灯笼"。对附近渔民们来说，桂山岛灯塔已经成为伶仃洋里最温暖的守候。

桂山岛老灯桩始建于1953年，1961年改建为白色方形砖塔，周期闪白6秒，灯光射程6海里。由于老灯桩不是很亮，附近海面曾出事故。1979年除夕夜，一艘船开入珠江口后，引航员未注意到桂山岛灯桩微弱的灯光，误将牛头灯桩当成香港鸡翼角灯塔，装着电石的轮船与附近的小岛相撞，电石遇水产生乙炔，乙炔浓度达到10%自燃，导致船舶失火，引航员不幸遇难。

为了增加航标效能，减少海上事故，1997年桂山岛老灯桩弃用，并移地新建桂山岛灯塔。同年11月，在桂山岛老灯桩东南约50米处，桂山岛灯塔建成发光。灯塔位于桂山岛西南端，为白色圆柱形钢筋混凝土结构，建筑风格与其他灯塔不同，塔顶没有外灯笼，而是在内灯笼四周加装不锈钢钢条。灯塔高57.2米，周期闪白5秒，灯光射程18海里。

改进后的桂山岛灯塔，再也没有发生过任何由于助航功能不足或故障而导致的海上事故，亮灯后在珠海都能看见它的光芒。桂山岛灯塔采用太阳能电源供电系统，随后陆续安装雷达应答器、风力发电机等先进的助航设备。目前，桂山岛灯塔上安装有一盏主灯和一盏副灯，主灯为西班牙进口的BGA—500大型灯器，副灯为美国产的ML—300灯器，当主灯熄灭时，副灯会自动开启。现在桂山岛灯塔已经实现了无人值守。当年的老灯塔早已被先进的航标遥测遥控系统覆盖，实现远程实时监控。灯塔还设立了一座VHF中继站，作为系统通信的中继转接点，以确保桂山岛灯塔的导航效能。2003年，灯塔建起了AIS（船舶自动识别系统）基站，桂山基站成为南海海区早期建成的基站之一。

桂山岛灯塔

2006年5月22日，国家邮政局发行特种邮票"现代灯塔"四枚，桂山岛灯塔荣登"国家名片"，成为珠海这个滨海城市的一张亮丽名片。当年，素有气节的文天祥在经过伶仃洋时写下了"人生自古谁无死，留取丹心照汗青"的千古名句。今天，在碧波万顷的伶仃洋上，在因英雄而命名的桂山岛上，桂山岛灯塔的一片丹心献给了珠江口水道和桂山港，以它温暖的光芒照亮船舶的航向。

麻石巧艺叠成塔 —— 硇洲灯塔

在广东湛江港对面有一个小岛叫硇（náo）洲岛，它犹如一颗璀璨的明珠镶嵌在碧波荡漾的海面上。小岛上伫立着一座横跨三个世纪的古老灯塔，也是世界目前仅有的两座水晶磨镜灯塔之一，与伦敦灯塔、好望角灯塔并称为"世界三大灯塔"。它就是硇洲灯塔。

硇洲岛是一个大约50—20万年前由海底火山爆发而形成的海岛，也是我国第一大火山岛。硇洲，古称硭（máng）洲，也称硇（náo，gāng）洲，得名于火山喷发后所产生的矿物药石。硇洲岛面积50平方公里，位于南海之北缘，湛江东南70公里处，濒临南海，南望太平洋，横扼广州湾的咽喉，是船只出入湛江港的必经之路。宋代硇洲始为统治者重视并开发，因地处雷州、化州犬牙交错处，具有优越的战略地位，因此在宋元鼎革之际，硇洲岛一度成为南宋二王即益王赵罡（gāng）、广王赵昺（bǐng）的行朝之地，今天岛上还有宋皇城、宋皇村、宋皇井、宋皇碑等遗迹。明清时期硇洲的农业、渔业均有所开发，海上贸易也依然进行，清政府曾在此设立粤海关稽查口。

渔业和海上贸易的发展亟需航标的出现。根据史料记载，元大德年间硇洲岛的马鞍山上建起一座石塔，置灯于塔上来指引航向，明清方志中记载该石塔为"乡民谭伯裘"所建。元代名儒刘耿阳曾登此石塔作诗抒怀："卓耸奇观障碧川，势吞宝丽与云连。几来高处抬头望，撑起高凉半壁天。"

1898年，清政府被迫与法国签订了《中法互订广州湾租界条约》，时称"广州湾"的湛江市区被法国"租借"。翌年，鉴于硇洲岛在广州湾地理位置的重要性，法国殖民者拆除了马鞍山上的石塔航标，开始兴建灯塔。

硇洲灯塔由广州湾法国公使署主持设计和建造，而承包和主持该塔建筑工程的则是硇洲岛名工匠招光义。建塔时正值硇洲大旱，处于饥饿状态的硇洲居民，被迫出卖廉价劳动力，应招建造灯塔。民工每天劳动十几个小时，只得40文铜钱，仅够买两斤大米。建塔用水是从数里外的垌（dòng或tóng）坪喷泉一担担挑来的，每担水3文铜钱。建塔用石就地取材，直接采用岛上当地人称"麻石"的火山石，但这些石料需要工匠一块块精细打磨，做到底面平滑、尺寸准确、形状统一，砌塔时也要叠砌紧凑、棱角分明、弧度适宜。历时三年余，至1903年终于建成了这座闻名世界的灯塔。硇洲灯塔是硇洲人民血汗和智慧的结晶，也是法国殖民者侵略中国的历史见证。

硇洲灯塔屹立于硇洲岛上海拔最高的马鞍山顶一块几十米宽的盾状大石上。整座塔身是由当地所产麻石（玄武岩）一块块堆叠起来的，没有使用任何泥浆，石块与石块之间非常吻合，浑然一体。专家考证，这是全国唯一一座全部用麻石建造的灯塔。塔墩和塔身没有采用一根钢筋，也没有混凝土结构，而是采用支撑柱、台阶和塔身"三位一体"的建筑工艺，塔内螺旋上升的台阶与中间的支撑柱、塔身的墙壁是由一块石头凿成，这在全国灯塔建筑方面独一无二。塔内，一根圆石柱从地基直矗顶端，自壁内围绕中心柱旋转而上，共有台阶68级，68块经过精细加工的麻石按一定的角度错开，逐块堆砌，呈螺旋状向上，像一把未完全打开的纸扇，台阶外端与塔身巧妙连接。硇洲灯塔在建筑史上是一个奇迹，可谓"人间巧艺夺天工"。

除了建筑工艺，硇洲灯塔的灯器工艺也备受瞩目。它的中央底部设一封闭式能转动的托盘，内置水银，承托着整个灯座架。灯座上是一对直径1.2米的状如尚未闭合扇贝的牛眼透镜，透镜中间置灯器。整个牛眼透镜是由139条弧形水晶通过科学编排，组成一个焦距2米的抛物面。每条三棱镜片间隔一定距离，既易于聚光，也易于散热，能够延长荧光灯的使用寿命。三棱镜片全部采用天然水晶，并按一定弧度和大小磨制而成，光洁度高，折射性强，现在国外航标灯器厂都难以生产出如此高质量的三棱镜片。当时世界上使用这种水晶磨镜的灯塔很少，硇洲灯塔因此更加珍贵。据说，目前世界上与硇洲灯塔相同的牛眼透镜灯塔不到10座。

硇洲灯塔建成后近40年都在法国人的管理之下，直至1943年日、法签订《共同防御广州湾协议》，日军进驻广州湾，湛江沦陷。因为法军妥协，未做较大抵抗，远离市区的硇洲灯塔也未遭到大的破坏。日本觊觎该灯塔珍贵的水晶牛眼透镜，拆走其中一条带回国内研究，但至今无法复原。

1945年抗日战争胜利后，硇洲灯塔终于回到中国人民手里。随着我国航标技术的发展，有关单位对硇洲灯塔进行了一系列技术改造。原来靠发条带转动灯座，1984年改用马达起动转速箱带。1989年采用灌浆法加固塔顶。1996年使用西班牙MGE-1000型自动化转台，220伏1000瓦溴钨灯。虽然有几块三棱透镜缺失，一小部分三棱透镜遭破坏，但它在中国乃至世界航标界仍是珍贵文物，所以灯塔原有的牛眼透镜被保留至今。改造后的硇洲灯塔为闪白5秒，灯光射程26海里。其19.2米的麻石塔身毫无风化和磨损的迹象，依然保持了百年前的原貌。

1991年，国家建设部、文物局和中国建筑学会公布硇洲灯塔为全国近代优秀建筑。1996年，硇洲灯塔进入全国第四批重点文物保护单位之列。2012年，中国航海协会批准硇洲灯塔为全国首批"航海科普教育基地"。硇洲灯塔的历史文化价值得到全社会的一致认同。

外国老明信片上的硇洲灯塔

改革开放后，湛江成为环北部湾经济圈三大中心城市之一。今天，作为"湛江八景"之一的"硇洲古韵"，其核心就是这座以麻石堆叠而成的百年灯塔。

尽南祥光几沉浮 —— 滘尾角灯塔

我国大陆的最南端，历史上曾被称为"尽南"，现在习惯称作"灯楼角"。不管白天还是黑夜，不论从陆地还是海面，都能远远地望见岸边那座高耸的建筑物——滘（jiào）尾角灯塔。

滘尾角灯塔伫立在广东省徐闻县角尾乡的一个岬角上。远远望去，灯塔似一座拔地而起的火箭。走近灯塔，进入人们眼帘的"中国大陆最南端"七个遒劲的大字熠熠生辉。塔身蓝白相间，好似一个身着海魂衫的战士，静静地驻守在祖国大陆最南端。

徐闻，以"其地通海，涛声震荡，徐徐而闻"而得名，三面环海，东临南海，西濒北部湾，与海南省海口市隔海相望。徐闻周边海域历来都是中国南海的海上交通要道，但陆路只有一个方向。曾被贬至徐闻的宋代文学大家苏轼一语"四州之人皆以徐闻为咽喉"，道出了徐闻所处位置的重要性。徐闻角尾乡在中国大陆最南端，被称为"南极村"，其地形酷似一只牛角深入大海，故称"角尾"，也有"海角之尾"之意。角尾的最南端则被称为"滘尾角"，古称"关滘尾"。"滘"意为两水分合处，这块尖尖的沙洲是琼州海峡与北部湾的合水线，每当波涛涌起时，这片海域就形成相互拍打的"十字浪"。

徐闻港是中国最早的港口和整个汉朝最重要的口岸，是海上丝绸之路的主要始发港之一。早在2000多年前，雄心勃勃的汉武帝就让汉朝船队满载丝绸、陶瓷等物品，从这里起航前往马来西亚、缅甸、印度等国，开启了传播文明、建立友谊、互通有无的伟大航程，一时商船云集、千帆竞渡。滘尾角作为航线的中继地和重要转向地，是海上丝绸之路的重要见证者。

徐闻汉港八角灯塔座

在徐闻的仕尾村北仕尾岭高崖上，有一导航灯座。灯座临海湾不足10米，呈八角形，直径2米，深0.4米，像一个巨型石碗，由一天然巨石雕琢而成，灯座八角有八卦饰纹，内被烟火灼成黑色，因年代久远而有多处龟裂，为典型的汉唐导航灯座。这一航标灯座是目前南海发现最早的烽火航标，也从侧面证实了徐闻古港的繁荣。19世纪末建造的滘尾角灯塔，才是徐闻港的首座人工航标，同时也是雷州半岛上的第一座灯塔。这座灯塔位于徐闻"咽喉"的正中央，形似楼梯，也称灯楼，"灯楼角"由此得名。灯楼角与闻名天下的海南天涯海角、台湾的鹅銮（luán）鼻，并称中国陆地"南三端"。

为结束中法战争，1885年6月清政府与法国签订了《中法会订越南条约》即《中法新约》，并于1888年附加《中法续议商务专约》，被迫在西南边境开埠通商。法国在广东的影响力日渐增强，法国经越南殖民地通向广东沿海的海路运输日益兴旺。

滘尾角以其咽喉重地而成为黄金海路，但地势险峻，暗礁散布，多发海难，一时成为远近闻名的"死人角""鬼门关"，当地有谚语传"东北风，流西水；西北风，流东水；有去无回"。

为了保障其国内航船安全，法国人在滘尾角修建了一座铁架结构的灯塔，于清光绪二十二年（1896）正式发光。灯塔呈圆形，高约16米，初用灯芯灯头，烛力仅5000支。到1930年，滘尾角灯塔与临高灯塔同时改用35厘米白炽纱罩煤油蒸汽灯头，亮度增至烛力55000支，灯光射程达到13海里。据清宣统三年（1911）《徐闻县志》卷三记载：灯楼，县西南九十里，在角尾嘴，光绪十六年法国商人建立，夜间虽大风雨，灯火常明，轮船来往看之以定方向。至此，过往滘尾角的轮船结束了令人胆战心惊的"死人角"航行。当年法国殖民者还在此修建住所，现灯楼角的东北角还遗存有西洋房宅、水井遗址。

从建成起，滘尾角灯塔就坚持发光，同海南临高角的临高灯塔遥遥相望，像双星一样照射着琼州海峡的西部海口。然而在之后的岁月里，滘尾角灯塔却几经沉浮，经历数次变身。

1938年，日军大举进攻广东，先后占领汕头、佛山等地，国民党徐闻县政府以防御日军进攻为由，毁城墙、炸碉楼、挖公路、断桥梁，将一切明显的建筑毁坏。1942年，眼看战火就要烧到徐闻，为避免日本侵略者利用灯塔从灯楼角登陆，国民党县长陈桐下令拆毁了法国人建造的灯塔，将铁塔变成一堆废铁。

历史与徐闻开了个玩笑。虽然抗日战争时期广东省70%的土地沦陷，但是，徐闻作为少数未被攻占的县城坚持到了抗战胜利。于是，在1945年，国民政府在自己亲手毁掉的灯塔原址上，重建了一座12米高的木质灯桩，采用煤油灯器发光，滘尾角灯塔重新发光。之后，这座木质灯桩，不但成为之后解放军解放徐闻的先头登陆点，而且成为解放海南岛的集训地和启渡点。

1949年10月，解放军一支侦察兵以灯桩为标志，从滘尾角登陆，辗转到徐闻城内，联合城内地下党做内应。10月22日，粤桂边纵二支队六团二营（徐闻独立营）营长李世英，率领该营与徐闻县区乡革命武装700多人，包围了县城。守城国民党军队看到共产党军队已兵临城下，知道大势已去，于是放弃抵抗，缴械投降。徐闻县就此解放。

"解放海南，功在徐闻"，滘尾角灯塔便是见证者。刚刚解放的徐闻人民，把解放海南岛作为头等大事，滘尾角及周边海域，更成了解放海南的练兵场。1950年3月5日，"打到海南去，解放全中国"的出征誓言，响彻云霄。徐闻人说，如今站在滘尾角灯塔上，在冬日的寒风中仿佛还能听到当年这震天的呐喊声。解放海南岛前后激战一个月，徐闻超过500名渔民化身船工，将成千上万的解放军官兵送往彼岸。在解放海南岛的战役中，徐闻县有53名船工英勇牺牲。

解放后，因海边的潮湿空气和多雨气候的侵蚀，那座12米高的木质灯桩已经腐朽不堪，无法满足当地海运发展的需要。1953年，在滘尾角灯塔原址附近重建一座白色水泥墩铁架灯塔，当年10月建成发光，塔高15米，采用电灯器，灯光射程12海里。

这座钢铁结构的灯塔屹立在海边，长期遭受海边潮湿空气的侵蚀和时间的磨损，使用二十多年后已是锈迹斑斑，岌岌可危。1979年，铁架灯塔被拆除，1980年改建成一座圆形石砌灯桩，高度、射程与原铁架灯塔相同。

改革开放后，广东率先拿到了对外开放的金钥匙，海运业突飞猛进，徐闻许多船舶加入到海上运输队伍。轮船在海上颠簸，风险巨大，1993年一艘货船在滘尾角附近海域遭遇龙卷风，货船船体破裂，船上货物全部进水，船东给货主赔偿8万元。这起事故虽与灯塔无关，却引起了航运安全部门的注意。而且，因周边林木长高，石砌灯桩被遮蔽，已不能满足为船舶助航导航的需要。1994年，航道部门开始筹建新灯塔，在正式开工之前，先将滘尾角灯桩的灯器进行改造，使射程达到18海里，达到灯塔灯器等级，为新灯塔建设争取时间。

1994年3月，湛江航标处在距原灯塔80米处，开始动工建设新灯塔，并于1995年5月建成。新灯塔为钢筋混凝土结构，塔身为六角形，高32.4米。外墙贴白色瓷砖，用蓝色瓷砖隔层。灯塔每层十六级阶梯，呈扇形拾级而上，最高一层安置航标灯器。灯塔采用BGA-600型灯器，灯高33.8米，灯质为闪白6秒，

滘尾角新旧灯塔并立灯楼角

射程18海里，并装备雷达应答器。航灯采用太阳能装置，能够自亮自灭。这就是今天的滘尾角灯塔，它与老灯塔一新一旧、一高一矮，一起矗立在灯楼角，一起诉说着滘尾角灯塔的故事。

对过往琼州海峡和北部湾的船只来说，它是一束照亮夜空的永不消失的"尽南祥光"！

战士凛然护海疆 —— 白苏岩灯塔

在我国北部湾西海域的中越海界线内，一座新建的灯塔屹立于碧海蓝天之中。鲜红艳丽的顶盖，晶莹剔透的灯罩，洁白魁伟的塔身，塔身上遒劲有力的"中国海事"四个红色大字彰显着主权。这座灯塔庄严地耸立在白须公礁上，将耀眼的光芒投射于南海的碧波银涛之上。它就是我国沿海最西端的灯塔——白苏岩灯塔。

白苏岩，又称白须公礁或白须岩，因古时礁上遍布海鸟粪，远望像老翁的白胡须，故名。白苏岩是一处礁石群，由三礁组成，各礁相距100米左右，东、西呈直线排列，东礁最小，中礁最大。礁群北面与相距10海里的白龙尾半岛相望，西北正对中越边境的北仑河口，东北是防城港，正西与越南永实岛相对，是交通要塞、边疆前沿和军事要冲。白苏岩灯塔位于三礁中最大的中礁上。

白苏岩四周水深达15米以上，水质清澈见底。四周礁石犬牙交错，高低不平，长满青苔，凌乱而无规则，石面长满锋利的蚝贝，高潮时被海水淹没成暗礁，海风和浪涛在上面形成一片跳动的海中雪花。这片雪花却成为"玉面杀手"，常有来往船舶在此触礁。

解放前，人们对国界的意识不是那么强烈，中越边境船舶经常跨海运输、贸易。遇上海汐大潮，不熟悉白苏岩的船员一不小心驾船撞上那片跳动的雪花，就会船损帆落。因白苏岩海域拥有丰富的鱼、虾、螺、蟹等海产资源，有些心存侥幸的渔民便冒险到礁群周围捕鱼，但一旦遇上风暴就会猝不及防地撞上礁石，常常舟毁人亡。如今，海底的瓷器、船板碎片依稀可见。于是，一些好心的船员撬起一些零散的石块，慢慢垒起一个高出大潮的石堆，以此警示过往的船只。这是白苏岩灯塔在20世纪50年代的前身。

1966年，中越成为友好国家。中国海军在白苏岩用片石建造了一座灯桩，为这条中越海上运输航线系上安全纽带，也为中越友谊打上了一个完美的纽结。这条运输线就是后来被美国人称为"海上胡志明小道"的一条秘密补给线，代号"广西3·22工程"。其实这条"小道"并不小，每天可从海上运送超万吨物资。有了白苏岩灯桩、白龙尾灯塔等沿线航标，"广西3·22工程"成了抗美援越的"生命线"。抗美援越取得决定性胜利后，防城港作为中越友谊的象征，对越南的船舶开放，这些航标便串成了中越友谊的"航链"。

白苏岩灯桩见证了中越两国人民的友谊，也经历了这片海域上波涛的狰狞和两国之间历史的漩涡。1978年，越南当局接连侵犯我广西边境，制造事端，越南武装人员多次开枪挑衅、袭击我边防人员和社区群众。白苏岩灯桩染上硝烟，附近海域弥漫着血腥。1979年，随着自卫还击的枪声打响，白苏岩灯桩灯器也在爆炸声中震碎，灯光黯然熄灭。之后，不知是谁将一个关公神像置于灯位，祈求借助神力来保佑过往船只的安全。

20世纪80年代，残存的白苏岩灯桩移交地方政府管理。随着苏联解体，中越关系逐步恢复正常。航标管理部门修复灯桩后，又添了一层3米的高度，使灯桩的目标视距更远了，只是灯器未修复，仍然不能发光。

1998年，中国海事局成立，很快就提出了"使沿海航标亮起来"的目标。此时，中越之间已经恢复友好往来，白苏岩灯桩终于迎来了它涅槃新生的时刻。2003年，北海航标处实施灯桩改造。灯桩立于礁石之上，退潮时可以看到灯桩基脚，大潮时海水会淹没一半灯桩，所以施工人员只能跟着潮汐的节拍，低潮时赶工，大潮时停止作业，以避开大海狰狞发怒的时刻。克服重重困难，当年12月28日，灯桩改造终于完成。这次改造，给灯桩外墙抹上了保护桩身的水泥，在桩顶上浇筑电池室，安装免维护电池4只，装上LED灯器，白苏岩灯桩终于重放光芒。从远处看，仿佛白苏岩一下子站了起来，昂起高高的头颅，紧紧搅护着那片不老的海，呵护着联结中越两国人民友谊的航线。

进入21世纪，随着我国综合实力的增强和加入世贸组织，中国与东盟经济合作日益密切，大量的东南亚船舶和国际商贸巨轮经白苏岩进入北部湾各港口。而处于我国政治、经济和军事重要战略地位的白苏岩灯桩，日益显得苍老憔悴，已经无法满足蒸蒸日上的航运需求。于是，建造一个彰显中国时代风貌的白苏岩新灯塔，刻不容缓。

2007年4月，灯塔施工队分乘三艘大船，浩浩荡荡开赴白苏岩，拉开了建造白苏岩灯塔的序幕。白苏岩海域四季巨浪肆虐，海水落差极大，风暴说来就来，所以在这块海中礁石上建灯塔，其困难比在大海中建一个石油钻井平台有过之而无不及。临近国界，施工更有诸多限制，比如不能以放炮的方式来炸掉坚硬的花岗岩基底等，工作人员用了将近一年的时间才将塔身浇筑得高出大潮位。2008年8月7日，灯塔浇筑接近灯笼平台时，突然遭到第9号热带风暴"北冕"的袭击，幸好施工人员获救，灯塔安然无恙。经过一年半的艰苦奋战，施工人员战胜了材料运输航程远、无施工场地、缺少淡水及电力等困难，挫败了大小10多次台风巨浪的袭扰，白苏岩灯塔终于在2008年国庆节胜利竣工，为新中国的生日献上一份特殊的厚礼。

新建成的白苏岩灯塔为钢筋混泥土结构，灯高22.3米，内置国产灯器，灯光射程达18海里。从此，这座新灯塔就屹立在中国南海边防前沿，驻守着中越边境的这片海域，指引着海内外船舶进入防城港。

2014年10月1日清晨，为庆祝中华人民共和国成立65周年，南海航海保障中心北海航标处郑重地在白苏岩灯塔上举行了升国旗仪式，五星红旗首次在白苏岩灯塔升起。

急水门上塔冲天 —— 木栏头灯塔

木栏头灯塔位于海南省文昌市铺前镇林梧墟琼州海峡的木栏湾。木栏湾由木栏头、木栏湾和30平方公里的宽阔腹地组成，与七星岭相连。木栏头位于海南岛的最北端，是著名的"海南角"，东临南海，西与海口隔海相望，北临琼州海峡，是一个海豚头状的突出岬角。木栏头灯塔就在海豚的眼睛位置。

木栏头最北端突出岬角的前方，海水流速极快，被称为世界第二的"急水门"。据说，在清代末年，有几位来自英国的水文地理专家与清政府官员来到铺前的木栏港考察，在当地渔民的协助下，专家们对急水门的流速进行了测试。测试过后，专家们认定，这里的水流流速仅次于被认定为世界第一的英吉利海峡急水门，此后，木栏头急水门是世界第二的说法便流传开来。

很早以前，木栏头急水门也叫"海上鬼门关"，水流至此，由于礁石等地理因素作用，必定加速，到了退潮极限时更是壮观，常常会在海上形成一段一段"瀑布"。这里海况复杂，暗礁密布，水速极快，如果没有航标，船只一旦误入，定然有来无回。船板被海浪冲上岸后堆积腐烂，这片海滩便被称为"木烂头"。明万历年间《琼州府志》记载："石栏港，一名北岭滩限头，县北一百二十里北岭东山下，乱石生出海洋中，拦障海水，中开三门，商贾舟过最为险要，俗称鬼叫门，今航海者过此，每加提防。"

据《文昌县志》记载，由于急水门处屡屡遇险，渔民认为有妖怪作祟，后来回到海南的明代礼部尚书王宏海，奏请朝廷于天启五年（1625）在七星岭上兴建斗柄塔，以为航标和镇妖。斗柄塔高20米，塔身平面为八角形，共七层，层层收缩递减。每层设有拱门，内设旋式阶梯104级。塔门面向西南，门额石上刻有"斗柄塔"三个字。据说，塔名依天上星宿"七星斗柄"而取。古塔从建成至今，虽经历近400年风雨沧桑，日寇轰炸，依然巍然矗立，沐浴海雨天风，雄视惊涛骇浪，造福过往舟楫。

如果说斗柄塔是急水门的历史守望，那么木栏头灯塔则担负着现实使命。清光绪二十年（1894），在木栏头设立两具灯浮。中华人民共和国成立后，鉴于急水门危险的海况，为保障过往船只航行安全，1954年在"木烂头"修建两座高20多米、相距约1公里的前后导标。有了明确的导标以后，海难事故不再发生，也就没有了"木烂头"的现象，于是文昌人将其改名"木栏头"。

斗柄塔

1995年，位于木栏头的前导标被拆除，在原址上修建了木栏头灯塔。民间认为，木栏湾地处海南岛的风水宝地凤冠所在地，此处建塔灯光如吉星高照，定会为海南带来吉祥如意。

这座现代航标灯塔于1995年8月建成发光。塔身高72.12米，海拔高97.2米，是当时我国也是亚洲最高的现代化大型灯塔，目前为仅次于博鳌灯塔的中国沿海第二高灯塔。在20世纪90年代，其塔体之高、规模之大、塔灯射程之远、投资之巨，均令国人感到自豪。

木栏头灯塔塔身为白色圆柱形钢筋混凝土结构,造型奇特,气势恢宏,塔顶视野极度开阔。灯塔灯高88.42米,采用PRB-21型灯器,每盏灯一组,共8组,灯光射程24海里。灯器开关为完全自动化控制,日光阀会根据每天早上和晚上的光照强度自动开灯或关灯。木栏头灯塔是一个多功能的灯塔,除安装有船舶自动识别系统VIS,船舶交通管理系统VTS,还安装了环岛甚高频通讯系统VHF。有了这些设备,只要有船只进入琼州海峡,灯塔都尽收眼底。木栏头灯塔VHF与安装在白沙门灯塔、玉包角灯塔的甚高频通讯系统,形成一个完整的琼州海峡船舶管理监控系统。

邮票上的木栏头灯塔

由于地理位置极其重要,木栏头灯塔成为海南岛东北部最重要的航标,在琼州海峡和海南岛东西海域发挥了重要的助航作用。建成后的20多年里,它在惊涛拍岸中守护着这一片危险的海域。

2006年5月,国家邮政局发行一套4枚的特种邮票《现代灯塔》,木栏头灯塔跻身其中,成为海南继历史文物灯塔临高灯塔之后,又一枚登上中国邮票的灯塔。

古塔亲睹乾坤换 —— 临高灯塔

在海南省临高县西北方靠海处有一角陆地伸向海中,形似堤坎,人称"临高角"。临高角三面环海,有7公里长的海岸线,岬角顶端250米长的天然拦潮礁石堤直伸大海,古人对此有"仙人指路"之说。

琼州海峡的临高角与雷州半岛的灯楼角隔海相望,因为相望而生出了美丽的传说。相传很久以前,临高角下居住着一位美丽的仙女,她与雷州半岛灯楼角下的一位英俊男子深深相爱。他俩下决心要筑一条堤堰,把灯楼角与临高角连接起来。他俩的诚心感动了海龟和海鸟,它们帮忙垒起礁石堤堰,可快要合龙时,被巡海的夜叉看见了,竟然呼风唤雨把堤堰冲垮,仙女和那男青年殉情大海。男青年变成灯楼角，仙女变成临高角，之后彼此长年相望。这是传说，而现实中，临高角的临高灯塔与灯楼角的滘尾角灯塔也是遥遥相望，共同扼守着琼州海峡的西部海口。

临高灯塔是海南灯塔中最古老、相貌也最出众的一座，它守望临高角已经120多年了，红白相间横带圆柱形铁制塔身，外有6根斜柱和300余根钢杆支撑。

在临高灯塔建成之前，整个海南岛没有一座灯塔。临高海域水流湍急，处处布满暗礁与险滩，水域环境非常复杂，船舶航行到这里非常危险。灯塔建成之前，此地仅有一座烽火台给来往的船只传递信号，临高灯塔就建在烽火台旧址上。本应给航海者带来光明和希望的灯塔，因为它建成于积贫积弱的近代中国，建成后的50多年里自己也身不由己地被列强把控。

海南因其"中国南大门"的地理位置，一直被外国侵略者觊觎。第二次鸦片战争后，清政府被迫与英法等国签订《中法天津条约》，将海口辟为对外通商口岸。1876年4月1日，英法列强在海口正式成立琼州海关，当时俗称"洋关"，简称琼海关。洋关为列强倾销商品、掠夺中国资源，打开了方便之门。为了瓜分掠夺中国，控制琼州海峡，保证海运通道的畅通，琼海关选择海南岛的临高角和秀英港码头为修建灯塔地址。

1894年，琼海关在临高角划地6.8公顷，建造了灯塔及三座办公设施，由英国人掌管灯塔事务。与临高角凄美的爱情传说相呼应的是，琼海关分别是在1894年11月15日和1895年1月1日在临高角和灯楼角（今广东省湛江市徐闻县境内）设立临高灯塔和滘尾角灯塔。班思德《中国沿海灯塔志》载，"该塔（临高灯塔）设在广东海南岛之西北角，与关滘尾灯塔隔海对峙，分照海南海峡进水口道"。两座灯塔形制相同，守塔人的办公建筑也如出一辙。1941年，为避免灯塔被日本侵略者利用，当时国民党执政的徐闻县政府拆毁了滘尾角灯塔，当年的办公建筑也只剩一段30多米长的断壁残垣。而临高灯塔连同当年的海关建筑一起，至今保存完好，成为百年沧桑岁月最好的见证。

1912年，民国政府成立，按照国际法惯例，新政府仍然要履行清政府与外国列强签订的一系列不平等条约。根据1864年签订的《募用外国人帮办税务章程》，琼海关的税务司一直由列强委派，临高灯塔的守塔人也一直由外国人担任。

1939年2月，为将海南岛建成南进基地，掠夺岛内丰富的铁矿等资源，日本军队攻占海南岛，并在1941年太平洋战争爆发后窃据琼海关税务司一职，直至战败投降。

成书于20世纪30年代的班思德《中国沿海灯塔志》一书，对临高灯塔有这样的描述:"该站历史,殊鲜事故以资叙述,以其位于人民稀少荒岛之一隅,故无内地政变及战事影响。"但覆巢之下,焉有完卵?日本侵华期间,临高角这远离尘世的桃花源也难以保全。1939年,侵琼日军为控制南洋至日本的航道,长期占据临高灯塔,使灯塔成为专为日军服务的航标基地。日军封锁海面,实行海禁,不准当地渔民随便出海打鱼。同时在文化上推行同化政策,中小学砍掉历史课,把日语设为主科,由日本教师上课,音乐课也以日本歌曲为主。在经济上则执行统制政策,日本垄断了海南的对外商贸、交通、工业等。日军占领期间,临高灯塔也沦为日军侵华的工具。

日本战败后,临高灯塔终于结束了屈辱的日子,但仍旧前途未卜,在风雨中飘摇。1949年秋,国民党军一部先后从大陆退至海南岛,当全国人民欢庆新中国成立时,海南岛这个中国的"南大门"仍被国民党军占据。

1950年4月16日19时30分,解放军渡海战役的号角响起。由第40军和第43军组成的西、东两路军,分别由第40军军长韩先楚、副军长解方和第43军副军长龙书金率领,在琼崖纵队参谋长符振中等协助下,乘350只木帆船和少数机帆船,分别从雷州半岛南端之东场港、灯楼角和港头港、三塘港等港湾,同时启渡。17日凌晨,渡海大军抵达,临高角枪声、炮声响成一片。解放军在灯塔的指引下,冒着敌人的枪林弹雨,穿过海峡天堑,成功地摧毁了薛岳精心构造的海陆空立体防御的"伯陵防线"。国民党军全线溃逃,解放军乘胜追击,将红旗插到了天涯海角。5月1日,海南全岛解放。

历史仿佛在这个节点上必然性地选择了临高角,也选择了临高灯塔。临高灯塔至此完成了一项重大的历史使命——亲眼目睹并参与了解放军渡海战役。时任琼崖纵队第五总队八团五营九连连部文书的陈治钧,在登陆战后被派去接管临高灯塔,负责海上的导航和台风预警工作。六十多年后,当回忆起那场战役,他印象最深的,除了激烈的战况,就是灯塔:"灯塔很坚固,当时国民党怎么打也没有打破。我就是用它和对面徐闻灯楼角的灯塔对照指引解放军回家。"至今,在临高灯塔的塔身上,还可以看到当年解放海南时留下的弹孔。今天,在临高角矗立的解放海南纪念碑与临高角灯塔一道,诉说着往日的壮烈与辉煌。

在成功助力解放海南后,临高灯塔终于真正回到中国人民手中。乾坤转换,临高灯塔也掀开了全新的篇章。

临高灯塔是我国仅存的一座熟铁圆筒体灯塔。塔高22米，灯高20.8米，塔身直径1.88米，82级螺旋式楼梯从内部直通塔顶，塔灯射程18海里，是船舶来往琼州海峡及通往北部湾、东南亚的重要引导标志。随着我国航标科技的发展，临高灯塔也进行了一系列升级换代。2009年，临高灯塔安装航标遥测遥控系统。特别是在2010年，严格按照"修旧如旧"的原则对灯塔进行了大规模修复，将灯塔基本恢复到初建时的原貌。这些修复，包括恢复灯笼原有的透光浮法玻璃、修补损坏构件、塔身除锈，以及灯器光源的技术升级、灯器的驱动系统改造等，并将原安装在秀英灯塔的500毫米牛眼透视镜旋转灯器移置到临高灯塔。经技术升级改造后的临高灯塔，灯器性能稳定可靠，实现了运行自动化。

临高灯塔

因为古老的历史和独特的造型，作为文物的临高灯塔也受到了越来越多的关注。1997年10月，临高灯塔与上海青浦泖塔、温州江心屿双塔、舟山花鸟山灯塔、大连老铁山灯塔一起，被国际航标协会批准为"世界历史文物灯塔"，并列入1998年出版发行的《世界历史文物灯塔》图册，进入世界著名灯塔之列。2002年5月，被国家邮政局列为"历史文物灯塔"特种邮票发行。2009年，临高灯塔成为海南省级文物保护单位。2013年，临高灯塔被公布为全国第七批重点文物保护单位。

2014年5月，海南省首个灯塔展馆在临高灯塔现址建成。展出内容包括海南沿海航标分布图，海南25座灯塔的功能与分布，临高灯塔的历史渊源、历史日志以及使用过的灯器、灯座、灯壳等实物。这座百年历史灯塔，不仅浓缩了整个中国灯塔发展的历史，也见证了中华民族从饱受欺凌到自立自强的过程。

独占鳌头天地宽 —— 博鳌灯塔

博鳌，是中国南海边的一个小镇，位于海南省琼海市东部，南与万宁市交界，西距琼海县城嘉积镇约18公里。万泉河、九曲江、龙滚河在此交汇。东部沙洲玉带滩将河水、海水分割，一边是烟波浩渺的南海，一边是波平如镜的万泉河。东屿岛、沙坡岛、鸳鸯岛三岛相望，金牛岭、田埇岭、龙潭岭三岭环抱。博鳌是一个半渔半农集镇，融江、河、湖、海、山麓、岛屿于一体，集椰林、沙滩、奇石、温泉、田园于一身，因独特的地理位置，博鳌水域被公认为世界上最完美的入海口。

博鳌灯塔位于博鳌镇经典小区东面的海事灯塔广场，现代气息浓厚，呈鳌状，白色圆柱形塔身直冲云霄，是博鳌的地标性建筑，目前是中国沿海最高的航标灯塔。

关于"博鳌"名称的史志资料，最早见于明朝正德六年（1511）的《正德琼台志》，其中记载有"博鳌浦莫村都（在县东民疍）"。"民疍（dàn）"是疍民的倒置，意为"水上人家"，他们随波而居，生不离船。民间传说中，"博鳌"是因为靠近博鳌港的东屿岛，远望如一只巨鳌而得名。研究表明，疍民是博鳌最早的居民，博鳌也因疍民而起。"博"意指大、多；"鳌"是传说中的大鳌，泛指鱼类；博鳌就是鱼类丰硕之意。取名"博鳌"，纯粹质朴地表达了枕海而居的疍家人的美好希冀。

早在宋代，博鳌就有疍家人在居住和繁衍生息。明初称博鳌浦乡，明末改称博鳌乡，居者即疍民，明清时它一度并入乐会县。宋时博鳌浦为疍家人停泊渔船之地，博鳌港初步形成。后来，博鳌港逐渐发展为琼崖东部的重要渔港，《乐会县志》载："每年夏秋季，有临高、海口等地渔船在博鳌港相为贸易，秋后旋各归埠。"博鳌港与南洋、香港、澳门、江门、潮州、高州、广州、琼崖各县均有客船、商船往来。繁忙的博鳌港水运，是乐会县的重要税源。从明末到清初，博鳌已成岛东的渔港和商港。

"行船河海，三分性命。"为了求得平安，宋代天圣元年（1023），疍家人在博鳌建三江庙，祀三江晶信夫人以求出海平安。同时，疍家人也会利用自然航标来引航助航，博鳌港海面屹立的圣公石在很长时间里就是渔民心目中的"神石"。圣公石是博鳌港门大海碧波中兀自突起的一个由多块黑色巨石垒成的高出海面数米的巨大岩礁。传说女娲炼石补天时失手掉下一块黑色岩石，此石不偏不斜，正好坠落在博鳌港出海口，后人称之为"圣公石"。明嘉靖年间乐会知县鲁彭《圣公石捍海》诗云："海水凝望渺苍茫，圣石谁教镇海傍。此地由来天险设，更从何处觅金汤。"《乐会县志》载："圣石峰在博鳌港屹立，累累如累卵状，诚中流砥柱。时海涛汹涌，砂碛逼隘，或南或北，开合不常。舟人未谙水道者，往往有覆溺之患，大抵其险天设。"

古往今来，任由风吹浪打，圣公石昂首挺胸，巍然不动，始终如一地坚守在博鳌港。博鳌渔民出海前必先祭拜圣公石，回港时也以圣公石为望。1939年，日军侵袭博鳌港时，曾误将圣公石当作护卫港口的舰艇，向它开炮射击，圣公石自然岿然不动。

博鳌灯塔

博鳌港口暗礁密布，唯有一条约七八米宽的港道同鸳鸯岛对峙，每当有渔船进入海港时，其船头和船尾必须同鸳鸯岛三点成直线，方能安全行舟。鸳鸯岛也是世世代代渔船出港的航标。博鳌港的人工航标，在解放后才开始兴建。

海南岛刚解放时，沿海中小港均未来得及设置航标。至1963年，始在博鳌港建起前后导标。1974年，因为航道口门变化重新改建，将前导标改为固定的岸上标志，设置于博鳌港北岸，为白色圆形石砌标身，桩高8.5米，灯高8.4米，使用150毫米电子闪光灯，闪白4秒，灯光射程6海里。几十年间，灯桩经历几次升级改造。

2001年，"博鳌亚洲论坛"（BFA）正式成立，博鳌成为论坛总部的永久所在地。从此，每年四月芳菲之时，世界各国首脑政要、知名人士和国内外商贾云集于此，指点江山。博鳌虽然面积只有31平方公里，但正所谓凝聚的皆为精华。在短短不到20年的时间里，博鳌从一个默默无闻的滨海小镇发展为享誉世界的国际会议中心和合作舞台。博鳌声名鹊起，迅速成长为一颗光耀世界的璀璨明珠，成为享誉世界的文化符号。

伴随着博鳌的成长，2008年4月28日新博鳌灯塔开始施工。2011年，按照国家一级灯塔标准建造的博鳌灯塔投入使用。新灯塔占地60多亩，投资1200万元，钢筋混凝土结构，白色圆柱形塔身，最大直径38.5米，最小6米。塔高75.5米，灯高约81米，灯光射程22海里。博鳌灯塔属多功能灯塔，除安装先进的旋转灯器外，还安装雷达应答器和船舶自动识别系统AIS基站，可对灯塔进行遥测遥控，为附近过往船舶提供导航定位服务。博鳌灯塔顶端有旅游观光台，具备很好的旅游观赏功能。

博鳌灯塔既是海南岛东部沿海的重要助航标志，也是博鳌的一道亮丽风景。夜晚站在灯塔上俯瞰，漆黑的海面与城镇万家灯火形成鲜明对比。灯塔发出的光柱和无线电波，有规律地扫向海面，静静地传递着航行信息，指引过往船舶安全航行。

博鳌依海而生，因海而兴，耕海而获，驭海而行。曾经的"博鳌"之名，只是承载着疍家人渴求鱼类丰硕的简单质朴的愿望；如今的"博鳌"，已被读解为博览天下、独占鳌头的中国式豪迈。耸立在博鳌的外观造型似鳌的博鳌灯塔也独占鳌头，向世界传递着它的智慧之光。

独守孤贞立海角 —— 锦母角灯塔

锦母角是海南岛最南端的岬角，位于三亚市田独镇，也是中国大陆架的最南端，是从半山腰向海里延伸出的陡峭的断崖，被誉为"真正的天涯海角"，它比距离28公里外的著名风景区"天涯海角"更具"棱角"。锦母角三面临海、一面靠山，前拥蔚蓝大海，背倚苍翠群山，整个海角和周边山岭浑然一体。这里人迹罕至，只有海天一线间那座孤零零的灯塔如梦幻般遗世独立。

这座灯塔巍然矗立在锦母角如削如劈的悬崖峭壁之上，与基岩裸露的灰褐色花岗岩浑然一体，似是岬角石山顶端自然生长出来的一部分。素白间红的圆柱形塔身，晶莹剔透的灯笼，鲜艳夺目的红色塔冠，突兀于茫茫碧海之中，崖下怒涛卷起千堆雪，让人叹为观止。

《崖州志》指出，榆林港为海南岛诸港之最，是扼守南海进入印度洋的咽喉。公元13世纪榆林港就已被用于军事防务。至元三十年（1293），元朝廷委派镇守官张仁在榆林港构筑海防工事，带兵长期驻守。明清两朝均派兵镇守榆林港。清末南洋水师涉海勘测西沙群岛，勘测军舰也是以榆林港为出发营地。

古代的榆林港舟舸竞帆、船舰纷呈，为了保障船舰航行安全，元朝镇守官张仁在港口立龟蛇图石刻一座，上刻蛇盘龟形。据考，这一刻石集图腾象、星辰象、神灵象于一体，隐寓阴阳八卦之道，属于吉祥图符。立此龟蛇图，是欲借玄武帝镇水的神力，以护航庇人，化凶为吉。后来各驻守将领，也在该龟蛇石刻上刻字，祈祷神灵保护出海官兵（包括渔民）的安全。这座龟蛇石刻可以说是榆林港中最早的虚拟航标。

锦母角灯塔

除龟蛇图石刻外，古代榆林港也设烟墩。《崖州志》载："榆林堡，在榆林港前，置烽堠，弘治八年（1495）张翊立"。这里说的烽堠，就是烽火台，俗称烟墩。守军在烟墩岭上观察海面，见有敌情，就燃烽烟示警。

民主革命的先行者孙中山，将榆林港视为海防战略中举足轻重的海军根据地。他在《琼州改设行省理由书》里说："琼州孤悬海外，当民国之最南……有一榆林港，极合军港之用。此港为欧亚航路所经，如立为军港以守之，则不仅可以固保中国之门户，且可以控制南洋一带。"可惜，民国初年榆林港防务松弛。1934年日本军舰屡次闯入榆林港，诡称要去南洋巡逻，中途寄泊于此，实际上是在测绘港情，侦察我方守备情况，为侵略战争作准备。

1939年1月，日本御前会议决定攻占海南岛，拟定了军事突破重点目标——岛北为海口、琼山，岛南为榆林、三亚。同年2月，日军占领榆林港。之后加快周边的军事设施建设，建陆上机场和水上基地，修简易铁路、军工厂、电力厂等，疯狂掠夺资源，使此成为日军南进的海空军基地。

1945年，日本战败后无条件投降，岛南日军全部都从榆林港登船，被遣返日本。当时，接受投降的国民党军四十六军十九师蒋雄部进驻榆林。之后，此地一直是军事禁区、海防要塞。1950年5月30日，国民党败兵也是从榆林港登舰逃台的。

解放以来，榆林港一直是我国南海200万平方公里领海的海防要塞，也是我西沙、中沙、南沙1000多座岛礁中最灵便的后方军事供应基地与指挥前哨。

1955年春，为迎接时任国防部长彭德怀元帅到榆林视察，海军航保科分别在锦母角和鹿回头角突击设置了两座高6米的方形铁架灯桩，桩身为黑色，发白光。从灯桩建成起，这里就成了"南海第一哨"。1958年，鉴于美国、中国台湾、菲律宾和南越船只频繁在西南沙岛屿出现，为军港安全考虑，在中华人民共和国政府关于领海的声明发表后不久，两座灯桩被我海军自行拆除。

1959年，榆林港发生了一起军舰迷航事件。一艘炮艇在西瑁州训练返程时，因大雾和罗经失灵,整整一天找不到回港的航线,后来是寻找它的军舰为它引航才得以安全返回。于是,榆林港导航灯塔的建设又被重新提上日程。1960年9月,海军官兵突击建设,仅用不到60天的时间就将锦母角灯桩建成。灯桩为砖石圆柱形结构,白色桩身,桩身高8.4米,灯高62.5米,使用电子闪光仪氙气灯,灯光射程17海里。灯桩建成后,南海舰队一次次从榆林港出发,在八·六海战、西沙自卫反击战、南沙3.14海战、援越抗美等战役中屡建奇功,也再没有发生过军舰迷航之事。

1982年,锦母角灯桩由海军南海舰队移交广州航道局海口航标区管理。之后为了增加灯桩性能的稳定性,海口航标区对灯桩进行了多次改造。1988年,换装美国FA-251进口灯器。1989年,换装太阳能硅板,提高能源性能。1994年7月,灯桩再换装ML-300型进口灯器和硅片灯架,增加3块硅片。然而,运行了30多年的灯桩,除了砖砌的桩身还算结实,其它构件都已经老旧得不堪重负。当时南海舰队已经有了中大型船舰,南海例行巡防要求南海舰队航行更远更广。随着我国改革开放的范围扩大,途径榆林港海域的国内外远洋巨轮也越来越多,锦母角灯桩已经不适合新的助导航需求,海口航标区决定将灯桩升级为灯塔。

1994年9月25日,灯塔动工建设。灯塔紧挨灯桩易位而建,彼此外墙相隔仅3米左右。因为这里是真正的天涯海角,所以锦母角灯塔建设的材料运输比其他任何灯塔都艰难,毫无捷径可走,只能用最古老的方式——肩挑手搬,一点点挑,一斤斤搬。终于,在1995年1月5日,灯塔全面完工。

锦母角灯塔为白色圆柱形钢筋混凝土结构,塔高15米,安装PRB-24型灯器,灯光射程达22海里。灯塔旁还专门建造一个悬空平台,用来放置太阳能板,安装19伏36瓦太阳能硅板36块。安放于塔内的GAN-500蓄电池共4组28块。塔上还安装了上海无线电四厂生产的KT-1型雷达应答器,作用距离22海里。锦母角灯塔是一座自动化操作的无人值守灯塔。建成后,商船依此航行北部湾,军舰依此进出南海。

锦母角的"锦母"二字来自黎语,是"最南边"的意思。也有人说,"锦母"就是"美丽母亲",锦母角灯塔放

1960年修建的锦母角灯桩

出的光芒，正像母亲充满慈爱的眼神，时刻守护着海南环岛航路及进出三亚港船舶的平安。

随着我国南海海防前移，锦母角"南海第一哨"的称号已经让位给南沙群岛华阳礁的哨所，但在锦母角上至今还保留着"南海第一哨"的碑石。去往锦母角灯塔的路上还有一座石碑，碑上写着"中国领海基点方位点"。

五灯悬照宣主权 —— 南沙灯塔

2016年10月28日，中国邮政发行《中国灯塔》特种邮票1套5枚，图案内容分别为华阳灯塔、赤瓜灯塔、渚碧灯塔、永暑灯塔和美济灯塔，集中展示了2015年以来我国在南沙所建成发光的大型现代化多功能综合灯塔。邮票票面上，淡淡的霞光下，五座灯塔矗立于蓝色的大海之上，明亮的灯光指引着远方的船舶安全航行。

中国南海南沙群岛简称"南沙"，古称"万里石塘""万里长堤""万里石塘屿"等，位于南海南部海域，北起雄南礁，南至立地暗沙，西到万安滩，东接海马滩，是南海最南的一组群岛，也是岛屿滩礁最多、散布范围最广的一组群岛。

中国对南海诸岛的发现最早可以上溯到汉朝。东汉杨孚《异物志》有"涨海崎头，水浅而多磁石"的记载。这里的"涨海"是当时对南海的称呼，"崎头"则是当时对包括西沙群岛和南沙群岛在内的南海诸岛的岛、礁、沙、滩的称呼。唐贞元五年（789）以来，中国把南海诸岛的"千里长沙"、"万里石塘"列入行政版图。明宣德五年（1430）编绘的郑和航海图，也将西沙、南沙群岛标绘在大明版图内，清政府依旧对南沙群岛行使行政管辖。

南海诸岛及其海域自古就是中国的神圣领土，然而，自鸦片战争后，南海沿岸政治地图发生了根本变化，中国不再是南海沿岸诸国的宗主国和强大国家，反而成为西方殖民主义国家企图瓜分的对象，西方列强谋夺中国南海诸岛。日本侵华期间，占领了中国大部分地区，其中包括南沙群岛。1946年12月，中国政府指派高级官员赴南沙群岛接收，在岛上举行接收仪式，派兵驻守，日本政府于1952年正式将南沙群岛交还中国。

新中国成立后，继续对南沙群岛行使主权。从20世纪60年代开始，特别是70年代，中国南海露出水面的岛礁及其海域被一些周边国家侵占。围绕中国南海岛礁的主权归属及部分海域的管辖权，形成了六国七方的争端局面，域外大国也以南海争端为借口插手南海事务，以谋取政治、经济和战略利益，由此形成世界上最复杂的岛屿主权和海洋管辖权争议——"南海争端"。

1988年，中国设立海南省，西沙群岛、南沙群岛、中沙群岛的岛礁及其海域均在其管辖范围内。2012年7月24日，国务院批准设立地级三沙市，市政府坐落永兴岛。三沙和舟山两个以群岛为行政区划的地级市的设立，是我国大力控制领海、捍卫海洋权益的明显信号。自此，我国沿海的群岛、岛礁不再默默无闻，而是走进国人的内心，受到应有的重视和保护。

正是在彰显国家主权、建设"海洋强国"的大背景下，从2015年5月开始，华阳灯塔、赤瓜灯塔、渚碧灯塔、永暑灯塔和美济灯塔，相继在南沙建成并发光。五座灯塔均为大型现代化多功能综合灯塔，它们将古老灯塔与现代导助航技术相融合，值守海上航路，是我国航海事业持续发展的典范之作。在建筑设计上，灯塔充分吸收中国传统文化元素，蕴含厚重人文内涵，向各国航海者传递着中国和平友好的美好愿望。

华阳灯塔位于南沙群岛华阳礁上。华阳礁，渔民俗称"铜铳仔"，是中国南沙群岛中一台状珊瑚礁。2014年吹沙填海建成华阳岛，面积0.28平方公里。华阳礁是中国军队驻守的最南端的南沙岛礁，对永暑礁起前哨式拱卫作用。1988年中国海军在此与来犯的越南海军发生著名的"3.14海战"，重创并击退了越南侵略者，捍卫了

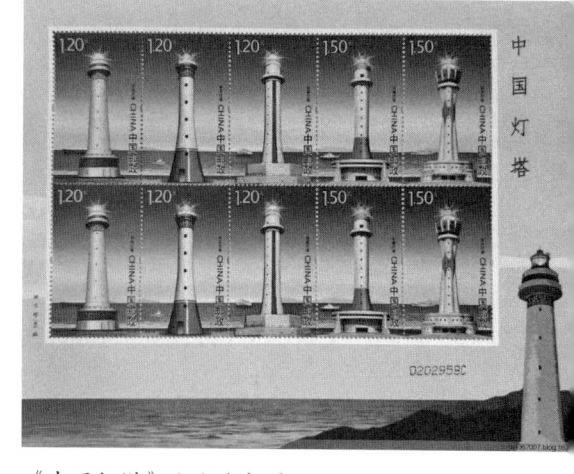

《中国灯塔》小全张邮票

中国的领土主权。华阳灯塔于2015年5月26日开工建设，仅用137天就建成发光。灯塔高55米，配置4.5米灯笼，灯质为闪白8秒，灯光射程22海里。灯塔为锥桶圆柱型钢筋混凝土结构，塔身为质朴的淡灰色，建筑顶层采用我国传统万字纹图案，寓意太平吉祥、光明普照。

赤瓜灯塔位于南沙群岛赤瓜礁上。赤瓜礁又称赤瓜线，因盛产赤瓜参而得名。1988年，中国海军为收复赤瓜礁，在此与越南海军发生海战，从此稳定了赤瓜礁形

势。赤瓜灯塔与华阳灯塔同时开建同时竣工，2015年10月9日正式发光。灯塔高55米，灯质为闪白8秒，灯光射程22海里。赤瓜灯塔在外观设计上形似我国传统乐器喇叭，上下层为赤红色，建筑顶层与次层融入我国传统雷纹图案，象征崇尚自然，寓意风调雨顺、四海升平。

南沙五座灯塔中，华阳灯塔和赤瓜灯塔先建成，开创了中国灯塔建设从大陆沿岸、沿海走向深蓝的新纪元。华阳灯塔和赤瓜灯塔开创了我国灯塔建设史上的"五个最"——距离堪称最远，工期堪称最短，灯塔建设难度堪称最大，关注度堪称最高，灯塔技术堪称最先进。

渚碧灯塔位于南沙群岛渚碧礁上。渚碧礁是一座孤立的环形暗礁，正西是南海中央海盆，西南方是永暑岛，东南方是太平岛。"渚碧"之名来自英国海图中"Subi"音译，因中国渔民常到此拾取马蹄螺，称此礁为"丑未"（中国海南音Subi），英文名Subi Reef即来源于此。2015年1月，我方开始在渚碧礁礁盘吹沙填海，随后产生了南沙第二大岛屿渚碧岛。渚碧灯塔于2015年10月开工建设，2016年4月5日正式启用。灯塔塔高55米，配置4.5米直径灯笼，装配大型旋转灯器，采用北斗遥测遥控终端，夜间发白光，灯光射程22海里，周期5秒。渚碧灯塔塔身为圆柱形钢筋混凝土结构，采用蓝白条纹间隔的外观设计，取名为"棱"，立意取自中国太极八卦，八角形基座配圆形塔身，亦柔亦刚、亦攻亦防，寓际天极地、取法自然、万物生生不息、族群和谐共处之意。

永暑灯塔位于南沙群岛永暑礁上。永暑礁终年高温，四时皆夏，故谓之"永暑"。永暑礁面积108平方公里，有多个相对独立的子礁盘，其西南礁盘面积达4.33平方公里，建立了2.8平方公里的人工岛，即永暑礁西南岛，简称永暑岛。永暑礁是中国在南沙群岛的行政和军事指挥中心。永暑灯塔建于永暑岛北岛，2016年5月26日首次投入使用。塔高55米，装配有现代化大型旋转灯器，配备直径4.5米灯笼，夜间发白光，灯光射程22海里。永暑灯塔取名"鼎盛中华"，形似宝鼎，寓国祚鼎盛、民族昌隆、水波不兴、四海升平之意。

美济灯塔位于南沙群岛美济礁。渔民称美济礁为双门环礁或双沙环礁，因为环礁上有两条较好的渔船进出航道。美济礁岛位于南沙群岛中东部海域，西至赤瓜礁约140公里，西至永暑岛295公里，是一个椭圆形的珊瑚环礁上面填海造出的人工岛，顶部全由珊瑚构成，总面积约5.66平方公里，为南沙罕见的大型的天然避风良港。1995年，中国和菲律宾之间发生美济礁争端；1999年，我国在美济礁修建了4座钢筋混凝土的3层建筑，使之成为中国的一个永久前哨。美济灯塔于2016年5月建成，位于美济礁东端，塔高60余米，是南沙诸多岛礁上最高的建筑，夜间发白光，周期7秒，灯光射程22海里。美济灯塔取名"海上明烛"，设计立意为矗立于海边的烛台，是南沙灯塔中最具民族风格的一座，色彩上大量采用中国红的元素，以传统的回形纹作装饰，寓意源远流长、生生不息、九九归一、止于至善。

灯塔建成后，交通运输部还分别为五座灯塔写了《灯塔纪略》，其中对建塔初衷如此表述："南沙群岛古称'万里石塘'，据南宋《诸蕃图》、元《岛夷志略》等记载早列中国南海疆域。先民辟海上丝路，通达印、西二洋；素为中国渔民耕海牧渔之所，《更路簿》历历可考。……为策安全，着于长远，建灯塔引航渡，工不迁缓，竭力施行，立塔于斯。……一灯高悬，明照夜空，航船行舟悉得指引，克险为夷。而经略海洋之意，守土保疆之志，合作和平之愿，亦跃然于南海之上。"

南海是全球海上交通最繁忙的水域，全球1/2的商船、1/3的货运总量和我国40%以上外贸货物、80%以上石油均途经于此。但主要航线附近岛、礁、滩多，暗沙也多，且其位置和水深、水文缺乏准确的资料记录，航路附近有许多通航障碍物。华阳灯塔、赤瓜灯塔、渚碧灯塔、永暑灯塔和美济灯塔这五座大型灯塔扼守南海航道要冲，日夜守护南海，为过往的船只指明航向，保障着国际航线通航安全，这是中国对世界的贡献。

2015年10月18日，国家主席习近平在回答路透社记者提问时，掷地有声地指出："南海诸岛自古以来就是中国领土，这是老祖宗留下的。任何人要侵犯中国的主权和相关权益，中国人民都不会答应。"南沙华阳、赤瓜、渚碧、永暑、美济五座灯塔耸立在南海上空，以它们独有的中国风范昭告于世界——这里属于中国！

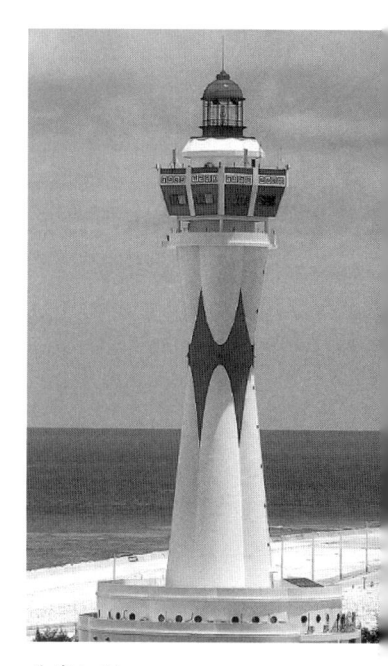

美济灯塔

炮台篇

引 言

炮台，顾名思义，架设火炮之台也。明清时期炮台多筑于海岸水口或边关要处，"立踞要路津"。

诞生的历史背景

炮台与火炮密切相关，是随着火炮的诞生而产生的。何为火炮？即火药之炮。通常，人们把口径20毫米以上、用火药的爆发力发射弹丸的重火器，统称为火炮。如此看来，似乎是先有火药，再有火炮，随之产生炮台。但实际上，在火药问世之前，就已有"炮"。"炮"，原作"礮（礮）"或"砲"。西汉及之前的文献未见"砲"字，西晋潘岳《闲居赋》中说："砲石雷骇，激石䃢（méng）飞。"唐代李善注《文选》解释，"砲石，今之抛石也"，就是抛石头的意思。古代有一种攻城武器——抛石机，就叫砲。隋末李密起义军攻打洛阳，用机发石，称作将军砲。宋代曾公亮等人撰写的《武经总要》记载了16种不同形制的抛石机，有单梢砲、双梢砲、五梢砲、虎蹲砲、卧车砲，等等。使用抛石机抛掷的石、砖、泥弹也叫做砲。火药发明以后，使用抛石机抛射的各种爆炸物、纵火物、化学毒物也称做砲。因为过去是抛石、砖等，故砲字写成石字旁；现在改成抛火，所以砲字也由石字旁变成了火字旁，写成"炮"。带火字旁的"炮"，大概就是这么来的。

早期的火炮是指用抛石机发射的纵火物、爆炸物，地雷、水雷、炸弹等也被称为炮或火炮。但这些其实都不是真正的火炮，直到13世纪，中国制造出了一种能把火药填入其中进行发射的管形火器，称"火铳"，这才是真正的火炮。火铳不仅装填火药，而且还装球形铁丸或石球等发射。《明史》记载，这类火铳发射的时候，大的"用车"，小的"用架、用桩、用托"。后来，小的发展成枪，大的演化成炮。13、14世纪，中国的火药和火器传入欧洲。从19世纪开始，随着工业和科技的发展，火炮在欧洲得到新的发展。

火炮被称为"战争之神"。它之所以威风无限，能够发出比一般火器更大的威力，就在于其"大";体积大,容纳的火药多,能够发挥的作用自然就大。如此一来,也就不能如火枪一般擎于手中,而是被固定到炮架上,将炮架安设到位置较高、视野开阔且较为平坦的地方,例如山垭口。这是临时炮架。临时炮架局限性明显,因为裸露在外,在打击敌人的同时也很容易受到对方的攻击。到明朝初年,人们开始在边关城堡上依城筑台,建设固定的墩台安置铳炮,称"烟墩"。当然,这种烟墩与古代早已有之的用于警戒和传递军情的烟墩(烽火台)并不相同。明朝时期,在长城和各处的卫、所(卫所是明朝的一种军队编制制度,一府设所、几府设卫,兼具行政功能)修筑了大量的墩台。到了清代,永久性炮台开始出现并普及开来。这种炮台的构筑,是以某一地域为中心,譬如江海口岸、边防预定坚守的地区或是纵深战略要地,具有永久性(存在时间长,不是临时之用)、稳固性(建筑规模大,坚固耐用)、单一性(构筑地点和用途单一,不与其他相混同)等特点,是真正意义上的炮台。

典型的防御性军事设施

中国一向是一个内陆性的国家。尽管她有着1.8万公里的漫长海岸线,但在尚未遭受外敌从海上发起的入侵之前,古称"塞防"的陆路边防差不多就是整个国防的代名词。至明朝,倭寇对中国沿海的侵扰日趋严重,政府开始在沿海设防,逐步形成海防体系,所以有人说,"古有边防而无海防,海之有防自明始也"。

明清以来,虽有海防,但奉行的是"以守为战、陆主海从"的原则,缺乏争雄、决胜海上的意识与气魄,且始终是被动地应对来自海洋的威胁,呈现出一种海患紧、海防兴、海患缓、海防弛的消极短视的怪圈,海防体系较为薄弱。而沿海地区的炮台也正是在这种情况下兴建的,属于典型的防御性军事设施。譬如嘉靖年间,人们提出来的海防战略,是海陆结合、攻守结合、以守为主,守之于海,守之于岛,守之于海岸,守之于内河,守之于城郊,守之于城下。这其中,作为防御设施之一的墩台发挥了很大的作用,为防范和打击倭寇做出了贡献。清代初年实行严厉的禁海政策,"重防其出",由此带来了第一次大规模海防炮台的兴建。

鸦片战争揭开了中国近代史的序幕,古老的东方大国门户洞开,觊觎已久的西方列强接踵而至——海氛告警。林则徐、魏源等人提出"以守为战"的积极防御政策,守的关键区域是内河与海口,关键设施是炮台,第二次炮台建设热潮也由此兴起。第二次鸦片战争后,以富国强兵为目标的洋务运动渐次开展,师夷长技以制夷,西方军事装备、机器生产和科学技术被大量引进。为了改善沿海沿江地区的海岸河口防御，清政府斥巨资从德国、英国购买最新式的克虏伯大炮、阿姆斯特朗大炮。同时，聘用国外技术人员如德国的鲍恩士、汉纳根等进行设计，仿照欧式炮台的建筑方式，采用更现代的建筑物料，修筑了一大批新式炮台。这一批炮台到民国时期很多仍在使用。

从明末到清末，中国炮台的形制经历了从城堡式到炮洞式、再到明台暗室的变化过程。明末清初的炮台多为城堡式，把炮台架设在封闭的高墙墙头或与墙头齐高的墩台上，建筑材料多为砖石。清朝前期沿海的炮台多为炮洞式，是长墙高台的露天结构，分散布置，较少考虑侧翼的防护。建筑材料依然以砖石为主，即台身以天然山石为基，基上用砖石砌筑台身，中加灰沙土，平时易受风雨侵蚀，战时一经炮弹轰击，碎石横飞，反而增大敌炮的杀伤力。炮台位置或在山顶，或居于江海岸边，位置不当往往影响作战效果。鸦片战争前后，以虎门炮台和大沽口炮台为代表，炮台筑建技术有了较大进步，摒弃了原先分散布置的方式，采取有重点的设防，炮台前后挖有壕沟和掩体，防护能力有了较大提高；建筑材料多为里层砖石、外覆三合土。洋务运动时期，中国的炮台技术发展终于赶上了西方，修筑了大量明台暗室结构的炮台，火药库、兵营、通道等都置于地下，建筑材料以钢筋水泥为主，安设西洋大炮。一般结合地形，修筑多座炮台，有机分布，相互照应，形成要塞。

屈辱与抗争的证物

随着时代的变迁、现代战争的变革和火炮机动性的发展，在近代战争中发挥过巨大作用的炮台，如今已经丧失了军事价值，结束了历史使命。跨越历史，经历战争洗礼与岁月磨蚀的古炮台，往往只剩下断垒残垣。虽然雄风不再，但作为文物古迹，它们见证了中国百年屈辱和人民不畏强暴、不屈抗争的历史。

中国的炮台，无论南北，每一座都经历过不平凡的岁月，都承载过沉重的屈辱。从1840年到1900年，一个甲子，两次鸦片战争、中法战争、甲午中日战争、八国联军侵华，无一不以中国战败——或不败而败如中法战争——被迫签订丧权辱国的条约、割地赔款结束。第一次鸦片战争，在隆隆炮声中，镇守虎门炮台的约400名将士，全部阵亡，"虎门各隘所到大炮三百余门，并林则徐上年所购西洋炮二百余门，皆为敌有"；1840年，英军第一次侵犯定海，只用了9分钟就摧毁了清军的还击能力。第二次鸦片战争中，三次大沽口防卫战，大沽口炮台两次被攻陷，无数大炮和军火被掠夺。

甲午中日战争，大连湾6处炮台被日军不战而得；清政府苦心经营14载的旅顺要塞不到一日便告陷落；威海卫一役，不仅陆防、岸防大小25处炮台悉数丢尽，北洋水师亦全军覆灭。庚子战败，按照《辛丑条约》，大沽口及京师至海通道之各炮台全被拆毁，天津的大沽口炮台、三岔河口炮台、北塘炮台及山东的烟台炮台无一幸存。在血与火的战争中，炮台目睹了列强的一次次入侵。侵占中国的列强，除了用他们的坚船利炮轰击、攻陷中国炮台，为维护其殖民利益，还不止一次地在中国土地上筑造炮台，澳门的大三巴炮台、嘉思栏炮台、东望洋炮台、望厦炮台，香港的鲤鱼门炮台，青岛俾斯麦炮台、汇泉角炮台、伊尔奇斯山炮台，旅顺俄占时期重修改建的众多炮台……

昨天的历史是屈辱的，但不只有屈辱，屈辱中也有壮烈，炮台同样见证了近代中国军民不屈的抗争，发出的震天怒吼，演绎着一个个战火与硝烟交织的故事。无数将士，在敌人企图入侵时，曾用大炮阻击敌人；当大炮炮弹打尽，或炮台失去作用时，他们用大刀与敌人进行白刃格斗，甚至徒手厮杀。第一次鸦片战争台湾基隆、淡水之战，1859年第二次大沽防卫战，中法战争镇海战役，虽然胜利屈指可数，但依然鼓舞人心。陈连升、关天培、葛云飞、陈化成、乐善、罗荣光……一个个英雄的名字，让炮台在屈辱中体验了壮烈，赢得了尊严。

独特的文化遗产

国固难凭山水险。一座座炮台，一处处要塞，看似固若金汤、牢不可破，当外国的坚船利炮真的开进了海湾，最终都不能真正御敌于国门之外。往事幽幽，殷鉴不远。炮台，既是百多年历史风云变幻的证物，更应成为激发后人警醒的活教材、清醒剂，教人体会"落后就要挨打"的道理。居安思危，只有树立强烈的国防意识，枕戈以待旦，铸剑以防敌，才能避免历史悲剧重演；只有凝心聚力，改革发展，增强国力，才能无惧于一切来犯之敌。

中国炮台分布广泛，规模宏大，类型丰富，承载着极为丰富的历史文化信息，是蕴含极高价值的独特文化遗产。炮台雄踞于地势险要之处，自然风光与人工建筑两相映照，再加上与日月同辉、同山川共存的爱国将士可歌可泣的英勇故事，既是丰富的文化旅游资源，更是生动直观的爱国主义教育素材。炮台遗址"虽由人作，宛自天开"，分布有序的江海防设施构成层次丰富的景观组合与美感体验。炮台遗存反映了我国近代海防技术和建筑工程的发展历程，包含丰富的政治、经济、军事、科技信息。相对而言，我们对炮台的保护与开发是相当有限的。得到重点保护和修复的大多是知名度较高的炮台，其他很多炮台仍被废弃荒置在山巅海岸，无人问津。在自然和人为因素的影响下，它们往往损毁严重，历史风貌丧失。得到保护与开发的炮台遗址，其历史文化资源的利用也多处在初级阶段，利用形式较为单一，基本停留在旅游观光层面。如何更好地对中国炮台这份独特的文化遗产进行保护与利用，是一个值得深思的问题。

对文化遗产保护和利用的前提是了解和感知。让我们沿着海岸走向，从东北至华南，进行一次深度的中国炮台之旅吧。

东北海防炮台

辽左屏藩 —— 大连湾炮台

大连湾位于辽东半岛南端,是辽宁黄海沿岸最大的海湾。其东北为大孤山半岛,西南为大连半岛,西北为金州地峡。海湾四周三面环山,西南岬是黄山,东面是老龙头,东北岬称和尚岛,丘陵环绕,地势险要。湾口有三山岛环列,宛若天然屏障。大连湾的战略位置十分重要,与金州一起成为旅顺的后路锁钥。大连湾与旅顺口是唇齿相依的关系。

购炮筑台的早期历史

大连自明代起就是海防重镇。鸦片战争期间,清军就曾在青泥洼(今属大连)安设炮位。第二次鸦片战争时期,英法联军曾在大连大规模登陆,把大连作为进攻天津的基地。清末,大连湾属金州厅。旅顺军港建成后,为了屏蔽南关岭,以防敌人在大连湾登陆,从后路进攻金州和威胁旅顺要塞,光绪十三年(1887),李鸿章调派淮军将领刘盛休率所部铭军马步营驻防金州大连湾,主持大连湾的海防建设。刘盛休在大连湾开展的海防工程建设,包括建水雷营、修栈桥、码头及军用道路等,其中最重要的是修筑炮台,"以购炮筑台为先务"。

从光绪十四年到十九年(1888—1893),刘盛休在大连湾的和尚岛、老龙头和黄山修筑了5座海岸炮台,在徐家山修筑了1座陆路炮台。6处炮台都由德国工程师汉纳根设计,构造"仿照外洋样式,曲折坚固"。

和尚岛炮台是大连湾海防炮台的核心。和尚岛位于大连湾东北岬,呈南北走向,岛的西部山峰有三个制高点。炮台就修筑在这三个制高点上,分别被称作东炮台、中炮台和西炮台。三座炮台之间修有山路相通,构成了一张严密强大的火力网,封锁着大连湾的进出海口。

和尚岛炮台以中炮台最为雄伟。中炮台于光绪十六年（1890）由"铭字右军左营"建造完成，海拔75.5米，东西长70米，南北宽27米，钢筋水泥构筑。设有堡垒，堡垒为灰砖构造的城门式建筑；城门两侧分别写有"和尚岛"和"中炮台"字样，横额题"永固海疆"，为李鸿章手书。中炮台坐北朝南，设有大小炮位4处，安设210毫米、150毫米口径的海岸炮各2门。另有弹药库8间、零件房2间，及官厅、马道、兵营等建筑。

19世纪90年代的和尚岛炮台

西炮台距中炮台1公里左右，也是在光绪十六年建造完工，由淮军记名提督马春发监造。西炮台系削和尚岛之高处填低处而建造，用沙浆或粘土垒石块，上面又抹了一层混凝土。海拔高79.7米。据高处筑造的有三四层台阶，从低处建造的有10层台阶。胸墙高近12米，断崖落海面，周围数百米。营门门高6米，门扇用熟铁做成，总体为石造，门额题字"和尚岛西台"，两侧镌刻"海疆锁钥""辽左屏藩"。炮台建有大小炮位4个，安设210毫米、150毫米口径的海岸炮各2门，另有弹药库6间、零件房2间及官厅、马道、兵营等建筑。台后有路可通柳树屯。

东炮台位于柳树屯的东南，距中炮台1公里、距西炮台2公里左右，海拔高70米。炮台建有大小炮位4个，安设210毫米、150毫米口径的海岸炮各2门，另有弹药库6间、零件房2间，及营门、官厅、马道、兵营等建筑。

老龙头炮台位于大连湾口岸之西北，距金州20公里，南与黄山相接，东与和尚岛相望。炮台于光绪十七年（1891）由"铭字右军右营监造"，台基用条石砌筑。营门门额题"老龙头炮台"。炮台建有大小炮位4个，安设240毫米口径的海岸炮4门。另有弹药库4间、零件房5间，及官厅、马道、兵营、隔墙等建筑。

黄山炮台位于大连湾西岸，为光绪十九年（1893）铭字右军前营建造。营门门额题"黄山炮台"。炮台由一尺见方的石块用水泥垒成，有20多米高。建有大小炮位4个，安设210毫米和150毫米口径海岸炮各2门。另有弹药库8间、零件房3间、铁轨房2间，及将台、官厅、马道、兵营、隔墙等建筑，还建有小轨道以便搬运炮弹等。

徐家山炮台位于金州东南8公里的徐家山上。光绪十九年（1893）建造完工，是大连湾6座炮台中唯一的陆防炮台，与和尚岛的3座炮台成犄角之势。炮台海拔76米，徐家山原海拔90多米，修建炮台时削去20米，将高处泥土填向低处，使山顶部成水平。徐家山炮台东西长180米、南北宽70米，呈马蹄形，口向东南。炮台周围建有8米宽、12米高的围墙。炮台内是碎石、水泥浇灌的兵舍和弹药库，西北角开一大门，门楣用汉白玉镶嵌，上书"徐家山炮台"。

徐家山炮台是环大连湾6座炮台中最大的一座。炮台雄伟坚固，装备16门大炮，被誉为"无双之利器"，其中160毫米加农炮4门，80毫米野炮8门，40毫米野炮4门。这座炮台虽名为陆防炮台，实则水陆兼用。它面向黄海，前迎大连湾，后依大黑山。向东可以控制大窑湾，向西可以控制大连湾柳树屯以东海面，从而成为金州东南屏障，也是防止敌人从后路侵袭旅顺港的锁钥之一。

随着大连湾沿岸炮台、水雷营、钢铁栈桥码头的相继建成，从水面到岸上的立体防御体系基本成型。与此同时，清军还制定了《大连湾海防大阅章程》。至此，设施完备、功能齐全、体系严谨、"固若金汤"的大连湾要塞建成，但甲午战争随即爆发。

甲午战争中炮台的厄运

甲午战争爆发时，大连湾本由刘盛休率部防守，但后来刘盛休部被调往东边九连城鸭绿江防线支援入朝清军。大连湾改由淮军怀字营统领赵怀业防守。此人是刘盛休妻弟，贪生怕死，被百姓戏称为"赵不打"。9月17日，赵怀业奉调前来换防。刘盛休素知妻弟的为人，担心他守护不好自己苦心经营七年的大连湾，所以在栈桥上频频回首，满腹狐疑地上了开往朝鲜的船只。但令刘盛休万万想不到的是：日军攻占大连湾时，赵怀业竟然弃关逃跑。

当时的大连湾炮台，防务力量还是相当强的。除了6座构筑坚固的炮台，还有其所配备的当时世界上最先进的克虏伯大炮38门，海岸行营炮100多门，储备炮弹近250万发，中国自制和德国造的步枪600多支、子弹3380多万发，马匹、行帐等军需储备甚丰。驻守大连湾炮台的清军有3300人，如果指挥得当、战守得力，是完全可能打退日军进攻的。但贪生怕死的赵怀业还没等开战就做好出逃的准备，派人到烟台出售大连湾炮台所存军粮，并亲自到码头监督兵勇运送他的行李物品。一时间，怀字军营垒内人心大乱，狼藉一片。在日军进攻大连湾的头一天晚上，赵怀业乘着夜色，率领大部分清军逃往旅顺。

　　1894年11月7日拂晓，日军2个攻击支队，按照事先的部署，逼近大连湾。此番进攻，日军做好了艰苦作战的准备，准备付出数百人的代价，来换取垒固炮利的大连湾炮台。然而，惊人的奇迹发生了——据日本随军记者龟井兹明在《甲午战争亲历记》一书的记载，攻打和尚岛炮台时，日军"逐渐逼近垒壁，阒然无有人声，巨炮空向天空，犹如蛟龙睡着了一般。于是，破大栅门，打开铁门侵入，搜检炮台及兵营，敌人已踪影皆无，只有步枪及其军械散乱在各处。木然自失良久，于是我军不放一枪，兵不血刃，先攻陷和尚岛炮台，其他各炮台也被我军全部占领……大连湾各方面悉为我所有"。日军攻入炮台后，对炮台样式和武器装备的先进惊讶不已，日本特工向野坚一在《从军日记》中记述："炮台样式完全是西洋式的……军火库装满了弹药，完好无损……这座炮台实在漂亮。炮台虽好，怎么无兵把守？假若此炮台为日军所守，以一个中队可挡百万之敌。"如此先进的炮台却被弃守！清政府苦心经营七年、耗资巨大的坚固堡垒，就这样拱手送给了敌人。日军占领炮台后，掉转炮口，向青泥洼和往旅顺撤退的清兵猛烈开炮，炸死炸伤许多老百姓和清兵，青泥洼一带的渔村房屋全被炸毁。大连湾要塞不但未能成为阻挡和反击日军的堡垒，反而为日军所用。在占领旅顺后，日军又回头摧毁了此处全部炮台。有人说，甲午战争清军战败主要是武器装备落后，那大连湾弃战究竟是人为因素还是武器因素？

　　日军在和尚岛炮台收缴到"最为秘密又极为精密的实测地图一册，在其图中详细地标明了大连湾附近的地势，湾内沉没的水雷及其位置基点等"。这一册地图马上被转交给日本海军，日本海军据此切断水雷导火线，并排除了全部水雷。炮台成百上千的军需储备都成了日军的战利品。大连湾码头被日军占领后，"其大小军资从此得登岸地，转输前敌"，大连湾成了日军重要的转运港口，成为日军进攻旅顺的基地和进一步扩大侵华战争的根据地。

　　日军占领大连湾后，将和尚岛的3座炮台炸毁；老龙头炮台所在的龙头山被日本人辟为采石场，山的北部渐被采石破坏，山上的炮台也同期被毁；徐家山炮台兵舍、弹药库被日军炸塌，大炮零件被拆走；日俄战争期间，沙俄军队在撤退时将徐家山炮台炸毁。1984年创建大连经济技术开发区时，徐家山改名"炮台山"，徐家山炮台所在地现为开发区炮台山公园。时过境迁，经过一百多年的风吹雨打，昔日威名远扬的大连湾炮台损毁殆尽，绝大部分遗址岌岌可危。只有黄山炮台因后来建大连石油七厂（大连石油化工公司前身）时划在厂区内，故炮位、堑壕、兵舍至今基本保存完好，是大连湾要塞六座炮台中保存最为完好的。虽然昔日炮台已无踪影，但历史不应被忘却，过往不该被湮没。

北洋保障 —— 旅顺炮台

旅顺，位于辽东半岛的西南端，黄海北岸。旅顺港地势险要，四周群山环抱，口门东侧是雄伟险峻的黄金山，西侧是老虎尾半岛，西南是巍峨的老铁山。山势险峻，不易攀登，不经港口，难以入内。狭长的水道与海外相通。口开东南，宽约200多米，航道宽80米，水深10米左右。港口东西两侧，黄金山、老虎尾对峙而立，天然形胜，一夫当关，万夫莫逾。港口由西港、东港和港外泊地组成。东口宽75米，水深5—9米。西口宽约200米，港内水域宽阔，水深约7米，泊船线全长约2公里，可锚泊舰艇30余艘。港外泊地水深15—36米，周围长约10公里。港内隐蔽性、防风性良好。西侧有一条形状如老虎尾巴的沙嘴延伸港内，构成口门内天然防波堤。这里年平均气温10摄氏度，四季风平浪静，好似内湖，是天然不冻港。

天然良港加上军事上的易守难攻，使旅顺口的战略地位极为突出，被视为不可多得的国防门户，是保卫津京安全的重要屏障。清道光、咸丰年间，魏源、郭嵩焘等人论及旅顺的战略地位，就有"旅顺口，渤海数千里门户，中间通舟仅及数十里，两舨扼之，可以断其出入之路，泰西人构患天津必先守旅顺口"的说法。光绪时，江苏学者华世芳称登（州）旅（顺）为中国海防中"天造地设之门户"，"中国之形势实无有逾于此者"。正因为如此，李鸿章才选择这里创设北洋海军基地。

旅顺炮台修筑的两个重要阶段

在明朝对辽东半岛的经略中，旅顺口就建有相当数量的炮台墩架，并配备火炮。清军入关后，对龙兴之地辽东的防务异常重视。乾隆十三年（1748），在"旅顺口东岸，建设炮台三座，炮三尊"。嘉庆四年（1799），"在旅顺口黄金山西南下，建设炮台一座，炮一尊"。鸦片战争爆发后，整个沿海地区都在英军的侵扰范围之内，道光皇帝下旨沿海一体严防，此时的旅顺口有多座旧炮台，能有效控制海道，为加强防守，又在临近岸边新建一座炮台。第二次鸦片战争时期，盛京将军玉明在旅顺口口门内南北两岸，修建了多座炮台，配炮38门，以保护旅顺水师营。

此后的旅顺炮台建设，可分为北洋海军时期的旅顺要塞和俄占时期的旅顺堡垒两个阶段。

旅顺炮台的建设

大连的北洋海军基地选址，李鸿章一开始相中的是大连湾，他认为"大连湾距奉天金州三十里，系属海叉，并非海口，实扼北洋形胜，最宜湾泊多船"。但在光绪六年（1880）实地勘验后，李鸿章却把建港地点改在了旅顺口，原因是大连湾门口过宽，非有大量水陆军相为依护，不易立足……只有选择著名险要旅顺口屯扎，才可扼北洋门户。

军港位置确定后，建港的首要，是构建炮台。这一时期的旅顺炮台主要有德国工程师汉纳根设计建造。1880年11月，首先修筑黄金山炮台。光绪九年（1883），中法战争爆发，海防戒严，在旅顺港坞工程总办袁保龄的主持下，旅顺口东西两岸赶建了近10座炮台。这些炮台都属于新式炮台。其中位于港口以西的有老虎尾、威远、蛮子营、馒头山、城头山和团山6座炮台，称西岸炮台或口西炮台。港口以东有黄金山、黄金山田鸡、模珠礁、崂崀嘴4座炮台，称东岸炮台或口东炮台。甲午战争爆发后，又在西岸的老虎尾、威远炮台之间以及城头山炮台以西各增筑炮台1座；在崂崀嘴炮台以北也增建了蟠桃山炮台（又称崂崀嘴后炮台）1座。这样，在旅顺港前路先后构筑炮台13座，共配置火炮72门，以黄金山炮台最为坚固。旅顺口东、西两岸炮台群建成，使旅顺口成为北洋第一要

俄军修建的大连二龙山堡垒出入口 王朝彬摄

塞、"东方直布罗陀"。著名爱国诗人黄遵宪有诗赞旅顺口要塞，"海水一泓烟九点，壮哉此地实天险！炮台屹立如虎瞰，红衣大炮威望俨"，但又指出，"鲸鹏相摩图一噉（dàn），昂头侧睨视眈眈"，预见到日俄两国早已对旅顺口虎视眈眈，只是等待时机罢了。

这些炮台都为海岸炮台，主要围绕东岸的黄金山炮台修建。黄金山炮台与西面的威远炮台隔水对峙，可以形成交叉火力，封锁港口。崂津嘴炮台与黄金山炮台之间仅有几百米距离。模珠礁炮台在两者之间，并有近路通向黄金山炮台。这2座炮台为黄金山炮台的左路，以防止敌人从后路偷袭，掩护黄金山脚和口门。西岸的老虎尾炮台可以炮火纵射港口，临战还可以在港口外设置水雷，配合炮台炮火，构成严密的封锁线。馒头山炮台和蛮子营炮台则是辅助黄金山炮台，"断敌兵旁袭之路，收东岸夹击之功"。

俄军修建的大连二龙山堡垒隧道王朝彬摄

旅顺港的背后即背面，从东向西有盘龙山、大坡山、小坡山、鸡冠山、二龙山、松树山等有利地形，呈半月形拱卫着旅顺港。为防止敌军在辽东半岛较远的地方登陆，从陆上袭击旅顺口，自光绪十四年（1888）开始，又在这一线构筑了一系列对陆正面防御的炮台，形成陆路防御炮台体系。这一体系东起崂津嘴，西至羊头洼，绵延25公里，呈半圆状。共设炮台17座，配有大炮78门。沿着金州至旅顺大道的东侧，依次在松树山、二龙山、望台、鸡冠山、大坡山、小坡山等处，修筑9座半永久性炮台和4座临时性炮台，配备大炮66门；沿大道西侧，以案子山为主体，筑有4座炮台，配备大炮12门。在港口两侧构筑一道高2米、厚1米的长墙，将各炮台有机联结在一起，构成交叉火力。这些炮台多为明台暗室。炮位是露天的，营房、火药库等则隐藏或半隐藏于地下。

俄占时期的旅顺堡垒炮台建设

甲午清朝战败，光绪二十一年（1895）《马关条约》签订，辽东半岛被割让给日本，旅顺、大连等海防要地也落入日本之手。日本侵占辽东半岛，妨碍了俄国势力向中国东北的扩张。俄国遂联合德、法两国威胁，迫使日本放弃辽东半岛。日本最终让步，敲诈清政府3000万两赎辽费后，放弃了辽东半岛。日本军队在撤离时，将所有能带走的物资劫掠一空，军事设施破坏殆尽。旅顺口东起崂㠘嘴、西至城头山，11座炮台全被破坏。辽东半岛其他地方的海防炮台也全被损毁。为了恢复这一地区的海防力量，光绪二十三年（1897），北洋大臣、直隶总督王文韶拟定了一个庞大的炮台建设计划，其中计划在旅顺口东西两岸修炮台18座，东北、西北、东南三面添修陆路炮台20座。但这个计划还没来得及实施，光绪二十四年（1898），俄国胁迫清政府签订了《旅大租地条约》，租借旅大25年，旅顺、大连又落入俄国之手。《旅大租地条约》规定俄军可以在旅顺、大连地区建设炮台、安置防兵。旅顺的炮台建设进入了俄占时期的堡垒炮台建设阶段。

俄军占领旅顺后，在清军原有工事的基础上陆续建造了漫长的堡垒线，使之成为坚固的根据地。堡垒由海岸炮台、陆地炮台和中央围城三部分构成。海岸炮台仍按照清军炮台的设计分为东、西两路。口东炮台主要有模珠礁炮台、北斗山炮台、东鸡冠山炮台；口西则有馒头山炮台、鸡冠山炮台、老铁山炮台、鸭湖嘴炮台。其后路炮台在鸭湖嘴东北太阳沟一带，为1号至31号炮台。俄军在考察中发现，清军炮台主要建材为土方和条石，难以经受破坏，易于松动，决定改用由水泥、沙子和鹅卵石组合而成的混凝土建设和加固炮台，为此，特意从其国内运来大量水泥。材料的更新使得炮台的修筑不仅施工难度小，而且有很强的抗腐蚀力。俄军还在炮台外围广泛使用有刺铁丝网、防步兵障碍物和地雷，大大提高了迟滞和杀伤敌人的能力。火炮方面，由于俄国财政困难，这些坚固的海防炮台没有配备先进火炮，而是安装了从欧洲运来的老式火炮。但后期得到了陆军部定制的大口径克虏伯大炮，这些先进大炮在日俄战争中发挥了巨大作用。

到1904年日俄战争爆发时，俄军已经完成海岸炮台和中央围城的建设。海岸炮台基本是在原来的位置上，以原来的台基为基础，采用新材料重新修筑。中央围城，西起三里桥龙河东岸，绕过旅顺老市区，东至模珠礁海岸，全长约5公里，城高2.5—3.8米，宽6米。该围城耗资甚巨，但无太大用处。从战争爆发到日军合围旅顺近半年的时间，俄军又继续进行了大量的防御准备工作。但由于资金短缺，陆上炮台工事只完成了三分之一，导致旅顺海防炮台后路被抄袭。

黄金山炮台和南子弹库

黄金山位于旅顺港东侧。主峰海拔119.1米，在港湾东侧陡然突起。主峰两侧各有两对峰头并列，山峦起伏延伸到黄海之中，其形酷似雄狮卧于波涛汹涌的海面，成为旅顺港东侧的天然屏障。此山历史上曾为古战场，相传唐高宗时期，薛仁贵曾于此鏖战高丽兵，清代金州著名诗人乔有年在《旅顺怀古》一诗中咏过"矗立金山海气横，唐家曾此驻雄兵。铭功千载鸿胪井，酣战三军牧底城"的佳句。明崇祯年间，皮岛总兵黄

南子弹库库房正门。王朝彬摄。

龙将军曾与归附后金的叛军孔有德、耿仲明在此血战七昼夜，因寡不敌众，黄龙自刎于此，其墓葬至今仍在黄金山东麓。

李鸿章筹建旅顺军港时，修筑的第一座炮台就是黄金山炮台。炮台建设工程于光绪六年（1880）动工，历时2年5个月，光绪九年（1883）告竣。后经多次改造扩建，是旅顺港规模最大、历时最长、耗银最多的炮台。先后耗银18.6万余两，占这一地区4年间修筑10座炮台总耗银27.63万余两的67.3%。配备各种口径大炮24门，火力居旅顺各海岸炮台之首。从山脚到炮台要经过4道大门，其间筑有迂回曲折的石墙，厚0.33米、高2米，主要用于保证战时运送弹药的安全和掩护士兵。石墙处处留有约1平方米的枪眼，以供步枪射击。炮台建有营墙、反登台斜坡等，它们是炮台的外围屏障。黄金山西南部还建有田鸡炮台2座，安设田鸡炮；其东北部建小炮台1座。

为配合战时之需，在黄金山南部、黄金山与模珠礁之间突出的海角上，还修建了南子弹库，这是旅顺军港海岸炮台的弹药库。弹药库始建于光绪六年（1880），为半地穴式。其外观为类似于北方普通民宅的四合院建筑样式，门窗俱全，面积也不大，东西长约50米、南北宽约20米。但看似普通的外表下隐藏着一座近万平方米的大型弹药库。弹药库里面呈拱型结构，采用大块岩石建成，建筑风格非常奇特。库内设有通道、暗道和支道。暗道中有支道，支道通炮台，通道尽头有正对大海的地

下观察哨。地下观察哨是一个圆柱型的石制建筑，埋在山坡的土层里，非常隐蔽。观察哨四周墙壁上布设有很多长方形窗口，士兵在里面就可以看到海面上很远的地方。当时舰队一般是从东南海面驶来，观察哨的位置正好可以监视敌情。库房分主库和分库，东西长约300米，墙高5米，库顶封土厚度约1米，总占地面积1.3万平方米。库房使用面积1200平方米，可库藏弹药1200吨，为整个旅顺海岸炮台提供弹药保障。库房东西两侧分别为"东子

南子弹库大院大门。王朝彬摄。

药库"和"西子药库"，库房正门横额上书"南子弹库"。墙体正面两侧镶嵌着"虎踞""龙盘"四个隶书大字石刻，颇有坚不可摧的气势，据说它们是李鸿章手笔。从海面上看南子弹库，其周围层峦叠嶂，库房与山丘浑然一体。

　　黄金山炮台建成后，由淮军将领黄仕林率部驻守。光绪二十年（1894）甲午战争爆发后，11月21日中午该炮台发射炮弹援助椅子山炮台清军，台上240毫米口径的大炮曾重创日军，而后日军由陆路攻占了该炮台，南子弹库的大批弹药物资也被日军强占。俄占期间，黄金山炮台被改建为长128米、厚达1.5米的混凝土防御工事，安设6门280毫米口径的榴弹炮，另有2门57毫米口径的机关炮。现存炮位6个、弹药库3座。南子弹库至今保存完好，2013年被公布为第七批国家重点文物保护单位。

"百发不中"的电岩炮台

　　电岩炮台，坐落在黄金山南麓临海的悬崖上。它背靠黄金山，但与黄金山隔着一条山沟，脚下是万顷碧波，在此可以扼守旅顺港口，位置十分险要。清末建设旅顺军港时在此修筑了一座炮台，配有一定数量的克虏伯大炮，亦属黄仕林部防守范围。甲午战争日军在攻克黄金山炮台后，该炮台不攻自溃，被日军占领。

　　俄国租借旅大后，对该炮台进行了改扩建。扩建后的炮台全长200米，宽约50米，设炮位6个。炮台内设有掩体、弹药库、百米长廊，还有观测哨。弹药库长约8.5米、宽3.7米、高2.6米，共有6间。百米长廊宽1.85米、高2.1米，连接

着弹药库与炮位，长廊的顶部安装有炮弹运输滑车，通过窗口、滑车，炮弹可由弹药库运输到各个炮位。最为独特的是，炮台东面和西端各安装一盏灯径大、射程远的探照灯，可以在夜间辐射一公里范围之内的一切目标。探照灯采用动力源为电力，灯光反射到峭壁的岩石上，发出闪闪的光亮，像岩石放电一样，故被称为"电岩炮台"。炮台西侧还建有一个圆形堡，是炮台的指挥所，人称"怪堡"，因为站在圆形堡内，面对旅顺港方向发出声音，可以听到很强的回音，其他方向则听不到。

旅顺电岩炮台测距指挥所

俄军在规划旅顺口海防防御图时，把电岩炮台称为"15号"炮台。在"15号"炮台上，驻有1个守备连，安设德国产1895式254毫米口径平射火炮5门、57毫米自动式平射炮1门。254毫米口径平射火炮长11米、重42吨，可360度旋转攻击军事目标；该炮配备炮弹重247.5公斤，有效射程4—8公里。

旅顺电岩炮台密集的炮位。王朝彬摄。

电岩炮台在日俄战争中，特别是在日军三次闭塞旅顺口战斗中起到了举足轻重的作用。俄军凭借数门当时最先进的火炮，以1个炮兵连的兵力，加上其他部队的配合，阻击了日军1个海上舰队的进攻，守住了旅顺军港，使日军从海上攻击旅顺的企图落空。个中原因，除了电岩炮台火炮口径大、射程远，以及大型高强度探照灯的蔽护，与其特殊的地理位置和巧夺天工的构筑也有很大关系。当时日军曾集中所有舰炮火力对它射击，竟然没有一发炮弹打中它。这是因为，电岩炮台是建筑在一堵拔地而起的悬崖上，悬崖后面有道山沟，过了这道山沟才是黄金山。但从茫茫大海上看，电岩炮台和黄金山是重叠在一起的，炮台看起来像是修筑在黄金山的半山腰上。日军舰炮瞄准是以黄金山的山峰作为参照物，炮弹都飞到炮台后的山沟里，很难命中这个宽度仅有50米的岸炮阵地。电岩炮台与黄金山前低后高的地势形成视觉差，使其成了百发不中的炮台。现在遗存下来的电岩炮台，找不到被炮弹击中的痕迹。而大口径、远射程的先进火炮，加上居高临下的地理位置，在对抗海面日舰中特别有效。有人说，日俄战争中，葬身海底的日舰，有一半是被电岩炮台打沉的。

日俄战争后，电岩炮台被日军占领，战后日本殖民当局将其开辟为日俄战迹观光点，对日本国内人民宣传军国主义"功绩"。1945年，日本战败投降，电岩炮台由苏军接管，作为岸炮阵地。20世纪50年代，苏联作家斯捷潘诺夫创作的长篇历史小说《旅顺口》，有大量篇幅描写电岩炮台，但这部小说有很多不符史实之处，对侵略者歌功颂德，对中国人民则多有歪曲之词。1955年电岩炮台交还中方，由解放军接管。1988年，旅顺口区政府对该炮台进行维修，将其辟为旅游景点和爱国主义教育基地；同年，被公布为辽宁省文物保护单位。

海岸高地崂崔嘴炮台

崂崔嘴炮台位于旅顺口区芹菜沟与夹邦嘴之间海岸高地。山高约121米，东西长约250米，南北宽近200米。从地形上看，这块高地像一头驴的嘴巴，因此当地老百姓就形象地称之为"老驴嘴"（或作"老蛎嘴"）。光绪九年（1883），清政府拟在此修筑炮台，但地名似乎过于随意甚至有些不雅，于是被改为"崂崔嘴"。"崂崔"二字均是形容山的，新名字与老名字读音接近，符合当地的发音习惯，同时赋予它新的意义。

崂崔嘴炮台于光绪十年（1884）动工，历时一年多完工，耗银4.2万余两。为了修建炮台运料方便，还特意修了一条耗银5500余两的一英里长的小铁路。

该炮台为穿窖式。共设炮台2处。前炮台为主，呈不规则四边形；后炮台为副，呈椭圆形。设炮位、官兵房、弹药房、厨房、零件房等。安设240毫米口径

崂崔嘴副炮台入口

炮4门、120毫米口径炮2门、80毫米口径炮4门。崂崀嘴临近海处，有前后两峰高低对峙，前峰临海，石壁峭立，峰巅上修筑炮台，可防敌人从东面登陆袭击，西边可兼顾黄金山炮台。遇有战事，低山处伏兵，联络炮台保卫旅顺，因此副炮台台门题额为"北洋保障"，以彰显其作用。据说这题字也出自李鸿章手笔。炮台的重要性由此可见。

随着甲午战争的爆发，黄仕林怯战，放弃抵抗，黄金山炮台沦陷，崂崀嘴炮台也不攻自破。同旅顺其他炮台一样，它经历了"三国干涉还辽"，回归清政府，后又被俄国占领，拆毁重修，最终又在日俄战争中被日军占领，直到1945年日本投降。现存俄占时期改建后的炮台，由水泥、沙子、卵石浇铸而成，有炮位多处。

母猪礁上的模珠礁炮台

模珠礁炮台，位于崂崀嘴炮台和黄金山炮台之间，西距黄金山炮台约1875米。

黄金山东侧突出的海角上，因为退潮时海边会露出一排排礁石，形似母猪过河，所以当地人称这里为老母猪礁或母猪礁。有些文人认为这个称呼太俗，便将其写成"牧猪礁"。1883年之后，旅顺海岸炮台开始大规模修筑。根据袁保龄遗著《阁学公集》记载，光绪十一年（1885）八月初五，时任旅顺工程局总办的袁保龄为炮台设计问题，上报奏折《请筑母猪礁炮台禀》，此时仍沿用旧称。由此可以推断，其名称的改变当在炮台完成之后，是按照"母猪礁"的谐音改为"模珠礁"的。

模珠礁炮台于1885年建成，耗银1.9万余两。建有大炮位2处，位于东西两边，另有西向小炮位2处。安设210毫米口径大炮2门、120毫米口径大炮6门、80毫米口径大炮4门。另有官厅、营房、弹药库、零件房等若干间。

甲午战争后，模珠礁炮台同样被日军占领，"三国干涉还辽"后，由清政府收回。进入俄占时期，它被拆毁重建。日俄战争中再度被日军侵占，1945—1955年由苏军接管，直到1955年回归中方。现存经俄军改建，由水泥、沙子、卵石浇铸而成的炮台。

守卫旅顺东大门的望台炮台

望台炮台位于旅顺口区东北、东鸡冠山与二龙山之间。

炮台所在的山头海拔182米，是旅顺口东郊的最高点，可以俯瞰旅顺整个市区和军港，与西线的203高地（猴石山）遥相呼应。甲午战争时期，清军在这里修筑炮台，时人称之为"将军台"，是旅顺口陆路炮台之一。俄占旅顺后，扩建了该炮台，名"大鹰窠炮台"，并视之为守卫旅顺的东大门（西大门是203高地）。

1904年日俄战争爆发，旅顺港被日军围困，俄军被迫将

望台炮台遗存的"两杆炮"。王朝彬摄。

舰炮拆下运到山顶，安设在这座炮台。8月24日凌晨，日军突击队从西北和东南两面强攻该炮台，俄军居高临下，利用炮火严密封锁。日军付出巨大代价接近山头，又遭俄军反攻炮火的迎头痛击。此后，日俄双方经过四个多月的厮杀，俄军陆防重点工事相继失守。1905年元旦，日军攻占瞭望台北面的虎头山，接着兵分三路围攻该炮台。当天午后3时半，该炮台被日军攻陷。望台炮台的失陷，标志着日俄旅顺争夺战的结束。

1916年，日本"满洲战迹保存会"在山上立"望台炮台"石碑，作为战绩观光点。山上遗留2门俄军残炮，铭文记载为1899年俄国彼得堡奥布哈夫工厂铸造。2门残炮口径均为152毫米，系加重炮，射程约10公里。其中1门炮口被打残，另1门炮膛里卡有炮弹。因为这2门残炮至今遗留在山上，当地老百姓称之为"两杆炮"山，简称"两杆炮"。

1980年，望台炮台被辟为旅游景点。1989年，被公布为辽宁省文物保护单位。

硝烟中的旅顺炮台

旅顺炮台，在19世纪末20世纪初的10年中两次经历战火硝烟。甲午战争中，清军利用它抵抗日军侵略；日俄战争中，它又成了列强争夺旅顺口的利器。

甲午战争旅顺口攻防战

光绪二十年（1894）甲午战争爆发后，清军在朝鲜战场节节溃退。日军取得了平壤战役胜利后，又在黄海海战中取得了制海权，随即决定向中国本土发动进攻。第一军越过鸭绿江侵略辽东半岛北部，牵制集结在鸭绿江防线的清军主力。10月24日，第二军在大连花园口登陆，接着迅速占领金州、攻陷大连湾。

11月17日，日军开始向旅顺口发起进攻。18日，提督徐邦道率军到土城子，首战告捷，但终因孤军无缘，被迫退回旅顺。21日清晨，日军发起总攻，旅顺口攻防战打响。日军集中了12门重炮、24门野炮和4门攻城炮，以交叉火力轰击椅子山炮台。炮台守军予以还击，东岸的黄金山炮台发炮配合。但由于敌众我寡，1个小时内椅子山炮台即告失守。不到一个上午的时间，二龙山、松树山、东鸡冠山……旅顺后路十几座坚固的炮台、近百门火炮，全线失陷。

在陆战的同时，日军联合舰队11艘军舰、10艘鱼雷艇全部出动，在旅顺海面排成"一"字阵，牵制清军炮台。当后路炮台失陷后，日军鱼雷艇驶进海岸，轰击逃往海岸和从海面逃跑的清兵。21日中午，日军开始全力攻击东海岸炮台，特别是黄金山炮台。黄金山炮台十数门"皆可旋转360度，有八面射击之便"的大炮，由于守将黄仕林临阵逃脱，并未发挥多大作用，下午5时许，炮台被日军占领。傍晚，崂崌嘴、模珠礁等东岸炮台均被攻破。进攻海岸西线炮台的日军，曾遭到顽强抵抗，至夜幕降临时，西岸炮台还在清军手中。由于天色已晚，日军收兵撤阵，准备次日再战。当天晚上，天气突变，风雨交加，由于败局已定，各路清军守将在夜间率兵撤退。22日清晨，准备最后一击的日军发现清军炮台除大炮外空无一人。日军不费一枪一弹，占领了海岸西线的全部炮台。就这样，一日之内，清军经营了14年的旅顺口宣告陷落。日军攻陷旅顺后，在城内进行了4天3夜惨绝人寰的大屠杀，死难者近2万人。

日俄战争旅顺口争夺战

甲午战争结束10年后，1904年2月8日深夜，日军舰队在旅顺口外袭击了俄军太平洋舰队第一分队，日俄战争拉开了序幕。

争夺制海权是日俄战争的焦点。对日军来说，阻止其夺取制海权的最强劲的敌人，就是驻守旅顺口的俄军太平洋第一舰队，因此日军的首要目标是将它歼灭或封锁。但俄军太平洋第一舰队躲入港内、消极防御的战术使得日军无可奈何。双方僵持不下。后来日军针对旅顺港只有一个非常狭窄的出口这一弱点，决定对旅顺港口航道采取"沉船堵口"闭塞行动，以将俄军舰队封锁在港内。闭塞行动先后进行了3次，分别是2月24日、3月27日和5月3日，但都不是很成功。俄军在反击日军"沉船堵口"战中功不可没的是布防在旅顺港东西两岸9公里长的22座炮台，其中又以东岸的黄金山炮台及黄金山海角的电岩炮台居功至伟。俄军利用这2座炮台成功遏制了日本联合舰队的闭塞行动，但这改变不了俄军太平洋舰队覆灭的命运。至8月14日，日军夺取了全部制海权，旅顺争夺战进入决战阶段。

在此之前，日本陆军已在辽东登陆，渐渐逼近旅顺前沿，形成对旅顺要塞的包围。日军于8月19日、9月9日、10月26日和11月27日，先后四次向旅顺二龙山、盘龙山、松树山、椅子山、东鸡冠山、望台山和203高地等前沿阵地的俄军，发动全面总攻。至12月6日，俄军的203高地被日军占领。日军将观测所设在203高地制高点上，指挥重炮向旅顺市区和港口的俄军猛烈轰击，俄军停在港口内的多艘舰艇被击毁。之后，俄军陆防司令康特拉琴柯在东鸡冠山被打死，俄军士气迅速瓦解，1905年元旦俄军向日军投降。从此，旅顺口被日军占领长达40年。

守边老将 —— 营口西炮台

营口西炮台位于渤海湾辽河入海口南岸、辽宁省营口市渤海大街西段。这座栉风沐雨近一个半世纪的古旧炮台，是现存东北最早的海防炮台工程，曾有"东北第一要塞"之美誉。

营口地理位置重要，是历代兵家必争之地。鸦片战火燃起后，1861年营口被迫开埠。作为重要的通商口岸、东北门户，其战略防御被纳入清政府的统一部署。为加强海防，当时清政府在沿海七省修筑炮台128座，其中奉天各海口15座。营口炮台是奉天各海口15座炮台之一，于光绪八年（1882）开工，历时六载、耗资15.6万多两白银，爱国将领、民族英雄左宝贵曾亲自督修。

营口西炮台设有护台壕沟、围墙、大小炮台，以及吊桥、营房、军械库、火药库、哨楼、防潮坝、电线库等。其设计独特巧妙，体现出科学、创新的理念，选址、设计主要根据当时德国军事教科书关于炮台修建的论述，但又具有民族特点和地方特色。从围墙走势看，其整体外形为"凸"字形，这是出于作战和守备的需要，将制高点主炮台设计为向外探出，东西两个角楼也同样向外探出，构成迎海一面的"凸"字形轮廓，确保在火炮有效射程内，对海面达到最好的控制效果，更有力地打击来犯之敌，同时减轻敌人枪炮对己方的破坏力度。从西炮台营门一侧看，由于三座主炮台马道呈放射状，整座炮台外形看起来很像一把"扇子"。这样的设计，除了作战和守备需要，还出于节约建造成本（扇形的周长较相同内径的方形和圆形小）和作战时可以在最短时间内集结转移兵员的考虑。要是从空中俯瞰，整座炮台像一只巨龟卧在滩涂之上，象征着永久和牢固。

营口西炮台占地6万多平方米，主要建筑为一大二小3座炮台、围墙和护台壕沟。大炮台居中，东与正门相对，呈方形。台高6米，分3层，台顶四周加筑矮墙，互相对称，墙下四周有暗炮眼8处。台东有一条长62米、宽9—12米的登台坡道，通达台上。大炮台南北两侧各有一小炮台，各距大炮台35米，犹如两员大将拱卫着主帅。台东各设有一条上下小炮台的坡道。炮台四周的围墙掩体高约5米、周长800多米。围墙外8米处有长壕沟环绕，周长1000多米。整个炮台采用中国传统的夯土版筑技术，由石灰、黄土、砂调和黄米面浆夯筑而成。这种三合土材料粘合性极好，年代越久越坚固，虽然经过一百多年的日晒风吹雨淋，残墙依然坚固如初。这是中国人独立设计施工并督修的大型炮台，也是当今世界未经烧制土构建筑物中的稀世瑰宝。

营口西炮台在当时具有很强的防御能力。据史料记载，当时炮台上设置有多门克虏伯加农火炮和近60门旧式铸铁炮，另配有巡洋舰3艘。根据设计，这些炮既能纵射辽河下游河面及附近海面，也能向东、南、北三面陆上射击。此外，炮台的东北方建有水雷营。清军亦曾在炮台周围及市街西面和西南一带遍布地雷，爆发装置设于火药库，导线综结于水雷营。

营口西炮台修筑后，先后经历

营口西炮台残墙。王朝彬摄。

了甲午中日战争、日俄战争、抗日战争和解放战争的炮火，成为中国人民反抗外敌侵略的历史见证。甲午中日战争中，清军曾在此阻击日军。1895年2月，日军欲进营口，夺我炮台，镇守管带乔干臣率兵500人发炮猛击，5门海岸炮从坚固的炮台连续射击，响声震天，硝烟滚滚，弹着率极准确。营口西炮台充分发挥了它的抗敌威力，使日军不敢直面侵犯。3月6日，日军潜行而入，镇守炮台的海防官兵奋起抵抗。为了阻挡日军进入炮台，乔干臣下令将通往炮台的所有桥梁炸毁。当日军进入地雷区时，清军引爆地雷13处，使日军攻占炮台的计划破灭。3月7日凌晨，日军派工兵和步兵偷袭，乔干臣带领官兵坚守到上午10时，被迫突围，炮台失守。这是日军入侵营口外围以来遭到的一次最顽强抵抗，在中国近代史上写下了光辉的一页。1900年8月，俄军亦曾占领营口西炮台，甲午战争后添置的舰船全部被捣毁，所存弹药、服装悉数被掠走，兵营被拆除，材料被挪用于修建俄国民政厅。1948年11月2日，人民解放军解放营口时，抢占西炮台后，迅速插入海岸，切断国民党军队的海上退路，全歼向海滩逃跑的残敌。

营口西炮台内的小铁堡。王朝彬摄。

历经战火洗礼与一百多年历史沧桑，营口西炮台依然保持了较好的原始风貌。新中国成立后，有关部门对其进行了多次清理与修复工作。1987年，珠江电影制片厂曾以此为外景地拍摄《大清炮队》电影。1992年，营口西炮台遗址对外开放。2006年，国务院将其确定为全国第六批重点文物保护单位。

华北海防炮台

列海捍卫 —— 北塘炮台

北塘炮台遗址在天津滨海新区杨北大街东段北侧。

北塘，位于天津塘沽最北端，是天津离大海最近的地方。与天津设卫同步，这一带村落形成于明永乐初年，随燕王"扫北而来"的移民聚集于此。嘉靖年间，北塘的三个村落——陈家堡、小西庄、小南庄逐渐连成一片，形成"北塘儿沽"。北塘依河临海，兼得鱼盐漕运之利，富庶一方，其军事地位日渐突出。

北塘炮台最早设立于明嘉靖二十九年（1550）。为防倭寇骚扰，戚继光在北塘蓟运河河口两岸各修筑了一座炮台，与大沽口炮台一起构成军事要塞。当时的北塘炮台建筑十分简单，主要是在河边填土垫出高地，层层夯实，从而形成平台，平台上面架设炮位。这两座炮台均高出地面17米多。炮台上面曾有人把守。两座炮台巍然对峙，形似双垒。清朝前期100余年，沿海地区较为宁静，"而所谓列海捍卫如炮台者，俱无所用"，北塘炮台也因此废置。北塘西边的炮台在海潮的日夜冲刷下仅存基础，只有东边的炮台在耐盐碱的野草、黄蓿（xu）的覆盖与包围中，仍屹然独立。到乾隆年间，北塘炮台成为登高揽胜、凭垒观潮的好去处，被冠以"北塘双垒"美名。乾隆四十四年（1779）刻本《宁河县志》，将"北塘双垒"列入"宁河八景"，并绘有图像。

鸦片战争期间，北塘炮台得到重建。1840年9月，讷尔经额为加强海口战备，对北塘炮台进行了重修、扩建，在原有两座炮台以外，又在北塘背面的青坨子、蛏（chēng）头沽和南面海滩站各修建炮台1座，南北共5座炮台。

北塘的防御由东营及南营（亦合称"双垒"）、北营（蛏头沽炮台）、花营（青坨子炮台，因处花丛中而得名）、独标营（海滩站炮台）构成。其中，东营为大本营，设统领1人；其他四营为哨营，设哨官1人。至此，北塘炮台形成了"五营四哨"的防卫格局，与位于大沽口的大沽炮台形成犄角之势。

为应对侵略者的坚船利炮，北塘炮台在布局上精心设置，建筑上也非常讲究。"南北两岸分设大炮，专以击河心之船"；在炮台上则"垒堆土袋，又有藤牌絮棚，足以避其远来之炮子"；在炮台下建土坝，"土坝分设小炮，可以击近滩之船"。同时，炮台上"制有火箭、火弹、火砖、喷筒等火具，专备攻击夷船之用"。北塘炮台重修和扩建后，次年又进行了加固。

咸丰八年（1858），英法联军攻陷大沽口炮台，兵临天津城下，逼迫清政府签订了《天津条约》。之后，僧格林沁奉咸丰皇帝之命，在大沽口修建了以"威、震、海、门、高"为名的5座炮台。同时，对北塘的炮台运用三合土和石子进一步加固，使之质地坚硬。加固后的北塘炮台均呈圆形，其直径为15米、高3米、厚2米。内壁周围筑有近百个凹形弹槽，炮台内部筑有数条上下梯道。为了加强防御，僧格林沁把北塘营兵增加到1600人，并增加每座炮台的大炮数量。这是北塘炮台的全盛期。

1860年6月，曾于一年前发动第二次大沽之战遭到惨败的英法联军，决定继续扩大侵略战争。8月1日下午1时许，英法联军以进京换约为名，派出战舰30余艘，乘潮驶抵北塘河口。由于僧格林沁将北塘炮台防务撤至营城，此时北塘海防重地处于不设防境地。在北塘登陆的英法联军买通北塘的一个富户，清理出了清军布下的地雷，然后不费一枪一弹，就占领了无一兵一卒把守的北塘。随着北塘失守，大沽口炮台后翼直接暴露于英法联军炮火之下，联军攻陷了大沽口炮台，进犯津京。

同治十年（1871），在李鸿章主持下，北塘海防进行了重新整顿。光绪五年（1879），在天津与大沽北塘炮台之间架设

第二次鸦片战争中被英军占领的北塘炮台

了我国大陆自办的第一条电报线路。光绪二十六年（1900），由于面临八国联军的进犯，当时北塘、蛏头沽一带的清军兵力增加到2600人，由通永镇总兵李安堂率兵镇守，吴殿元、孔志高协同防守。大沽口炮台失守后，北塘炮台在防务上的重要性就体现出来。当时北塘炮台设有大炮30余门，并有先进的线膛炮，火炮炮台射击掩体筑成1.5米厚的水泥墙。驻守炮台的营官孔志高，带领将士以猛烈炮火一次次击退侵略者的进攻，但最后却被李鸿章强令撤退。联军占领炮台后，曾企图把炮台内的"义胜营大将军"铸铁大炮掠走，因船小炮重，船炮一并失沉入海底，1958年被打捞上来后收藏于中国军事博物馆。《辛丑条约》签订后，北塘炮台被拆毁，这座有着300多年历史的老炮台，还没能真正充分发挥作用，便被画上了休止符。

如今，作为近现代重要史迹及代表性建筑，北塘炮台遗址已被列入天津市滨海新区重点文物保护单位。近年来，部分遗址如"双垒炮台"得到修复并对外开放。

海门古塞——大沽口炮台

大沽口，海河的入海口。这里"外接深洋，内系海口"，"地当九河津要，路通七省舟车"，距离天津市区仅40—50公里，距离北京约170公里，战略地位非同寻常，素有京津门户、海陆咽喉之称；在近代外国列强对华侵略战争中，大沽地区更是北方的军事要地，被誉为"天下第一海防"。大沽口炮台因此成为中国近代史上重要的海防屏障，常与虎门炮台相提并论。

大沽口炮台的兴废

大沽口在明代嘉靖年间便开始设防。当时倭寇频繁侵扰我国沿海地区，因草头沽（大沽原分为东沽和西沽，后来才连为一片。明代初期，这里杂草丛生，称草头沽。明末清初，大沽的名字逐渐固定下来）是距离京师最近的海口，其防务显得尤为重要。为了守卫大沽口，嘉靖三十五年（1556）搭建了简易的非固定炮台，大沽口炮台初具雏形。在大沽口一带，每隔三里筑墩堠一座，高4米，木架、稻草结构，这种烽火台形式的瞭望台只能发挥简单的瞭望避敌作用。后来，在墩堠之间，"每隔一里设轰雷炮二座，每座炮由六人操作，二人瞭望，二人司火，二人拽线"，成为较正规的炮台。万历年间，日本丰臣秀吉率兵20万攻占朝鲜，为消除唇亡齿寒的威胁，明朝政府进行了一系列的战争准备，其中包括在大沽口建造2座炮台。

清朝初年，清政府曾派兵驻防大沽口，后又撤走。由于乾隆末年马戛尔尼尤其是嘉庆二十一年（1816）英国阿美士德使团的登陆大沽，使嘉庆皇帝意识到该处"直达外洋……拱卫神京，东接陪都，形势紧要"的战略地位，在阿美士德使团抵津10天后便发布谕旨，要求"参考旧制，复设水师营汛"。第二年4月，清政府开始在大沽口兴建炮台，南北两岸各建圆形炮台一座。南炮台高约5米、宽3米、进深2米，北炮台稍小。炮台内用木料，外砌青砖，白灰灌浆，非常坚固。炮台附近建造兵房，驻水军千余人，并添设一名水师总兵坐镇指挥。

建成20多年后，大沽口炮台遭遇了西方侵略者第一次武力威胁。1840年8月，参加第一次鸦片战争的8艘英国军舰北上，闯入大沽口，停在距离炮台10海里的拦江沙附近。当时的大沽口防务空虚，虽有两座炮台，但设备简陋。惊恐万状的清政府命令大沽口驻兵修筑防御工事、加强防务。9月，英军南撤。后上任的直隶总督讷尔经额下令加固和扩建大沽口炮台。大沽口炮台迎来了第一次重建。讷尔经额除对原有的两座进行加固外，又在南岸增建大炮台两座、北岸增建一座。这样就有大炮台5座，另有土炮台12座、土垒13座，组成了大沽口炮台群，当地百姓称之为"炮台窝子"，加上土埝（niàn）、拦潮坝等防御设施，初步形成一套完整的军事防御体系。新建的南岸炮台因为距离海岸较近，便在地基上密钉粗约一尺、长一丈五尺左右的木桩，然后用三合土夯实，再铺石灌浆，因此非常牢固。炮台外延上用青砖、下用石头建筑而成。在修筑炮台的同时，新铸和调拨大小火炮

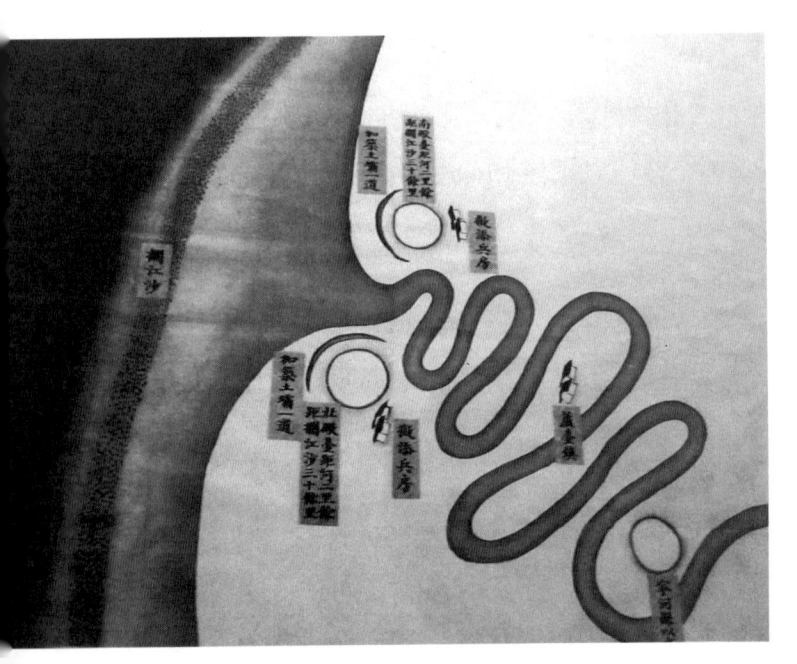

直隶总督讷尔经额1841年奏折中所附《北塘海口加建炮台图》梁二平提供

300多门，远射程的大炮安设于炮台上，射程近的小炮安设于土墪。驻炮台的兵丁经常进行演放，每月定期考核，军容甚盛。

中英《南京条约》签订后，沿海各省撤防，大沽口的海防也办理善后事宜，兵员大量减少。南北两岸的5座大炮台受海潮冲击，加上多年闲置失修，有的坍塌，配套设施也破烂不堪。咸丰六年（1856），第二次鸦片战争爆发。1858年4月，英法军舰突然闯抵大沽口。为了抵御敌人，南北两岸剩下的4座炮台被重新安设大炮。一个月后，侵略军入侵大沽口，负责防务的直隶总督谭廷襄弃阵逃跑，大沽口炮台毁于列强的炮火，要塞中的火炮被尽数掳走。清政府被迫签订《天津条约》。就在这次交战中，守台的官兵们发现，用砖石包砌的炮台受到炮弹轰击后砖石横飞，造成了很多间接伤亡。

同年7月，僧格林沁受命督办海防军务。9月，他来到已成废墟的大沽口勘察，决定重建新炮台。4个月后共建成炮台6座，其中3座在南岸，2座在北岸，分别以"威""镇""海""门""高"命名，寓意"威武镇守海门之高处"。这5座炮台的修建，不仅使大沽口炮台重获新生，更使其名声大振、威风八面。另在北岸一个被称为"石头缝"的地方新建高三丈的炮台一座，以备后路策应。这次修建的炮台都增宽加厚，施工材料上也进行了改进，炮台用木料和青砖砌成后，外用二尺多厚的三合土砸实，好比给炮台穿上了一件"防弹衣"，这样就算炮弹打到炮台上，也只会炸出一个洞，可以避免砖石横飞造成的间接伤亡。同时还完善了配套的基础设施：炮台两旁的围墙，用三合土砸实的土坯砌成，厚达2尺；炮台周围修筑堤墙，沿墙修盖地窨子，堤墙密布发射孔；堤外再挖壕沟，并置木栅，联成排桩，构筑副防御设施。在后墙营门还建有小炮台和垒台共25座。建成后，炮台武器也随之更新，南岸前炮台和中炮台各安设铜炮3门，分别为1.2万斤、1万斤和5千斤；北岸前炮台和中炮台各安设重炮3门，石头缝炮台安设重炮3门。这些重炮主要用于攻击舰船，另外还在营墙上安设了用于攻击登陆部队的小炮。到第二次大沽口之战前，大沽地区已驻兵7000人，并经常进行军事演习，战斗力明显提高。有研究者认为，重建后的大沽口炮台是当时中国水准最高的海防炮台。

1859年6月，英法联军再次进攻大沽口炮台，僧格林沁在海河河道和海滩上进行了严密部署，重建后的大沽口炮台发挥了积极作用。1860年8月，英法联军第三次入侵，从北塘偷偷登陆，由后路抄袭大沽口炮台，不久，石头缝炮台首先陷落，两岸炮台也相继被联军占领。

同治初年，大沽口炮台又重新整修，驻有部分清兵，布置铁炮90多门，但因朝廷腐败，管理松懈，守炮台官兵士气低落，许多大炮生锈腐烂。

第二次鸦片战争失败后，以李鸿章为代表的洋务派开始进行革新自救运动，也按照西方理念建设修筑海防炮台。1866年11月，兵部左侍郎完颜·崇厚主持修建大沽口南北两岸炮台工程告竣，安设炮位，校阅操防。

1870年，李鸿章出任直隶总督兼北洋大臣后，下令重新修建和加固大沽口炮台，并添购口径200毫米以上的德国新式巨炮，增建3座平炮台。第二年秋天，大沽口炮台开始了大规模的整修工程，由李鸿章主持。在这次整修工程中，清政府不仅为此派工程人员赴欧洲考察，还聘请外国专家来华指导，参与工程的勘察、设计。这时修筑的炮台以圆形为主，"取其八面应敌"。在修建炮台时，"料忌砖石"，而使用更为讲究的三合土，"以土沙、石灰、蛎粉匀拌坚捶，合以糯米杨条藤条等汁"，这样的三合土"加倍坚厚"，黏性更强，"风雨不能坍颓，炮火亦难摧陷"。经过几千人历时3个月的辛勤劳作，到当年河水封冻时，南北两岸原有的5座大炮台、10座平炮台、炮洞连房375间、军械火药库、53间住房、45架窝棚、994丈营墙，以及4座营门都被进行了修整，并重新在营墙内外修筑了428丈护台壕沟，在壕沟上搭建了4座木桥。另外，增修护台、添筑炮台等其他工程，则到1874年夏天才"修筑甫竣"。1891年，山东候补知县萨承钰在勘察大沽口炮台时，称五座炮台"势如五岳雄峙"，并在《南北洋炮台图说》一书中对此时的大沽口炮台进行了详实记录。

1875年（光绪元年）5月，清政府发布上谕，第一次把海防问题提升为国家战略。李鸿章提出了组建现代化海军和建设沿海防卫体系的主张，以最新技术改造了大沽口炮台，并装备了当时世界先进的德国克虏伯大炮、英国阿姆斯特朗大炮。在改造大沽口炮台本体的同时，李鸿章还为其配置了相应的防御、电信、修理、交通设施。到1888年，以唐津铁路通车为标志，大沽口的海防已经初步形成了以海岸炮台为依托、以守口炮舰为辅、以唐津铁路快速运兵为策应，并以电报为通信工具的近代化海防体系，战斗力空前提高。

1900年，八国联军进犯大沽口炮台，守卫炮台的清军英勇抵抗，但终因后无援兵，寡不敌众，炮台被攻陷。第二年，清政府被迫与列强签订《辛丑条约》，明确规定拆毁大沽口及从北京至大海通道的全部炮台。从11月开始到次年6月，大沽口南北两岸各炮台被全部拆除。至此，大沽口炮台，这个当时世界一流的海防工程不复存在。

四次大沽防卫战

第二次鸦片战争以来，外国列强为夺取在华的经济利益和政治特权，先后于1858年、1859年、1860年和1900年4次进攻大沽口炮台。面对船坚炮利的侵略者，中国军民一次次用自己的血肉之躯同敌人进行殊死搏斗，显示了不屈不挠、勇敢坚强的民族气概，在反抗侵略的近代史上写下浓墨重彩的篇章。

1858年第一次大沽防卫战

这年5月20日，为迫使清政府答应修约，英法联军发动了第一次大沽之战。这天上午8时，在此前种种挑衅、试探未能达到目的的情况下，英军代表额尔金和法军代表葛罗发出最后通牒，要求赴北京与全权大臣商议，并限令清军2个小时内交出大沽炮台，否则就武力占领。在这之前，英法联军的30多艘舰船已经陆续驶抵大沽口外，并拟定攻击计划：首先以6艘炮艇分成两组，同时发炮攻击南北两岸炮台（第一组为英军的鸬鹚号和法军的霰弹号、火箭号，攻击南岸炮台；第二组为英军的纳姆罗号和法军的雪崩号、龙骑兵号，攻击北岸炮台），然后两支登陆部队（一支457人，另一支721人）分别向南北两岸发起攻击。

上午10时，联军两队炮艇驶入大沽口内，同时炮轰南北炮台。在这千钧一发之时，大沽口炮台向敌人发出了保家卫国的最强音。当时北岸炮台的防守由游击沙春元率部负责；南岸的主炮台由总兵达年和游击德魁率部防守，左、右炮台分别由都司讷勒和及游击陈毅等率部防守。4座炮台的防兵3000人，大炮200余门。面对敌人的进攻，守台防兵奋起还击，南北两岸大炮一齐开放，彼此互击2个小时，击沉敌舢板4只，毙敌近百名。法军炮艇霰弹号遭到重创，艇长被毙，敌兵死伤11人。与此同时，守军从海河口施放火船、火筏50余只，顺流而下。遗憾的是，这些火船、火筏被敌舰队派出的小艇调转方向，搁浅在河岸上。有了保护的两队敌军炮艇继续轰击炮台。接着，大沽口外的联军旗舰斯莱尼号以及其他主力舰只的大口径火炮，也向炮台轰击。北炮台的三合土顶盖被揭去，守将沙春元阵亡；南炮台炮墙也被轰塌，守将陈毅等阵亡。

11时，联军的两支陆战队乘舢板强行登陆，向炮台逼近。守军冲出炮台，与敌人展开白刃格斗。他们的顽强抵抗使敌人大为震惊。炮台的设施都遭到了重大破坏，全都不能使用，守军却没有放弃自己的阵地，炮手被击中立刻就有人替补，这种坚持在南岸炮台尤为突出。但是，正当炮台守军与敌鏖战之际，直隶总督谭廷襄、布政使钱炘和等却仓皇从大沽村乘轿逃跑，致使我方士气受挫。当敌陆战队进至炮台附近时，后路清军不仅不及时增援，反而讹传前军失利，以致兵勇惊溃。炮台守兵孤军奋战，致使炮台相继失守，所有火炮、器械全被敌军掠获。最终，联军陆战队占领南北两岸炮台。随后，战火继续蔓延，英法联军进一步撕裂了烟台防线，攻占北京，清政府被迫与英法两国签订了丧权辱国的《天津条约》。

1859年第二次大沽防卫战

《天津条约》签订后，英法政府仍未满足，蓄意利用换约时机，重新挑起战争。1859年6月，英法公使率领所谓的换约舰队从上海北上，直发海河口。6月18日上午9时左右，约有20余艘英法联军舰船停泊在拦江沙一带。到了中午，联军8艘舰船突然乘风潮之势直闯内河。僧格林沁当即传令南北炮台"安准炮位，点配火绳，准备轰击"。23日，敌军派出护卫舰一艘进入大沽口侦察情况。僧格林沁率军拭目以待。当联军破坏铁戗（qiāng）、铁链等最外一层拦河障碍物时，守军哨船并未施放枪炮还击。25日拂晓，联军舰队在完成开进任务后，强行拆除海河口铁戗和木栅，这时炮台守军仍隐忍静伺。

下午3时，海河口第一道障碍物被拆毁，联军竟将合船蜂拥直上，冲至第二座炮台，直撞铁链，并开炮向岸上轰击。这时，僧格林沁下令守军还击。就像变魔术似的，所有本来掩护着炮台大炮的草席都卷了起来，顷刻之间全部大炮一齐开火，一时间炮声隆隆，海河口内外白浪翻滚，水柱冲天。联军先头两舰锚索被毁，两岸炮兵亦同时向敌舰集中射击。双方的炮火都很猛烈，但效果不同，因为联军的船只紧缩在第一道木栅和第二道木栅之间的狭窄的水面上，所以完全成了炮台炮火的靶子。守军炮火充分发挥威力，炮弹多数命中，敌舰损失惨重，6艘遭重击，4艘被击毁或击沉。激战到下午4时许，抵近岸滩的联军舰船差不多全被击伤，旗舰鸻鸟号被击毁，舰上40名水手仅1人跳水逃脱。炮艇茶隼号和庇护号被击沉，鸬鹚号等几艘炮艇搁浅。英军司令贺布被迫跳到法舰迪歇拉号上。敌军不甘心退出海河，企图哄骗岸上炮台停止炮击，同时命令陆战队作登陆准备。5时许，联军在南岸强行登陆，僧格林沁立即调集火器营的抬枪队和鸟枪队前往迎击，北岸炮台也发炮支援。联军登陆部队伤亡过半，只得停止前进，潜伏于沟壕内和土堆后。到黄昏，敌军又企图借夜幕的遮掩偷袭炮台，守军施放火弹、喷筒，借着亮光给他们迎头痛击。壕沟边的敌军遭到守军的火力射击，不得不向海河口撤退，直到半夜，其残部才陆续爬上舰船，撤出战场。英法联军遭此沉重打击后，自知难以取胜，遂收兵南撤。

此次参战的英国海军陆战队约1200人，死伤达578人；法军约60人，死伤14人。清军阵亡仅32人，大沽口炮台也仅遭到轻度破坏。这是鸦片战争以来，中国军队抵抗外来侵略取得的最大一次胜利。此役胜利，迫使美国使者按照清政府的要求在天津北塘换约，这在近代以来的中国外交史上尚属首次。值得一提的是，在这次战斗中，清军将领、直隶提督史荣椿，大沽协副将龙汝元表现英勇，不幸的是，二位将领先后中炮，为国捐躯。

英法联军1859年进入海河攻打大沽口防御炮台示意图。梁二平提供。

1860年第三次大沽防卫战

联军惨败的消息传到伦敦，英国朝野立即叫嚷要对中国实行更大规模的报复。1859年9月，英国政府决定再次扩大侵华战争，此时法国巴黎也煽起了新的战争狂热。两国达成协议，决定继续联合侵华。为了确保顺利攻破大沽口炮台，英法联军采取了迂回战术。1860年4月，联军先袭击了舟山群岛。6月上旬对渤海湾进行封锁，之后以大连湾和烟台两处作为进攻大沽口的前进基地。8月1日，联军在北塘口登陆。8月21日清晨，向大沽口炮台发动了猛烈进攻，首先攻击石头缝炮台。这是大沽北炮台的唯一后路屏障，提督乐善指挥守军用鸟枪、抬枪和长矛、弓箭奋勇杀敌。10时许，炮台被炸，守军大部牺牲，乐善战死，石头缝炮台陷落。北岸炮台失守后，8月22日，直隶总督恒福在南岸炮台挂起免战白旗，联军未费一兵一弹就占领了大沽南炮台，从各炮台共掠获了500门大炮及大批军用物资。这次战斗，清军损失近千人，联军死伤400余人。随后，新一轮的议和又拉开了序幕，清政府和英法侵略者签订了《北京条约》，天津被迫成为通商口岸。

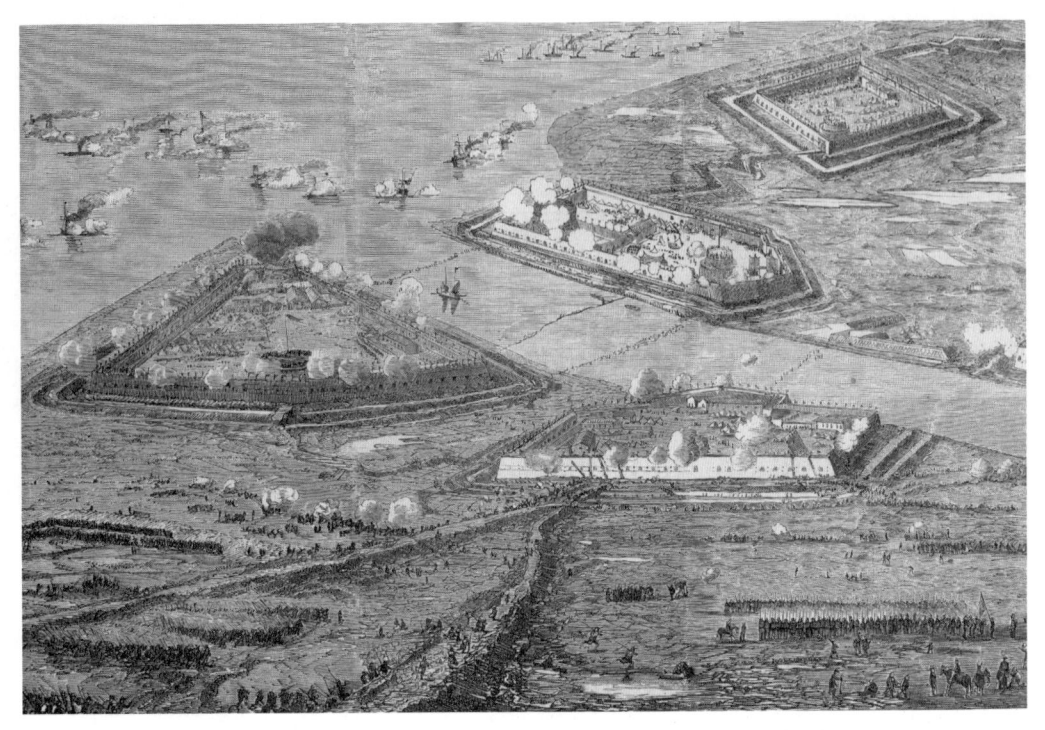

英法联军1860年8月21日围攻大沽口北岸炮台图。梁二平提供。

1900年第四次大沽防卫战

1900年，庚子年。5月28日，这是一连串黑暗日子的开端。这一天，八国联军决定发动对中国的侵略战争。为了打开进入北京的通道，列强们派了舰队聚集在大沽口附近作为要挟，很快就聚集了24艘各国战舰，渤海之上，一时云诡波谲，扑朔迷离。6月中旬，各国海军联合发起了对大沽口炮台的进攻，他们向守军总兵、时年67岁的罗荣光发出最后通牒——限时交出大沽口炮台，遭到严词拒绝后，便悍然炮轰炮台。6月16日，联军战舰驶入海河。17日凌晨0时50分，一声炮响划破深夜的静寂，大沽口炮台守军与八国联军展开了激战。

这是中国近代史上罕见的炮战，炮声如雷，硝烟升腾，火光冲天。然而，战斗打响后，停泊在大沽口的北洋水师7艘舰艇不战而降。在失去水面火力支持的情况下，指挥南岸炮台的罗荣光沉着应战，弹无虚发，连中数艘敌舰，重伤2艘俄国巡洋舰，打死打伤联军数百人。到凌晨4时，联军改变战术，集中舰船进逼北岸。北岸炮台在管带封得胜的率领下，英勇抵抗，令"敌锋大挫"，但将士伤亡过重，弹药库也被敌军击中，爆炸起火，无法开炮，只得与敌军展开肉搏，最后近千名将士全部壮烈牺牲，悬挂于北岸西北石头缝炮台的大沽铁钟——系1884年为纪念在第三次大沽防卫战中牺牲的乐善而铸，刻有"海口大沽""风调雨顺""国泰民安""皇图巩固"等铭文——也被英军作为战利品掠走。北岸炮台失守后，南岸炮台无力坚持。最终，随着守将罗荣光的阵亡，大沽口炮台全部陷落，连北洋海军当时最大巡洋舰海容号和4艘鱼雷艇也成为八国联军的囊中之物。7月14日，天津被攻陷；一个月后，八国联军攻入北京。

大沽口炮台的现状

逢庚子年，距离大沽口炮台被拆毁已经过去将近两个甲子。尽管被迫拆除，只剩下垒垒土基，但大沽口炮台作为重要历史坐标却被定格，成为近代中国备受外侮的见证和中华民族抗击外来侵略不屈精神的丰碑，被世人千万次悲壮地提起，千万次虔敬凭吊。毛泽东曾在1919年和1954年两次亲临大沽口炮台旧址，凭吊海门古塞，缅怀英勇抗击外来侵略的民族英雄们。1988年，大沽口炮台遗址被国务院列为全国重点文物保护单位，1990年被评为"津门十景"之一。1997年，天津市人民政府在原"威"字炮台遗址修建大沽口炮台遗址纪念馆。2011年4月，大沽口炮台遗址博物馆正式对外开放。博物馆的造型为一个爆炸的炮弹形状，建筑外表是铁锈色。2005年，流落海外100多年的大沽铁钟回归祖国，后被大沽口炮台遗址博物馆收藏，陈放展厅。

今天，大沽口炮台那段屈辱与荣光同在的历史已经远去，但记忆并不因为岁月的流逝而褪色。警钟长鸣，大沽口炮台向世人昭示：失去海洋的民族，将失去家园。经略海洋，发展海洋事业，建设海洋强国是实现中华民族伟大复兴的题中应有之义。

大沽炮台古炮。王朝彬摄。

"将军"守口 —— 歧口炮台

歧口炮台位于河北省沧州市黄骅市南排河镇歧口村西北沧浪渠入海口。

作为退海之地，歧口属于渤海西岸古黄河三角洲地区，地处渤海湾之穹顶。歧口曾是古黄河及分流运河水的减河的重要入海口之一，20世纪60年代河道宽达上百米，一度成为渤海湾西岸大港、面向华北平原最便捷的入海口。从地理位置上看，歧口也是东北、华北、华东之间水路、陆路必经之地，是海外经渤海进北京、华北的重要关隘，属于京畿防务要地、军事重镇。

歧口炮台始建于明代，未知确切建造时间。清咸丰七年（1857）重修。1857年4月，参加第二次鸦片战争的英国军舰开到天津海口，英军曾占领天津海口炮台并闯入内河。僧格林沁受命主持天津沿海防务。当时，歧口一带是镇守海防的前哨重地，设有朝营、正营、副营（稽事营）、乐子营共4个营，属天津东沽炮台管辖。在南北两岸修筑了2座炮台，从东沽炮台运来2门大炮安设，北岸为"大将军"炮台、南岸为"二将军"炮台。"大将军""二将军"炮重4吨，长3.47米，炮膛可装40斤炮弹。

咸丰八年（1858）英军舰队抵达歧口，倚仗坚船利炮强行登陆。歧口炮台驻扎官兵与当地民众协同一心，顽强抵抗，英法联军败退，不得不转往大沽口。这是歧口炮台在历史记载中第一次发挥作用。光绪二十六年（1900），八国联军大举侵华，一开始曾计划在歧口登陆。几艘舰船抵达歧口海域，但歧口两岸守备严密，炮台驻扎官兵整装待发，亦有歧口村民参与其中，八国联军未敢轻举妄动，掉转船头北上攻打大沽口炮台，于塘沽登陆。甲午战争后，中日双方签订的《马关条约》约定清政府罢黜沿海防务，1895

摆放在黄骅市博物馆的歧口古炮。王朝彬摄。

年4月"罢歧口防务","守歧口者惟余乐军三营而已"。到民国时期此处已无守军，防务空虚，1937年日军在此悄然登陆，与天津静海方面日军会合，对天津形成夹击之势。

日伪统治期间，沧州汉奸刘佩忱曾带人马到歧口，试图将"二将军"大炮用船拉到天津塘沽，因其重量太大未能得逞，弃之河滩。"二将军"现保存在黄骅市博物馆，被置于博物馆门前展示。"大将军"则不知所终，民间传说极大可能已沉入河底，深埋于泥沙之中。

华东海防炮台

东西并峙 —— 烟台炮台

烟台炮台较知名者为东、西炮台。东炮台位于烟台市芝罘区滨海北路，西炮台位于芝罘区西北部的通伸岗。

烟台旧称"转附""之罘""芝罘"。秦始皇、汉武帝曾东巡至此。宋元时期是海上漕运中转避风良港。明洪武三十一年（1398），为防倭寇，在宁海卫（今烟台市牟平区）设奇山守御千户所并建有所城；再于所城正北海滨小山（今烟台山）上设狼烟墩台，名"熨斗墩"，后逐渐演化为"烟台"之名。

清顺治十五年（1658），直隶总督张元锡在莱州三山岛修筑炮台，用于控扼莱州海口。这是清政府在烟台沿海设置较早的炮台。康熙年间，山东沿海地区曾一度大规模筑造炮台。雍正十年（1732）之前，山东所建成20座海防炮台中，蓬莱水城天桥口炮台、福山县芝罘岛炮台、八角口炮台、海阳县丁字嘴炮台、黄岛口炮台等在今烟台境内。鸦片战争初期，曾对这些旧炮台进行重修。鸦片战争前后，在当时的登州府城（府治位于今烟台市蓬莱区）周边修筑了多处炮台。两次鸦片战争期间，主要是对烟台旧有炮台如登州天桥口、田横寨炮台和芝罘岛东崖炮台等进行修复和改建。

第二次鸦片战争后，烟台在《天津条约》中被辟为通商口岸，而且距离天津较近，洋人船舶聚集在烟台，商业贸易繁荣，因此被视为防御要地。光绪元年（1875），丁宝桢上《筹办海防奏折》，计划在烟台、威海卫和登州府三处修筑炮台，其中烟台"于通伸冈（岗）设大座防营，驻兵三千人以固后路。再于烟台山下设一浮铁炮台，八蜡庙设一浮铁炮台，芝罘岛之西设一浮铁炮台，再于芝罘（岛）东首筑一砂土曲折炮台，庶前后可以相顾"，登州府则增设城北、城南以及长山岛西等炮台。由于山东海防经费有限，因此首先在烟台修筑炮台。在委用道员张荫桓和登莱青道龚易图的指挥下，1867年5月，烟台通伸岗炮台修筑完成。这也是第二次鸦片战争到中法战争结束前，山东唯一修筑完成的海防炮台。通伸岗炮台即烟台西炮台，故先有西炮台，后有东炮台。

光绪十七年（1891），旅顺、大连、威海卫海防建设基本告竣之后，李鸿章决定修筑烟台炮台。他认为烟台为北洋通商三口之一，战略地位非常重要，"渤海大势，京师以天津为门户，天津以旅顺、烟台为锁钥"，"中国沿海商岸，南自琼州，北至营口，俱已建置台垒。烟台水深口阔，尚无建置，实不足以壮声威"。因此决定在岿岱山和玉岱山各修筑炮台一座，使两台相互策应，之后再修筑芝罘岛和崆峒岛炮台。在实际建设中，早前规划的玉岱山炮台由于形势过于暴露，易为敌人所乘，改在原通伸岗炮台下兴建一座新式炮台，并对通伸岗炮台进行整修。岿岱山炮台照常修建，在中营东面临海加修长墙一道，在后营接着通伸岗旧垒接修护墙一道。光绪二十年（1894），李鸿章在视察后认为，烟台"所修炮台纯仿西式，曲折通灵，与威、大两处台工一律坚固"。

"雄风海表"东炮台
东炮台的修建

在烟台市中部有座山叫黑夼（kuǎng）山，其山脉向偏东北方向蜿蜒入海，入海处自然形成了一座三面环海的小山，当地人称之为岿岱山。岿岱山海拔20多米，北临浩瀚的大海，东、西、北三面都是高约20米的临海悬崖峭壁，北面正对海口，是大小轮船进入口岸的必经之地。与崆峒岛、芝罘岛三足鼎峙烟台海口，是天然的险峻关隘。东炮台就位于岿岱山巅，巍巍壮观。

东炮台始建于光绪十七年（1891），是李鸿章经营北洋海防20余年修建完成的最后一座西式炮台。这年5月，李鸿章第二次巡阅北洋海防，发现烟台特殊的地理位置与其"仅有通伸岗一台，距口门过远"的设防情况并不相称。他指出，"岿岱山与崆峒、芝罘两岛鼎峙海门，天然关隘。岿岱背山面海，尤为轮船进口必经之路，亟应先在岿岱筑炮台一座，并与东南相连之玉带山添筑炮台一座，以便策应"。但负责炮台设计的德国工程师汉纳根却认为，在玉岱山修筑炮台无甚大用，所以最终方案如前所述为新建岿岱山炮台，并在通伸岗旧台下添建一座新台，节省了不少经费。

经费问题是最令李鸿章头疼的难题。当时,"海军衙门既无款可拨,户部亦难另筹",最后商定"将山东海防捐截留,作为建筑炮台之费"。岿岱山炮台于光绪二十年(1894)竣工,因当时西面已建有通伸岗炮台,故称"东炮台",安设210毫米口径克虏伯后膛炮3尊、120毫米口径克虏伯快炮2尊。甲午战争前夕,又添置小炮台及营房、弹药库等设施。1901年,八国联军强迫清政府签订《辛丑条约》,"拆毁大沽口及京师至海通道之各炮台",烟台东炮台亦在拆毁之列。光绪二十九年(1903),李鸿章奏请重新修整恢复。抗日战争中它再度遭到破坏。战后国民党驻军再次重建,并添置东边三堡。现该炮台为山东省文物保护单位。

东炮台的主要构成和基本情况

炮台东西300米、南北285米,基本占据岿岱山的全部。建筑风格中西合璧、结构严谨、气势雄伟。建筑按中轴对称分布,随山就势建造,包括炮台台门、指挥所、弹药库、山顶炮台、战壕、隐蔽所、码头、营房、地堡等,多数为石券拱结构,部分建筑为后期添筑的混凝土结构。

台门为东炮台的主要出入口,用方整石料砌筑,筑工精细。面阔10.57米,进深6.41米,通高5.41米。两侧接八字墙,关上台门,就可将敌拒之门外。券门外沿浮雕二龙戏珠图案,背面拱券雕刻"万字不到头"纹饰。门上横题四字匾额,顶部四围为垛口墙。

东、西营房横列于台门稍后的东、西两侧。西营房已毁圮。东营房面阔8间、进深1间,二层建筑。底层东面辟有一门,可通往南隐蔽所的壕沟。

指挥所位于城门正北,是东炮台的中心建筑。其后部与3座炮台和两个弹药库贯通,由正室12间和东西各3间侧室组成,总面积约611.6平方米,海拔高度18.9米。凿山体而建,建筑平面呈倒"凹"状,由"石岛红"花岗石砌筑而成,拱券结

修复后的烟台东炮台(从侧后方拍摄)。傅光中摄。

构，单层建筑，黄土覆顶。指挥所正室通面阔为9间，房间多有门互相贯通。明间的拱券窗眉为卷云浮雕，并雕有"众志成城"四个篆字横批；两侧均有纵向走廊，通往北端的弹药库。走廊中端，设有运送炮弹的运弹井。

炮台区位于岿岱山的最北端，共有5个炮位。主炮位居中轴线上，左、右通过弹药库和地下通道与东、西两个炮位连通，构成东炮台海防设施的主体。其平面呈不规则多边形，南北13米、东西7.25米，建筑面积为94.25平方米，台基用整齐的石料砌筑。主炮位两侧的东、西炮位各占地80平方米，两侧均有弹药库和藏兵洞。主炮位和东、西炮位均安设210毫米克虏伯大炮。在东、西炮位旁还各建有1个副炮位，各占地50平方米，安设120毫米口径克虏伯大炮。这样，炮台区大小5个炮位，可封控港口外的东西海域。副炮台边还各建有若干座碉堡，为日军侵占烟台后增建。

东炮台主炮位克虏伯大炮。傅光中摄。

另外，大门的东南挖有壕沟，全长110多米。壕沟尽头建有2座圆形地堡，为隐蔽所。大门西侧还建有花岗岩石码头，这是炮台的附属构筑物，为烟台海军学堂和炮台专用。

"雄风海表"与"表海风雄"

东炮台台门门楣上镶嵌着四方汉白玉石，总长3米、宽1米。石上镌刻着四个大字，没有落款，从左往右读为"雄风海表"，从右往左读为"表海风雄"。那么，到底是"雄风海表"还是"表海风雄"呢？因为台门是炮台的重要组成部分，台门匾额实为炮台的标志和象征，因此人们对此争辩不已，自左往右，自右往左，左右皆可，不同观点杂陈，迄今无定论。现将诸观点及理由整理如下：

（一）自左往右，"雄风海表"

认为应自左往右读，持"雄风海表"说者的论据：

东炮台台门题额。傅光中摄。

一是与题写者相联系，更能正确解读。此观点认为，东炮台台门匾额的题写者是李鸿章的幕僚马建忠。马建忠（1845—1900），清末语言学家，所著《马氏文通》是中国第一部较全面系统的语法著作。马氏为汉语语法的发轫者，他率先将西方语法理论引进中国，也是倡导汉字横排的第一人。以马建忠的身份、地位及学术主张，从左往右题写"雄风海表"是顺理成章之举。

二是文通字顺，早有先例。《辞海》关于"海表"的解释是：犹言海外，古代指中国四境以外之地。《尚书·立政》有"方行天下，至于海表"之句，而且"海表"一词的使用已有先例。清初雍正皇帝曾为湄洲妈祖庙题写"神昭海表"，并敕令福建水师提督复制三块匾额，分别挂在湄洲妈祖祖庙、台湾台南大天后宫及厦门的一个妈祖分灵庙。由此可见"××海表"已有先例，并非杜撰。以"雄风海表"称颂东炮台，与"神昭海表"虽含义不同，但结构一致。

三是匾额左读，并非个例。虽说自右往左书写、认读是古代惯例，但也并非一成不变。如上海嘉定古园林中"鸢飞鱼跃""浮筠阁"及南京、扬州园林都不乏自左向右书写的匾额。

四是与烟台西炮台的门额"威振罘山"相对应。

（二）自右往左，"表海风雄"

认为应自右往左读，持"表海风雄"说者的论据：

一是符合行文规范。中国自有文字以来，横排文字一直奉行自右往左书写的规范，无论是官方典籍还是民间书籍，都严格遵循这一书写和认读规范，直到五四运动兴起白话文后，才从总体上开始改变。但也有不少书法家，依然沿用从右往左的传统写法。东炮台始建于清光绪十七年（1891），为清政府重要的海防设施，象征着国家的权力与尊严，匾额的书写一定要遵循自右向左的书写和认读规范。

二是地域名称明确。"表海"是地域名称，指东海。《汉语大词典》关于"表海"的解释有二：一为"临海，滨海"，一为"东海之表式"。《左传·襄公二十九年》载，春秋时吴国季札至鲁国，闻歌齐诗，听后赞叹道："美哉！泱泱乎！大风也哉！表东海者，其大（太）公乎！"唐代司马贞在《史记索隐》中云："表海大国，悉封齐王。""表东海""表海"都是特指我国东海。据史料记载，清朝及清以前，我国的黄海、东海统称为"东海"或"东大洋"，而今地处黄海的烟台芝罘区在古代属东海之域。因此，东炮台门额上的"表海"即东海无疑。

三是符合语法规范。"表海"为名词，与"风雄"一词构成主谓结构，是常见语法。"表海风雄"即"濒临大海，气势雄劲"之意。

四是即使书写者确为马建忠，也不能断定这几个字是从左往右书写。虽然马建忠主张汉字改革，深入研究汉语语法，但在汉字书写方式上却没有实践，其《马氏文通》及其书法作品一直是自上而下、自右而左竖排书写，因而他在烟台东炮台建设期间题写的匾额，不可能出现自左而右逆写情况，更何况关于马建忠书写匾额一事，并无文献资料加以证明。有人认为书写匾额者不是马建忠，而是烟台牟平金沟寨人曲凤翼。这条信息出自冰心女婿、北京外国语大学教授陈恕撰写的《冰心全传》。冰心（1900—1999）曾在烟台度过8年的童年岁月，她在《我的童年》一文中曾回忆起，烟台海军学校附近海边的"炮台上装有三门大炮。炮台的下面的地下室还有几个鱼雷"。陈恕撰《冰心全传》"烟台金沟寨"一节提到"曲副榜（即曲凤翼，光绪二十八年副贡）写得一手好字，东炮台的正门上方，'表海风雄'几个大字就出自他的手笔。'表海风雄'确切地表达了建在24米高的岿岱山上凭临大海的东炮台的雄姿。"曲凤翼与冰心的父亲谢葆璋关系甚笃，谢葆璋常携年幼的冰心到曲家看戏。鉴于冰心一家与曲凤翼的至深关系，以及陈恕与冰心的亲属关系，曲凤翼题写"表海风雄"四字之说，应是当年冰心告诉陈恕的，当不是凭空捏造。

五是"表海风雄"出自李鸿章信函。光绪十三年（1887），李鸿章在给时任登州镇总兵章高元的信中，开头写道："顷接惠函，具悉一是，即审迎春日丽，表海风雄为颂。"李鸿章力促建设烟台东炮台之时，作为当时登州府军事长官的登州镇总兵章高元全程参与了这项工作，并把李鸿章写给自己的信中所用"表海风雄"四字镌刻于炮台台门之上。

（三）左右皆可，回文匾额

这种观点认为，东炮台的匾额没有落款，自右向左或自左向右认读，都能读得通，是回文匾额。这类似于北京"天然居"饭店的横幅，"客上天然居""居然天上客"，左右皆可读，也都很精彩。"雄风海表"与"表海风雄"从语法上都能讲得通，表达的意思也大同小异，因此可以将其视为一幅回文匾额。

"威振罘山"西炮台

烟台西炮台位于芝罘区通伸岗海拔106米的制高点上。传说通伸岗西沟里的石臼，常年有清澈的泉水涌出，故旧名称"通神沟"。通伸岗山巅地势突兀、视野开阔，北望芝罘岛，俯瞰入海口。炮台建在此处，不但芝罘湾尽收眼底，还可以控制八角湾与养马岛之间的整个海域。

1875年5月，英、美、法三国借"马嘉理案"[①]，将8艘军舰驶进烟台海域挑衅。清政府命登莱水师和洋枪队严加防备，丁宝桢派其部下、熟悉洋务的张荫桓修筑了通伸岗炮台。

1876年（光绪二年），炮台工程完成，由圩子、营门、望楼和6个炮位组成。当年5月，丁宝桢到烟台校阅水师，视察了通伸岗炮台，认为它过于单薄，让张荫桓增修垛山山腰和圩子东面土埂弯曲之处的2个炮位，以成犄角之势。1888年12月，通伸岗炮台全部竣工。炮台用三合土筑成，"效仿西法"，明炮位、暗炮洞。该炮台的整体设计非常精巧，东北面的炮位正对海口，可以对近海目标加以控制。东南面和西南面二个炮位可以兼顾后路，西北面的炮台可以控制沙堤和芝罘岛陆路。炮台竣工后长时间"未安巨炮"。光绪十七年（1891），在李鸿章的主持下，通伸岗炮台进行扩建，最终建成由圩墙、瓮城、演兵场、地下坑道、炮台、指挥所和弹药库等组成的封闭式军事设施群。

圩子城墙依山就势而建，高4米，宽5.3米，底部厚7米，周长近1000米。在上面又修建了护墙、枪墙，墙上设射击孔200余个，用于屏蔽御敌。圩子南面设营门1座，门外又加了一层外圩即瓮城。圩子东面建3座小护台，以备接应联络。

营门为西炮台正面，高3.5米，厚6米。砖券大门门额镌题"东藩"二字。门内

[①] 又称"云南事件"。1875年2月，英国驻华使馆翻译马嘉理，去缅甸接应一支由190多名英国官员、商人、军官、士兵组成的"勘探队"进入云南，在腾冲该勘探队与当地军民发生冲突，马嘉理和数名随行人员被打死。英国政府借此事件，强迫清政府签订《烟台条约》。

是宽阔的演兵场。演兵场北端原有指挥厅堂，两侧有廊庑及兵舍。厅堂后是一座半地下的指挥所，占地580平方米。指挥所用石岛红花岗岩砌筑。石券拱门门额镌题"威振罘山"4个大字。内部中门顶上横书"巩金汤"。建筑有3门4室，通道两侧为指挥室、官兵营房及弹药库。

指挥所顶端两侧雕刻着八卦图案。

除垛山炮台外，西炮台圩墙四周建有多个炮台，这些炮台建在凸出于墙面、俗称"马面"的墩台上，分别防守海口、芝罘岛沙堤和东侧南向陆路来敌。其中，东北角和东南角的2处为圆形，是通伸岗炮台的主炮台。它分为上下2层，上层露天，用于安装大炮；下层设有火炮，还有弹药库、兵舍等，上面镶嵌一层铁板保护。西南角和西北角的2处均为露天炮位，一圆形、一方形。西北角的圆形炮台最小，直径10.5米，围墙高3.4米。正西圩墙设有方形护墙小炮台2座，正东1座为圆形。圩墙北侧的炮台最大，这就是李鸿章按照汉纳根的建议所筹建的增筑炮台。它规模庞大，直径达31米，围墙高5米。设施先进，安设150毫米口径克虏伯后膛炮2尊。炮台下建有弹药库和通道，用于储弹藏兵。西炮台各炮位之间用城墙连接，总长约700米。墙内侧设有跑马道，供传递信息使用。

烟台西炮台指挥所。大门匾额文字为"威震罘山"。王朝彬摄。

烟台西炮台的瞭望塔。王朝彬摄。

西炮台圩墙及炮位均用三合土夯筑而成，三合土以石灰、大黄米汤、蛤灰、牛毛等调制而成，只有东北角一座瞭望楼"兼用砖石"，异常坚固。

1901年，依据《辛丑条约》，烟台西炮台的大炮被拆除，但炮台幸运地被保存下来。1979年，被辟为"西炮台山公园"。1985年，在通伸岗西北部的垛山山头建起1座高19米的革命烈士纪念碑。1992年，公园更名为"西炮台国防公园"。同年烟台西炮台被评为山东省文物保护单位。2013年，被公布为第七批国家重点文物保护单位。

威震东海 —— 威海炮台

威海炮台为威海卫周边及附近岛屿众多炮台的总称。

威海卫在山东半岛北岸的东端，与辽东半岛的旅顺口遥相对峙，护卫着京畿重地，有扼虎铁钳、犄角相望之势，是渤海的门户，有"渤海锁钥"之称。

威海在古代本为滨海渔村，汉时称石落村，元时称清泉夼。明洪武三十一年（1398），为防倭寇侵扰，设威海卫，原属文登县地。永乐元年（1403）建威海卫城，名寓"威震东海"之义，威海之名即由此而来。威海卫城在渤海海湾西岸。海湾面向东北，南北两岸如二巨臂前伸，突入海中。它三面环山，南岸有摩天岭东西绵亘，西北有高山。海湾形若箕状，湾口有东西长3公里、南北宽2公里、高出水面约160米的刘公岛兀峙，有若海湾的箕舌，将水道分为南、北两口。南口（亦称东口）宽6.86公里，北口（亦称西口）宽4.63公里。北口水势较深，是主要航道。港内面积55.09平方公里，水面宽阔，冬不结冰，可以安全停泊各种船只。刘公岛素有"东隅屏藩"和"不沉的战舰"之称，其濒外海方向，山势险峻，无可攀登；南侧较平坦。其南有日岛，西有黄岛，此外还有众多岛屿分布海中，更增添了威海的险要之势，成为

威海卫刘公岛码头。王朝彬摄。

天然的海防据点。曾有文人墨客叹其险峻,称之为"形势天然鬼工造",又云"巨镇天开海国雄,屹然海际跨瀛东"。

威海炮台的"四君子"

明代所建卫城多配置一定数量的炮台和火炮。清代前期,山东在沿海要地修筑了一系列炮台。截止到雍正十年(1732),山东共建成海防炮台20座,其中,宁海州北岸祭祀台炮台,文登县南岸五垒岛炮台等在今威海市境内。此后,到第二次鸦片战争结束,威海并未进行大规模的炮台建设。

清同治十三年(1874),日本出兵台湾,清政府有感于海防空虚,认识到筹建海防之必要。早期改良主义思潮代表人物之一的郑观应,在其《易言》一书中最早提出在威海卫设立海军根据地、筑建炮台的设想。光绪元年(1875),山东巡抚丁宝桢上《筹办海防奏折》,对山东的海防进行了系统性的规划。但由于资金缺乏,规划中的威海卫多处炮台并未修建。

光绪六年(1880),李鸿章全权主持北洋所属奉天、直隶和山东的防务建设。鉴于海防经费紧张和防务的重要程度,中法战争之前,李鸿章把海防建设的主要目标放在购置北洋水师舰船,并对奉天的旅顺、营口和天津大沽口的海防炮台设施进行了近代化。光绪十三年(1887),旅顺的海防炮台、码头、军港等前期工程基本告竣,李鸿章决定开始对山东的炮台防务进行相关建设,先期建设北洋舰队的军港威海卫。

计划制定之后,李鸿章即派德国工程师汉纳根按照西式最新炮台样式进行设计,并派遣道员戴宗骞、总兵张文宣参与修筑。光绪十四年(1888),北洋海军在刘公岛正式成军,威海卫炮台建设工程亦全面展开。历经3年时间,到光绪十六年(1890)第一期炮台建设工程基本完工。工程进行过程中,有感于计划中的8座炮台火力略显薄弱,又增修了北岸黄泥崖炮台一座、南岸赵北口大炮台一座、刘公岛北地阱炮台一座、刘公岛西连接黄岛处炮台一座、日岛上地阱炮台一座,使威海炮台的数量达到13座。

随着威海卫军港重要性的逐渐加强,光绪十七年至二十一年(1891—1895)陆续又修筑了多座炮台。中日甲午战争中,又相继在威海卫海岸修筑了一些临时炮台。这样,威海卫共有炮台25座,构成了严密的海防体系。

威海卫的炮台包括海湾北端的北帮炮台群、海湾南端的南帮炮台群、刘公岛以及日岛炮台。北帮炮台由北山嘴、黄泥崖、祭祀台等海岸炮台，合庆滩、老母顶等陆路炮台，东里夼、棉花山、佛顶山、柴峰顶、远遥墩等临时炮台组成；南帮炮台由皂埠嘴、鹿角嘴、龙庙嘴等海岸炮台，所前岭、杨枫岭等陆路炮台，摩天岭、莲子岭等临时炮台组成；刘公岛炮台由东泓、迎门洞、旗顶山、南嘴、公所后、黄岛等海岸炮台组成[①]；另外，还有日岛海岸炮台。

黄岛炮台

黄岛在刘公岛最西端，原是一座孤立的小岛，落潮时可涉海而至。北洋海军进驻刘公岛时，因战备需要，填石筑路，将黄岛与刘公岛连为一体。黄岛炮台建于光绪十六年（1890），设计建造十分严谨，有4个进出口，炮兵可直接由坑道进入各炮位。兵舍依崖而建，顶部与炮台处于同一平面，安全隐蔽，冬暖夏凉。炮台安设各种口径大炮9门，其中240毫米口径平射炮4门，60毫米行营炮2门，速射炮3门。炮台地下坑道、兵舍、弹药库相互连通。坑道为砖石结构，水泥灌浆，石料为"石岛红"（由荣成市石岛地名、颜色属于红色调而得名）花岗岩。

威海卫之战中，黄岛炮台与威海湾北岸炮台配合，形成交叉火力，封锁海湾北口，给日本联合舰队以重创。甲午战败后，英国强租威海卫，1898年8月，两国的租借仪式就是在黄岛举行的。1988年，黄岛炮台作为刘公岛甲午战争纪念地的组成部分，被公布为第三批全国重点文物保护单位。1990年黄岛炮位及坑道经修复与保护，辟为黄岛炮台及兵器展览景区。

东泓炮台

东泓炮台坐落在刘公岛最东端。那里有一块长约0.3公里、海拔18米的岬角，其东南与皂埠嘴相对，共扼威海湾南口水道。此岬角周围水域深广，海浪腾涌，俗称"东泓嘴子""东泓梢子"。有大小两岛与之相连，故名大泓、小泓，炮台就位于大泓岛西侧。光绪十五年（1889），东泓炮台开始修建，次年建成，临威海湾南北出口交会处，南面威海湾南口航路，南口中央有日岛炮台，隔岸与威海湾南岸的皂埠嘴炮台遥相呼应。它包括兵舍、坑道、炮台、火药库、炮弹库等，占地

---

① 有人认为刘公岛现存东泓圆炮台、迎门洞炮台、旗顶山炮台是英租威海时期（1898—1930）英军所建。

面积1万平方米。坑道为砖石结构，拱券穹顶，最高处4米、宽3.2米，平均高、宽约2.6米，有完好的通气设备。兵舍在地道出口，依山而建，十分隐蔽。兵舍共有11间、每间约22平方米，可驻军500人，有7个大门可通外界，屋内互相贯通，进出方便。炮台设240毫米和120毫米口径平射炮各2门，75毫米口径行营炮6门，速射炮4门，共计14门火炮，是威海炮台中规模最大的一座。其中240毫米口径大炮，由德国克虏伯兵工厂制造，炮身长达840厘米，有效射程6000米，抛开最大仰角为22度，俯角5度，炮火可及刘公岛东部海面及南北两口，主要与日岛炮台、南帮炮台封锁威海湾南口。

东泓炮台由张文宣督建。张文宣在构筑炮台的同时，又沿刘公岛南海岸线，修筑南嘴防护土墙一道，起于最东端的东泓炮台，止于东村村东，长约千米，防御敌人由此上岸。山顶筑防护墙一道，东起东泓炮台以西，西达公所后炮台，顺山脊而行，长约5000米。另在东村以东的山沟中，于山腰处建总药库1座，于山脚下建甜水仓1座。

威海卫之战中，东泓炮台曾数次击退敌舰。日军占领炮台后，大炮被拆毁。

光绪二十四年（1898），英国强租威海卫、占领了刘公岛后，曾对东泓炮台地下坑道进行改造，增设通风发电机房、锅炉房等设施并驻有守军。新中国成立后，人民海军北海舰队某部海岸炮连进驻东泓炮台，增建兵舍东、西厢房和碉堡、瞭望暗堡等设施。1988年，作为刘公岛甲午战争纪念地的组成部分，东泓炮台被公布为第三批全国重点文物保护单位。2011年，修复后的东泓炮台对外开放。2019年6月，东泓炮台展馆全面落成并向社会免费开放。

旗顶山炮台

旗顶山炮台位于刘公岛最高峰海拔153.5米的旗顶山巅，居高临下，甚得地势之要，光绪十六年（1890）建成。炮台造型巧妙，坚固实用。炮台用坚固的混凝土、花岗岩砌筑而成。地面总体布局呈"一"字形，外面建有防护墙，由西向东分布4个炮位，安设240毫米口径和150毫米口径的平射炮各2门。火力除覆盖到刘公岛周围海面，还可支援岛上其他炮台，又可与南北两岸炮台配合封锁南北海口。地下暗堡包括兵舍、弹药库、蓄水池等。炮台面对防御方向的一面，借助山势，填培厚土；炮位周圈做砼防护坡，以防敌弹滞留。兵舍建筑顶部覆盖较厚覆土，使兵舍、弹药库隐蔽而坚固。内部设有通风通气孔，弹药库墙体与山体之间设防潮隔离层，避免了室内潮湿问题。该炮台集炮位、兵舍、炮弹库三位一体，炮位、兵舍、弹药库通过阶梯通道相互连通，各炮位所需炮弹可由弹药库直接提取，炮手可沿外部阶梯迅速到达炮位。炮位中设有人员、弹药掩体，使防御生存及逃生能力大为提高。

威海卫之战中，旗顶山炮台曾重创日军，后因大炮被日军炸毁，守台清军被迫撤退，炮台毁于战火。1988年，旗顶山炮台作为刘公岛甲午战争纪念地的组成部分，被公布为第三批全国重点文物保护单位。现在，它已修复并对外开放。

日岛炮台

日岛在刘公岛南部偏东海面上，距离刘公岛约2公里，东西长约120米、南北宽约80米，岛岸线长0.88公里，海拔13.8米，本是露出海面的一处礁石。远望似一衣漂浮，因而古称"衣岛"。又因从陆上观看，它恰处东方日出方位，加上威海方言中"衣"与"日"二字音近，由此经民间口头相传，在清初便改称日岛。

光绪十五年（1889），北洋海军从南岸运土，将日岛加高并在其上修筑炮台，次年完工。日岛炮台基本呈圆形，高出海平面约14米，整体筑有炮位、掩体、火药库、护坡墙等。炮位有两个大地阱，安设中国仿制的200毫米口径的英式阿姆斯特朗地阱炮2门。所谓地阱炮就是在地面上凿一个大坑，把大炮置于其中，配上液压装置，可以让大炮升降自如，有很好的隐蔽性。威海各处炮台中，安设地阱炮的，除了日岛炮台，仅有刘公岛北炮台一处。另外，日岛炮台还安设了口径120毫米平射炮2门，口径65毫米平射炮4门。炮台建成后，李鸿章曾亲临勘验，之后向光绪皇帝奏报，实验时"于隔海里外置靶，一击而中，瞬息升降，灵准非常"。因为日岛位置特殊，建于此处的日岛炮台俨然一座坚固的海上堡垒。

威海卫之战中，北洋海军提督丁汝昌为加强日岛防御力量，特令"康济"舰管带萨镇冰率领30名水手到日岛镇守。萨镇冰临危受命，带领炮台守军用仅有的8门火炮抵抗住了整个日本舰队25只舰上数百门速射炮的轮番围攻，官兵激战8昼夜，击退日本海陆军多次进攻，使日军未能向威海湾前进一步。经过殊死搏斗，日岛炮台本身损失也较为严重，已经到炮不能用、弹药全无的境地。但萨镇冰依旧孤军驻守，直到丁汝昌下令放弃这座失去作用的炮台，才率领守军撤回刘公岛。

威海卫战役后，日军对掳获的大炮等战利品和炮台，进行有计划的处置：易于拆卸搬运的炮械，均收集起来集中运回日本；拆卸搬运难度特别大或失去利用价值的，均炸毁或就近投入海中。日岛炮台2门地阱主炮，其中1门可能被日军运回日本，另1门受损的残炮如今被收藏在中国甲午战争博物馆——原北洋水师提督署，置于大门东侧露天展示。中国甲午战争博物馆大门西侧展示的4件铸铁构件，则是日岛炮台2门地阱炮的升降炮架。20世纪80年代初，这2副炮架在日岛炮台的海滩上被发现，当时的威海市北洋海军提督署文物管理所（1992年更名为中国甲午战争博物馆）予以收藏。

萨镇冰照片

1895年拍摄的被炸毁的日岛炮台

日岛炮台遗迹保存较为完好，作为刘公岛甲午战争纪念地的组成部分，1988年被公布为第三批全国重点文物保护单位。现已修复并对外开放。

中日甲午战争威海卫之战

中日甲午战争爆发以后，日军在黄海之战中获胜，夺取了黄海的制海权，又在1894年11月下旬攻入中国境内，占领了旅顺。日军大本营鉴于渤海湾即将进入冰封期，不便于登陆作战，遂决定暂缓执行进攻直隶的平原作战计划，而将战略进攻方向转至山东半岛，海陆配合攻占威海卫，企图歼灭黄海海战后撤退到此地的北洋海军舰队。

战前双方力量和部署

作为北洋舰队的重要海军基地和海军提督署所在地，威海卫构筑了较为完备的防护体系。截止到威海卫之战前夕，有大小炮台25座，岸炮160余门，守军19营；旅顺失陷前集结于此的大小舰艇27艘。按照李鸿章的指示，丁汝昌制定了固守威海卫港内、依托海岸炮台和舰队进行防御的"船台相辅"方案，并进行了防务部署。在海港区域，用防材[①]和水雷对南北两口进行防护：北口从黄岛到北山嘴，共铺设水雷7层、防材2层；南口方面，从刘公岛的东泓炮台到鹿角嘴铺设水雷5层、防材2层，鹿角嘴到日岛铺设水雷5层、防材1层。陆路方面，中日甲午战争爆发前，山东的陆军部署了47营2哨，总计约4万人。其中半岛海防前线区域登州、威海、烟台部署兵力17营1哨计8600人，以拱卫威海卫后路。到威海卫之战前夕，这一区域的兵力增加一倍，达32营3哨总计1.63万人。但是，从荣成到烟台300里日军容易登陆的区域兵力却相当不足，使得后来日军轻易占领了荣成，直接导致了威海卫后路的失陷。

日军方面，陆军在其第2集团军基础上组成"山东作战军"，下辖第3、第4旅和原属第6师的第11旅，共计2.5万余人。日本联合舰队对陆军提供运输和掩护，联合舰队此时拥有25艘主力舰和15艘鱼雷艇，对北洋水师在数量上有压倒性优势。后来在荣成湾登陆的日军总计3.46万人，马匹近4000匹，大炮近百门。日本侵略中国蓄谋已久，情报工作早在1872年左右就开始。1888年，威海炮台正在施工，日本海军大尉关文炳就以中国商人的身份潜入威海卫一带，用了70多天的时间详细考察，写了《关于威海卫及荣成湾之意见书》，对荣成湾的情况作了详细描述，成为后来日军选择荣成湾为登陆地点的重要参考依据。

威海卫陆路炮台保卫战

1895年1月19日，日本山东作战军在联合舰队护送下，分乘50多艘运兵船从大连湾出发，次日（光绪二十年腊月廿五）在山东半岛荣成湾龙须岛登陆，占领滩头阵地。日军之所以选择龙须岛为突破口，是因为龙须岛一带海岸地势平坦，全是沙滩，适于登陆；二是因为荣成境内清军防务空虚，登陆后可迅速切断威海卫北洋海军后路。登陆后，日军迅速击溃了荣成外围清军，攻占了荣成县城。

---

① 防材是由直径1.5尺，长度近12尺的木材相并横置，环以三条一寸三分粗的铁索而成。防材下端系以巨绳，并将铁锚抛于海底固定。

1月26日（光绪二十一年大年初一），日军分成两路从荣成向威海进发。29日，日军逼近威海南帮炮台。30日凌晨，日军对南帮炮台发动总攻，计划由陆军强占陆路炮台，海军舰炮对南帮炮台和刘公岛炮台进行射击，以牵制北洋舰船。

日军首先对摩天岭炮台进行了攻击。摩天岭是威海南岸群山中的最高峰，控制了摩天岭也就控制了威海南岸制高点，因此摩天岭炮台的争夺战对中日双方都意义重大。摩天岭炮台是威海之战前夕修筑的临时炮台，周围筑有土堆墙，土堆外挖有深沟，沟外有用树木枝干设置的鹿砦（zhài），沟堑与鹿砦之间埋设地雷。炮台上有行营炮8门，而守军只有不久前招募的一营新军，营官周家恩是一员猛将。摩天岭炮台争夺战打得十分激烈。一开始，日军分散进攻，从侧面向摩天岭推进。清军从摩天岭发炮迎击，邻近的杨枫岭炮台也相机助战，北洋舰队的定远、镇远、来远等舰也驶近岸边开炮支援。日军放炮应战，其司令、陆军少将大寺安纯亲自督战。冒死推进的日军在布雷区踩中地雷，连环雷接连爆炸，可惜这些旧式地雷杀伤力不强。后来日军改变战术，先占领摩天岭西侧山头，然后向摩天岭发起攻击。周家恩指挥全营官兵，连续打退敌人多次冲锋。日军三次爬上炮台，守军与之展开肉搏战，将其打退或歼灭。周家恩身中数弹，仍指挥仅存少数士兵与敌人拼杀，最后一营官兵全部壮烈牺牲。日军攻下摩天岭炮台后，欣喜若狂的大寺安纯登上摩天岭准备观察清军其他炮台情况，被北洋舰炮击中，当场毙命（一说受重伤，10天后才死）。

攻占摩天岭后，日军又很快攻陷了杨枫岭炮台。在进攻杨枫岭炮台的同时，对南岸的龙庙嘴炮台也发动攻击。龙庙嘴炮台位于南帮炮台西部，不在南帮炮台长墙地沟的保护之内，守军仅40人，要是敌人从后抄来，必先失守。丁汝昌在战前就料及于此，曾建议将此台毁弃，以免落入敌手为其所用。事实不出丁汝昌所料，日军进攻南帮炮台，果然从龙庙嘴炮台下手。攻占了龙庙嘴炮台后，日军向鹿角嘴炮台发起进攻，也很快得手。之后，又相继攻陷了百尺崖和所前岭陆路炮台。至此，南帮海岸炮台中仅剩下皂埠嘴炮台。

皂埠嘴炮台是威海所有炮台中规模最大的。台上设有6门大炮，其中280毫米口径克虏伯炮2门，240毫米口径克虏伯炮3门，150毫米口径曲射炮1门。这些火炮威力巨大，致使日舰不敢驶近威海海面。为了攻下这座炮台，日军一面用从清军手中夺取的杨枫岭、龙庙嘴、鹿角嘴等炮台上的大炮，轮番向皂埠嘴炮台轰击，一面调集日舰从海上发炮打击。在两面夹击的不利形势下，守台清军还击沉了一艘敌舰。但在关键时刻，信号官擅自逃离，致使炮台与海军及刘公岛失去联系。不久，炮台守军也在敌人炮火的疯狂轰击下全部阵亡。1月30日下午1时，皂埠嘴炮台沦陷。为免失守后炮台大炮被敌所用，丁汝昌派出敢死队前往炸毁了皂埠嘴炮台。至此，南帮炮台全部陷落。

在进攻南帮炮台的同时，日军对南北帮炮台之间的虎山也发起进攻，虎山也被攻陷。1月30日到2月1日，日军对南帮炮台的外围进行"清剿"，相继攻占了南北虎口村和孙家滩，完成了对威海北帮炮台的包围。2月2日，在攻占威海卫城后，日军开始对北帮炮台发动进攻。北帮炮台原本驻有6营绥军，并拥有3座海岸炮台和8座陆路炮台，有各种大炮40余门。但随着南帮炮台的陷落，北帮炮台守台士兵四散逃亡。鉴于北帮炮台防守力量不足，丁汝昌下令将炮台和大炮尽数炸毁，全军退往刘公岛驻守。2月2日，日军从威海卫城向北帮炮台进发，不费一枪一弹占领北帮炮台。南、北帮近20座炮台就这样失守，不少大炮军械还成了日军进攻刘公岛和北洋海军的得力武器。

刘公岛保卫战

南、北帮炮台陷落后，孤悬海面的刘公岛、被封锁在港内的北洋舰队失去了后路依托，处于日军海陆两面夹击之中，形势岌岌可危。在此艰难困境下，刘公岛、日岛守军和北洋海军与来犯之敌进行了艰苦卓绝的战斗，虽以失败告终，但其大无畏的英雄气概光耀千秋。

2月3日，日本联合舰队与陆军从海陆两路向刘公岛发起了大规模的进攻。北洋舰队和刘公岛炮台守军英勇还击，发炮击伤了"筑紫""葛城"2艘日舰。水陆夹攻一时难以奏效，日军决定改变策略。2月4日夜和2月6日黎明，日军分别派遣15艘军舰和5艘鱼雷艇偷袭威海港，相继击沉北洋舰队的"定远""来远""威远""宝筏"4艘军舰，北洋水师实力严重受损。

由于北洋舰队舰船的巨大损失，日岛炮台的作用受到高度重视。炮台虽然只有30名守军，但在萨镇冰的率领下，作战非常勇猛顽强，官兵誓死抵抗，击中日军"扶桑"等舰只。由于日军成百上千的炮弹投向炮台，2月7日，炮台大炮中弹被毁，弹药库起火，丁汝昌只得挥泪拔寨，舍弃这座瘫痪的炮台，命令守军撤至刘公岛。

正当战斗激烈进行时，北洋鱼雷艇管带王平率10余艘鱼雷艇和2艘汽船乘机逃跑，被日舰追及，大部分鱼雷艇被击沉，北洋海军损失惨重，军港内的北洋海军舰船只剩下12艘。但各舰在丁汝昌的指挥下，仍然奋力反击敌人。

2月8日，日军继续炮击刘公岛，岛上的水师学堂、机器厂、煤场等重要设施毁于炮火，港内战舰只剩下11艘，但各炮台仍奋力还击，击毁了敌人据守的南帮鹿角嘴炮台的1门火炮，并重创2艘敌舰。9日中午，"靖远"舰中弹搁浅。10日上午，日军鱼雷艇再次偷袭威海港，但被北洋海军击退。此时，北洋海军仅存战舰4艘、炮舰6艘、训练舰1艘，弹药将近，粮食短缺。这时，在北洋舰队服务的外国船员英国人泰莱及德国人瑞乃尔等散布失败情绪，威逼丁汝昌向日军投降，遭到丁严辞拒绝。为避免战舰落入敌手，丁汝昌下令炸沉负伤的"靖远""定远"等舰船。10日夜，"定远"舰管带刘步蟾愤然自杀殉国。

2月11日，日军再次以海陆两路发动猛烈进攻，十几艘日舰狂轰刘公岛东泓炮台。炮台守军虽然疲惫不堪，但仍奋力反击，并连续击伤"天龙""葛城""磐城"3艘日舰，"天龙"舰副舰长中野大尉丧命。日舰被迫退出。日军进攻失败后，南岸日军炮火更加猛烈，东泓炮台2门大炮先后被毁，守军伤亡殆尽。是日晚丁汝昌接到密报：王平逃到烟台，向登莱青道刘含芳谎报威海已失，刘含芳据此报告山东巡抚李秉衡，途中援兵遂被调往莱州。援军无着，最后一线希望破灭，但丁汝昌仍然决心同敌决战，并连夜召集管带、洋员开会，提出冒险突围，多数将领表示反对，纷纷散去。12日清晨，丁汝昌服毒自杀。丁汝昌自杀后，牛昶昞与外国洋员浩威等人，起草了投降书，以丁汝昌名义向日军投降。2月14日，牛昶昞、程璧光代表清军在投降条约上签字，刘公岛沦陷。17日，日本联合舰队开进威海港，北洋海军全军覆没。

威海卫和山东半岛的失陷，使京畿地区门户洞开。位于旅顺的日军也展开进攻，连破凤凰、营口、海城、牛庄等地，清军全线溃败。清政府派遣李鸿章前往日本和谈。1895年4月17日，中日《马关条约》签订，中日甲午战争结束。1898年，英国强租威海卫和刘公岛，直到1930年，当时的中国政府才将被英国殖民统治32年的威海收回。

1949年以后，威海港和刘公岛长期为解放军管理，1985年才正式对外开放。1985年，成立威海市北洋海军提督署文物管理所；1992年，管理所更名为中国甲午战争博物馆；2009年，博物馆更名为中国甲午战争博物院。博物院主要场馆除陈列馆外，炮台以及水师学堂、丁汝昌纪念馆、北洋水师提督署、北洋海军将士纪念馆等与甲午战争威海之战相关的史迹均涵盖在内。

胶澳要塞——青岛炮台

青岛炮台,包括晚清光绪年间和德占时期所修炮台。

胶州湾位于山东半岛东南隅,群峰逶迤,海岸曲折,多岛屿、岬角,形成近乎内海的天然良港。青岛就坐落在胶州湾畔,内、外口无论潮之涨落,吃水最深之船可以随时出进,实为海军之地利,南、北洋水师总汇之区也。"山东胶州海口,内湾宽深,可容巨舰,外口狭窄,易于防守;口门左右依山为险,敌兵不能抄袭;地气和暖,严冬不冻,实为天然船澳。"因此,晚清政府选择在此设防,修筑炮台。西方列强也看中其军事良港的潜质,德军将其强占之后,进行了大规模的炮台修筑。

晚清时期胶澳三大炮台

胶澳是青岛市的别称之一。早在明朝洪武初年,因为倭寇频频侵扰山东半岛的莱州、登州等地,明朝政府就在胶澳地区设置了多处卫所。其中,在浮山所设置了4个军寨、18个墩堡、9个军屯和4座炮台。据乾隆刻本《山东通志》记载,截止到雍正十年(1732),山东共建成海防炮台20座,其中的即墨董家湾炮台、崂(chán)山口炮台、黄龙庄炮台,胶州古镇口炮台、唐岛口炮台、青岛口炮台,在今青岛市境内。晚清同光年间,李鸿章受命筹办北洋海防体系,其重要内容之一就是青岛胶澳的设防。光绪十七年(1891),总兵章高元率部在胶澳设防,青岛始建置。李鸿章命令章高元在胶州口,

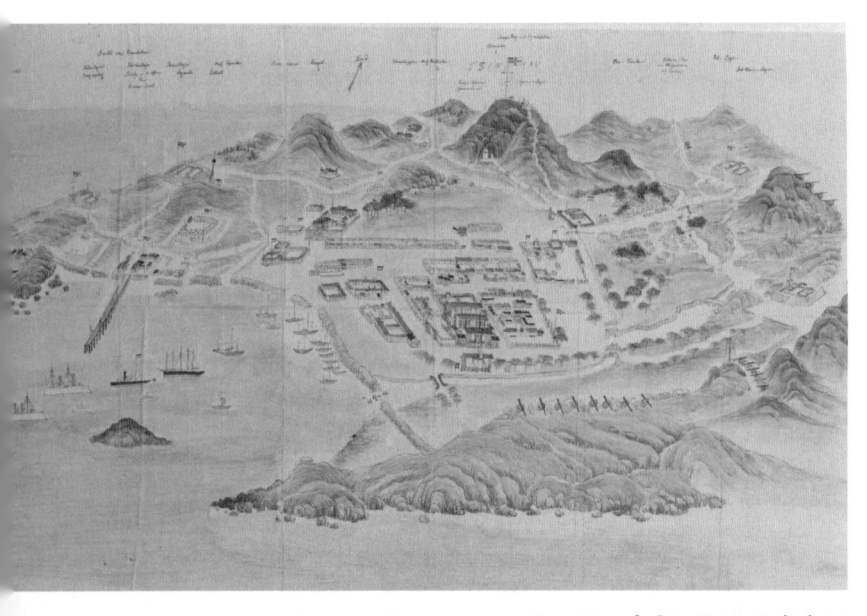

德国人于1897年绘制的章高元部驻防青岛图

择定基址，建筑炮台。章高元在青岛（一座小岛）、团岛、西岭择定三座炮台的基址和驻军营房，经过二年多的建设，青岛胶州湾的防务体系初具规模，成为北洋海防体系的一个重要组成部分，青岛也骤然成为海上军事要塞和海疆重镇。光绪二十年（1894），中日甲午战争爆发后，章高元率部参战，青岛的炮台工程随即停工。光绪二十一年（1895）11月，章部回防青岛后，清政府因支付巨额战争赔款而无力重建海防，胶州湾防务呈半废弛状态。由于经费缺乏，青岛、团岛、西岭等三处炮台迟迟未能竣工。到光绪二十三年（1897）德国强占青岛时，仅青岛炮台（又称衙门炮台）完工。

青岛炮台

炮台位于青岛河口以东山坡，今青岛市市南区金口二路一带。此处地势高畅，正面扼青岛海口，与章高元总兵衙门和前海中的小青岛呈三角形，军事地位重要。由于青岛炮台距总兵衙门很近，因此又被称为衙门炮台。青岛炮台主体工程为三合土夯成，安设了3门口径为150毫米的克虏伯加农炮，成为清军在青岛要塞的主要防卫力量。1897年11月13日下午，德国海军远东舰队3艘军舰奉德皇威廉二世之密令，驶入胶州湾。德军将1艘军舰停泊在胶州湾内，而将2艘主力舰停泊在青岛口外，与青岛炮台和小青岛成三点一线，用小青岛来遮挡青岛炮台的视线，秘密进行登陆突袭准备。14日清晨，德军从3艘军舰上乘小船登陆，兵分九路，分别占领各炮台、兵营、军火库和主要山头。德军首先袭占了青岛炮台，扯下清朝龙旗，升起德国鹰旗，逼迫章高元率清军撤出青岛。德国占领青岛后，一面增修原清军炮台，一面扩建新式炮台。青岛炮台成为德国在青岛的五大海防炮台之一。1914年日德战争爆发后，青岛炮台在反击日本军舰进攻中发挥了重大作用。德军在战败投降前夕，将青岛炮台炸毁。现在，该炮台已无痕迹可寻。

团岛炮台

团岛濒临胶州湾口，旧名淮子口，因其地势平坦又称坦岛。原先为岛屿，形状团圆，故名团岛。德国侵占青岛后，称玉牛山。日本第一次侵占青岛时，改叫游内山。1922年中国政府收回青岛后，定名为团岛并一直沿用至今。团岛岬位于青岛市区西南端，为近海小岛，形如三角，紧扼胶州湾口。德国侵占青岛后，将岛陆之间的海汊填平，团岛从此成为陆连半岛。团岛半岛三面临海，岸礁密布，形势险要。光绪十七年（1891），李鸿章与山东巡抚张曜来胶州湾实地勘察，对团岛的形势之险峻、地理之重要赞叹不已，遂派章高元在此修筑了著名的团岛炮台。炮台为三合土夯筑，规模较大，费时5年仍未建成。德军侵占团岛炮台之后，在清军炮台的基础上进一步扩建，安置了3门88毫米加农炮，并在炮台附近修建了大规模的地下暗堡，面积数百平方米，有二处洞口，内有大小房间十余间，上覆厚土，极为掩蔽，成为德军青岛要塞中直接扼守胶州湾航道的海防炮台。1900年，德国人在炮台前方海岬修建了著名的团岛灯塔。日德战争中，团岛炮台亦被德军自行炸毁，但地下暗堡保存完好。

西岭炮台

西岭炮台在团岛北约1公里一处海拔40米左右的山丘上。山丘名为西岭，炮台建于西岭之巅，亦是三合土夯筑，西临胶州湾，南邻团岛，扼胶州湾口，形势极为重要。遗憾的是，西岭炮台未竣工便被德军侵占。德军对其扩建，修筑了2处大型地下暗堡，安设4门口径210毫米加农炮，并改名为台西镇炮台。德军投降前，炮台也被炸毁，但地下暗堡保存至今。

德军青岛要塞炮台

由于青岛是一处天然良港，德国侵略者对其觊觎已久，19世纪60年代就派人有计划地对胶州湾进行调查研究。1897年11月13日，德军以此前发生的"巨野教案"[①]为借口，强行占领胶州湾。次年3月，以武力逼迫清政府签订《胶澳租借条约》，强行租借青岛99年。袭占青岛后，德军最初仍然利用清军留下的海防设施进行防卫。很快地，德国人将青岛规划定位为海军基地、港口和行政经济中心，因此，拨巨款进行大规模军事建设，修筑了炮台、堡垒和兵营等一大批军事设施，将青岛建设成当时先进的永久性军事要塞。

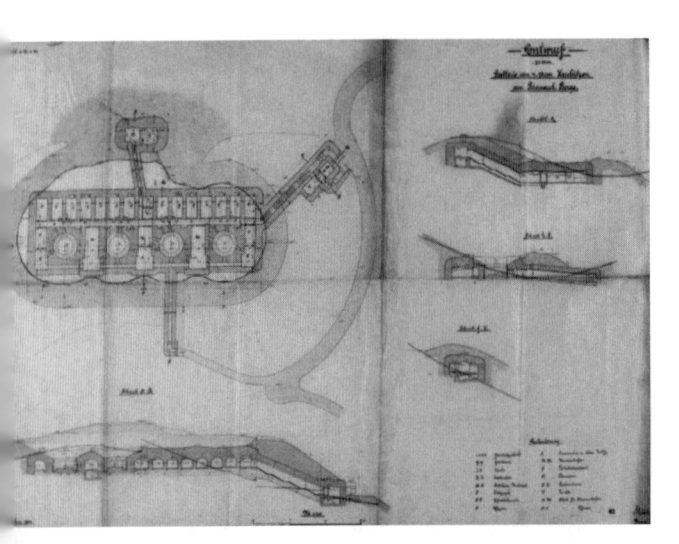

1904年俾斯麦炮台炮台设计图样

---

① 巨野教案是光绪二十三年（1897）十一月一日发生在山东巨野的二个德国传教士被当地民众所杀事件。

德军修筑的炮台，包括永久性和临时性两类。永久性炮台分为海防炮台和陆防炮台。在前海一线，修筑了团岛炮台、台西镇炮台、衙门炮台、俾斯麦南炮台、汇泉角炮台等五大海防炮台。在市区主要山头上，修筑了俾斯麦北炮台、伊尔奇斯北炮台、伊尔奇斯东炮台、仲家洼炮台等四大陆防炮台。日德战争前夕，德军又抢修了一批临时性炮台，其中最重要的有大港油库、毛奇、台东镇西、台东镇东、伊尔奇斯山、伊尔奇斯山南、伊尔奇斯角北、伊尔奇斯角、仲家洼西和大港活动炮台（装甲车炮台）等。

俾斯麦炮台

俾斯麦炮台位于今青岛山上。青岛山又名京山，地处青岛市的市南和市北两区交界处，海拔128米，是青岛市区的第二高峰。德占期间，青岛山被冠以德国铁血首相俾斯麦的名字，因此青岛山炮台又被称为俾斯麦炮台。1899年，俾斯麦炮台开始修建，整个工程规模浩大，造价不菲，直到1905年才全部竣工。

（一）俾斯麦炮台的构成

俾斯麦炮台主体由北坡的陆防炮台和南坡的海防炮台以及地下指挥室构成，在整个青岛要塞体系中占有重要地位。

北坡陆防炮台

北坡的陆防炮台规模较小。炮台选在海拔约100米的高地西侧，依山坡而建。炮台东、北、南方为花岗岩高坡，西侧为一凹地。炮台炮位依岩壁而筑，既隐蔽又坚固，安设2门1895年式210毫米口径克虏伯大炮，炮身可作360度旋转，最大射程1300米，主要对付东北方向来犯之敌。在炮台西南侧石壁下，修筑了近400平方米的地下暗堡，用于储存弹药、给养及供值勤官兵居住。

德军青岛山北坡陆防炮台

南坡海防炮台

海防炮台修筑于青岛山南坡的一处凹地上，俯视汇泉湾，背倚青岛山主峰，西靠青岛山余脉。炮台前沿有一道厚厚的掩体，将火炮和炮台严密遮掩起来。南炮台共修筑4个炮位，安设德国最新1904年式的280毫米榴弹炮，系德国青岛要塞区最大火炮。其炮身重达59吨，炮架可作360度全方位旋转，最大射程12公里。青岛近岸处，自东向西一字排开的浮山所湾、太平角湾、汇泉湾、青岛湾、团岛湾，甚至西侧的胶州湾南部海区，都在其火力控制范围之内。炮台台基为钢筋混凝土浇筑，是德国

被破坏的青岛山南坡海防炮台

青岛要塞最大和最重要的一处炮台。炮台附近还装备了当时德国所具有的最大功率、照射距离最远的探照灯，以防敌舰偷袭。在日德战争中，探照灯曾多次遭日军轰炸，却没有被击中。

地下指挥部

在南坡炮台后侧的山腰台地上，德军修筑了庞大的地下军事指挥部。该指挥部坐落在主峰南坡一块突出的高地平台上，是一座隐蔽式堡垒。据相关资料记载，修建这样的堡垒，要先将山体挖成大坑，再用钢筋混凝土浇筑，然后在上边填埋土石恢复原貌，种植草木，因此既坚固又隐蔽。地下指挥部规模宏大，结构复杂，功能齐全。

地下指挥部整体设计为3层立体结构，局部5层，总面积达1600平方米。地面有3个主出入口和3个紧急出入口。最大的主出入口，位于指挥部与青岛山主峰之间洼地处，北向，有3道厚重的铁门掩蔽，直通中层，可抵挡当年最强大的火力攻击。最为独特的是，3道铁

德军青岛要塞地下指挥所出入口。王朝彬摄。

门的门框高度为1.7米，这样的高度使得进入堡垒内部的人，必须是慢步进入通道。这就是说，万一指挥部出入口被敌人发现而攻入，攻入的敌人只能一个个依次"慢步"进入，而不能奔跑。如果奔跑，其头顶就会撞到铸铁门框上。另外2个主出入口设置在炮台西侧岩壁下，连接堡垒的最下层。地下指挥部上方修建了许多通气管道，它们隐蔽在树木丛中，至今保存完好。此外，还设有防潮、防水隔离带。

指挥部上层为军事观测区，主体建筑是瞭望观测塔和水井。观测塔为装甲旋转塔，分为塔台和值更室两层。这座观测塔自重6吨，连同框架总重160吨，钢板厚10余厘米，塔下有44枚直径50毫米的钢球支撑，使顶部半球形旋转盔可以轻便地转动，能够360度全方位旋转。人在操控台，以摇动手柄来操控旋转盔观察和瞭望胶州湾进出的船只及周围情况。塔座南侧和西侧立面上，各设有2个向外凸出的弧形定向射击孔，可供4个士兵同时值守。据说，这座观测塔是在德国分段铸造后运抵青岛，以螺栓锁紧装配而成。历经百年风雨，这座观测塔并未锈蚀腐烂，现今仍可360度旋转。观测塔旁为水井房，水井提供指挥部的日常用水。水井房有直通地面的竖井式紧急出口1处（另外2处紧急出口位于中层的东北角）。

中层为作战指挥区。4个直径6.6米的圆形炮位占据了主要位置。圆形炮位之间为士兵住处。南侧为8个弹药库和火炮备件库、储藏室、电报室等。一条宽1.5米、带轨道的中央通道，将西南侧的主入口和内部的弹药库、炮位等主要房间相连接，弹药可由主入口方便地输送到各弹药库，各弹药库更可使用轨道方便地输送到相应炮位。在地堡西北角是共有两层7个房间的军官住室。

下层为后勤生活区，有医务室、厨房、发电机房和锅炉房、卫生间等。

所有作战指挥所需的设施在地下指挥部中应有尽有，连停电时应急所用的蜡烛灯台、敌人攻破后的阻击掩体等都齐备。这里是一个完整的作战单位。

第二指挥所

炮台还设有第二指挥所。该工事位于青岛山的最高处，地下2层，由观测塔与值更室和1间小辅助房间组成。

地下通道

据说德国人由炮台与山下俾斯麦兵营（今中国海洋大学鱼山校区北半部分）之间还修建了地下通道，但它至今尚未被发现。德军在青岛的主要炮台、兵营和码头之间都建有秘密通道。有些通道与城市下水道相连通，建得非常隐蔽、坚固，而且非常宽敞，运送兵员、弹药均不成问题。

a: 青岛山炮台地下走廊。b: 青岛山炮台通往地下二层之走廊（未对外开放）。c: 青岛山炮台地下炮位及其大炮。d: 青岛山第二指挥所观测塔。e: 青岛山第二指挥所值更室。f: 青岛山炮台地下发电机房。傅光中摄。

（二）炮台修筑之谜

建设俾斯麦炮台这样庞大的要塞工程，是不可能完全由德国军人实施，而是需要大量劳工的。那么，这些劳工来自何方，工程结束他们又到哪里去了呢？令人迷惑不解的是，关于俾斯麦炮台建设的劳工情况，至今查不到任何文献记载，甚至连坊间传闻都没有。1960年，青岛市博物馆工作人员郑贝满曾访问过2位时年80多岁的老人，对方告知：这些劳工是从广东用船运来的，到青岛后在德国人的监押下进行建筑工作。据说炮台修完之后，这些劳工被德国军舰运往外海秘密杀害，尸体被抛入大海。因为时间久远，没有任何文献资料可资证明，现已无法查证这一说法是否属实。但无论如何，这个说法为俾斯麦炮台的劳工之谜提供了一种可能性，而且是相当大的一种可能性。

(三)炮台现状

日德战争中,俾斯麦南炮台及其火炮被德军自行炸毁后,未再修复,但地下军事指挥部保存良好。日军占领青岛后,将俾斯麦山改名为万年山。抗战时期,日军在山上修筑了一批地堡工事。解放战争中,国民党军队也在山上修筑了地堡和炮兵阵地,现仍有部分保存下来。建国后,青岛山成人民海军的高炮阵地,地下堡垒成为军队营房。1984年,青岛山移交地方管理。1996年,青岛山被辟为旅游景点,修复后的地下堡垒于1997年11月开放。1998年3月,青岛山炮台遗址展览馆落成开放。2006年,青岛山炮台作为青岛德国建筑群的组成部分,被公布为第六批全国重点文物保护单位。2018年,在第一次世界大战结束100周年之际,青岛一战遗址博物馆在青岛山一战遗址公园开馆。

汇泉角炮台

汇泉角原名会前岬,是胶州湾口北岸一狭长海角,位于青岛市南区,由东北向西南延伸至海中。该岬角海拔30米,地位突出,形势险要,东与太平角、西与团岛隔海相望,系胶州湾重要门户。

德国侵占青岛后,鉴于汇泉角是扼守胶州湾外口和青岛前海的最佳位置,遂在此建设海防炮台。1901炮台开工,次年建成。这是德国在青岛自行设计建成的第一座永久性炮台。

炮台位于汇泉角前端岩石上,钢筋混凝土浇筑,配置了240毫米口径和150毫米口径的加农炮各2门。火炮为克虏伯炮塔式旋转火炮,原为清政府从德国购进后安装在天津大沽口炮台的海防大炮。1900年德国参加八国联军侵华,攻占大沽口后,德军将这些火炮劫掠到青岛,安置在汇泉角炮台上。炮台前后方建有大、中、小3处地下暗堡,内有数十个房间,用于储藏弹药、给养,以及观测哨、指挥所和执勤官兵住所,并有数条地道通向数里外的伊尔奇斯兵营等要地。

汇泉角炮台是德军永久性海防炮台最东边的炮台,也是外来舰船进入胶州湾航道的第一道门户,战略地位十分重要。德军除修建大规模炮台和地下暗堡外,更在炮台周围挖掘壕沟,修建围墙、铁丝网,禁止平民入内。岛上

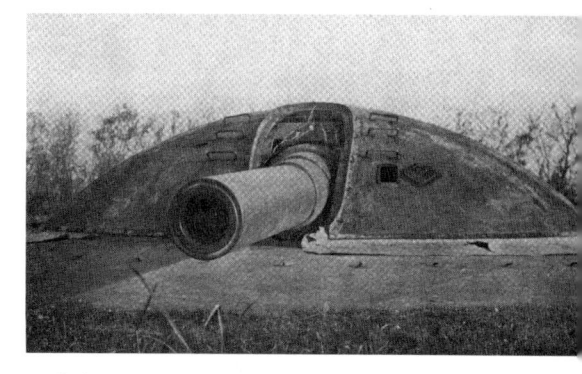

汇泉角炮台的240毫米口径加农炮

遍植林木，非常隐密。1914年日德战争爆发，日、英舰队向青岛发动多次进攻，均被汇泉角等炮台火炮击退。在炮台火力支援下，留在青岛港内的德军90号驱逐舰曾匹马单枪地驶出胶州湾，在汇泉湾前方海域与日、英军舰搏战。汇泉角、青岛山炮台发炮支援，击沉1艘日舰。其后，汇泉角炮台成为日军炮击的重要目标，曾遭到日军海陆火力夹击，但未遭受重大损伤。11月7日，日军攻破德军防线，各炮台相继失守，炮台大部分炸毁，汇泉角炮台侥幸保全。汇泉角被日军占领，成为日军炮兵阵地。1922年中国政府收回青岛后，汇泉角被辟为炮台公园，对外开放，成为青岛重要旅游景点，"汇泉松月"尤为游客所喜爱。抗日战争期间，日本第二次侵占青岛，将汇泉角炮台德式大炮拆走铸造枪炮，并在炮台基址上安装新式火炮，以防盟军在山东沿海登陆。日本投降后，汇泉角驻有国民党军队。青岛解放后，汇泉角长期作为军事禁区。1984年，汇泉角炮台旧址被列为青岛市重点文物保护单位。今天的汇泉角炮台遗址已无大炮可寻，但地下暗堡仍保存完好。

伊尔奇斯山炮台

伊尔奇斯山炮台位于今青岛太平山上。太平山原名湛山，海拔148米，是青岛老市区山体最大、海拔最高的一座山。德军占领青岛后，以德国远东舰队一艘名为伊尔奇斯的战舰名，将湛山更名为伊尔奇斯山，其所建炮台也相应地称为伊尔奇斯山炮台。日军占领青岛后，将伊尔奇斯山改名旭山。1922年，中国政府收回青岛，这座山正式被命名为太平山。

1899年，德军在伊尔奇斯山动工修建了两处永久性陆防炮台，分别命名为伊尔奇斯山北炮台和伊尔奇斯山东炮台。两座炮台相距不远，都在伊尔奇斯山东山峰上。北炮台建于山峰北部的一块大平台上，台基用钢筋混凝土浇筑，安装了6门120毫米口径加农炮，是德军陆防炮台中规模最庞大、火炮门数最多、地位最重要的炮台。在炮台南侧山坡下，依山建成了地下暗堡。暗堡分上下两层，共有8个大房间，每层4间，各有大门出入。上层大门东向，为主门；下层大门隐蔽在一狭窄山沟中直通山下，十分隐蔽。

东炮台建在北炮台以东，两者相隔百余米。炮台位于主峰高地，山势高耸险峻，地形突出，可俯瞰东、北、南三个方向，是陆防最佳之地。德军在山上修筑了坚固炮台，安装了2门150毫米口径加农炮。在炮位后的峭壁西侧，依山建了地下暗堡，其门窗均朝西方。有一深沟连接炮台和外界，十分隐蔽。暗堡分上下二层，下层为主层，有大门2个，内有大房间6间；上层建筑面积仅为下层二分之一。从暗堡南部修有一地下隧道，蜿蜒通往西南高地一观测所内。另外，在面对大海的西南坡，修建了伊尔奇斯兵营。这些兵营、炮台、地下暗堡和通道构成了伊尔奇斯山炮台的防御体系。

除永久性炮台外，德军还在伊尔奇斯山修筑了多座临时炮台，这些炮台在日德战争中也发挥了重要作用。

苏杭喉吭 —— 吴淞口炮台

上海吴淞口位于黄浦江与长江的交汇处，地势雄壮而险要，古时曾被称为"水陆要冲，苏杭喉吭"，梁启超曾有诗曰："未至吴淞三百里，海波已作江波色。我生航海半天下，气象无如此雄特。"这里乃淞沪滨海要地，既是拱卫上海的前哨阵地，又是扼扬子江咽喉的重要支撑点，历来为国防门户、军事要塞与兵家必争之地。清政府曾在此修筑西、东、北、南和狮子林共五处炮台，扼守长江门户。吴淞口炮台是对这五处炮台的统称。

历次战争中的吴淞口炮台

吴淞口炮台建成之后，屡浴战火，是第一次鸦片战争、1932年"一·二八"淞沪抗战、1937年"八·一三"淞沪抗战、1949年解放上海吴淞战役的战场，它见证了中华民族的苦难与新生。

第一次鸦片战争吴淞战役

1842年6月16日，发生在长江口的吴淞战役是鸦片战争的一次重要战役，这一抗英战役在江南提督陈化成指挥下进行。

发动吴淞战役，是英军控制长江及运河的水上运输、掠夺物资、增加要挟清政府筹码的重要步骤。但当时的清政府对英军的这一意图未能明察，在定海之战后，重点布防天津和北京，而对长江下游的防御不够重视，但陈化成还是做了充分的准备。

在陈化成的指挥下，吴淞口炮台的备战是严密的：从西炮台到宝山县城东门，土塘约六七里，由陈化成亲携总兵周世荣等率兵1300人驻守，布有大炮175门（一说154门）。浦东张家浜东炮台，由参将崔吉瑞驻守，兵力1000人以上，大炮50余门。除了大炮，还有火箭喷筒之类火器。西炮台后方的宝山县城阵地，由两江总督牛鉴率2000多人镇守，城墙上安置大炮50多门。县城西北有个小沙背阵地，由徐州镇总兵王志元率700人驻守。吴淞口内有战船16艘，另有新造水轮船4艘，每船有铜炮4门；还有各类小船、巡逻船、运输船70余条，部署在黄埔江面上。有侵略者曾用"壁垒森严"来描述吴淞口两岸的炮台防线，牛鉴奏报吴淞口"层层设炮，节节埋伏"，均非虚言。

针对清军设防情况，英军确定以皋华丽号等3艘重型军舰从正面进攻西炮台，以摩底士底号等4艘轻型军舰突入黄浦江，进攻西炮台并对吴淞镇和东炮台实施攻击，威胁清军侧后，并掩护英军于吴淞镇附近登陆。

当两艘重型英舰进入西炮台附近水域时，坐镇西炮台的陈化成下令开炮。他挥动红旗，指挥炮群咬住舰队旗舰皋华丽号，集中火力轰击，双方展开炮战，火光冲天，硝烟弥漫，吴淞口炮声震天动地。连侵略军也不得不叹服："自从和中国军队交手以来，中国人的炮火就属这次最猛烈了。"英军舰只被击中多次。激烈的炮战进行了二个半小时，英军舰队浓烟滚滚，只好暂时退出。

在前线战事激烈之时，两江总督牛鉴听到前线形势有利的消息，就大摆仪仗，乘着八抬大轿，准备到吴淞口视察。其队伍被英军舰队发现，知道准是朝廷官员，于是开足马力，朝前呼后拥的抬轿队伍轰击。一颗炮弹落到牛鉴身旁，随兵被炸死10余人，吓得牛鉴抛掉官服朝靴，队伍四散溃逃。牛鉴也混在溃兵中逃回宝山县城，后率兵向西逃往嘉定。驻守小沙背的总兵王志元，本来严阵以待，决心抗战，此时听说牛鉴败逃，也心慌意乱，弃阵而走。守卫东炮台的参将崔吉瑞也乘势放弃炮台而逃。这些守将不战而退，放弃了主炮台的外围阵地，使陈化成驻守的西炮台顿时背腹受敌，战局发生了变化。

到中午时分，只有陈化成所在的西炮台仍在继续抵抗。但英军的炮火十分猛烈，西炮台的大炮不是被敌炮摧毁，就是自己炸裂，土塘也被轰开了多处缺口，实际上已失去了屏障作用。英军开始在西岸实施登陆，清军大批溃逃，只有少数官兵与英军展开死战。吴淞把总龚增龄与英军肉搏，因寡不敌众被俘，他决不投降，被英军钉在木板上投于海中。陈化成的亲兵和身边的军官也大部分战死，最后只剩3人。陈化成身上6处受伤，最后又腹部中枪，料不能生，对武进士刘国标说"我不能复生，汝急免我首，掷体沟中"，说完后气绝而亡，时年66岁。当时刘国标也已受伤，他把陈化成的尸体背到芦苇丛中掩盖好，作好标记，然后脱下了他的一只鞋，逃了出来。在陈化成与刘国标交代后事时，英军正在逼近，还有一位姓王的士兵用大炮对准英军，进行掩护，所以刘国标得以逃脱。战后，陈化成的遗体被收殓在嘉定的关帝庙里，后归葬于家乡同安，清政府赐给他谥号"忠愍(mǐn)"。在吴淞和上海城内，都建有陈化成纪念馆并塑像供奉，每年到了陈化成生日，人们纷纷前往凭吊追念。

英军占领西炮台后，随之占领了宝山县城，东炮台也被英军两艘舰船上的陆战队占领。吴淞口失陷后，该地区的大小火炮一部分被毁，大部分为英军所获。

"一·二八"淞沪抗战在吴淞

1932年1月28日晚11时半，日本侵略军在闸北首燃战火。从开战起，敌人就利用其海空优势，向吴淞要塞区域发动进攻。当时的吴淞要塞，东、西两炮台已废，主阵地由第一线的南、北炮台和第二线的狮子林炮台组成，各台装备主力为清末从英国订制的阿姆斯特朗岸防大炮。

在上海抗击日军侵略的是十九路军，军长蔡廷锴见吴淞吃紧，立即将七十八师一五六旅旅长翁照垣调出闸北驻地，前往吴淞负责吴淞要塞的防卫。2月初，侵略军发动第一次总攻，战斗打得十分激烈。2月3日上午11时许，20余艘日舰呈半弧形进击吴淞炮台。下午1时许，12架日军飞机飞临上空轰炸，但均被我军击退。2月4日，日舰继续炮击轰炸，不少炮台被击毁，要塞参谋长滕久寿被炮弹击中，壮烈牺牲。在2月6日之前，日军10余次进攻，企图强占炮台要塞，被我军阻止。十九路军副军长谭启秀兼任吴淞要塞司令，与翁照垣共守吴淞。2月6日，日军二十四旅团在吴淞登陆，与原在上海的海军陆战队合力进攻吴淞。2月7日起，战事更趋激烈，我军阵地全线遭到敌军轰击，吴淞南、北、西炮台，大小炮全毁。2月8日、9日，日军多次增兵，但吴淞守军屡次击退日军进攻。10日，军长蔡廷锴前来督战并犒劳将士。12日，宋庆龄亲临吴淞前方阵地慰问。2月中旬，日军发起第二次总攻，我军数度反攻。3月1日，敌军发动第三次总攻。守卫吴淞要塞地区的翁照垣旅坚守不退，誓与炮台共存亡。直到3月3日，谭启秀和翁照垣奉命撤离吴淞，吴淞要塞才被日军全面占领。

"八·一三"淞沪抗战中的吴淞口炮台

"八·一三"淞沪抗战，又称淞沪会战，是全面抗战初期我国军民奋起抗击日本侵略军的重大战役。1935年，日本侵略者在上海到处寻衅，一场大战在所难免。鉴于吴淞口炮台难以封锁日舰进攻，有关方面向蒋介石建议：应在吴淞地区建设工事，更新岸炮。蒋介石批准了这一计划，吴淞口炮台再次得到扩建。炮台被建成了钢筋水泥阵地，大炮都是口径200毫米以上的岸炮，多数是长炮管的加农炮，一般射程在10公里以上，还配置了高炮以应对飞机空袭。1937年蒋介石下令对日作战之后，吴淞要塞从德国购进4门300毫米口径的海岸巨炮，另有10余门威力相当大的大口径火炮，想以此封锁吴淞口，使日舰无法进入上海。但因军事机密泄露，吴淞口炮台成了中日淞沪大战中日本第一个要摧毁的目标。淞沪战役打响，日本集中12架飞机，突然对吴淞口炮台发起攻击，轮流投弹轰炸，几十颗300公斤的大炸弹落到炮台上，使炮台瞬间成为火海。守台官兵还没来得及抵抗，10余门德国大炮还没发一炮就变成了废铁，吴淞口的门户被打开，日本军舰纷纷从海上拥来。

新中国的吴淞口炮台

上海解放后，吴淞口炮台又成了保卫大上海的前哨，为此人民解放军加固了炮台阵地。1950年9月，从华东军区抽调兵力组成海岸炮兵团，负责吴淞炮台海岸防御体系的修建。工程结束后，实现了东、西炮台火力交叉。后来，南京军区许世友司令员又决定在东、西炮台中间海域一块名为鸡骨礁的小礁石上修建一座岸炮台，该炮台修建完成后，东、西、中三座炮台构成了航道封锁线，敌舰从任何方向来犯，炮台都能有效命中。至此，吴淞炮台再次成为重要的海防要塞，在军事上起着举足轻重的作用。

1990年，为纪念鸦片战争150周年，上海市宝山区和当地驻军在西炮台废址设置"陈化成殉职处"标志碑。1992年5月16日，为纪念陈化成殉国150周年，坐落于上海宝山区友谊路1号临江公园内的陈化成纪念馆建成开馆，陈化成参与监铸的"平夷靖寇将军"大铁炮被陈列其中。

吴淞口北炮台遗址和西炮台遗址，分别在1984年3月和1992年6月，被公布为上海市文物保护单位。

20世纪60年代初期，因战备需要，吴淞口炮台用钢渣回填形成炮台山，并在沿江形成了大片钢渣地。近年来，上海市宝山区利用原有的长江滩涂湿地，在钢渣堆上建起了集科普教育、休闲娱乐、观光旅游于一体的吴淞炮台湾湿地森林公园，公园内建有吴淞炮台纪念广场。纪念广场由"威严之阵""英武之塑"和"下沉展窗"三部分组成，形成广场高台、广场中轴、广场斜坡和下沉展点相结合的梯状展示构架。广场最顶端，陈列着一门经历无数战役的清代古炮，另有多门抗战期间使用过的大炮，以及从日军手中缴获的大炮等战利品。

吴淞炮台及炮台湾，不仅仅是个地域名称，更是这一地区的特有文化元素。她曾经的显赫与悲壮以及仅存的炮台遗址与遗迹，都在昭示后人：勿忘历史，珍爱和平，开拓奋进！

锁航要塞 —— 江阴炮台

江阴炮台是指明清至民国时期分设于江苏无锡江阴城北、长江南岸的黄山、君山、萧山、长山诸处的一个炮台群。

江阴地处江尾海头，北临长江。城北黄山滨江而立，因为江阴是"战国四公子"之一的楚国春申君黄歇封地，黄山以其姓而得名。此山东西绵延3.2公里，最高海拔91.5米。地势平缓的长江三角洲冲积平原平均海拔5—6米，黄山于平地突兀而出，雄峙江干，陡岩峭壁，山峰兀立，隔江与靖江的孤山对峙，江面最窄处仅1.25公里。万里长江自京口折向东南，奔腾到此，骤然紧束，激流迎头被阻，突然改向东北，以汹涌澎湃之势滔滔入海。凭恃其独特的地理位置，江阴成为由海入江进入内陆，以及北方渡江南下的要冲，素有"江海门户""锁航要塞"之称。黄山西衔鹅鼻山、君山，东接萧山、长山、巫山，循江逶迤10余公里，这些临江的山峰便成为修筑要塞、布置炮火的理想地点。以黄山为主的江阴炮台群依山而建，"弹发一丸，海门可塞"，成为继吴淞口之后溯江而上的第二道江防要塞。

江阴炮台的兴替

从明代中叶起，我国江、浙、闽沿海常受倭寇侵扰，滨江近海的江阴首当其冲。崇祯八年（1635），为了防倭，明朝政府在江阴黄山的大、小石湾修筑炮堤，安设万历后期从荷兰购进的红夷巨炮8尊。这是江阴炮台的最早雏形。

清康熙二年（1663），正式在黄山、巫山及谷

江阴要塞黄山炮台隧道内景。王朝彬摄。

江阴要塞黄山炮台隧道大门。王朝彬摄。

溆、夏港、申港、芦埠港等处设置炮台；十二年（1673），又在黄山、萧山等处筑报警烟墩22个，防止海盗入侵。道光二十年（1840），鸦片战争爆发，江南水师提督陈化成在江阴增修石牌、黄田港2处炮台，连同黄山炮台在内，安置靖平炮、行营炮和红夷大炮多尊。1842年4月，英军云集吴淞口外，陈化成又在黄山小石湾赶修炮台2座，架设火炮数尊。5月，英军攻破吴淞口，舰队溯江而上，在吴淞战役中被吓破胆的两江总督牛鉴紧急下令拆除小石湾的炮台和火炮，并规定沿江各州县在英舰队经过时不得开炮。

《南京条约》签订后，道光二十三年（1843），两江总督璧昌从鹅鼻嘴起，经大、小石湾到黄山，沿江砌筑炮台15座。炮台基用三合土浇筑，顶部用2层原木夹浇35厘米三合土浆，有较强的隐蔽性和抗击力。安设江苏管理炮局所铸"耀威大将军"万斤铁炮和"振武将军"5000斤铁炮共56尊。同时，在北岸靖江的江边创设炮台、安置炮位。咸丰十年（1860）4月，太平军将领黄文金、李远继率10余万人，从常州沿江进攻江阴，江阴炮台在鏖战中悉数被毁。

1874年5月，日本公然出兵我国台湾，东南沿海局势骤然紧张。为防止敌舰由长江入侵，清政府开始筹建近代海军，加强海防，提督吴长庆在黄山的大、小石湾和仙人桥等处，以及长江北岸仿照西方式样构筑明暗炮台十余座。

光绪元年（1875），在江阴鹅鼻嘴炮台外，两江总督兼南洋通商大臣刘坤一又于长江北岸的十圩巷增筑炮台，两岸形成犄角之势。光绪三年（1877），船政大臣沈葆桢升任两江总督兼南洋大臣，鉴于"长江为南洋门户，江阴尤为中路扼要之区"，奏准将防守台湾有功的陆路提督唐定奎，从福建带武毅军八营、步水雷各一哨4000多兵力移防江阴。分左、右两军，由总兵张景春分统左军，总兵章高元分统右军，在黄山之南扎营屯守。此时，以黄山为主体的江阴要塞区域，包括靖江八圩、南通狼山、常熟福山等地。在高巷建火药库，于黄山设电报局。光绪七年（1881），唐定奎会同长江水师提督彭玉麟筹办江阴至吴淞口一带海防，修治狼山、福山、江阴炮台。光绪九年

(1883),续由张景春在黄山设立水炮台,以利抵近敌船射击,延伸火炮射程。

光绪十年(1884),两江总督兼南洋大臣曾国荃奏准添筑东、西两山明炮台,以新购西洋14英寸口径、800磅大炮及开花炮弹配置江阴炮台;又购置马梯尼快枪2000支分给守卫吴淞、江阴炮台的各营。不久,又采用铁、木、石料增建江阴炮台,配备新式后膛大炮,并辅以哈乞开斯炮。江阴4座大炮台,分建于小角山(即西山)、黄山二处。黄山旧炮台所存之80磅后膛炮,移设于大石湾明炮台。

光绪二十年(1894),中日甲午战争爆发,张之洞接任两江总督兼南洋大臣,再次对江阴炮台进行大规模改造,在黄山设立要塞总台官,选派洋教习朱臻仕等"优给薪粮"驻台教习操练,以后续设东、西两山及黄山巅大炮、快炮,又在黄山下筑火药库,萧山下创设水雷、工程等营,马鞍山下造无烟火药库。

经过多年的筹措经营,到光绪二十二年(1896),江阴炮台已具相当规模,炮台分置两岸。南岸分西山、东山炮台。西山称小角山炮台、共有6座;东山称黄山炮台、共7座。加上江北的3座,整个江阴要塞所筑炮台共16座。南岸依山,北岸依堤,计火炮63尊,以西山炮台火力最强。至此,江阴要塞形成了以黄山为主体,包括君山、鹅鼻山、萧山、长山、仙人桥及靖江的天生港、十圩港等地的炮台群,形成具有强大火力的防御体系。

光绪二十四年(1898),一部分低临水面的老台逐渐作废,半高之台则因无蔽护且多安设前膛炮难以与敌舰对抗,经整顿后共配置火炮70尊。光绪三十一年(1905),又在各炮台添设新式大炮。

宣统三年(1911)秋,辛亥革命爆发,受革命党影响的黄山炮台官兵支持江阴光复。1925年1月,第二次齐(直系军阀齐燮元)卢(皖系军阀卢永祥)战争波及江阴。要塞炮台台官孟毓发不愿卷入,与全台官兵携炮闩离去。战事结束,卢军旅长毕庶澄趁机拆卸一部分大炮机件,连同小炮等一并运走。

1932年初,日本侵略者在上海挑起一·二八事变,战后签订《淞沪协定》,吴淞炮台失去作用,江阴要塞成了长江第一道门户。为防日军入侵,南京国民政府于1935年在东山、西山、黄山、鹅鼻山构筑钢筋混凝土炮台,并建成弹药库、指挥所、观察所、机枪掩体等军事设施。次年,由宋子文向礼和洋行订购卜福斯炮厂移动式10厘米口径要塞炮12门,其后又多次购进克虏伯火炮。1937年七七事变后,又新增60门当时最先进火炮,江阴要塞的攻防火力大为增强。抗日战争中,江阴要塞炮台发挥了很大威力，1937年12月江阴要塞弃守时，炮台官兵将火炮工事破坏，一部分炮械运往江北仪征。1939年秋，时任新四军第一支队司令的陈毅来到江阴部署军事活动，见该国防工事变为废垒，感慨万千，写下了"江阴天堑望无涯，废垒犹存散似沙；客过风兴敌惶急，军民游击满南华"的诗篇。抗战胜利后，江阴要塞重建，构筑了更为先进的江防炮台，组成了更为强大的火力网。

江阴炮台大事记

江阴炮台作为重要军事基地，曾发生过许多重要历史事件。

辛亥革命前，著名革命党人、同盟会会员赵声（字伯先）于光绪三十三年（1907）担任江苏新军标统时，在江阴以训练新军为名，对炮台士兵进行革命宣传。

1912年10月19日，辞去临时大总统的孙中山先生，从上海乘坐联鲸号兵舰到江阴视察。孙中山一行于下午2时许抵达江阴黄山港，之后莅临炮台视察。在黄山炮台总台官王鉴、江阴县知事洪钟等陪同下，孙中山登上西山炮台，视察"格林大炮"，观看炮兵试演装弹、瞄准、放射。此炮口径18寸，炮弹重800磅，是江阴炮台中最大的炮。观看完实弹演习后，孙中山一行沿山梁前往东山视察。在东山之巅的炮台高处，孙中山兴致很高，用望远镜眺望滔滔东去的江水和房屋鳞次栉比的江阴城。结束为时3个多小时的炮台视察后，孙中山一行进入江阴县城，发表了《叫全国的文明，从江阴发起》的著名演说。

1913年8月，江阴黄山炮台2000余名官兵响应"二次革命"，宣布独立，并与袁世凯派来镇压的北洋政府海军舰艇进行斗争。1916年4月，江阴革命党人邢少梅、张继辉在上海的杨虎、蒋介石、杨闇（àn）公等人帮助下，策动黄山炮台官兵宣布独立，反对袁世凯复辟称帝，组成"江靖护国军"，发表《江阴独立宣言》。是年，年仅18岁的杨闇公利用军官教育团的关系，几次秘密来江阴黄山炮台策动官兵起义，反对袁世凯窃国称帝。

1937年七七事变爆发，国民政府海军部长陈绍宽率海军第一舰队司令陈季良，来江阴黄山江面执行沉船封江任务，构筑水下封锁线。八一三淞沪会战开始后，日军妄图打通长江航道，于9月至11月，先后出动飞机200多架次，对黄山炮台和停泊在江阴江面的国民党海军主力舰狂轰滥炸。在历时3个月的海空大战中，江阴炮台官兵凭险用炮火配合海军与日军作战，击沉日舰4艘，重创3艘，击落击伤日机8架，伤3架。其间，设在黄山东麓的国民政府海军鱼雷学校史可法102号鱼雷快艇，由太湖绕道黄浦江上游顺流而下，突然袭击停泊于黄浦江上的日军旗舰出云号，击伤其舰尾。

1949年4月21日，中国人民解放军百万雄师横渡长江。国民党江阴要塞7000多名官兵，在炮台总台长、中共特别党员唐秉琳为首的地下党策动下，举行了阵前起义。他们掉转炮口，用巨炮轰击国民党的江防军舰和陆军阵地。国民党苦心经营、固若金汤的江防要隘，变成了东路大军胜利南下的前进基地。

江阴炮台现状

江山易主，废垒犹存。江阴炮台遗址规模之大，保存之完整，出土文物之丰富，在全国炮台遗址中十分罕见。现存炮台遗址可分为明清古炮台、清末炮台和民国炮台。

清末古炮台由两江总督张之洞督建，目前尚存半圆式后膛炮台3座。1座位于今西山（旧称小角山）腰，另2座位于东山嘴（旧称黄山嘴）。炮台为腰形，低于地面约1.5米左右。置炮处有麻石槽排成半圆形，直径近6米。石槽深约10厘米，宽约28厘米，槽内有方形孔3行。内圈方孔紧靠槽壁半圆齿孔，计30个；中圈方孔亦为30个，外圈方孔计32个，均排列有序。石槽上阴刻有一到九编号的中文字，自西向东排列，石槽应为安置火炮传动装置的基础。东侧有巷道深约10米，内有弹药库约18平方米，分内外二间，外顶部用泥土覆盖，整个炮台为混凝土结构。东山嘴炮台与西山炮台式样结构及大小完全一致，两座炮台互相勾连，十分壮观。

民国时期炮台规模最大，保存最为完整。自东向西分布在数公里范围的各个山头。龙头山有6座，东山、大馒头山各1座，鹅鼻山2座，君山2座，共12座。另外，西山顶尚有巷道和弹药库一座，龙头山自东向西有机枪掩体3座，弹药库3间，席帽峰炮台总台观察所1座，基本保持了民国期间要塞炮台总台的布局。这些炮台均以钢筋混凝土构筑，有的依石壁凿垒，有的就山势铺筑甬道，有的地下工事曲深奇特，有的还连接地下火药库，千变万化，固若金汤。

1981年江阴炮台被列为江苏省文物保护单位，1985年被辟为风景区对外开放，2013年被公布为全国重点文物保护单位。今天在江阴黄山风景区，昔日古炮台与如画风景融为一体。每当中秋时节，江潮汹涌，形成江阴著名的八景之一"扬子秋涛"。1999年建成通车的江阴长江公路大桥也屹立于此。在此，游客们不仅可以饱览山水胜景，凭吊炮台遗迹，还可以欣赏"一桥飞架南北，天堑变通途"的壮丽景象。

滨海堡垒 —— 平湖市乍浦炮台

乍浦炮台包括天妃宫和南湾两座炮台，位于浙江嘉兴平湖市乍浦镇。现存天妃宫炮台位于乍浦汤山公园南端，南湾炮台与天妃宫炮台相距一公里，坐落于地势险要的南湾海边。

天妃宫炮台炮位外面。王朝彬摄。

天妃宫炮台炮位里面。王朝彬摄。

乍浦地处杭州湾北岸，是嘉兴的滨海要地，《浙江通志》载"乍浦一关，尤称紧要，控据海岸，翼蔽金山，外通羊洋大洋，实与江省相为唇齿"。特殊的地理位置决定了乍浦为海疆要地，江浙咽喉。明代筑乍浦城，设水寨，成为明朝沿海72座卫城之一。清康熙五十六年（1717），闽浙总督觉罗满保巡视沿海防御后，奏请增筑天妃宫炮台。雍正七年（1729），在乍浦苦竹山麓安设大炮3门，上建阅操官厅3间，乾隆四十六年（1781），该炮台因海溢废圮。道光二十一年（1841），浙江巡抚刘韵珂提请复建炮台，并添设大炮；道光二十三年（1843）增建营房10间，咸丰十一年（1861）又毁；同治十三年（1874），浙江巡抚杨昌浚提请重修，并建营房10间，安放铁炮10尊；现存天妃宫炮台，系同治十三年（1874）重修。炮台占地约400平方米，东南朝向杭州湾。呈扇形状，共有4个炮位，系用石灰、糯米、砂、明矾混合浇筑而成。炮台外沿用长方形块石垒筑，长5.63米，宽1.65米至1.8米，高出海滩5米，遗存铁铸大炮3尊。其中，西首第一尊铁炮镌有"1845"铭文，中间一尊炮身镌有铭文"蟠龙"和"江南制造总局光绪甲申（1884）年造"；东首一尊建造于道光十五年（1835），炮身镌有铭文"52-2-2/1835造"。

南湾炮台在乍浦当地称新炮台。据史料记载，南湾炮台始建于19世纪末，光绪二十年甲午中东一役，海军战败，南北震惊，沿海各省相率戒严，乍浦乃"浙西第一门户"，巡抚廖寿丰亲临乍浦，择险设防，后来决定添筑南湾炮台一座，秋间开工，期年而成。现存炮台2座，用石灰、沙、糯米混合浇筑而成。炮台中间的铁炮由上海江南制造总局于光绪十四年（1888）建造，为当时最先进的阿姆斯特朗技术，炮膛内有膛线。铁炮总重达16.7吨，炮身可20～35度角调节，炮筒长4.60米，炮后膛有可开启和闭合门结构，铁炮下面基座可平面360度旋转，铁炮重量和体积创古炮之最。现在这门阿姆斯特朗大炮雄姿犹在。

乍浦南湾炮台的古炮。王朝彬摄。

乍浦南湾炮台一隅。王朝彬摄。

乍浦炮台亦曾经历过鸦片战争的炮火。1842年5月7日，英军为控制长江，封锁运河，截断漕运，以迫使清政府屈从，遂撤出宁波、镇海和定海三城，北犯江浙两省的海防重镇乍浦。5月17日，大批英舰载军队2000多人驶入乍浦玉盘洋，乍浦之战开始。18日上午8时许，英军攻打设置在各要塞阵地的多个炮台；接着又分三路进攻乍浦城，但所到之处，都遭到守军和乡勇的奋力抗击。据记载，侵略军的右路，妄图在天妃宫登陆。当英舰驶近天妃宫洋面，驻守指挥官韦逢甲奋勇当先，率乡勇抵御，同时下令天妃宫炮台发炮轰击，一艘英舰被击中，舰上英军纷纷落水，一名上尉军官当场毙命。天妃宫炮台由此打出了军威国威。

1989年，天妃宫炮台和南湾古炮台被列为浙江省文物保护单位，2013年被公布为第七批全国重点文物保护单位。

安定我圉 —— 舟山定海炮台

浙江舟山于康熙二十七年（1688）建定海县。其位置在杭州湾之南，浙江中部海面，与镇海隔海相望，与宁波、杭州、上海等大埠一帆可达，扼江、浙、闽三省海上通道。清代人认为：宁波是浙江的屏障，镇海为宁绍之门户，而定海是镇海之外藩。

炮台修建始末

因为定海位置重要，在战略上具有重要军事价值，明代就设有卫所。清初设舟山协，有炮台3处，即东边的沈家门炮台、西边的岑港炮台和南边的道头炮台，各建营房13间、安设红夷大炮8门、配兵50名。

乾隆五十八年（1793），因英国派马戛尔尼出使我国，除了使团人员90多名去热河觐见乾隆皇帝，其船队其他人员600多人，都寄碇在定海港五奎山洋面。乾隆皇帝为此担心，点名批评定海兵备废弛，必须振作改观，后遂奉旨建设五奎山炮台，建营房13间、设炮8位，派兵50名由千总率领加强防御。

道光十八年（1838），葛云飞任总兵时知县陈殿阶领衔修理南门道头东岳宫炮台、五奎山炮台。1840年7月，第一次定海之战后，英军占领定海。至次年2月25日，根据义律与琦善在广州谈判的结果，定海英军全数撤离。江苏巡抚裕谦被道光皇帝任命为钦差大臣，接替伊里布督办浙江防务。裕谦到任后，认为英军仍有可能折回定海，决定"择要设守，以定我围"，便会同浙江巡抚刘韵珂、定海镇总兵葛云飞在定海添兵添炮，加强防务。一是在定海县城以南临海一面，构筑一道城郭，称"土城"。城郭高3米多、长4700多米，东起青垒山，经东港浦、东岳山、道头，西至竹山；另外，在城郭东端的青垒山、西端竹山背面的晓峰岭等山地，选择有利地形设置炮台，驻守兵员，安设大炮。英军第二次进攻前，定海城周围山地设置大炮56门，城郭周边另有80门。二是在东岳山顶筑炮城1座，名为震远炮城，周长406.1米。在炮城南面接筑半月形石砌炮台，长65.1米。炮台面向大海，是轰击来犯之敌的工事；炮城紧靠其后，既可屯兵员、兵器，又能防护炮台侧后。三是在各处炮台四周挖掘壕沟，并设置铁蒺藜、木栅、木桩等障碍物以防敌人进攻。这些防御措施，在第二次定海之战中发挥了一定作用。

定海炮台保存完整的炮台。王朝彬摄。

同治、光绪年间，东南沿海一带海防再次吃紧，定海厅同知陈乃瀚奉饬修造定海城各处7座炮台，其中定海五奎山保定城炮台大炮11门，东岳山震远炮台大炮16门，沈家门炮台红衣炮8门，德威城炮台大炮14门，獭山奋武城炮台大炮12门，岑江炮台红衣炮8门，莫家山克敌城炮台大炮12门，竹山嘴炮台西洋火炮7门。此外，光绪六年（1880），浙江巡抚谭钟麟督造了永清炮台，2015年永清炮台残碑在定海被发现。

鸦片战争定海之战

对于东来的西方殖民者而言，定海位于中国最富庶的江浙地区，入据此地可将触角伸入华东沿海各地，并经长江进入中国内地。为此，他们觊觎已久，足迹多次涉及此地。1840年，鸦片战争爆发，英国外相巴麦尊对侵华英军总司令懿律下达的作战训令就明确指出：封锁钱塘江口、长江口和黄河口，占领舟山群岛中最适宜作司令部以便长期占领的岛屿。于是，定海在道光二十年（1840）、二十一年（1841）两度遭英军侵入，成为鸦片战争的重要战场。

第一次定海之战

1840年7月3日，由5艘战舰、2艘武装汽轮船及10余艘运输船组成的英军舰队驶抵舟山海域，并派侦察船至定海之道头港水面进行侦察测量。4日，伯麦指挥英军舰队进入定海水域。定海守军因不明英军意图，并未开炮抵御。两广总督林则徐在英军北上后，曾知会浙江巡抚英军将图谋舟山，但该知会迟至8月才到，所以定海方面对于英军的侵犯全无认识，民众以为"夷船来售货物"，定海镇总兵张朝发甚至认为英舰是"风吹误至"。4日下午，英军派威厘士厘号舰长赴张朝发之战船，要求清军在6小时内交出定海城及全岛。其后，定海知县姚怀祥表示了绝不交城投降的态度，伯麦遂决定将进攻时间推迟至7月5日下午2时。至此，定海方面才了解英军的真实目的，但对于如何组织防御又存在意见分歧。

7月5日上午，英军完成进攻准备。下午2时，英军陆战队已换乘小舟。2时半，威厘士厘号等舰开炮轰击。清军的船炮和岸炮也立即开炮还击，但由于英军舰炮的射程、威力、杀伤破坏力都远超清军，9分钟的连续炮击之后，英军基本摧毁了清军火力。英军陆战队未遇抵抗便顺利登陆。6日清晨攻入县城，占领定海。清军损失惨重，张朝发负伤不支，率部内渡镇海，姚怀祥投水自尽。

英军占领定海后，以此为基地，舰队北上南下，直到次年2月撤出。

第二次定海之战

1841年2月，裕谦接手浙江防务后，修城郭、筑炮台、备火炮、调兵遣将，采取了一系列的防御措施。

英军在1841年8月26日攻占厦门之后，驻兵鼓浪屿，主力于9月5日继续北犯。这支舰队共有军舰6艘，各载炮4门，运输船19艘，载运陆军约2000人。英军原计划先攻镇海，占领宁波后再攻定海，但由于天气情况恶劣，于是改为直接进攻定海。此时，定海守军兵力约为5600人，三镇总兵分守要地：寿春镇总兵王锡朋守晓峰岭，处州镇总兵郑国鸿守卫竹山门，定海镇总兵葛云飞则率部守土城。

9月23日，英军舰队第二次抵达舟山海域，测量航道、选择登陆地点。26日，英军作战行动开始，2艘轮船拖带2艘大船，2次驶入内港，均遭守军开炮轰击。退出后，次日复来，葛云飞等督军开炮轰击，击断英舰大桅。28日，英舰向晓峰岭开炮压制并在竹山一带强行登陆，被守军击退。29日，英军强占大、小五奎山，构筑野战炮兵阵地。10月1日，英军进攻定海城。这一天，英舰泊定海城南海域，与大、小五奎山阵地火力协同，用猛烈炮火压制清军定海前沿阵地，并分左右两纵队强行登陆。左路英军1500人在道头港以西至竹山一线登陆，攻竹山和晓峰岭阵地，守军顽强抵抗后失守，王锡朋、郑国鸿阵亡。右路英军在道头以东至东岳山一线登陆，清军顽强抵抗后阵地失守，葛云飞牺牲。定海城第二次被攻陷。

此次定海保卫战历时6昼夜，葛云飞、王锡朋、郑国鸿三总兵率领5600名将士同仇敌忾、奋勇杀敌。当时连日大雨，将士甲衣湿透，三总兵带领将士冒雨苦战，打退英军多次进攻。这一年，郑国鸿65岁，王锡朋56岁，葛云飞也年过半百，本都到了解衣卸甲、安享晚年的年纪，但他们在1841年2月率部收复定海后，又在此积极防守，并为保卫这片土地洒尽最后一滴热血。尤其是葛云飞，本来他正在家乡为父亲守孝，道光二十年（1840）定海第一次失陷后，他奉命到镇海主持防务。1841年1月，英军强占香港之后，表示愿意归还定海；2月，葛云飞、郑国鸿和王锡朋一起带兵3000人，渡海接收。接收期间，葛云飞坚持先退城、后释俘，否则施以兵威，逼令英军撤出定海。9月26日，第二次定海保卫战打响前，王锡朋和郑国鸿已经接到离岛指示，刚喝完饯行酒，但一听有敌情，马上提出留下参战，并表示愿意服从葛云飞领导，分担防守任务。比他们年轻的葛云飞深受感动，安排他们分别防守制高点晓峰岭和要隘竹山门，把最前沿的土城阵地留给自己。他率领全体将士在阵地上宣誓："城亡人亡，不离定海半步！"三总兵同仇敌忾，决心带头与英军血战到底。

前五日，英军从试探进攻到组织强攻，都被我守军打退。葛云飞在土城上多次

定海三总兵葛云飞、王锡朋、郑国鸿塑像。王朝彬摄。

指挥火炮发射，击伤敌舰多艘，炸死炸伤敌指挥官及水兵几十人，使其陆军无法登陆。那几天大雨如注，平地积水很深。各阵地无法生火做饭，又远离营房，将士们每人每日仅有6小块米糕充饥。定海父老给葛云飞送来一碗参汤，葛云飞坚辞："众将士都忍饥杀敌，就一人独饮，吾怎能喝得下去！"随即把参汤倒入河中，表示与将士掬水共饮。将士们在葛云飞的感召下，群情激昂，斗志倍增。

10月1日，英军向定海各处阵地发起总攻，其中向晓峰岭发起冲锋9次，都被王锡朋和将士们打退。炮筒打红了，无法再装炮弹，王锡朋就带头与敌人进行肉搏，直至全部牺牲。郑国鸿在竹山门同样与敌人展开了激烈的肉搏，不幸中弹阵亡。二人牺牲后，英军向土城进逼。面对合围的敌军，葛云飞怒不可遏，大声下令炮手逆转开炮。可炮位都是面朝大海固定住的，牢不可动。葛云飞在士兵协助下，用双手抱住炮身，猛一用力，竟将4000斤重的炮身调转过来。他亲自装药点火，向英军开炮，一直打到炮身红透，不能装药。敌人越逼越近了，葛云飞取出印信交给随身亲兵嘱咐其交还大营，而后率领身边的200名士兵与敌血战。他抽出身上佩刀，突入敌阵，敌人不敢与之搏斗，一齐用火枪朝他开火。子弹打中了他左眼，半边脸被崩了下来，身上也受伤几十处。一颗炮弹从背后向他袭来，穿透其前胸，可他依然"手擎刀杀敌状，尸直立不仆，左目霍霍如生"。周围的英军见此情形，心胆俱裂，不敢上前察看。葛云飞就像一尊雕像，挺立在竹山门崖石前，壮烈牺牲，跟随他的200名士兵也全部战死。第二次定海保卫战，成为鸦片战争中抗击英军最激烈的一战。

葛云飞阵亡后，当地义勇寻回他的尸体，送回他的家乡杭州萧山安葬。道光皇帝下旨在定海建立专祠，供奉三总兵；咸丰四年（1854）建"三忠祠"，光绪十年（1884）重建，1996年移至竹山公园重建。竹山公园是为纪念鸦片战争定海之战而兴建的，园内有舟山鸦片战争纪念馆、三总兵纪念广场、百将题碑、傲骨亭等，并在古炮台遗址重修了古炮台。

海天雄镇 —— 镇海口炮台群

镇海在浙江宁波之东，濒临东海，古称"浃口"，唐朝以来先后用过"望海""静海""定海""镇海"等不同名称。镇海口为甬江的入海口，溯甬江可达苏杭，也是宁波之外口，地处我国海岸线中段，其洋面北接吴淞，南连闽粤，自古商贾云集、樯帆如林，曾有"百舸争流通异域，一山招宝耀中州"的海运盛况。镇海不仅是商港要津，更是海防重镇。口内招宝山扼其北，金鸡山峙其南，形如门户；口外则"东蛟门，西虎蹲，并称天险"，故镇海口素有"海天雄镇""两浙咽喉"之称，历朝历代均视之为沿海防御守备之重镇。

镇海口炮台群的修建

唐宋时期，镇海就有驻兵。明初置卫所，嘉靖三十九年（1560）在甬江口北岸建成威远城，这是镇海口最早也是最主要的守备设施，明代抗倭名将戚继光、俞大猷等都曾在此驻兵。威远城内外，安装5000斤的铁发贡炮4座，300斤的铜发贡炮100余座。威远城建成后，明清时期多次对其进行维修和扩建。

顺治十四年（1657），郑成功在镇海笠山筑炮台，这是镇海炮台之始。道光二十年（1840）鸦片战争爆发，英军占舟山定海，镇海备战，于甬江南岸的南泥湾、北岸招宝山及附近地区分别筑南、北拦江炮台数座及临时性炮台若干，共置大小炮86门。光绪三年（1877），在招宝山东北的小招宝山上筑大型炮台一座，是为威远炮台。炮台安设210毫米口径的克虏伯后膛炮1尊、150毫米口径的瓦瓦司前膛炮1尊和其他大炮3尊。光绪十二年（1886）后，威远炮台共置炮8尊，编号"皇图永固、一统万年"，分上下两层，上层置5尊、下层置3尊。有兵营6间、官厅3间。光绪十四年（1888），在台下加筑炮洞1处，安设210毫米口径的克虏伯后膛钢炮1尊，以补上层旧炮所不逮；配守台官1名、士兵60名。

光绪年间，特别是中法战争前，清政府认识到镇海口是外夷入侵的重要门户，遂加强炮台建设，除威远炮台外，计有靖远、镇远、定远、天然、自然、宏远、平远、绥远、安远等多处。光绪七年（1881），对道光年间所筑南拦江炮台进行增建，光绪九年（1883）在招宝山山腰增建月城1座。

雄关漫烽烟 —— 镇海口炮台群经受的战火考验

作为商贸重镇和海防前沿，镇海在我国近现代历史上曾多次遭受外敌侵略，镇海口炮台群也因此饱受战火的考验与洗礼。

鸦片战争镇海保卫战

1841年1月27日，道光皇帝下旨对英宣战。2月10日，两江总督裕谦被任命为钦差大臣，赴浙办理防务。裕谦2月27日到达镇海，提出"以守为战，以御为剿"的防御方针，在镇海口南北两岸增筑石垒、设置大炮，在金鸡山加筑土墙。

5月1日，被革职后在广州停留半年多的林则徐离粤赴浙，以四品卿衔效力镇海军营；6月10日下午抵达镇海，住进蛟川书院；次日登招宝山，观山海形势，察看新旧炮位；16日与浙江巡抚刘韵珂到金鸡山炮台，观看演放铜炮，连日检视炮台、大炮，协办镇海防务；21日，镇海铸炮局首次铸成8000斤重的大炮，林则徐参与试放，以后又参与研制四轮磨盘炮车。直到7月14日被道光皇帝以"废弛军务"罪名革去四品卿衔，离开镇海发配新疆伊犁，林则徐在镇海参与抗英防务一个月有余，多方筹谋，可谓殚精竭虑。

10月1日，第二次北上的英军攻陷定海，觊觎镇海。驻守镇海的裕谦将约4000兵员布置于各处要地，在招宝山、金鸡山上密排炮位；又以巨舟载石凿沉于浃江口（即甬江口）水道，水面以铁索阻拦，还准备了数十只火攻小船用以封锁江口。10月9日，英舰30多艘进逼浃江口。次日清晨，英舰复仇号载第二纵队400余步兵和炮兵，在南岸笠山前登陆，抄金鸡山后路，金鸡山守军陷入腹背受敌的险境，伤亡过半，金鸡山弃守。11时，多艘英舰发炮猛轰镇海县城、招宝山炮台及威远城防御工事。英军第三纵队700余人在城北钩金塘登陆，另一路在招宝山东侧登陆，仰攻招宝山顶的威远城。守军抗击时，招宝山南侧火药库爆炸。战事之初，裕谦登东城督战。英军步兵攻入东门，守城军溃退，裕谦见势不可为，嘱咐副将将钦差大臣印送巡抚刘韵珂，将预立遗嘱交亲兵送家属，然后投孔庙泮池自杀，当即被亲兵救起，送至余姚而卒，成为近代对外战争中牺牲的级别最高的清朝官员。裕谦殉职后，镇海亦告失陷。

中法战争镇海战役

1884年2月14日，春节即将来临，镇海百姓家家户户忙着迎接新年，城内爆竹声此起彼伏。但镇海口南岸的金鸡山巅却寒风凛冽、壁垒森严，浙江提督欧阳利见从城内提督公署出驻于此已经8个月。此时的金鸡山阵地防守严密，一如往日，欧阳利见下令："严饬各营戒备，无须往来庆贺。"

中法马江海战之后，清政府被迫对法宣战，命沿海各地迅速进兵，严防法军侵入。光绪十年（1884）法军舰队入侵台湾基隆、淡水，台湾军民奋勇还击，取得沪尾大捷；10月23日起，法军对台湾实行海上封锁；同年岁末，南洋水师派出5艘军舰，由总兵吴安康率领从上海前往福建增援。南洋5舰刚一离开上海，消息便已传开，法军统帅孤拔率领舰队北上拦截，双方相遇于浙江大陈洋面。中国舰队发现法舰之后，随即转舵疾驰南下。吴安康率航速较快的"开济""南琛""南瑞"三舰驶往镇海，航速较慢的"驭远""澄庆"两舰则避入三门湾的石浦。光绪十一年（1885）大年初一，"驭远"受到法军汽艇鱼雷的攻击，尾部受伤，为防弹药仓被轰击，管带金荣命打开底舱阀门放水，自沉军舰。"澄庆"则在未受伤的情况下，也放水自沉。此时"开济"等三舰已停泊到镇海招宝山一带。

此时，镇海方面早已做好充足防备，陆续修建的大小炮台均已完工，各处要害驻军到位。为防止法舰从镇海口外窜入甬江，在招宝山与金鸡山之间设置三道屏障：最外端是6排水雷，共48枚，用电线引爆；第二道上浮三角形竹杠，下布鱼网；第三道以百余枚木桩为一丛，互拉铁链。在江底打入木桩20余丛3000余支，为防止潮水巨浪动摇桩基，又用41只大船装满石块沉入桩缝，以稳固桩基。然后，以6艘武装巡逻小船和"超武""元凯"两艘兵轮，加上南洋水师的"开济"等3舰抛泊口内。另外，备有多艘大船装满石块泊于口门旁，预备沉船封闭缺口。在战备中，欧阳利见等人还特别重视情报信息的作用，不但架通了镇海口南北两岸各炮位间的电讯网，还添设了自镇海至宁波四十里的有线电报，以保证战时的通信联络。同时，撤去七里屿等处的灯塔、标杆、浮筒等导航标志，并以一定的酬报预先雇定上海熟悉甬江水道的4位外国领水员，使他们保证不给法舰领航。接着，又把宁波城内两处天主教堂和所有法国传教士迁至江北岸，派兵监护，同时通知海关严防间谍，以绝法军内应。宁绍台道薛福成还根据道光二十六年（1846）清政府与英国签订的退还舟山条约之"舟山等岛若受他国侵伐，英国应为保护无虞"条款，致函提请英国牵制法军进攻舟山定海。

1885年3月1日（农历正月十五）下午2时许，孤拔乘坐的尼埃利号高悬红旗，向甬江口北侧驶近，直逼招宝山炮台，并燃放巨炮。海防营务处同知杜冠英命令炮台守备吴杰开炮迎击，尼埃利号坚持不退，利用排炮猛烈回击，数十发炮弹射中炮台。不过，这些炮弹都深深地陷入堆积在炮台外层的三合土内，并没有爆炸。尼埃利号马上掉转舰头向炮台连续发炮，招宝山及镇海城内弹如雨注，土石俱飞，形势愈加危急。记名提督杨歧珍匆匆赶到炮台，激励炮兵奋勇杀敌。南洋水师总兵吴安康见时机已到，马上命令"开济"等舰协同开炮。一时间，军舰之炮与炮台之炮循环放出，声若连珠，"较法船所放之炮为多"，特别是军舰所放之炮"弹尤中远"。于是，水陆踊跃，士气大振。激战约2小时，法舰受伤，不支而退。

初战告捷，中国守军更加警惕，吴安康派兵加强了口外巡逻，严防法军以鱼雷偷袭。3月2日晚8时许，孤拔趁浓雾之际先后两次派鱼雷船偷袭南洋军舰，但刚到口门，就被副将丁华容带领的舢板小队发现，丁下令开火，岸上炮台守军听到枪炮声，也发炮夹击。法军放出的鱼雷碰到礁石爆炸，并没有给中国守军造成任何损失。

3月3日清晨，战事再起。法舰答纳克号等又攻招宝山。镇海口炮台守备吴杰亲自在招宝山北麓的威远炮台开炮迎击，击中答纳克号烟筒，再发击中其头樯，横木下坠，伤其军官1名。经历此次惨败，法军意识到直攻甬口万难取胜。此后，法国舰船不再直接攻击口门，全部舰船到距镇海30余里的金塘山停泊，只派一艘舰艇以游山为屏障在前方游弋。战事不利，法舰改变战术，驶至游山以南舰炮打击不到的海面，重点轰击南岸的小港口炮台。不过，欧阳利见早已将此处的精炮转至别处，只剩一座空炮台，用来引诱敌人。3月13日，法舰开始炮击小港口炮台，连轰10余炮，击中3弹，仅摧毁了炮台围墙。欧阳利见按照吴安康的建议，在小港口炮台"虚设疑敌"，把被大炮击毁的炮台略加修葺，在上面插满旗帜，假造声势，引诱敌人天天来攻，借此消耗对方弹药。这果然是个好办法。14日，法舰又来炮击，连发8炮，无一命中。法军舰队屡遭挫败，只能长久停泊在镇海口外，常常三五艘战舰游弋徘徊，意在监视南洋三舰，但无计可施。中法和议达成后，法军舰队撤走。

中法战争镇海战役，是中国近代海岸保卫战中唯一的一次全胜战役，它有力地打击了法国侵略者，保卫了中国海域不受侵犯，是清军战胜外敌入侵的重要战役之一。

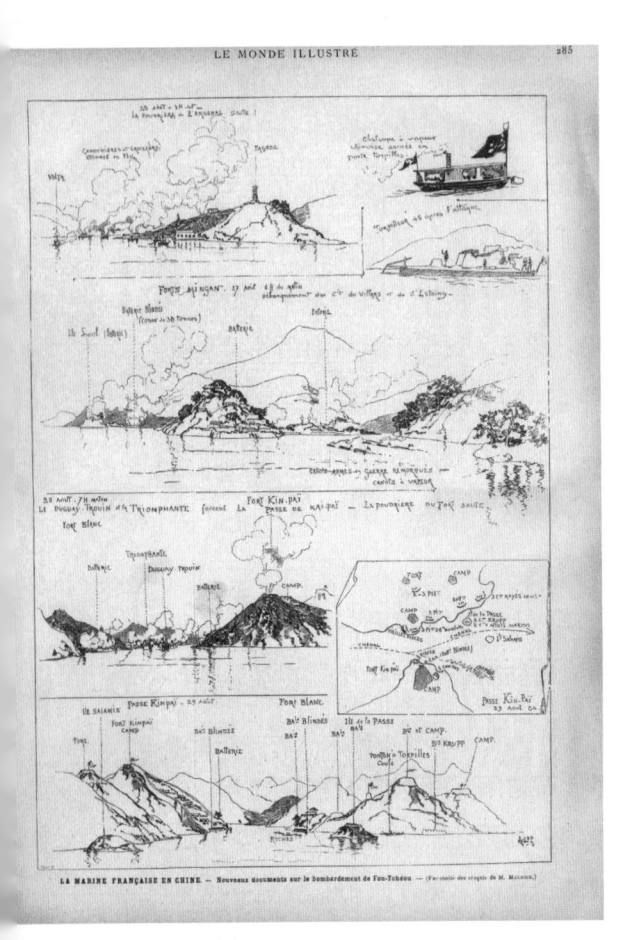

法国舰队炮击闽江沿岸炮台图。梁二平提供。

抗日战争镇海之战

1937年全面抗战爆发后，当时我国抗战所需的武器弹药、汽油、药品等大量战略物资，很多购自国外，经由海运输入。1938年冬，沿海主要港口大多沦陷，宁波港成为我国对外联络的主要港口。抗战物资利用外轮，从上海源源不断地运至镇海口，再用小轮船、木船转运至宁波，然后用汽车运往内地。上海—镇海—宁波，成为当时我国对外重要运输联络路线。为切断这一运输线，日军把镇海列为主要进攻目标，屡次炮击、轰炸镇海要塞。1940年7月17日和1941年4月19日，日军两次登陆镇海口。

1940年7月初，镇海口外日舰活动频繁。7月16日凌晨，在镇海港附近，日舰编队呈S形全速前进，距要塞炮台约2000米时，所有舰炮一阵速射后迅速驶离，再让后面的日舰冲上来轮番交替发炮射击。天亮后，日舰退往外海，日机开始向各炮台投弹。遭日军炮击轰炸，威远炮台1门大炮受损不能射击，中弹较多的宏远炮台3门大炮均有小损，影响正常发射。7月17日凌晨2时许，镇海口外日舰再度向要塞炮台猛烈轰击。在炮火掩护下，500名日军乘装甲艇在老鼠山偷偷登陆，然后兵分两路：一路经清凉山、蒋家、沙头到笠山，袭击要塞炮台；一路从青峙到小港，抢占金鸡山、戚家山制高点。宁波防守司令部守备团竭力抵抗，因伤亡过重，镇海县城陷于敌手。第194师师长陈德法命令所属部队反击。当日，我军把日军阻挡在青峙、小港、江南道头和县城一隅。因为戚家山是当时战局重点，从7月17日到21日，中日双方围绕戚家山展开激烈争夺战。21日晚8时左右，日军伤亡惨重，登舰撤退。

1941年春，侵华日军发动了更大规模的浙东南沿海封锁战。4月15日起，镇海口外日舰增至10余艘，不时炮击镇海城区和沿海一带，日机也投弹200余枚轰炸。当时甬江口两岸守军仅有第194师、暂编第34师第1团及宁波防守司令部守备团和镇海县自卫大队等。原招宝山炮台在日军第一次登陆镇海被炸毁后，一直没有修复。17日拂晓，日军汽艇10余艘分批驶向镇海口南北两岸，进行火力侦察，作试登陆。招宝山守军奋勇抗击，把敌人赶下海。18日晨，镇海口外20余艘敌舰向守军阵地密集开炮。10时前后，日艇10余艘载海军陆战队员200余人，在招宝山紫竹林海滩登陆，暂编第34师第1团第1营官兵英勇抗击，战斗极为惨烈。19日凌晨，日军在军舰、飞机的掩护下，以大批汽艇分载海军陆战队等万余人，分别在镇海口北岸、笠山、金鸡山等处多点登陆，招宝山守军顽强阻击，日军从招宝山仙人洞和钩金塘迂回包围了招宝山。9时40分，镇海县城陷落。10时许，日军炮艇突破镇海口封锁线，逆甬江而上，直扑宁波城区。

作为镇海口海防遗址的重要组成部分

镇海口炮台群在中国近现代的抗英、抗法、抗日战争中发挥了重要作用，见证了我国人民不畏强暴、抗御外侮、自强不息的历史。1996年，包括炮台在内的镇海口海防遗址被公布为第四批全国重点文物保护单位。该遗址涵盖镇海城关的吴杰故居，梓荫山吴公纪功碑亭，泮池——裕谦殉难处，钩金塘——英军登陆处，招宝山威远城、月城、威远城碑刻、安远炮台，北仑区的金鸡山瞭望台、靖远炮台、平远炮台，笠山的宏远炮台、小港口的镇远炮台、戚家山营垒等，具有范围大、遗迹多、类型广、保存好等明显特点。1997年，坐落在招宝山南麓的镇海口海防历史纪念馆建成开放。

东南屏障 —— 福州长门炮台

长门炮台位于福州市连江县琯头镇长门村。

闽江从连江琯头流出长门，主航道4.79公里，是闽江口最狭窄的咽喉地带，水域宽150米至300米，港窄、水深、流急。两岸山势交锁，居高临下。口外有熨斗粗芦、双龟锁口、五虎守门等形胜之地。闽口历史上有三条主航道，起点均为长门，清朝末年，由于乌猪港、五虎附近海域日渐淤浅，大中船舶多由长门过双龟，穿过川石与壶江岛之间水道进入东海，长门因此被视为"省城第一门户"。在此建有长门要塞，是闽江口的第一道防线。鸦片战争后，林则徐巡防闽江口时曾有《五虎门观海》一诗，咏叹此要塞的重要战略位置："天险设虎门，大炮森相向。海口虽通商，当关资上将。唇亡恐齿寒，闽安孰保障？"

长门要塞以长门炮台为主台，辖闽江北岸的长门礼台炮台、射马炮台、划鳅炮台以及隔江的琅岐岛金牌炮台、烟台山炮台等。长门要塞的建设最早可上溯到明崇祯五年（1632），这一年连江人董应举为防倭寇袭扰福州在此创筑的双龟急水铳城。清顺治十四年（1657）在长门及对岸的金牌筑简易炮台，当时只有几座连环土炮台，防御能力较弱。清道光年间（1821—1850）重建，光绪三年（1877）再次重建，具备要塞规模。毁于中法马江之战，光绪十一年（1885）再次重修。

长门要塞主炮台地处海拔77米的长门山（又称桃源山）山巅，为圆形城堡式建筑。炮台由火炮工事、弹药库、营房、操场、观察所和城墙组成。城墙用三合土和花岗岩混合砌筑，直径95米，墙面最高部分6.5米、墙厚0.8米。只开设一道用石砌筑的城门。城门楹联题"大地耸巍峨，环列群山皆壁垒；雄关严锁钥，天然砥柱挽狂澜"，横批为"东南屏障"，据说它与马尾船政衙门头门的楹联均出自沈葆桢之手。

长门炮台炮位

操场面积约300平方米。从操场和营房地坪拾级而上5米左右，有一宽阔的台地，上设两个火炮阵地和一个弹药库。弹药库居中以便向左右两门火炮运送炮弹。右炮阵地工事为露天圆形半地下式，用三合土打筑，直径9.3米、深1.6米，墙厚2.93米，在墙上构筑4个炮位，可架设4门次炮。主炮管高于围墙以便于射击。火炮与前墙距离为9.1米。左炮工事形状与右炮工事相似，为直径9.15米的圆形露天半地下工事。左炮工事与左侧围墙距离26.15米。炮台配有官兵145人，安设大炮5门，其中口径280毫米的克虏伯大炮2门，口径120毫米的克虏伯大炮1门，阿姆斯特朗大炮2门，另有土炮多门。炮台设有探照灯，并配兵10名，供夜间监视敌舰。探照灯时称电光灯，以其独特的亮度远程烛照，形成夜空的一道亮丽风景，因此桃源山被称为"电光山"，长门炮台也有"电光山炮台"之称。

长门山下江岸建有江岸炮台。江岸炮台修建于光绪七年（1881），主要用以酬答各国军舰礼仪，故又称"江岸礼台"，装有克虏伯大炮9门，配官兵129名。

1884年8月23日，法军舰队在马江重创福建水师。25日撤离，27日经亭江进犯琯头。早在25日，孤拔率领法舰还在马尾与清军酣战之时，因强风滞留基隆的法舰拉加利桑尼亚号来到闽江口，当时驻守长门的是福州将军穆图善，他指挥将士开炮对该舰进行轰击。拉加利桑尼亚号使用旋转炮塔的右舷大炮迅速还击，发射十余炮，但"尽行落空"。为扭转不利局面，拉加利桑尼亚号准备转换锚地，就在此时，其右舷前部被一枚来自长门要塞炮台、由210毫米口径大炮射出的炮弹命中，"钢板墙上被炸出一个大洞，一名水手当场殒命，还有几个人受伤"。于是该舰立马退出闽江口，后来被送往香港船坞修理。8月27日，法军舰队到了琯头。杜规特宁号巡洋舰在一艘汽艇引领下单独开赴长门，用巨炮轰击炮台约一个小时。28日清晨，法舰特隆方号与杜规特宁号开赴金牌炮台附近，在孤拔指挥下与两岸炮台交战，由于法舰火力猛烈，金牌炮台抵抗不久就失败了。长门炮台最为险要，穆图善亲自驻扎于此。28日这一天，当法舰向长门炮台发炮时，穆图善指挥将士设置了一个空垒，"匿兵不动"，法军以为清军放弃了炮台，于是登岸前往破坏。当法军到达时，清军突然发起攻击，打得法军措手不及，斩杀了几名军官。这是马江之战中清军初次获胜。29日，法军舰队准备撤离闽江口，因为长门炮台官兵在金牌炮台水域布设了大量放置电动水雷的木排，成为法舰撤离的障碍，法军舰队费了不少劲才通过金牌航道，最终到

上海《点石斋画报》刊登的《浙东镇海得胜图》。梁二平提供。

达（连江）妈祖锚地。

关于马江之战长门战役，一直流传着一个"缺嘴将军"的故事。此"将军"是一尊280毫米口径的克虏伯大炮，因该炮在运输起吊过程中不慎导致炮口有一小块破损（一说是在长门战役中被敌舰炮击所致），故名"缺嘴"。此炮被安置在江岸礼台（一说金牌炮台）上。这门大炮在战斗中曾由炮台守将杨金宝发炮，击中法军舰只，后被称作"缺嘴将军"。旧时当地百姓每年正月初一都为其披红挂彩，以表彰其在马江之战中所建功勋。有传闻说，法军统帅孤拔是在长门战役中被这门"缺嘴将军"击毙的，其实孤拔直至1885年6月11日才因病死于澎湖，澎湖马公市现存有孤拔之墓。但因为马江之战，孤拔对闽江两岸人民欠下诸多血债，百姓对他恨之入骨，因此传闻其被"缺嘴将军"所击死于非命似乎合情合理，但有其"理"而无其实。不过，据孤拔的马江之战报告，法军司令桑戈在长门战役中受伤，至于其受伤与"缺嘴将军"有无关系，因史料缺失而无法判断。

抗日战争期间，长门要塞炮台参加对日作战，屡遭日军轰炸，战后得到重修。1949年以后，有一个排的解放军在此戍守，直到1985年才撤离。该炮台现为福建省文物保护单位，遗址保存状况良好。

闽安雄镇 —— 福州亭江炮台

亭江炮台位于福州市马尾区亭江镇亭头南般村。

闽江口内港道深邃，万吨巨轮可以不受潮水影响自由进出；两岸群峰对峙，江流曲折，形势险要，有"我能窥敌，敌不能窥我"的独特优势。闽安雄镇闽江最下游，是闽江口的第二道防线。江流到此，突地狭窄了——南岸石龙山与北岸红山夹峙形成闽江最窄处，落潮时江面宽度仅330米，这就是俗称的"闽安门"。闽安也因了这个天险，成为"东喙第一要地"。亭江炮台就坐落在闽安古镇南般村临江的一座叫做"北雁山"的山包上，因地处闽江北岸，故称"北岸炮台"。它与长乐的象屿炮台（即南岸炮台）相对峙。20世纪60年代后，闽安门沿江各村划归亭江镇管辖，统称"亭江"。因此，北岸炮台也随之改称为"亭江炮台"，亦称"亭头炮台"。

亭江炮台始建于清顺治十四年（1657），由郑成功率军修筑。清军入闽后，福建

提督马得功重新修建。第一次鸦片战争后林则徐经手重修，光绪六年（1880）闽浙总督何璟主持再次重修，光绪十年（1884）中法马江之战中被毁，光绪十二年（1886）署理船政大臣裴荫森奏准第三次重修。

亭江炮台占地面积1万多平方米。炮台整体由江岸炮台、山腰炮台、山巅总炮台，以及弹药库、营房、隧道、坑道等组成，基本保存原貌，极具历史沧桑感。炮台基础采用杉木浸泡柏油，下布木桩，上用糯米糊为主的有机物与贝壳灰、海沙等无机物相混合锻烧至200摄氏度，然后将其浇灌在模型里冷却之后垒成。这种由糯米砂浆凝固而成的炮台本体，历经300多年至今仍然坚固。

江岸炮台，位于闽安门临江岸边平地上，设有5个炮墩、4个炮位。4门火炮阵地摆成一字形，长47.8米、高4米，墙厚2米，顶部厚1.2米，前后纵深12.1米。炮墩底部的炮座为椭圆形，上面安装2门120毫米的克虏伯后膛钢炮和2门120毫米的阿姆斯特朗前膛钢炮。4门火炮射程均约为1500米，其火力完全可以封锁江面。江岸炮台如猛虎潜伏，傲视江峡，威慑来敌。

山腰炮台，立于北雁山半山腰，由露天坑道和分布山体内部的隐蔽隧道组成，坑道与隧道贯通各座炮台。

山巅总炮台，位于高约20米的北雁山山顶，呈半圆形半地穴式建筑。炮台墙体

亭江炮台遗址。王朝彬摄。

福州亭头炮台俯瞰。王朝彬摄。

长约60米、深1.85米，墙厚3.3米，安设1尊210毫米的克虏伯后膛钢炮。有意思的是，炮台墙体内侧供奉着妈祖娘娘的4处龛位，这大概是当年驻军官兵用来祈求妈祖娘娘保佑自己在战斗中的生命安全。在总炮台遗址的对面山头上，原有炮台兵营。

亭江炮台一直有驻军。其驻军先是归福建闽安水师右营管辖，官兵300人至500人不等，后划归闽安协台衙门管辖。

光绪十年（1884）中法马江之战期间，亭江炮台由观察使朱明亮驻守。法军舰队在马尾港得手后沿江而下，急欲退出闽江口。当敌舰队再次经过亭江炮台江面时，炮台官兵用火炮进行狙击。法军遭受狙击后，改用海军陆战队登岸包抄炮台。因炮台炮位固定，无法发挥作用，终被法军占领，炮台被彻底毁坏，并被夺去数尊大炮。

亭江炮台是闽江下游诸多炮台遗迹中保留最为完整的一座，原中国军事博物馆馆长赵工曾到现场考察，认为亭江炮台较之上海的吴淞口炮台、浙江的甬江诸炮台都保留得完整，为国内罕见。1991年亭江炮台被公布为福建省文物保护单位，2013年被列入第七批全国重点文物保护单位。2014年，福州市马尾区政府划拨资金将其修复后对外开放。修复过程中，在原炮台遗址发掘出土了2门大铁炮。这两门大炮均为鸦片战争期间福建铸造，大炮长3.55米，炮口直径0.55米，呈喇叭状，炮身铭刻"清道光二十一年仲冬奉总督闽浙部堂颜，钦差大臣怡，铁炮重六千觔（斤）"等字样，被安置于修复后的山腰炮台。

守护船政 —— 马尾炮台

马尾地处闽江支流乌龙江、白龙江、琴江三江汇合地，为闽江口的第三道防线，是福州水陆交通门户。这里四周群山环抱，港阔水深，是天然良港，可泊巨舰。

清顺治十三年（1656），郑成功在此建有罗星塔炮台，罗星塔成为明清争夺战的一个军事要冲。康熙年间此处亦设有炮台。鸦片战争爆发后，闽浙总督邓廷桢在福建积极备战，英舰从广州北上，炮击厦门后继续北上时绕过马尾，那是因为早在道光十二年（1832），英国东印度公司广州商馆已经派人测量过福州港口附近的河道，知道那里是凶险之地，故不敢造次，而是直接开往浙江。鸦片战争后，林则徐曾驾扁舟巡视闽江口海防，建议重修炮台，但此议被搁置多年。同治五年（1866），马尾

船政创办，此处设学堂、造舰船、建炮台、驻水师，成为福建水师基地。中法马江之战前，马尾罗星塔有2座炮台，其中一座配有80毫米口径的克虏伯大炮3尊。

马限山原无炮台。光绪十年（1884），鉴于法国的挑衅，清政府任命翰林院侍讲学士张佩纶赴马尾会办福建海防事宜。7月3日，张佩纶抵达马尾，马上视察船政等处部署防务，针对马限山上未设炮台这一现实，下令在马限山左"急垒一台，以克虏伯行仗，炮击敌船"。战后，张佩纶决定在马尾及对岸各山分建炮台，"马限山两座，中岐山一座，船坞旁临江一座"，作为船政护厂炮台，马限山的两座为前坡炮台和中坡炮台。张佩纶被夺职之后，继任船政大臣裴荫森于光绪十二年（1886）购1门260毫米克虏伯舰用前主炮和1门210毫米陆军用手膛炮。这门210毫米陆军用手膛炮重11.3吨，炮长7.26米，射程可达500米，购价为19368两白银。炮购回后，裴荫森令船政前学堂第二届留法习营造的学生黄庭、王澜两人负责设计监造前坡炮台。炮位基础呈半地穴式，用三合土填实，在三合土上平铺七层进口硬质铁沙木。每层铁沙木用大螺丝钉上下左右嵌入，将其连成一体，以承受火炮发射时的后座力，火炮转盘安装在铁沙木构件上，形成整体刚性连接。在炮台后方设有炮兵掩体，可通往炮位和弹药库。在主炮阵地两侧翼构筑副炮阵地，配置80毫米克虏伯后弹车炮5尊，以完善前坡炮台火力配置。同时在炮台后半山腰建有瞭望台，内可驻兵。炮台于1887年5月建成，花工料银1.3万多两。中坡炮台的修建时间也在光绪十三年（1887）。炮台上有炮位3座，中间主炮安装240毫米克虏伯后膛炮1尊，另2座炮位安装从船厂调来的口径150毫米的克虏伯后膛炮2尊。后面挖环形炮洞，台后另盖更房2间，台外添建卡楼1座，驻扎兵勇，以防有人从罗星塔后小港划船登岸。

1884年7月，法国派出孤拔率领舰队以游历为名开进马尾港。朝廷命令"彼若不动，我亦不发"，于是张佩纶、何如璋、穆图善等下令"无旨不得先行开炮，必

马限山中坡炮台旋转式巨炮。王朝彬摄。

待敌船开火，始准还击，违者虽胜犹斩"。8月23日下午1时56分，法舰乘退潮时，首先开炮击中船政轮船水师旗舰扬武号，中法马江之战爆发。清军主要将领畏战，弃舰而逃，福建水师各舰群龙无首。当时有民谣唱道："福州原无福，法人本无法。'两何'（指闽浙总督何璟、船政大臣何如璋）没奈何，'两张'（指福建巡抚张兆栋、船政大臣张佩纶）没主张。"由于仓惶应战，在法方密集火力下，不到半个小时福建水师各舰陆续丧失作战能力，11艘军舰被击沉9艘，受伤自沉2艘，将士阵亡736位，福建水师几乎全军覆没。25日，法军在罗星塔登陆，夺走罗星塔炮台的3门80毫米口径克虏伯车炮。9月11日，

福建水师旗舰扬武号被法国46号杆雷艇攻击的情景。查尔斯·库瓦塞格绘。

孤拔在马祖向法国海军部作马江之战报告时提到，在中方舰船几乎沉没殆尽时，"正是从守护造船厂的炮台射出的一枚炮弹击毙了'窝尔达'号上的两个士兵，击伤了我的副官赖威尔先生以及三名水手"，击中法舰的"守护造船厂的炮台"当为张佩纶到任后临时垒成的炮台。

船政护厂的4座炮台建成后，因马尾再无炮战而从未使用过，之后各炮台遭弃置，渐成一片废墟。至1915年，许世英在其《闽海巡记》中记述的船政护厂各炮台，已是"上坡炮台无炮，中坡炮台剩旧炮两尊，下坡炮台剩旧炮三尊"，现则仅存中坡炮台。1991年中坡炮台得以修复，并以"马江海战炮台"冠名，于1996年与马江之战烈士墓、昭忠祠一并被列为第四批全国重点文物保护单位。

天南锁钥 —— 厦门胡里山炮台

　　胡里山炮台位于厦门岛东南海岬的突出部，现思明区曾厝垵（cuò ān）路附近。

　　厦门岛只占福建全省面积的千分之一，但它面临大海，地处要冲，位置特殊，形势十分险要。清代诗人李惺的七律《厦门》中，有"分控东南接大荒，八闽门户此雄疆"之句，是对厦门形势的精辟概括。"厦门一岛，孤悬闽南，远控台、澎，近接金门，又为泉、漳屏障，与粤东毗连，洋面四通八达，实为全闽咽喉门户。"特殊的地理位置和战略地位，使厦门成为抗击海上入侵的重要前沿阵地。胡里山炮台则因为居于厦门航道的突出部，扼守进出厦门航道的咽喉及九龙江的出海口处，故有"八闽门户，天南锁钥"之称。

石壁炮台 —— 胡里山炮台的前身

　　因为地理位置渐趋重要，明初厦门便设有中卫所。清道光三年（1823），千户李蓬华在胡里山东侧的白石头至西侧的厦门港沙坡尾一带督造炮台，经过十多年的增兵筑台，到鸦片战争前，厦门港共有6处炮台，其中厦门岛3处，即沙坡尾武口附近的"大炮台"、黄厝炮台、高崎炮台。岛外另有3处炮台，但没有安放大炮。1841年3月至8月，闽浙总督颜伯焘在厦门港要塞共修建、增设11座炮台，包括前述屿仔尾炮台、厦门港炮台（即石壁炮台，英国人称"长列炮台"）等，安设各种类型、各种规格的红夷大炮700多尊。修炮台的经费从何而来？系朝廷拨款。据说当时有大臣奏请向英国侵略者奉上600万两白银议和，而颜伯焘则奏请道光皇帝拨200万两白银构建厦门海防设施，后者即颜氏的奏请得到批准。颜伯焘用这笔钱修筑了多处炮台，还在厦门置办2个造船厂、多个红夷铸炮所。

　　石壁炮台长约1.6公里，高3.3米，厚2.6米，全用花岗岩建成，每隔1.6米留一炮洞，共安设大炮100尊，因此英国人把它称为"长列炮台"。建造炮台所需的巨量石材出自何方？可能是出自颜伯焘故里厦门海沧。颜伯焘是广东东平人，但其祖上是从厦门海沧青礁村播迁过去的。颜伯焘在厦门督建炮台时寄回广东的家书中曾提到："故里石料颇丰，正可解用材之虑。"大概这些石材是从盛产石材的海沧通过海沧九龙江出海口，直接运往厦门海岸砌筑炮台的。用花岗岩砌成的石壁炮台非常坚固，据鸦片战争中英国随军记者奥塞隆尼在《对华作战记》中的记载：1841年8月25日，英军入侵厦门海面，一名海上眺望石壁炮台的英国军官感叹："即使战舰放炮到世界末日，对守卫炮台的人，也极可能没有实际的伤害。"

1841年8月26日，厦门石壁之战正式拉开序幕。战斗进行得十分惨烈，英舰威厘士厘号（Wellesley）和伯兰汉号（Blenheim），在英国海军测量船班廷克号（Bentinck）的带领下，一边测量航道，一边大摇大摆地航行到炮台正中位置，在距离炮台仅仅400码（366米）远的海面上下锚停泊，对着炮台一顿猛轰，炮击时间长达1.5小时左右。攻击之猛烈，前所未见。据当年厦门生员郑锡禧、倪麟书等记载，当时"轰声如雷，黑烟满海"。英军两艘战船连续炮轰，射弹2400发以上，但没有炸毁炮台。清军将士顽强抵抗，英军无法正面攻破。后英军发现石壁炮台的大炮被固定在炮眼内，于是改从背后进攻该炮台，这才轰开缺口，艰难登陆。清军将士坚守炮台，利用石块、肉搏等手段抗击敌人，没有一个屈膝投降。由于众寡悬殊，防线被破，最终英

1841年8月26日英国舰队进入厦门石壁海面水彩画。英国随军画家格劳弗绘制。

英军于1841年8月26日攻打厦门石壁炮台的水彩画。英国随军画家格劳弗绘制。梁二平提供。

军占领了石壁炮台。英军占领之后，对这座经过数次炮轰仍然屹立不倒的海上长城心存畏惧。最后，调来了巨量的炸药把它彻底炸毁。

对于石壁之战的记录，除了文字文献，当时英国随军画家格劳弗画有多幅水彩画，为180年前这次惨烈战役留下了弥足珍贵的历史画面。目前，这批画作被保存在英国国家海事博物馆。

数十年之后，在石壁炮台的部分故址上建起了胡里山炮台。今天的胡里山炮台景区内，建有一个微缩的石壁炮台模型，供人们凭吊。

"难产"中产生的胡里山炮台

在1841年的厦门抗英保卫战中，以石壁炮台为代表的老式要塞被英军摧毁。闽海国门，顿时洞开。同治十三年（1874），在洋务运动的推动下，清政府拟在石壁炮台原处建造新式炮台——胡里山炮台，但修筑炮台和购置280毫米口径的克虏伯大炮约需三十万两白银。经费数额巨大，筹措无着，炮台的修筑和大炮的购置一波三折、历尽艰难，直到1896年11月才得以完成。

光绪十四年（1888），闽浙总督卞宝第奏报要在闽江口及厦门口岸建造新式炮台，光绪皇帝准奏，但建造炮台和购置大炮所需经费要由"本省自行筹款"。自行筹措并不容易，卞宝第裁撤了福州南台、林浦等处立宇左营勇丁和闽安南岸炮台炮队的2营兵勇，"所省薪粮以备购炮之用"，但是"积数年方有十余万"，资金缺口仍然很大。卞宝第又提出先向海军衙门借款买炮，但朝廷亦无款可借。此后卞宝第多次上奏请求下拨修建炮台经费，均无结果。到光绪十六年（1890），卞宝第借为"福靖穹甲船购炮"之机，先斩后奏，未经朝廷批准便与德商订立合同，"并购二十八生克虏伯大炮二尊"。但直到卞宝第去职，修筑炮台经费依然没有着落。

光绪十七年（1891），继任闽浙总督谭钟麟因为经费问题拟停购"厦门二十八生炮"，没想到这一决定引起轩然大波，洋商通过德国使臣向总理各国事务衙门施压，后者责成谭钟麟"妥筹办理"。谭钟麟奏准"截留新海防捐输"（所谓的"海防捐"，即为筹措海防经费而实行的捐官措施）两年，资金用于购炮筑台。眼看经费有着落了，谭钟麟便会同新任福建水师提督杨岐珍以及德国工程师汉纳根，到厦门口岸勘察，择定在厦门岛南部海岬突出部的"胡里山嘴建立炮台，以资扼要"。将炮台建在胡里山麓海岸边，敌弹飞来，低者击在海岸岩石，高者越过山顶，可有效避开。"截留新海防捐输"两年的资金仍然不够，谭钟麟上奏光绪帝同意"再展一年"，加上厦门地方绅商的捐资及一部分银行贷款，总算"凑集成数"，可以购炮筑台了。

光绪二十年（1894），采用德国工程师汉纳根的设计方案，由福建水师提督杨岐珍督建的胡里山炮台正式开工兴建，历经2年零8个月的施工，光绪二十二年（1896）

十一月初八，长期难产甚至险些"胎死腹中"的胡里山炮台，终于宣告竣工。它耗银近8.7万两，安置280毫米口径克房伯大炮2尊，并配备守台官兵120人。

胡里山炮台的构造、布局和功能

胡里山炮台南北长约314米，东南宽175.7米，周长979米，面积约5.5万平方米，筑有宽2米、高5米的石砌城墙和红砖墙的环台护墙一道。墙上建有1.7米高的城垛。东、西、北城墙各砌一突出堡垒（哨所）。炮台结构为半地堡半城垣式，由地上和地下两大部分构成，建筑风格中西合璧，结构布局科学合理。

地上部分包括战坪区、兵营区和后山区。

战坪区 是整个炮台的作战核心区域，由顶至下分为三层结构。顶层为主副炮位，由2个280毫米口径克房伯大炮炮位和2个150毫米口径克房伯炮位组成。发射阵地外围，有一圈由战坪区延伸至官厅区的深约2米、宽3.4米的壕沟，以及配套的半月形单兵掩体。战坪区主要建筑材料为花岗岩石条，台面则由厚达1.3米的三合土夯筑而成，台面下铺设0.1米厚钢板。三合土以红壤土为主，配以红糖、糯米汁、乌樟树汁制成，不仅极为坚固，而且变形能力强，受到外力强烈冲击时，夯土层会缓冲吸收大量能量，然后脱落，不会形成碎片飞溅，可有效减轻炮弹爆炸后的二次杀伤力。台面向海一侧有约20度的倾斜，既实际起到等效装甲的作用，增强了台面的防护厚度，同时倾斜台面有利于将雨水排送至壕沟导水孔，可有效保持台面的干燥清洁，减轻雨水、海雾、海洋飞沫侵蚀炮件，这在多台风、雨水的闽南滨海地区尤为重要。炮台台心建有一个容积为6.26立方米的水池，蓄水供平时洗擦洁净大炮所用，并作为消防、后勤等配套用水。

战坪区的中间层为作战室和供弹室，底部为暗道和弹药库。

兵营区 由1栋二层官厅和22间营房组成，主要建筑材料为厚0.45米的花岗岩石条。兵营城墙的拱门上，有杨岐珍所题"奋武""振威"门额。官厅是炮台台长起居和指挥部所在地，营房是驻守士兵宿舍。兵营区呈"品"字形天井窖式布局，建筑高度整体略低于战坪区，有很好的隐蔽效果，既可有效防御炮击，又可以让驻守官兵躲避炎炎烈日，增强了兵营的安全性和舒适性。

后山区 是整个炮台的制高点，山顶海拔约38米，植被茂密，建有瞭望台。反斜面建有军火库。这里是舰炮射击死角，极为隐蔽，可有效保证军火库的安全。后山外围沿山势筑有城墙，建筑材料为花岗岩石条，墙体厚度1.8米至2米，墙高6米左右。城墙筑有观察所、射击垛口，是保护炮台的最后一道屏障。炮台内外各部分均有暗道相互沟通，能够确保物资输送通畅，驻守官兵守退自如。

地下部分主要为地道。地道有一条"工"字形总道，可通往其他各道，四通八达，由战坪区一直延伸到后山军火库，是一个完整的地下攻守防御体系。

胡里山炮台建成后，向东可支援白石头炮台，提前将敌舰拦阻在厦门水道之外；正（南）面和对岸的屿仔尾炮台隔海相对，互为犄角，炮火交叉可封锁厦门航道；向西可追击进入厦门港的敌舰，守住厦门港；向北可支援陆军阵营，因此被称为"天南锁钥"。不过，其最主要的功能还是扼守厦门港的南水道。南水道东起青屿至大担岛一带，西至九龙江河口，两者汇聚而成厦门港。南水道水深普遍10米以上，可供万吨级船舶航行，因此成为厦门港的黄金水道。扼守住南水道，即守住了厦门的水路门户。胡里山炮台因濒临南水道，地处厦门港海防要塞群核心，炮台最为坚固，配置的克虏伯大炮最为先进、威力最大，所处战略位置极为重要，因而成为核心要塞和总指挥台。炮台配置的2门280毫米口径克虏伯大炮是1893年生产的后膛海岸炮，5度仰角射程为6.68公里，30度仰角射程可达19.76公里，底部安放导轨，可使炮身作水平360度旋转，射界开阔，整个厦门港都在其有效射程之内。

胡里山炮台自1896年落成，多次在御侮抗敌中发挥作用。1900年，位于厦门局口街山仔顶巷的东本愿寺布教所失火（实为日本僧侣放火），日军以此为借口，公然派兵登陆厦门，妄图独占厦门。消息传到胡里山炮台，守台官兵立即脱去炮衣，掉转炮口，对准鼓浪屿海面的日舰和日本领事馆。日军慑于胡里山炮台大炮的威力，不得不于8月31日撤兵回舰。军阀混战期间，胡里山炮台亦经历多次炮火。1923年7月25日，闽系海军舰队攻厦，皖系驻厦守军开炮迎击，成功击退来犯舰队，但胡里山炮台官厅二楼，西城楼和后山瞭望亭等位置较高的建筑均被击毁；1928年5月12日，奉系渤海舰队欲图厦门，胡里山炮台迎击，双方炮战1小时，以渤海舰队主动撤离结束。1937年9月3日，日本舰队进攻厦门，以胡里山炮台为核心的厦门海防要塞群起迎击，双方激战一天，成功击退日本舰队，有人认为日本箬（ruò）竹13号驱逐舰是被胡里山炮台大炮击中的。胡里山炮台守军数人伤亡，克虏伯大炮炮身留有飞机扫射弹痕，但不影响大炮正常使用。1938年5月11日，日军占领厦门市区，战败的中国守军退入胡里山炮台城堡内，凭险抵抗。当晚，通过炮台后山通往城堡外海边的暗道撤出炮台，在夜幕的掩护下渡海，突围至南岸，加入仍在孤军奋战的屿仔尾炮台战斗行列。日军占领厦门岛后，进驻胡里山炮台，因二门克虏伯副炮被毁，就在炮台后山修筑了一个榴弹炮阵地，和胡里山炮台的主炮位构成一个新的防御基地。

抗日战争胜利后，胡里山炮台由国民党军队接管。1949年10月，厦门解放。国民党军队在逃跑前将胡里山炮台的2门克虏伯主炮毁坏，28枚280毫米克虏伯弹头被深埋到白石头炮台地下。

胡里山炮台的"世界古炮王"

1984年，为支持厦门经济特区建设和发展旅游事业，胡里山炮台驻军将其移交给厦门市旅游局，辟成公园对外开放。1996年，胡里山炮台被公布为第四批全国重点文物保护单位。对外开放后，胡里山炮台以其集园林、古迹、名胜于一体的独特魅力，每年吸引着成千上万的中外游客。对大多数游客来说，炮台中最引人注意的，莫过于那一尊长13余米、高近5米、宽5米多、口径达280毫米的克虏伯大炮。

对这尊有着"世界古炮王"之称的克虏伯大炮，在相当长的一段时间内，人们并不了解，因此带来不少尴尬甚至闹出笑话。原胡里山炮台管理处主任胡汉辉在《厦门胡里山炮台与克虏伯家族的历史情缘》①一书中讲过两件事。一是20世纪80年代波兰陆军上将谢尔盖访问胡里山时，曾向其询问克虏伯大炮的射程、射速、仰角等问题，他无法给出准确的回答，当再询问炮台上的大水池有何作用时，他亦无法给出答案。二是早前胡里山炮台的导游们几乎众口一词地这样给游客们介绍炮台上的水池：克虏伯虽然是当时世界上最先进的大炮，但美中不足的是它半小时打一发炮弹，每打一发炮弹，炮管就发热、发红，需用冷水降温，因此水池

胡里山炮台克虏伯主炮

---

① 厦门：厦门大学出版社2009年版。

就是大炮的冷却池。如此解释，似乎合理。但是遇到稍微厉害一点的游客就糊弄不了了，曾有游客犀利地指出，鸦片战争时期虎门炮台的土炮一小时都可以打四发，克虏伯半小时一发，如何御敌，何以最先进？种种尴尬和笑话，令胡里山炮台管理处的有关人士如坐针毡，也下定决心弄清楚克虏伯大炮的前世今生。

为了验明克虏伯大炮的身份，原厦门文化局局长彭一万和胡里山炮台管理处胡汉辉、韩栽茂等人遍寻厦门市、福建省多家图书馆的相关资料，并六次到北京，在国家第一档案馆苦苦搜寻。功夫不负有心人，丰富的原始档案揭开了胡里山炮台的历史面目，但克虏伯大炮的面目依然不清晰。为此，他们又多次前往德国克虏伯历史档案馆查询，最终确定了克虏伯大炮的身份：

光绪十八年（1892），2尊克虏伯大炮订购，总价为16余万两白银。1893年，生产编号为L／40C／86，每尊全炮重量近90吨的2尊280毫米口径克虏伯大炮，自德国的埃森港由"洋轮运至闽江口，起（调安）顿船厂"。1896年11月，胡里山炮台建成后，由福州马尾的船政厂造方舟（驳船）装运至厦门。在涨潮时将驳船开进炮台东边沙滩上事先挖好的船坞，然后铺设铁轨道，用大型特种人力机械珩吊将大炮各部件起驳上岸，沿着炮台东面的壕沟和预留的斜坡运上战坪区台面，最后按装配图纸要求逐件"安置完妥"。二次搬运费用为15079两白银。

1957年，全国大炼钢铁之际，胡里山炮台的二尊克虏伯主炮以每公斤8分钱的价格被卖给厦门铁厂。西炮拆完，准备再拆东炮时，消息传到厦门市委市政府，市委书记出面制止，东炮得以保存。西炮被拆解后，大部分另行加工，改造为机器部件。另尚余一段收缩筒，于1983年7月保存到厦门市博物馆。

2000年4月，保存下来的东炮经国家文物鉴定委员会鉴定，被确认为世界现存19世纪制造的最大、完整保存在炮台原址上的后膛海岸炮。此后，它被列入2000年"大世界基尼斯纪录"。2002年1月，德国克虏伯历史档案馆确认胡里山炮台大炮，是世界上现仍保存在原址的最古老和最大的19世纪海岸炮。至此，胡里山炮台所保存的280毫米口径克虏伯大炮"世界古炮王"的地位被正式确立。

1997年9月，胡里山炮台设立了荣光宝藏博物馆，由新加坡著名收藏家张荣光先生提供展品。其中有一门小炮是葡萄牙人于13世纪制作的，长11厘米，重0.22公斤，直径2.4厘米，据称是世界上最小的火炮。这样，胡里山炮台就拥有了当今世界最大和最小的两门古炮，堪称一绝。

播荡烟尘 —— 漳州屿仔尾炮台

屿仔尾炮台位于招商局漳州开发区石坑社区屿仔尾东南临海突出部的镜台山上，因其地处厦漳海域南岸，故俗称"南炮台"。

炮台所处的海岬不高，却是厦门港、漳州港和九龙江入海口的要冲之地。道光二十年（1840）初，鸦片战争一触即发之时，新任闽浙总督邓廷桢由粤抵闽，并立即部署加强福建防务以配合林则徐禁烟御侮。为切实加强厦门海防，邓廷桢在厦门湾南北两岸修筑炮台，南岸炮台就是屿仔尾炮台。因当时形势紧迫，来不及构筑永久性炮台，只能先构筑简易炮墩临时应付。虽说是临时性工事，但炮台还是相当坚固，用三合土夯筑的围墙至今仍有部分存留。到道光二十一年（1841）英军舰队第二次北上之前，闽浙总督颜伯焘在厦门港要塞增设改建了多处炮台，其中包括屿仔尾炮台。

道光二十二年（1842）厦门失守之后，炮台一律毁平，此后并未重筑。同治十三年（1873），日本借牡丹社事件侵犯台湾，派军舰驶入厦门湾。为巩固闽海国门，福建水师提督彭楚汉开始重建厦门要塞炮台，在厦门湾南岸修筑了武口炮台、鸟空园炮台、白石头炮台和磐石炮台，在北岸的龙海修建了龙角尾炮台和屿仔尾炮台。其中的白石头炮台和屿仔尾炮台，由于工程修造费用巨大、所需"巨款尤不易筹"，至光绪二年（1876）才开工建设，次年竣工。这次改建，彭楚汉将屿仔尾炮台的位置南移20—30米，建在镜台山山头。炮台后依凤宫山，坐西南面东北，居高临下，改变了原屿仔尾炮墩、炮台安放海滩、地处低下、难以远击的缺陷。又与刚刚建成的龙角尾炮台相互策应，相互支持。其北面正对厦门港南水道，又与同时建成的厦门湾北岸白石头炮台南北相望，共同护卫着厦门港。整座炮台平面呈椭圆形，周长240米。炮台以石条垒起石墙城基，以江东砂浆、沿海地区特有的海蛎壳灰以及糯米浆、红糖搅拌而成的三合土夯筑成厚城墙，坚固无比。墙高6米（临海处则高达20米）、厚1.5米，设有女墙垛口、枪眼，内置兵营、壕沟、弹药库、练兵场等。在东北、北、西北方向筑有暗炮堡7座，配大炮7尊，其中红夷炮4尊，英国阿姆斯特朗前膛炮3尊。彭楚汉人称"提督书画家"，写一手刚健有力的书法，他为屿仔尾炮台大门门额题署"播荡烟尘"四字。在白石头炮台建成后,为它题写了门额"南闽屏障"。

光绪十七年(1891)对屿仔尾炮台再次改建,北面和西北的4座暗炮堡被改建为2座炮台。改造后,一座位于正北(中)方向,为明台,配置170毫米口径的克房伯大炮1门;另一座位于西北方向,配350磅的前膛地陷钢炮1门。原来东北方向的3个炮位被改建成一座暗炮台,开炮洞3个,置大炮3门。其他附属设施基本不变。

在近现代反抗外来侵略的斗争中,屿仔尾炮台屡屡作出自己的贡献。1840年7、8月,侵华英军舰队多次侵扰厦门。8月24日下午,英国舰队以3只舢板追逐一艘中国商船,屿仔尾南炮台的官兵把炮口瞄准英舰,猛烈轰击,英舰被迫退走。在抗日战争中,屿仔尾炮台更是发挥了重要作用。1937年"七七事变"爆发后,日寇大举南进,闽南沿海战云密布。9月3日凌晨,日军悍然出动箬竹号、羽风号、扶桑号战舰,在空军的掩护下,驶进厦门海域进行挑衅。摩拳擦掌的厦门各炮台官兵同仇敌忾,打得日舰无法靠近。因为厦门湾两岸炮火密集,日舰只好躲到炮火覆盖不到的鼓浪屿西北侧暂避。至下午3时许,在取得空中支援后,日舰由鼓浪屿向青屿方向逃窜。这时,驻守南炮台的守军观察到敌情后,向主台官何荣冠报告,南炮台守军立即进入战时状态,冒着被敌机轰炸的危险,准备炮弹,调整好炮击角度,紧盯日舰逃跑行踪。待日舰经过南炮台并进入克房伯大炮攻击射角后,何荣冠下令开炮。在主炮手李青山的操作下,"轰"的一声巨响,大炮一炮中的,830吨级的驱逐舰箬竹号猝不及防,右舷中弹。三艘日舰立即还击,之后,南炮台守军又发射了两枚炮弹,有力地打击了日舰。

很快,箬竹号驱逐舰右舷大量进水,开始倾斜,羽风号、扶桑号见状赶紧赶上箬竹号为其护航。北岸的胡里山、白石头炮台等也发炮打击日舰,击伤日舰羽风号。此时,日军所派的重巡洋舰扶桑号出援的3架战机,

屿仔尾炮台内部一隅

分头向3个炮台俯冲掷弹,以掩护日舰逃离厦门湾海域。至下午4时许,厦门港海域内的日舰全部往青屿方向逃窜,被击中的箬竹舰在塔角附近的沙滩上冲滩,该舰日军由其他日舰救走,舰只则沉没在现在的漳州开发区海域,至今已近九十年。但也有一些文史专家认为,日舰箬竹号是被北岸胡里山炮台的大炮击沉的。

此战之后,日军对厦门湾各炮台甚为忌惮,仅在大担岛以外的海域远距离发炮轰击,不敢内犯达8个月。1938年5月10日,日军近百艘各类舰艇集中攻击厦门岛,厦门湾两岸各炮台相继失陷。至12日,仅剩下屿仔尾炮台孤台奋战、顽强抵抗,成为厦门港要塞的最后堡垒。13日,日军一面派出6架飞机轮番轰炸,一面由5艘军舰舰炮不断猛轰,炮台守军死守不退。至下午,火药库和炮位相继被炸,6名士兵牺牲,守台官兵才不得不退出战斗。后来,他们在主台官何荣冠的带领下,转战福州马尾要塞,继续抗日,在1940年4月20日的闽江口保卫战中,再次与日军血战。日军攻入屿仔尾炮台,火药库、大炮要件以及轨道全被损毁,日军还将硫酸灌入克虏伯大炮中,企图永久性破坏大炮。

解放后,屿仔尾炮台留下1门克虏伯大炮,其他副炮均被切割拆除。1953年,为修筑厦门高(崎)集(美)海堤,炮台的最后1门克虏伯大炮也被拆走填堤。1949年至1955年,屿仔尾炮台作为海防前哨,曾驻扎有空军探照灯站和边防部队1个班。1955年驻军撤出后,长期由当地女民兵担任炮台哨兵。2006年6月,招商局漳州开发区拟将屿仔尾炮台进行维修,委托福建博物院考古研究所于2007年1月至2008年4月对炮台遗址进行抢救性发掘,在弹药库底部地下出土了28枚摆放整齐的280毫米克虏伯大炮弹头和4枚红夷大炮弹丸。之后,建成南炮台公园对外开放,2016年又进行了保护性修缮。

历经一百多年风雨剥蚀、见证时代风云的屿仔尾炮台,将继续岿然屹立在祖国的东南海疆。

华南海防炮台

坚如磐石 —— 汕头崎碌石炮台

崎碌炮台又称"石炮台",位于汕头市金平区海滨路中段。

汕头原是揭阳(后居澄海)海边的一个渔村,明代称"沙汕",雍正年间始称"汕头"。这里临海,很早就有商船停泊,到第二次鸦片战争之前,汕头已经成为一个繁荣的商埠,西方列强们对它早就垂涎三尺。那时的汕头,虽然地域面积只有2平方公里,但是地理位置十分重要,自然条件优越,人称"岭东门户,华南要冲"。19世纪中期,随着樟林港的衰落,汕头港逐渐取代了樟林港的地位,成为潮汕地区中心港口。第二次鸦片战争后,清政府被迫于1858年签订《天津条约》,汕头成为9个开放的通商口岸之一,此后外国商船纷至沓来。

清初潮州府建有沙汕头炮台,后因泥沙积聚、海岸线向外延伸,沙汕头炮台逐渐失去对洋面的控制。为了加强汕头一带的海防,时任潮州总兵方耀亲自查勘各海口,发现神泉、海门等地旧炮台炮械陈旧,年久失修。他担心汕头开埠之后,各国商船频繁往来,熟悉我港路之后,容易引敌深入。同治十三年(1874),方耀以"邻氛不净,潮海严防"为本,上奏清政府,准予自筹资金,在汕头港要冲崎碌建筑三合土炮台一座。光绪二年(1876),炮台主体竣工,其余垛口、铁门等设施因经费一时接应不上未能建成,至光绪五年(1879)方全面完工。整个工程历时5年,耗资8万多银元。由于资金不继,炮台虽然筑成,到光绪九年(1883)仍"有台无炮,空台一座,台兵无饷可筹,无兵可拨"。后来,通过当地富商捐资,陆续配置完善,置火炮18尊,由南澳镇派拨80名练兵驻守,后改为由澄海左右两营派兵100名,由该营参将及守备轮管驻守。崎碌炮台建成后,与隔岸苏安炮台相呼应,扼住汕头海湾出入口,成为清末粤东地区重要的海防设施。

崎碌炮台视野开阔，规模庞大，总面积达19607平方米，防御体系周密。整座炮台设计独特，中西合璧，炮台整体建筑采用中国传统的营造法建造，但又"略仿洋式"，采用了西方先进的建筑技术，因此成为别具一格的新型军事设施。

崎碌炮台坐北朝南，为环圆形城堡式石结构建筑。其外围是一条宽23米、深3米的护台河。城堡面积为10568平方米，外墙直径达116米，外墙高6米、内墙高5.15米。炮台内的圆形广场为操场，直径85米。整座炮台用规格不一的花岗岩石垒拱而成，石缝严密，砌筑坚固，因此有"石炮台"之称。"石炮台"这一俗称，既反映了炮台建筑材料的特点，同时又暗含"坚如磐石"之意。墙体以贝灰、沙、煮烂糯米及红糖调和夯筑而成。炮台的大门设在北面，为弓形拱券式，门下无槛，豁然开朗。大门宽和高都是3米，墙厚也为3米，显得结实、厚重且有分量。大门两侧设有东、西辕门，为中国传统牌楼式建筑，空灵轻巧，负重若轻。

炮台城堡分上、下两层。下层是一条石砌的拱顶隧道式炮巷。炮巷宽4.1米，全长292米，贯通于整个台堡，是放置炮弹和炮兵驻扎的营地。炮巷内开有多个通往台内操场的拱形门，也开有许多对外的炮眼，兼具通风采光的作用。上层台面北边有半月形指挥台，台面上有规则地分布着72座

a：崎碌炮台波浪式石阶
b：十字拱顶的炮巷

塔状空心建筑物，每3座一组，组成"品"字形。连接炮台上下层的通道主要有两处：一处是位于炮台内广场东沿的石阶梯。这条石阶梯不是一般的脚踏垛，而是呈波浪形构造，宽达3米，共有27级。阶梯用花岗岩叠垒砌成，并在坚硬的岩石上凿刻出27级半圆弧，串联成柔顺的波浪线条形，它实际上是一条运送大炮的专用通道。石阶的凹面与运炮车轮子的弧度是相同的，如此可在运送炮械时能省一定力气，同时也能缓冲重力下滑的速度，提高安全系数，还使得阶梯更加美观。另一处通道，则是连接一层炮巷和二层北面指挥台的螺径形石梯。这条石梯运用力学结构原理，不设梯梁，"螺径"以同轴垂直悬板叠合成梯级，既节省用地，又解决了垂直交通问题，轻盈而奇特，显示了结构的悬挑之美。此外，这条螺径石梯较为隐蔽，作战时便于人员疏散。

炮台内院广场为炮兵日常训练的大操场。其东北角挖有一口水井，供守台炮兵日常饮用。当年这口水井距离大海仅数十米，但取出的水却是淡水，这是因为此水是韩江的一条支流渗透积沙而出。炮台北面还建有一土炮台，是为辅台，亦称"涂炮台"。辅台位置较低，上覆泥沙，远望如一小沙丘，也可安炮，掩护主炮台，有一隧道与主炮台相通。

因为崎碌炮台设计巧妙，坚固结实，加上防潮、防渗漏到位，虽已历经近一个半世纪的风雨，但整座建筑物至今尚未发现裂缝和崩塌现象，是一处坚固的海防工事。但这座清末威武的炮台，在民国时曾沦落为血腥的监狱，1924年开始被改为汕头市"惩教场"（惩教场即监狱）。1933年，革命烈士彭湃之子、"中国核潜艇之父"彭士禄（1925—2021）被关押于此，时年仅8岁。1927年9月24日至10月初，"八一"南昌起义部队进军汕头市，曾派兵驻守崎碌炮台。抗日战争时期，崎碌炮台遭受日本战机的两次轰炸，共投弹6枚，但除了炸塌小部分配套设施外，仅在炮台内外空地上炸出一个约10米的大坑。

1949年以后，该炮台主要由驻汕海军驻防，曾一度用做街道生产组小手工业作坊。1989年，崎碌炮台被公布为广东省文物保护单位。1991年，汕头市政府对其进行全面修缮后辟为石炮台公园，不过公园门口摆放的两尊阿姆斯特朗前膛大炮并非炮台旧物，而是从当时的汕头铸钢厂抢救性征集而来。2013年，崎碌炮台被公布为第七批全国重点文物保护单位。

金锁铜关 —— 虎门炮台

从广州到入海口96公里长的水道为珠江。珠江流出黄埔之后，江面豁然开阔，而到了出海之处又突然收窄，像突肚的花瓶口一样，江面又有大虎山和小虎山对峙，如同二虎把门，日夜守护珠江门户，故称虎门。虎门不是一个点位概念，而是泛指外临伶仃洋、内接狮子洋的约8公里长的一段珠江水道及附近两岸地区。这段水道南通大海，北抵广州黄埔港，两岸高山林立，江心小岛罗列，形势险要。明末清初岭南名士屈大均曾评价："潮汐之所出入，东西二洋之所往来，以此为咽喉焉。出虎头咫尺，则万里天险。"如果说广州是中国的南大门，那虎门则是广州的屏障。要保住广州，必先守住虎门。虎门成为阻止外敌骚扰与入侵的雄关要塞。

虎门炮台是清朝修建的分布在珠江虎门海口东西两岸、方圆五六十平方公里的炮台总称，包括珠江口东岸的沙角、威远、靖远、镇远、南山、定洋，西岸的大角炮台，江中的上、下横档岛和大虎山岛等众多炮台，素有"中国南方海上长城""金锁铜关"之誉。这个曾被公认为中国近代海防史上设备最完善、火力最强大、工事最坚固的炮台群，在中华民族抵御外来入侵的紧要关头曾发挥过重要作用。

第一次鸦片战争的见证者

虎门炮台数量之大、建设次数之多、历时之长，在中国沿海地区是不多见的。

虎门的设兵驻防、构筑营垒，始于明朝初年，主要为防御倭寇的侵扰。到万历十六年（1588），置有虎头门寨。

顺治至康熙初年为防范郑成功，在沿海地区实行严厉的禁海和迁海政策，沿海居民被迁入内地，房屋被烧毁，明朝所建海防设施也多被废弃。

大概到康熙二十三年（1684）夏天，才开始在虎门口建设海防炮台。康熙二十八年（1689）刊行的《东莞县志》和三十六年（1697）刊行的《广东通志》都记载有横档、南山和三门炮台。这三座炮台都建在江边的山上，横档炮台建在虎门口江中上横档岛，南山炮台位于江东岸威远岛的武山山巅，三门炮台则处于虎门口东面的三门口。

康熙五十六年（1717）前后，两广总督杨琳开始在广东沿海地区大规模兴建海防炮台。这是清初广东最大的一次修建沿海炮台的行动，但这次没有在虎门新建炮台，只是对这里原有的三座炮台进行了修缮。之后一直到嘉庆前期，虎门一直没有增加任何炮台。在嘉庆五年（1800）沙角炮台建成前，虎门口就只有横档、南山和三门这几座炮台。从当时整个广东地区的海口防御来看，海口一般只设一处炮台，但虎门却有三座炮台，可见对这里防御的重视。

清初的虎门炮台今虽无存，但跟同时期广东其他炮台的形制大体上一致。清初广东炮台都建在视野开阔的沿海进出口水道边的山上，取其射击便利并能居高临下。形制多为封闭的城堡式，基本为长方形或随地形而成的不规则形状，只开一个门，门楼简单无刻字；使用单一材料，石材或夯土。炮台中的炮位都是采用加厚局部边墙为炮位台墩，也就是将炮台中朝海方向的墙加厚，形成与围墙等高的墩台，安炮其上是为炮位。它是和炮台墙连为一体的墩墙，台上无垛墙，视野开阔，露天安放2000斤以下国产前膛铁炮，大炮台一般安炮8门，小炮台安炮3门，比同时期临近省域的江防炮台配炮少。

从康熙至乾隆时期所建虎门炮台既是海防工事，也是粤海关对进出商贸船舶的关卡。虎门炮台以武力支撑着粤海关和广州口岸行使职权。至迟在嘉庆初年，虎门炮台已经成为黄埔港和粤海关，控制进港船只的第一道关口和出港船只的最后一道关口，开始承担对商船进出港口"验照放行"的关键职责。

随着安全和管理双重任务的不断加重，从嘉庆初年开始，虎门炮台的建设大大加速。这个时期广东水师提督移驻虎门，开始亲自主持海口的防御建设。虽然嘉庆五年之前虎门的炮台数量没有增加，但炮台中的大炮数量较清初有了明显增加，嘉庆三年（1798）刻本《东莞县志》记载："虎头门寨铁炮七十八位，南山、三门炮台铁炮一百余位，横档炮台铁炮五十六位。"

嘉庆五年（1800）到嘉庆二十二年（1817），在虎门航道两岸及航道中间的岛屿陆续新建了一批炮台。横档月台建于嘉庆二十年（1815），位于原横档炮台所在的横档岛山下临海处，月台长40丈，内有兵房、火药库、敌楼等，设施齐备。横档月台建成后，横档炮台就成为既有山上炮台，又有临海月台的复合式炮台，火力点也由一处变为两处。横档炮台在后来的虎门三道防线中就处于中心位置，既是第一道防线和第三道防线的联系点，又位于第二道防线的中间，炮火向东可以支援威远、镇远和靖远炮台，向西可以支援巩固炮台。如果这里哑火，则会使两岸各炮台陷入孤立无援的境地。嘉庆二十二年（1817），两广总督阮元奏准，在水道中央的大虎岛上大虎山东面山脚下建设大虎炮台，安置2000—7000斤不等的大炮30门。当时人称颂大虎炮台为"大海绵长通绝域，虎门高耸接层霄"，是虎门的第三道防线。

按两广总督阮元的说法，嘉庆时的海防和江防炮台组成了广州的四道门户：第一门户是沙角炮台，第二门户是横档、镇远炮台，第三门户是大虎炮台，第四门户是位于内河的江防炮台猎德和大黄滘（俗称车歪炮台）。道光十年（1830），又在第一道防线沙角炮台对应的江西边的大角山上建成大角炮台。大角山不高，地理位置却十分重要，是从伶仃洋进入珠江口的必经之地。大角炮台有炮洞16个，配炮16门。大角炮台的建成，完善了第一道门户，形成虎门防御的新格局。这时的虎门炮台已经将虎门海口主航道和副航道全都纳入控制范围内。但由于火炮性能所限，炮台对海口通过的船只控制力还不高，道光十四年（1834）发生了两艘英国武装舰船强行通过虎门，武力闯入珠江直到黄埔港、威逼广州的事件。道光皇帝为此撤职查办了当时的广东水师提督李增阶。之后上任的广东水师提督关天培，接受道光皇帝重托，大力加强虎门炮台建设。

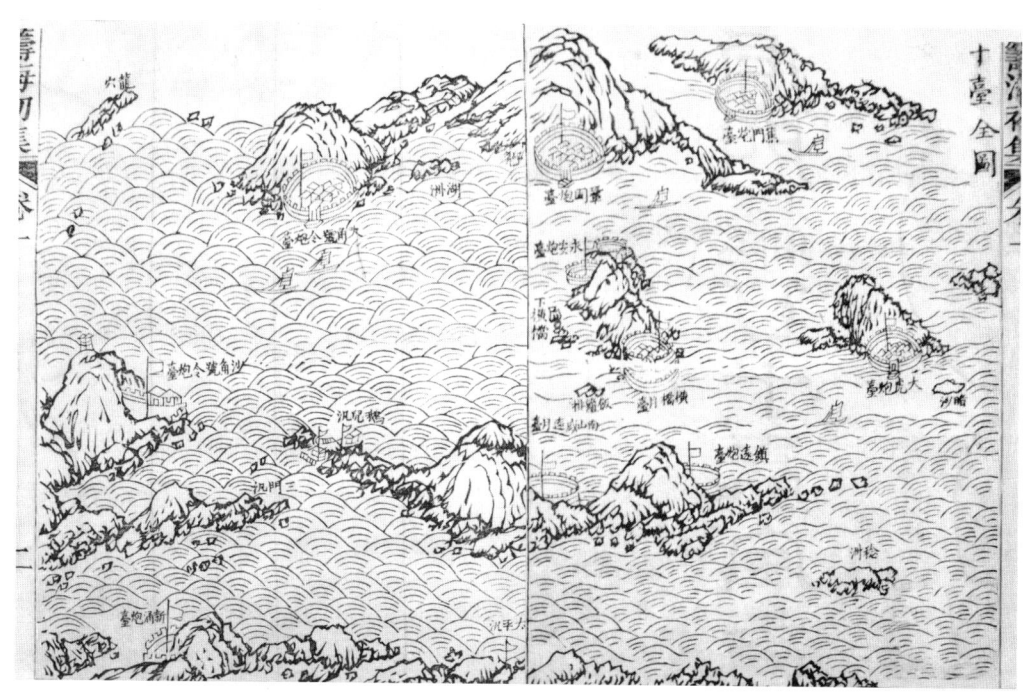

《筹海初集》中的《十台全图》关于关天培战前部署的炮位与堡垒细节。梁二平提供。

从道光十五年（1835）开始，关天培将第一道防线上的沙角和大角炮台改为信号台，加固整修了第三道防线上的大虎炮台，并重点加强了第二道防线：在加固整修原有的镇远、横档炮台的同时，新建了威远月台、永安炮台和巩固炮台。

尽管关天培等人精心设防，层层堵截，想以此防止敌舰经过虎门闯入广州，但这一时期所建炮台的缺陷十分明显，具体体现在：这些露天式炮台只有垛墙作为掩护，而垛墙是很容易被敌方炮火摧毁；缺乏壕沟、吊桥、关闸等配套设施，难以阻止敌方登陆部队的攻击；没有斜堤、堑壕等阵地，不能对敌进行反击；缺乏良好的道路系统，战时补给困难。这些弱点和缺陷，在当时就被西方观察家所指出。当然，这与这一阶段虎门炮台的建设目标有关，关天培加强、改建虎门炮台，主要是为了阻止船只非法进出虎门。经历第一次鸦片战争的炮火，虎门炮台群除新涌、蕉门外，其余各台均损毁十分严重："各炮台仅余基址，或被拆卸，或被药轰，无可栖止。炮位大者无存，小者亦皆残毁。"

第一次鸦片战争后的兴衰

由于虎门各炮台在第一次鸦片战争中绝大部分被毁，战后重建很快被提上日程。在这次重建中，不但炮台数量有所增加，规模有所扩大，也一定程度上吸取了此前的失败教训，在建筑技术和战术设想上有所进步。

首先是炮台数量方面。重建后共有炮台16座，由南向北分别是：江东岸的沙角，威远山西边山脚的威远、靖远、镇远，威远山上的水军寮和蛇头湾，威远山东边山脚的九宰（河西），河东边的竹洲等9座炮台；江中间三个岛的上、下横档和大虎炮台；江西岸的大角和巩固南、北炮台；虎门口东、西两侧水道口的新涌和蕉门炮台。

其次是扩大了炮台的规模，增加了各台火炮数量。如威远炮台的炮口由40个增加到77个，靖远炮台由60个增加到68个，沙角炮台由11个增加到51个。上横档原有横档炮台和月台及永安炮台共3个炮台，这次重建，横档月台因为靠海太近被废弃，把横档和永安合并为一个炮台，炮口由60个增加到153个。重建后每个炮位配兵勇2名。

再次是建筑技术和战术设想方面。此次重建，炮台建筑的水平位置普遍提升，也尽量避免了后枕高山石壁的危害，增加了炮墙厚度，并注意炮台之间的相互联系及炮台后路和两侧的防卫，等等。

光绪六年（1880）广州开始在海防要塞建设中引进德国克虏伯、英国阿姆斯特朗等西洋海岸大炮，于是，与之相配套的西式炮台建设就成为一项重要工程。当时主持炮台建设者都认为要以世界先进的德国、俄国炮台为样板，建设攻防兼备，具有与军舰协同作战能力的西式炮台。

光绪时期的虎门西式炮台建设大致可以分为三个阶段。

第一阶段为光绪六年至十年（1880—1884）。这是虎门西式炮台建设的最重要时期，奠定了虎门西式炮台的格局。两广总督张树声在光绪七年（1881）和十年（1884）两次主持这里的海防建设。

第二阶段为光绪十年至十五年（1884—1889）。这一阶段虎门西式炮台建设的主持者是张之洞。

张之洞到任两广总督后，进一步强化虎门和长洲岛的西式炮台建设。他提出彻底放弃中式炮台，将广州江海防炮台全部改为西式，并提出直接雇募西洋人来建炮台。除增加原有炮台中的大炮外，还增筑了一部分新炮台，如沙角炮台增筑4座、威远炮台增筑3座、下横档炮台增筑1座、大角炮台增筑2座、鱼珠炮台增筑3座（狮山2座、蟹山1座）。沙路的马鞍山增筑2座炮台后，共拥有9门克虏伯大炮，9座炮台形成一个完整的倒V字形，完全贴合面前河道的转弯，大大增强了对河道的控制力度，使沙路炮台群成为广州江防主力炮台之一。此外，还新建牛山炮台群，共设炮台7座（包括牛山山麓上中台克敌、南台克胜、北台克虏，山脊上第一台威远、第二台靖远、第三台绥远、第四台定远）。至此，长洲岛成为四大炮台群的所在地。

第三阶段为光绪十五年至二十二年（1889—1896）。光绪十五年，李鸿章之兄李瀚章调任两广总督。他进一步改造虎门和长洲炮台：将沙角鼻湾暗台之炮移到狮子山顶，白草山另设大炮，均改为明台；在龟山、仑山添筑明台三座；将地势较低的威远平水炮房，移建至山顶及半山显处；下横档炮台换置新式大炮，原有旧炮移到石头湾筑台安设。

光绪时期所建虎门西式炮台有三个显著特点：首先，基本淘汰了国产前膛炮，主要采用当时世界上最先进的德国克虏伯和英国阿姆斯特朗海岸大炮，而且数量众多。其次，炮台建筑材料多由国外进口。再次，按照现代军事要塞的设计要求，择地建设炮台，防御格局有新的变化，如在虎门口江中放弃了原来的大虎炮台，在江西边放弃了南、北炮台，而新增加了蒲州炮台等。这一时期的炮台建设，多立足于远距离打击，选址多在海口两边的山顶之上。炮台的驻防部队也有变化，清初到光绪初期，虎门炮台一直由广东水师驻守，这一时期改为由负责建设炮台的军队直接驻防。

光绪时期所建西式炮台到民国时期依然保存完整，其军火装备虽未能更新换代，但还是得到了完整保护，仍是保卫广州重要的江防和海防设施，并在以后的抗战中发挥了重要作用。1938年底，由于广州和东南亚相继沦陷，虎门要塞失去了军事价值，被控制要塞的日军长期废弃。战后民国政府无力改造修复，要塞失去军事作用，退出海防体系。在其后的岁月中，绝大部分古老的西洋大炮先后被拆除，只剩下那些光绪年间所建的钢筋混凝土炮台，至今矗立在虎门口和珠江两岸。

虎门炮台大事记
第一次鸦片战争前广东水师的虎门军演

1839年10月10日，就在震惊世界的虎门销烟三个月后，主持虎门销烟的钦差大臣林则徐，又在虎门主持了广东水师实弹演习，即虎门秋操。

经过精心布置和周密安排，1836年秋季，广东水师首次虎门秋操顺利进行，主持这次军演的两广总督邓廷桢，对广东水师的战斗力和虎门海口防御相当满意。他在给道光皇帝的奏折中这样奏报，"此时虎门海口，臣已亲历秋操，各炮台凭海依山，星罗棋布，均经目睹。其控制扼要及现在声威，已足慑服群夷，克称天险"，认为只要"从此讲习不懈，精益求精"，就可以有备无患、绥靖海疆。

从1836年到1839年，广东水师共进行了7次虎门实弹操练。1939年的秋操在10月10日举行，这是林则徐到广州在虎门销烟外的另一重要举措，即通过实弹演习起到军事震慑作用。为达到震慑外国鸦片走私者的目的，演习的中心检阅台从以往的横档炮台移到沙角炮台，因为这里更靠近鸦片走私船聚集的珠江口，而且允许外国船只在远处观看。林则徐主持的1839年虎门秋操，新建成的靖远炮台也参加了，参演炮台达9座，又增加了拦江铁排的开合演练，因此成为广东水师规模空前的一次大演习。

虎门军演是关天培等人在完成有关炮台的增建、加固和增强火力后，对广东水师作战能力的训练。虽然其作战方案存在重大缺陷，如未考虑敌舰对炮台的直接进攻等，但经过认真的操练，关天培设计指挥的虎门实弹操练，显著提高了广东水师正规化水平和作战水准，使这支军队的面貌焕然一新。稍后的虎门战役，充分体现了这一点。

虎门战役,共有三次战斗,分别是沙角、大角之战,三门水道之战和横档之战。

虎门战役的第一仗是沙角、大角之战。1841年1月7日上午8时,早有预谋的英军舰队,在伶仃洋靠近珠江口海面集结了20多艘舰船,突然向第一道防线的沙角炮台和大角炮台发动了猛然攻击。沙角、大角之战爆发。

进攻沙角的英舰包括加略普号、海阿新号、拉呢号和皇后号军舰,共载炮52门。它们行驶到沙角炮台正面展开轰击。陆战部队则从穿鼻湾登岸,绕到沙角山后,架竹梯攀上沙角山顶,用推轮大炮猛轰清军陆路营盘。守将陈连升组织守军全力迎击,但由于背腹受敌、敌众我寡,加上武器低劣,炮台陷入敌手,陈连升父子牺牲。

攻打大角炮台的英军也是采用同样战法。萨马兰号、都鲁壹号、摩底士底号和哥伦拜恩号等4艘英舰驶近后,一齐向大角炮台开炮,击中台内的火药库,顿时火光烛天,防御工事被摧毁。与此同时,数百英军乘小船登岸,从大角山的后山向前山进攻,与英舰前后呼应,夹击炮台。千总黎志安受伤后,眼见英军来势凶猛,丧失斗志,忙令兵勇将大炮推入水中,突围逃跑。大角炮台落入敌手。

英军进犯沙角、大角的同时,派轮船复仇神号带领小船数只,袭击了沙角与虎门之间的三门口,击毁水师战船数只,掳去拖船2只。

英军攻陷沙角炮台后,炸毁了炮台和大炮。他们认为陈连升顽抗,竟"脔(luán)割其尸",但也不得不承认陈连升等守台将士"维持了勇敢的人的本色",沙角之战是开战以来清军抵抗最顽强的一次战斗。陈氏父子英勇献身的精神受到时人广泛赞誉,林则徐好友、爱国诗人张维屏作《三将军歌》,其中有"英夷犯粤

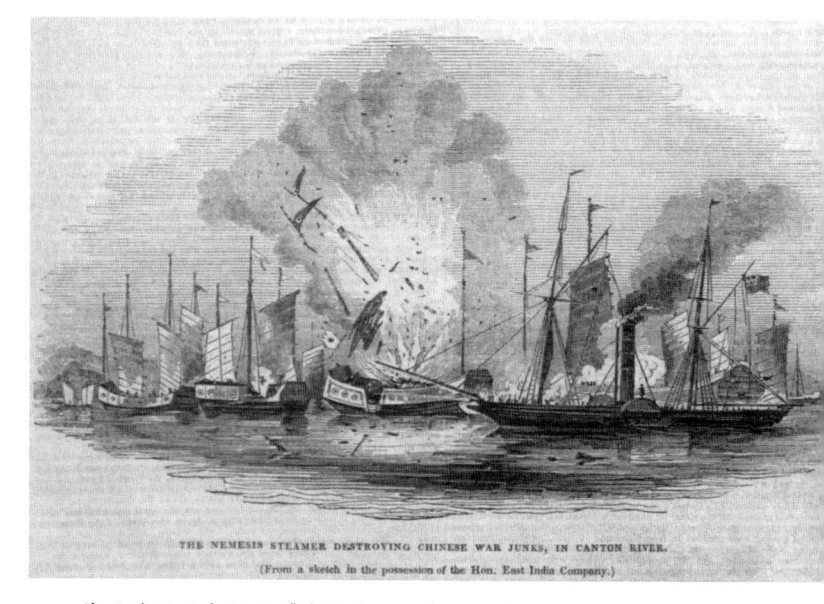

英国随军画家所绘《东印度公司复仇女神号汽船在广州河(珠江)摧毁中国战船》速写。

珠江口大角炮台火药局（弹药库）。王朝彬摄。

寇氛恶，将军奉檄守沙角。奋前击贼贼稍却，公奋无如兵力弱。凶徒蜂拥向公扑，短兵相接乱刀落。乱刀斫公肢体分，公体虽分神则完。公子救父死阵前，父子两世忠孝全"等反映陈氏父子忠孝两全的诗句。沙角之战后，当地百姓将陈连升父子和阵亡将士遗体丛葬于沙角山前，墓前石碑题名"节兵义坟"。后来，清政府将陈氏父子入祀沙角白草山昭忠祠，对陈连升加等以总兵例赐恤，封骑都尉世职，次子展鹏承袭，赐三子起鹏为举人。

相传陈连升牺牲后，其坐骑黄骠马踯躅徘徊于主人遗体边，悲鸣长嘶，久久不肯离去。后来，英军把它作为战利品强掳到香港。在香港，这匹黄骠马不吃不喝英军提供的饲料和水，被放到山上则常头朝北方悲哀嘶叫；当地百姓喂它时，饲料捧起来就吃，放在地上则不吃，似乎知道香港已被英军占领，不肯低头吃放在地上的饲料；如果有人呼唤说要带它回虎门，它就频频摇尾跟着走。但英军始终不放它，最后在香港"忍饿骨立，犹守节不变"而死，被人们称为"节马"。同治元年（1862）十一月，驻守虎门水师参将郑耀祥和游击赖建猷，为这匹"节马"立下一通"节马碑"，包括《节马图》和《节马行》，以肇庆端石凿刻而成，放置在重修后的关天培祠内碑林。抗日战争时期，关天培祠被毁，"节马碑"下落不明。1956年，广州博物馆前往调查，根据群众提供的线索，在虎门寨关忠祠旧址的碎石堆中找到该碑中段，后来又在一位居民家的厨房地板中找到前大段，在关岳庙桥下找到后一段，三块拼凑起来才成为一通完整的"节马碑"。"节马碑"属国家一级文物，原件现藏广州博物馆，复制件陈列于鸦片战争博物馆。1982年，东莞在沙角炮台遗址树立了陈连升和"节马"的雕像。

沙角、大角之战失败后，虎门第一重门户丧失，信号台被摧毁，英军闯过第一道关口，开始向虎门主炮台的第二道防线推进。1841年1月30日，道光皇帝封奕山为靖逆将军，决定对英宣战。与英军谈判的琦善接到谕旨后，对谈判改用拖延战术。英军全权代表义律知谈判无望，2月20日又获道光皇帝下诏宣战的情报，决定先发制人，命英军闯入珠江。

此时虎门要塞仍然暴露在英舰炮口之下，附近海面仍被英舰封锁。其实英军很早就在为进攻虎门作准备：2月中旬，几名英军军官潜赴虎门一带侦察，英轮复仇神号也以递送照会为名，连续几次侦察横档、虎门和三门口以下海湾地区，义律也曾偷偷爬上横档岛，窥探清军设防情况。2月18日，英军总司令伯麦命令轻型舰队从香港开往虎门，19日到达下横档岛以南水域，20日英军主力舰队陆续开往虎门。

此时，虎门清军正在加紧修建各种临时防御设施，重点在三门水道内阻塞航道，修筑隐蔽式炮台，已安炮位20个，尚有60个正待安设，以防止敌军由三门水道抄袭武山的威远、靖远和镇远炮台的后路。22日，清军一艘交通船被英军轻型舰队拦截，船上一份关于三门水道防御工程的公函被截获。次日，英轮复仇神号等4艘军舰驶入三门水道，发现清军船只正在打桩下排、阻塞航道。英舰迫近时，清军船只退走，隐蔽炮台突然开炮轰击。英舰发炮还击，并以水兵攻占了该炮台。除几门铜炮被英军作为战利品带回外，其余铁炮全被当场毁坏。24日，英军舰船复来，破坏了三门水道内阻塞河道的桩石木排等设施，恢复了航道。

上横档岛之战和关天培

2月24日，义律宣布中英谈判破裂。同日，伯麦向关天培发出最后通牒，狂妄地要求"将横档以上、大虎以下中流左右各处炮台，俱行让给"，然后"插竖白旗投降"。关天培置之不理。25日，英军用于进攻的舰船全部到达虎门。英军根据侦察的情况，首先采取中间突破战术。当天就派复仇神号运送军火及登陆部队，在清军未设防的下横档岛登陆，并在下横档岛布置了三门野战火炮和野战工事。夜间英军虽遭清军炮击，工事被击坏，但是总体上未遭受大损伤，英军在此完成了进攻准备。26日清晨，下横档岛上的英军野战炮猛轰上横档炮台，正式进犯虎门及珠江。

守卫上横档岛的清军发炮还击，但横档炮台和永安炮台的炮火基本打不到下横档岛。威远炮台亦开炮向下横档岛英军轰击，但因为距离较远，射来的炮火已是强弩之末，杀伤力很有限，对下横档岛的英军构不成大的威胁，下横档岛英军的炮火优势得以发挥。在英军的进攻下，上横档岛驻军得不到两岸驻军的支援，岛上官兵独自作战，损失惨重。加略普号在其他英舰掩护下，冲向上横档岛西侧，与岛上守

军展开激烈炮战达一小时。接着，复仇神号运载陆军从西侧登岸，英军随即直扑岛上横档、永安炮台。守军溃败，上横档落入敌手。

在进犯上横档的同时，英舰伯兰汉号、麦尔威里号和轮船皇后号及3只火箭小船，开始进攻武山。伯兰汉号驶至威远炮台600码处抛锚，用右舷排炮射击武山，麦尔威里号驶至威远炮台400码处抛锚，用偏舷排炮对准威远、靖远炮台轰击。山上清军用大炮回击英军，水师提督关天培亲自坐镇靖远炮台督战。山上守军最初炮火还相当猛烈，但坚持不久便开始慌乱，士兵开始逃跑。战斗达10小时，下午1时半，炮台失守，关天培、麦廷章等20多名将士战死。至此，虎门防御体系的第二道门户被攻破。

关天培（1781—1841）是鸦片战争中清军牺牲的第一位高级将领。他字仲因，号滋圃，江苏淮安府山阳县（今江苏省淮安市淮安区）人。出身低微，23岁中武秀才，授把总，累迁至参将。道光六年（1826），押运漕粮有功，升副将，第二年提升为江南苏松镇总兵。道光十二年（1832）春，署理江南提督。两年后调任广东水师提督。在此任上，他积极整顿广东沿海防务，筑炮台，铸重炮，造暗礁，训练士兵，巩固海防。他还致力于禁绝鸦片，积极配合两广总督邓廷桢打击鸦片走私贩，坚决支持林则徐禁烟，出动水师，承担了收缴和销毁鸦片的任务，将缴获的2万多箱鸦片交林则徐销毁，受到清政府加一级的褒奖。

沙角、大角之战后，关天培坐镇虎门，仅剩数百名将士随其坚守要塞。他多次向两广总督琦善请援，但琦善态度敷衍，只遣兵200名。英军来势汹汹，加上因为沙

上横档炮台。王朝彬摄。

上横档炮台地下工事出入口。王朝彬摄。

角、大角之战失败，清政府革去关天培的顶戴，打击了广东水师的士气，怯战和厌战情绪在水师中蔓延。为安抚人心，提振士气，他向琦善争取了部分兵饷，加上自己的全部积蓄，甚至还典押了衣物，给每位士兵发银2元，以激励士气。

当英军进逼虎门时，关天培决心尽忠疆场，但想到再不能尽孝于母亲，就把自己的几枚坠齿和几件旧衣服装入一只木匣，派人送回家中以示诀别。在战斗中，当英军如潮水般涌入炮台时，一直在炮台督战的关天培"身被数十创""创痕遍体，血漂衣襟"，他在危急中委派随从孙长庆将其广东水师提督官印送走。孙长庆走不多远，回头一看，关天培已被击身亡。孙长庆把官印送到两广总督处，冒险赶回已被英军占领的炮台，经过交涉，领回关天培"发辫已割，左腕刀伤，身受炮火，已焦无完肤"的遗体。英舰伯兰汉号鸣放礼炮送行，英国人说这是向"一个勇敢的仇敌表示尊敬"。孙长庆后来把关天培的遗体送回家乡淮安安葬。

为了纪念关天培，当时虎门和淮安各建有一座关忠节公祠。虎门的关天培祠，同治元年（1862）重修过，抗日战争中被毁。淮安的关天培祠至今犹存。该祠系道光二十六年（1846）由关天培之子遵其祖母吴太夫人遗嘱，用朝廷所发抚恤金和从家庭、亲友、有关部门筹借的资金建造。新中国成立前，该祠损毁严重。1954年，在周恩来总理关心下，当地政府拨款对其进行重修。

1937年虎门海战

光绪年间所修建的虎门西式炮台，没有在清末发挥国防作用，但直到民国时期依然保存完好。抗日战争前夕，国民政府开始对这些炮台进行过维修和加固。从1937年起，中国守军在虎门要塞多次抗击日军，以半个世纪前光绪时所购西洋大炮粉碎了日军由虎门进攻广州的企图。最后日军被迫由大亚湾登陆，从陆路攻占广州，而此时"虎门仍屹然无恙"。

抗战时期发生在虎门炮台的主要战斗，有一场不能不提，那就是日本颇不愿提起的1937年9月的虎门海战。这是甲午海战以后中日海军唯一的一次海战。

1937年8月，日军派遣包括航母在内的强大海空编队，对珠江海口实施封锁。这时，担任虎门要塞司令的是毕业于黄埔水师学堂的陈策。他考虑粤海舰队实力远不如日军，陆上实力也不强，硬碰不行，便设计了如下抗敌策略：以虎门要塞两岸和江心三岛炮台火炮为防御主力，粤海舰队的肇和号、海周号在虎门前沿至大铲岛一带约15公里海域巡弋，协同要塞作战，此外用水雷等物封锁水道。陈策长期在广东海军任职，对珠江水道和沿岸地形非常了解，这一优势，在他的谋兵布局和战术运用中得到很好发挥。

强敌来临之前，陈策一直在认真备战。首先，他将近200艘被征用的商船、渔船以及拆去舰炮的旧军舰，满载巨石沉下江底，仅留下一条自己才知道的狭窄航道。水面加布多道水雷防线，仅虎门水道就布雷2000余枚。其次，加紧修台护壕，布设火炮，从香港购进一批水泥和钢板，对原来用石头、三合土筑成的炮台工事加强防护。陈策把虎门要塞布防为三线：最外端的大角、沙角炮台为第一线，横档炮台为第二线，镇远、威远炮台为第三线。按正常布防，应该是大炮在后，小炮在前。但陈策自知力量不足，想出一个外硬内空的"核桃壳奇阵"：把炮台重火器，即清光绪洋务运动时期购入的德国230毫米和250毫米的克虏伯大炮和英国维克斯大炮统统部署在前沿，而后面的炮台只装备轻型火炮，用于打击绕到大角和沙角背后的敌舰。这些前清旧炮炮身长、管壁厚、射程远、威力大，虽然已陈旧落后，但保存完好，还保持着强大的火力。备足弹药，训练好炮手，依托险峻地形，成为陈策退敌的强大武器，后来的海战也证明了这一点。陈策还紧急从香港购买了一批高射炮并配备3个连兵力，置于要塞各防空要点，以加强防空火力。

1937年8月之后，日军开始连续派军舰炮击虎门要塞，并配以飞机轰炸。陈策利用虎门要塞的岸炮和舰炮配合，加上官兵对水道熟悉，只要日舰靠近炮台，便随时发炮射击。日军最初的进攻并不顺利。后来日军逐步占领虎门外围的东沙岛、大铲岛、三灶岛等重要岛屿，但仍处于珠江口10公里以外的范围。到了9月14日，虎门海战爆发。战事爆发前一天，因与粤空军联络不畅，肇和号和海周号误对粤空军飞机开炮，远处日舰根据高射炮弹的炸点，推断出粤海军2艘主力舰锚地，当晚就派出夕张号等3艘主力战舰乘夜潜伏在虎门外舢舨洲后面。

9月14日拂晓，海周号、肇和号开始例行巡逻，海周号在前，肇和号随后，从大虎出发向大角炮台开进。到沙角炮台附近，前方的海周号瞭望兵发现3艘敌舰黑影，急以信号报告要塞及肇和号。但日舰有备而来，两艘粤军舰还没有摆开战斗队形，日军炮弹已劈面而至。海周号连忙用舰前唯一头炮还击，但开战不久，舰体就被击中，舵链中断，战舰不由自主地依惯性向外冲去。肇和号接要塞信号后，炮兵全体就位，加速前进，向敌舰攻击。日军分兵，以疾风号和追风号攻击我方海周号，有

"日本海军现代巡洋舰的里程碑"之称的夕张号则集中火力攻打我方肇和号。

这时,坐镇虎门的陈策接报,急匆匆登上虎门炮台指挥作战。他下令沙角、大角炮台开炮支援肇和号、海周号。霎时间,海面上炮声震天,硝烟弥漫。夕张号的6门140毫米口径大炮接连向肇和号开火。肇和号的两门150毫米阿姆斯特朗主炮虽然陈旧,却依然准确,也命中夕张号多炮,其中一炮直接打中它的烟囱,可惜炮弹没有爆炸。不久,肇和号被击穿进水,只好转舵撤退。剩下的海周号孤立无援,受到敌舰炮火集中攻击,短短几分钟,舰尾被洞穿,战舰下沉,因水浅舰体坐礁。

正当日军以为可以乘胜抢滩占领炮台时,陈策亮出了他的三招杀手锏——第一招,是以经过改造、射程达15公里的大炮,对准日军正在运送海军陆战队的甘丸号射击,一颗15厘米的炮弹正中其舰头,接着又命中中舱,日兵死伤惨重。第二招,命令中校梁康年率领4艘新式鱼雷快艇扑向甘丸号。鱼雷快艇的出动吸引了日舰注意力,夕张号放弃了攻击负伤的肇和号、海周号,掉头阻击鱼雷快艇。忽然,几架粤空军的霍克战机凌空杀来,这是陈策的第三招杀手锏——通知空军支援。日舰见势不妙,立即停止对虎门进攻,退向大铲岛锚地。中国战机奋勇追击,发动4次攻势,被炮弹击中的日本夕张号负伤撤逃。

由于陈策足智多谋、指挥有方,直到1938年10月12日,日军在大亚湾登陆,攻惠州,陷广州,虎门要塞仍未失守。

虎门炮台现状

现今虎门口一带是炮台遗存最多的沿海地区。今天保留的虎门炮台主要是光绪时期的西式炮台,分布在今广州市南沙区南沙镇和东莞市虎门镇。现存炮台部分门楼匾额建筑上还保留有建台时间、台名、督造者姓名等信息,为研究这一时期炮台提供了实物依据。

其中位于南沙镇的现存炮台包括:(1)上横档炮台群,现在基本完整地保存着光绪十年(1884)前后所建的霹雳、耀武、定远、镇边、广隽、鞠旅、靖逆等8个西式炮台,东台门楼及多座军事建筑。(2)下横档炮台群,现存飞霆、安疆、神威、广靖、镇定等9座西式炮台。(3)大角炮台群,现存振威、振定、安定、安胜、安平、安威、流星、蒲州等8座炮台。

位于虎门镇的现存炮台包括:(1)定洋炮台,存门楼、3个圆形露天炮池及3间

官兵营房。（2）威远炮台群，存中式威远月台1座、西式炮池近20个，另有官兵营房2处。（3）沙角炮台群，存门楼及濒海、临高、捕鱼、仑山、旂藏等5座炮台。

虎门炮台保存下来的较多，但多数仅存炮池，曾经威风凛凛的西洋大炮则在岁月的流失中损毁、遗失殆尽，沙角炮台现存1门1889年的德国克虏伯后膛炮，威远山顶上有1门克虏伯后膛炮炮筒，鸦片战争博物馆和沙角捕鱼台各保存1门阿姆斯特朗前膛炮。

虎门威远炮台内部。王朝彬摄。

1982年，虎门炮台旧址被公布为全国重点文物保护单位。之后，各级文物部门多次加强对虎门炮台旧址的修复和保护。现今的虎门炮台大部分归鸦片战争博物馆管理，按地理位置的分布情况，针对相对集中的沙角炮台和威远炮台，分别成立沙角炮台管理所和威远炮台管理所进行管理。

今天的虎门炮台虽已失去原有的海防功能，但其厚重的历史人文内涵却随着时间的流逝愈加彰显。如今的珠江口，"惶恐滩头说惶恐，零丁洋里叹零丁"的岁月已经远去，粤港澳大湾区的建设正如火如荼，曾经在虎门浴血奋战的先辈英灵可以安息了。

江防关键 —— 广州大黄滘炮台

大黄滘（jiào）炮台坐落于广州市荔湾区南段东塱（lǎng）大黄滘口，靠近东塱约60米的珠江河畔，是清代广州的护城炮台，防守大黄滘河段。大黄滘河段是西南路珠江入广州的主要通道，其地东为南石头、西为东塱，江中有小岛龟冈，控制着东从长洲、西从中山通达广州的河道。大黄滘炮台被认为是广州江防的关键所在。其俗名为车歪炮台，因为河道狭窄，大船至此都要车歪（转舵）驶入主航道，故得此俗称。

嘉庆二十二年（1817），两广总督阮元察觉到英国的侵略野心，奏准在珠江添建2座炮台——大虎山和大黄滘炮台，并亲自选址在大黄滘口江中小岛龟冈上新建大黄滘炮台。新建大黄滘炮台工程浩大，建筑坚固，配炮22门，属于当时配炮较多的炮台。嘉庆时它和猎德炮台，道光时和中流沙炮台一起，分头扼守通往广州的珠江南路和北路，被认为是广州防御中的第四道门户。第一次鸦片战争爆发不久，林则徐被撤职，琦善到广东后将珠江两岸炮台的大炮尽数撤走。英军进攻大黄滘炮台时，因为炮火未备，炮台很快失守并被炸毁。

道光二十一年（1841），大黄滘炮台重建，同时兴建了大黄滘东岸的南石头炮台和西岸的东塱炮台。两年后，又在大黄滘台南约50米贴近水面的石台上增建了沙腰炮台，形成江中岛上有2座炮台、两岸各有1座炮台扼守河道的大黄滘炮台群，也奠定了之后这一河道长期的防务格局。4座炮台共安放大炮61门。第二次鸦片战争时，因为它的火力对英舰威胁甚大，英舰集中炮火对它进行轰击，并将其攻占。咸丰七年（1857）初，英法军舰进犯珠江，遭到广州军民顽强抵抗，敌军退守车歪炮台待援。经历第二次鸦片战争的炮火，大黄滘炮台再次被毁。

咸丰十一年（1861），大黄滘和沙腰两座炮台再次被修复。同治十三年（1874），大黄滘炮台再次修建，这次的修建工程直到光绪五年（1879）才基本竣工。次年开始恢复大黄滘区域的炮台群，在江中和两岸改建炮台。改建后江中小岛上，南有绥定炮台，北有大黄滘炮台（两台联在一起，以前者为主）；东岸南石头区域，南有镇南炮台，北有保安炮台（以前者为主），西岸有永固炮台，并在主要炮台增配西式江防大炮。民国以后的大黄滘炮台，主要是指绥定炮台。

现存大黄滘炮台基础厚约3米，炮位通道墙2.1米，垛口高1.1

沙腰炮台旧影

米至1.2米、厚0.9米。位于龟冈北侧岩石下的弹药库高约5米，直径约8米，墙壁厚度达1.5米。

大黄滘炮台历经多次炮火，其中最近一次在1922年。这一年，陈炯明发动兵变，为了阻止孙中山率舰队回师广州，派重兵驻守。经过在此炮台的激烈战斗，孙中山以座舰永丰号被炮火击伤的代价，得以进驻白鹅潭，随后对陈军进行反击。传闻现在炮台附近的岩石隙中和河道底，还遗留不少炮弹头。100多年来，炮台饱经沧桑，但是依然保存得相当完好。如今，作为广州历史上最重要的炮台，大黄滘炮台依然静静守望在珠江口上。

炎海风清 —— 新会崖门炮台

崖门炮台位于江门市新会区古井镇崖门海口东岸。

崖门居潭江、西江支流出海处，是珠江水流入大海的八大出海口之一。其东岸崖山，西岸汤屏山，两山之间宽500米，就像一对延伸入海的半开半掩的大门，故称崖门。在崖门两岸之间有一条一百多丈长的石矶，犹如一道天然"门槛"（后因军港及航道建设被炸），叫门限石。每年二三月春潮初涨时，北上的春潮和南奔的江涛，骤然在"门限"相遇，欢腾拥抱，雪浪高悬，直冲云霄，又猛然摔入大海，砰然万里，故有新会古八景之"崖门春浪"奇观。

因形势险要，崖门有"一炮镇关，万舸莫开"之势，自古兵家视为要地。据新会县志记载，"宋绍兴年间（1131—1162）已置卫戍于崖门"。南宋末年，元朝大举进攻首都临安（今杭州），南宋王朝仓皇南逃。祥兴元年（1278）六月，从海路辗转至此。在此建立行朝，筑行宫、设军营、造战

鸦片战争前的崖门炮台绘画

舰，据险扼守。次年3月，与元军决战于此。此战历时23天，双方投入兵力50余万人，动用战船2000余艘，最终宋军全军覆没，战船沉没上千，为人类历史上最为惨烈之大海战，史称"崖门大海战"。在大势已去的情况下，为了不使战舰落入敌手，宋军将成百上千艘战舰凿沉，唯有太傅、枢密副使张世杰率16艘战船冲出崖门脱逃。丞相陆秀夫背负年仅8

崖门炮台遗址照片

岁的南宋幼帝赵昺（bǐng）投海自尽，超过10万众的南宋军民，包括官员、士兵、百姓亦纷纷蹈海自尽。七日后，海上浮尸10余万具，异常惨烈。此前已被俘在元营的文天祥亲眼目睹宋军大败惨状，作诗云："羯来南海上，人死乱如麻。腥浪拍心碎，飙风吹鬓华""谁雌谁雄顷刻分，流尸漂血洋水浑；昨朝南船满崖海，今朝只有北船在"。南宋自此覆亡。

明朝天启年间（1621—1627），崖门东、西两岸设置炮台，设有沙村巡检司，以防海盗、倭寇，同时又作为潭江与崖门海域的一个重要水陆检查关口。清雍正八年（1730），朝廷派守备1员率兵加强防备。乾隆时，崖山附近有炮台3座，分别为崖门东炮台、崖门西炮台和虎跳门新炮台。道光时，曾派有千总1员、防兵160人镇守。

现存的崖门炮台是原崖门东炮台，始建于明代天启年间，易地重建于清康熙五十七年（1718）、嘉庆十四年（1809），后曾多次重修。另外2座炮台已成遗址。

崖门炮台是广东沿海现存最大的单体古炮台，气势威严雄伟。炮台占地面积3825平方米，依山面海，西南朝向，呈半月弧形，花岗岩石基，基外筑有防潮石堤，以抵挡海潮冲击。炮台用砂灰夯土筑墙，环筑如碟，墙周长180米、高5.5米、厚3.5米。炮台分上下两层，下层设门口2个，由大门口均可下海。其中左门高3.5米、宽1.5米，门口正中上方镶有一石刻匾额，上书"镇崖台"三个大字，书风雄健；右门高2.1米、宽1.5米，门正中上方石匾书刻"炎海风清"四个大字，为咸丰六年

（1856）重修时题刻。炮台下层设炮位22个，炮眼高1.5米、宽1.5米或1.15米不等，放置三四千斤大炮22门。

炮台上层，用花岗岩条石砌铺路面作通道，分设炮位21个，炮眼高0.9米、宽0.8米，可放置1千斤火炮21门，上层墙体高1.6米，设瞭望孔24个，墙垛（俗称驼峰缺口）45个。炮台前沿至后壁，空地宽敞，炮台后是月台，长55米、宽4米，两边青砖护墙，灰砂夯土构筑，两头梯形向下联通上层炮台通道和下层炮台。护墙下边壁上设有放灯窗17个，"没有战事时，这里可以放灯，也可以避风；而在战时，这里可以燃放木炭，方便点燃炮芯，可谓一举两得"。炮台内原设有兵房、弹药库、指挥所，并有暗道可通后山战壕。炮台后壁设有弹药库，上层设有指挥台。这样的设计，有利于指挥发炮和弹药补给，大炮射程有远有近，容易击中目标，封锁海面，控制局势。

崖门炮台建好后，曾经历过多次战火洗礼，但始终没有被攻破。1840年，鸦片战争爆发，英军集结于珠江口，企图攻陷广州。林则徐派重兵驻守虎门威远炮台，坚决抵抗，使英军难于攻破。于是，英军派出一支舰队来到新会崖门海面，企图攻下这里，沿江北上珠江口，以合围包抄虎门炮台。但在此之前，林则徐已加强崖门炮台的防备，配大炮22门，所以当英舰进入崖门海口时，驻守炮台的绿营兵和当地民众浴血奋战，东、西两座炮台同时开火，百炮齐发，封锁住整个崖门海面，击沉多艘英舰，其余英舰见势不妙，落荒而逃。崖门炮台附近曾打捞出一门重6000斤、炮口有炸毁痕迹的大炮，另有数门400斤至1000斤的船载火炮，其中一门火炮

崖门炮台上层花岗岩条石铺砌的路面及墙垛。王朝彬摄。

崖门炮台一隅的古炮。王朝彬摄。

炮身还有清晰的皇冠和英文标记，证明中英军队确曾在此发生过激战。咸丰四年（1854），新会红巾军起义曾用奇兵袭击此炮台，夺取大炮移作攻打县城之用。咸丰六年（1856），新会知县陈应聘指定有关方面拨款重修炮台。直至民国时期，炮台仍驻兵防守。抗日战争期间，抗日游击队曾凭借崖门炮台抗击日伪军沿海进犯。

1958年7月4日，国务院总理周恩来曾来此视察，并指出包括炮台在内的"崖门古迹很有纪念意义"。1961年新会县人民政府拨款重修崖门古炮台。1979年和1989年崖门古炮台，分别被列为新会县和广东省的重点文物保护单位。2005年新会区人民政府又拨款对崖门炮台进行了历史上最大规模的修葺和扩建。姜文执导的电影《让子弹飞》曾在此取景。崖门炮台现在作为新会宋元崖门海战文化旅游区的一个景点，其海防功能已消失，当年的重型铁炮和轻型火炮或被移走，或沉入海中，保留下来且留在炮台上的只有5门重型铁炮，系清道光二十二年（1842）佛山铸造。而一门在前些年被当地人从炮台附近海域打捞上来的轻型火炮，则被放置在景区门口，供游人参观。

海南保障 —— 秀英炮台

海南秀英炮台是中国古代四大炮台之一，与天津大沽口炮台、上海吴淞口炮台、广东虎门炮台同为清代晚期闻名遐迩的海岸炮台，位于今天的海南省海口市龙华区世贸南路。四大炮台中，秀英炮台修建时间最晚。

"海南第一大台"
诞生在危亡之际

在地质时期，海南岛原与华夏大陆相依相联，后因火山活动造成断陷，琼州海峡将海南岛隔离大陆、孤悬海外。海南岛的防卫，对于南海海疆安全至关重要。而古称海口浦的海口，是海南政治、经济、文化、交通中心，地处海南岛北部，濒临琼州海峡，为"南海第一门户"，其位置更是关键而敏感。

鸦片战争之后，清朝国势日衰，危机四起，西方列强纷纷侵入。第二次鸦片战争失败、《天津条约》签订后，琼州（海口）被迫开埠，向西方列强开放。光绪九年

（1883），法军入侵越南，后把战火烧至中国，中法战争爆发。在马江之战前夕，中国朝野上下就有法国军队要占领海南岛的传闻。在此前后，法国舰队多次侵犯琼州海峡。1884年6月，其舰萨尼号曾一度闯入海口水域，在海口东北新埠岛一带游弋，海口顿时大乱，战争迫在眉睫。清政府急派军队到海口横沟要塞布防，萨尼号才起锚开赴香港。而此时琼州一带的防务极其空虚，海口原有乾隆年间所建东、西炮台，后因海潮与流沙冲击，炮台早已崩毁。在这危急形势之下，一大批有识之士纷纷建言献策，筹划在海口兴建炮台，以拱卫琼州海峡。其中以张之洞为首功之臣。1884年8月，张之洞派遣前广西巡抚王之春在海口沿海构筑炮台，次年3月建成镇琼炮台。镇琼炮台为露天式圆形炮台，四周墙垣环炮，垣高3.15米，整体面积0.89亩。炮台北部由护垣分隔成5座炮位，各置大炮1尊（原炮早已无存），炮口朝北，直指琼州海峡，控制整个海口湾，同时有水泥阶梯可登临炮位屋顶平台，以便瞭望敌情。正门至炮位建有一条笔直的水泥甬道，长15米，为炮台入口，是兵员进出、弹药输送之道，甬道两旁地势平坦宽敞。甬道顶端石匾题有"镇琼炮台""光绪十一年三月吉旦""湘西刘镇楚、王之春共建"等字样。台内西侧有水井一口，供兵员生活使用。因为海岸线后退，今天的镇琼炮台已离海岸较远，位于海口市龙华区滨海东路北侧与泰华路南侧的滨海公园，虽为省级文物保护单位，但多年来并未得到有效保护。

光绪十一年（1885），中法战争结束后，时任两广总督的张之洞向朝廷上筹办廉琼炮台折，奏请在廉州和琼州设置炮台，以此控制香港和越南之间的海上交通要道。两个月后，张之洞委托詹天佑、辜鸿铭等人前往广东沿海各港汊详细勘测，绘制了13幅海防图，其中一幅就是《琼防图》，该图对海口的海防建设进行了规划。光绪十三年（1887）农历十二月底，张之洞从广东省城乘坐轮船出海，视察琼（海口）、廉（廉州）、钦（钦州）、潮（潮州）四处海防要地，巡防首站便是海口。他在海口亲自选择了三个建造炮台的场址，奏请光绪皇帝批准后，确定在海口秀英村附近，当时距离海岸约200米的金刚岭上修筑秀英炮台。

为使炮台建设顺利进行，张之洞向光绪皇帝举荐了时为山西汾州知府的朱采任广东雷琼兵备道。光绪十七年（1891）三月初，秀英炮台正式动工开建，由海口参将陈良杰董理工役。光绪十九年（1893），炮台顺利竣工。从张之洞奏请开建到朱采督造完工，炮台建设工期整整历时8年。炮台建成后，设台长1名、炮长5名、守台士兵

66名，陈良杰为首任台长，光绪、宣统年间共有15任台长。

炮台形制结构及特点

秀英炮台建筑规模不小，整个炮台呈长方形，占地5.5万平方米，为海南第一大炮台。它共有5座分炮台：中心主炮台"拱北"和东、西两侧的"镇东""定西"为"三大炮台"，"镇东"之东的"振武"和"定西"之西的"振威"，为"二小炮台"。5座分炮台均为新式高位炮台建筑，明台暗室组合式结构，各置一门，在200米长的海岸小山丘上沿东西方向直线而筑。5门大炮全是购自德国克房伯炮厂的新式后膛装快炮，该炮为当时最先进的撞击式点火，射程5~15公里。主炮"拱北"口径240毫米，"镇东""定西"200毫米，"振武""振威"150毫米。炮口朝北，面对大海，射程控制整个琼州海峡南岸。光绪二十一年（1895），新任两广总督在一份海防建设的

秀英炮台的营房。王朝彬摄。

秀英炮台瞭望口。王朝彬摄。

秀英炮台之振威台克房伯大炮。王朝彬摄。

秀英炮台"海南保阵"地下工事。王朝彬摄。

奏折中称：海口新筑秀英炮台颇据形胜，海南一路海防当无忧矣！

明台暗室组合结构是秀英炮台的主要特点。所谓"明台"，即安装大炮的台口、台膛都是露天的。台膛略呈椭圆形，宽处6.65米。台膛东北、东、西北、西四个方向各设有高1.82米、宽0.5米的隐身洞一个。在台膛的周围还有20个高1.16米、宽0.39米的弹药洞，是用来放置发射前的炮弹的。台膛底部中间高、四周略低，中间有用于安装大炮的圆锥形底座及便于炮轮旋转的环形铁轨。台膛四壁还有"铃铛大铁圈十台（中炮台为八个），铁圈台正面呈椭圆形，中心一铁环，用铁链固定铁炮"。民国时期对大多数炮位进行了改造，台膛的东西壁各加固四根钢筋水泥立柱，顶上也加高成墙壁，垒砌了平顶。这一改造使台膛更为隐蔽和安全，但破坏了原有设计理念，使原来可以四周转动、四面射击的大炮只能单面向前方射击，侧翼和后方就成了炮击死角。"明台"用水泥、砂石、混凝土筑砌。所谓"暗室"，是指巷道和藏兵洞、藏弹洞。炮台内壁设藏弹洞、藏兵洞，中间以巷道相连，后段有阶梯通向地面。巷道及藏弹洞、藏兵洞等暗室，则用红砖灰砂浆修砌。秀英炮台四周筑有坚固墙垣。

除了5座分炮台，主体建筑还包括指挥所、操练场、营房、弹药库等，另有马道、引道、水池、水沟等附属建筑及设施。四周环植树木，犹如天然绿色掩体。主炮台四周还建有小炮台6座，以防敌人抄袭。

炮台东、西两侧分别设指挥所和营房，均用灰砂、青砖或红砖叠砌，顶部拱圆，分别设有10余个圆形或方形通气孔。指挥所为半地穴式结构，拾级而下，中部为一个长方形房间，设2门，其四周为环形相通窄道。营房为长方形，设2个外门，房间内旁门相通。中间为宽阔的操练场，"东西一百丈，南北二十丈"，占地面积近6800平方米。操练场南边是一排由7间长方形房间相连的总弹药库，建筑材料与营房相同，顶部亦成拱形，但未设通风孔，中间房门楼上方有"海南保障"石匾额，其余6间房外设小门，各间房内又有小门相通。整座炮台的构筑，着眼于实战，布局周密。朱采在奏折中称，炮台的弹药库设置如北方的窑洞，在上面覆盖六尺厚的沙土，总弹药库则厚一丈二尺，即使受敌弹轰击亦不易坍塌，因为炮弹遇沙土只"有震撼之力而无穿透之劲"。炮台前的护台土墙厚达九丈，上下四围用三合土填筑。炮台四周原修筑有宽约10米的大马道，炮台前加修宽近6米的小马道，马道外又挖有水沟。整座炮台的建筑形制和布局迥异于虎门、吴淞口、大沽口等其他三大炮台。

秀英炮台工程浩大，仅赛德门土（即水泥）就"奉发一万一千七百七十九桶"，但恐不够又"捐购"五百零四桶，为海防自掏腰包。因为炮台建造地依山面海，丘岗连绵，"地势西南昂而东北卑"，要开挖高堐，埋平低洼，"土工大极，非勇力所胜"，靠人力是很难完成的，于是工程建造者想出了一个解决办法，"向港商借得铁路三百余丈，铸轮制车，每车可载土一百二十余担，以六人拖之。曲折奥阻之处，以牛车、人车帮运"，以半机械化的方式完成了庞大的土方工程。

炮台督造者朱采

张之洞将督建炮台工作交由朱采负责，是因为此人"廉劲果毅，勤朴耐劳，器识甚闳，志趣甚远，久在北洋，深通洋务"。而朱采不负所托，督建秀英炮台，历时二载，恪尽职守，兢兢业业。他亲自谋划，妥选助手，精挑工匠，齐集民夫，慎督工程，认真从事，苦心孤诣，巨细靡遗。他曾奏报工程"一切需用经费计物料、工匠、夫役、船只、起炮、迁葬、地价、棚厂、薪水、津贴、伙食各项，统共享过银五万六千四百五十九两七钱九分二厘六毫三丝，计陆续领过银五万七千两。除用过前项外，实存银五百四十两零二钱零七厘三毫七丝"，将炮台开销精确到一毫一丝，的确是"廉劲果毅"。海南之地，海防险恶、瘟疫瘴疠交加，朱采在雷琼兵备道任上6年，受尽磨难：遭遇瘟疫流行，郡城逾万人染疫致死，其中有120多名为修建炮台的士兵工匠，其幼女亦不幸夭折，他本人也病侵弱躯，但仍坚持至炮台竣工才卸任。离任前，他还不忘商请黄埔水雷局委派水雷学生王廷秀，来琼检查维修海口湾库存的40余颗水雷，这又何止是"勤朴耐劳"？在任期间，除了筹订战舰、督修炮台，朱采更主持重修苏公祠并修建了"海南第一楼"五公祠。苏公祠是为纪念苏轼而建，五公祠纪念的是唐宋另外五位谪琼名贤——唐代的李德裕，宋代的李纲、赵鼎、李光和胡铨。苏公祠和五公祠的修建，是海南文化史上的一大盛事，也是朱采为海南留下的另一笔宝贵财富。

抗击日寇，威震南海

不同于虎门、吴淞口、大沽口等其他三大炮台，在近代反抗外敌侵略中先后经历了血与火的洗礼，秀英炮台直到抗日战争期间才打响第一炮。

秀英炮台建成后，曾举行过炮台落成试炮典礼，张之洞亲临试炮。颗颗炮弹呼啸着掠过海面，木制靶船被炸成碎板，漂散在10里外的海面上。试炮就是示威，法军胆怯了,远望着椰影婆娑的琼岛悻悻离去。此后,琼州海峡50年无战事,秀英炮台也就沉睡了半个世纪。

1939年2月10日,沉睡的古炮台终于发出第一声怒吼。中日全面战争爆发后,日本驻华大使川樾于1936年9月与南京国民政府外交部长张群谈判,提出日本有权在长江沿线及海南岛驻军等"四项要求",遭到南京国民政府拒绝。为掠夺海南丰富的木材、水晶等资源,从1938年9月开始,日军飞机就对海口等地进行轰炸。中国海南守军为加强防务,将秀英炮台列为重要防御设施,先后在4座炮台加筑了钢筋混凝土顶盖,并修复了炮台内壁。因为当时已无人能操作这些四五十年前的古炮,琼崖警备司令王毅请回了早已解甲归田、赋闲在家的清代最后一任炮长陈起刚等人。这些炮台老兵虽已年逾半百,陈起刚更是已逾花甲之年,但在国难当头之际,他们毅然重返炮台,将久已闲置的大炮擦拭一新,日夜操练,准备迎击来犯之敌。

1939年2月10日,日军在陆军少将安藤利吉指挥下进犯海口和府城。当时日军3000余人、伪军3000余人,在50架飞机配合下分乘30余艘舰艇横渡琼州海峡。面对来犯之敌,陈起纲毫不犹豫地下令全体士兵装炮迎敌。随着一声令下,5尊沉寂了半个世纪的德国古炮发出了震天怒吼,一颗又一颗炮弹向着日军舰队射去,在日寇舰艇周围掀起冲天水柱。安藤利吉被打得惊慌失措,连忙调来飞机对炮台进行轰炸,企图摧毁古炮台。这些老兵早已将生死置之度外,硝烟弥漫、弹片横飞之际,在老炮长的沉着指挥下,与日军激战3小

1939年2月10日,日军部队占领秀英炮台。

秀英炮台之振武台台门。王朝彬摄。

时，发射炮弹100余发。秀英炮台终于为"海南保障"发挥了重要作用。

日军正面登陆受阻，只得从秀英炮台以西的琼山天尾港登陆。日军登陆后在舰艇火力掩护下，分兵包抄秀英炮台，炮台陷入腹背受敌的境地。由于老炮无法近距离作战，日军来势汹汹，炮台守军只得且战且退，从地下暗道撤走。秀英炮台持续实施3个小时的炮击，有效延缓了日军登陆时间，为琼崖军民撤退争取了时间，也减少了海口和府城的损失。战斗中，炮长陈起刚等10多名老兵受伤，炮手陈才章、号手凌兵等10余名老兵壮烈牺牲。后来，乡亲们将为国捐躯的义勇之士安葬在金牛岭下，1995年在金牛湖畔的烈士陵园内，海口市为他们修建了墓碑。1945年抗战胜利，正值老炮长陈起刚70岁大寿，当地村民刻了一块题名"泽雨"的木牌匾，送给这位令人敬重的清朝老炮长。

命运多舛，令人唏嘘

由于秀英炮台仅在抗日战争期间打过一仗，所以炮台遗址保存较为完好。但日军侵占海口后，5门克虏伯大炮不知去向。到了1950年，海南军区派部队驻守炮台，后炮台成为军区油库，直到20世纪80年代也没有对外开放。1985年、1994年，秀英炮台先后被公布为海口市、海南省文保单位；2006年，被列入全国重点文保单位，并进行修缮。

然而，相比其他三大炮台作为知名景点和爱国主义教育基地游人如织的景象，多年来秀英炮台的遭遇可谓命运多舛。

秀英炮台初建之时，濒临海口的海岸线，但随着海口城市建设的发展，海岸线不断向外延伸，炮台北侧原来的海水区域被后来的围海造地工程填没，炮台与海岸已经有一定距离。如今，秀英炮台的位置已经成了海口市的繁华地段，其周围是黄金宝地，寸土寸金。2006年至2013年，炮台遗址曾闭门停业进行修缮。但就在这段时间里，随着当地房地产开发升温，秀英炮台周围土地被一块块拍卖，昔日的古炮台被高楼大厦所包围，被网友形容为"挺立夹缝中"。2014年12月31日，当地一房地产项目在秀英炮台附近施工，挖掘到清代秀英炮台的门匾。青石门匾上刻"秀英礮（炮）台""二品衔雷琼兵备道统领琼军朱采督""光绪十七年"等信息。文物考古专家经过考察，认为这块石匾就是炮台原始大门的匾额，其出土之地可能就是炮台大门原址，而它出土之时，附近房地产新小区水泥路和排水沟正在施工。

不仅如此，秀英炮台作为历史人文景点，其保护与开发过程也是一波三折。

1999年，有关部门对秀英炮台进行保护性修缮，在操练场建了陈列室，使其成为海南省重要的爱国、国防教育基地。秀英炮台开放后，也曾红火一时，但很快就因各种原因导致经营困难、门前冷落。到2006年3月1日被迫关门停业。停业前，炮台状况已经相当糟糕，由于年代久远等原因，5座炮台砖石脱落，内部渗水严重，院落内杂草丛生，附属设施残破不堪。据媒体报道，其围墙边有段时间甚至成为周围餐饮大排档食客们的"天然厕所"。关停后，由当地政府出资对秀英炮台进行修缮，重置园林景观，修复完善园区路面及配套公共设施，并对园区内部老化的给排水系统进行整治。

2013年年末，关停7年的炮台终于修缮完成，以遗址公园的形式恢复对外开放。修缮工作较为成功，但看点仍较为单一，而且仅在试营业的2个月内免费开放，之后恢复收取门票。2015年10月起，景区引入民营企业负责市场拓展、运营推广及包装宣传工作，并启动旅游景观升级、旅游演艺策划、旅游产品开发等计划。虽然经过修缮，并交由企业运作，但受交通不便、文物单一等因素制约，景区参访人数较少，即使从2017年1月起炮台对海口户籍市民免费开放，依然未能改变游客较少的现状。如何在保护与利用、公益性和市场化之间取得平衡，进一步凸显其文物价值和旅游价值，在很大程度上决定这座百年老炮台的未来，也是需要有关部门重视和研究解决的问题。

南疆利器 —— 广西海防炮台

今天的广西临海地区在清代归广东省管辖。据《连城要塞遗址》一书的统计，今天的广西临海地区在清代共建有大小炮台41座，其中北海市18座、钦州市16座、防城港市7座，均为康熙末年至光绪年间陆续建成。

海门锁钥，地角炮台与冠头山炮台

地角炮台位于北海市西约8公里的地角岭。

光绪十年（1884），侵占越南的法国军队在中越边境频频向我国发起挑衅，两广总督张之洞判断法军有近窥北海钦州的意图，为此加强了中越边境防务。因为地角岭地势险要，直面北部湾海面，光绪十一年（1885）春便在这里按"品"字形构筑3个炮台防守，分布于地角岭的主峰及其东北、西南两山山顶。东北之巅的炮台距离主峰炮台约145米，西南之巅的炮台距离主峰炮台190米。3座炮台成鼎足之势，可俯控北海港航道。主峰炮台为圆形地壕式，直径9.6米，内空深2米，有一宽2.3米、长13米的地壕与炮台连接。其余2台均为棱形露天式，内筑"个"字形通道，高2.7米，外墙内沿宽5米，左右边线内沿长11米。主要建筑材料为石块、三合土。

地角炮台筑成不久，果有2艘法舰入侵，封锁北海港航道，并向附近的冠头岭发炮探虚实。此时地角炮台和冠头岭炮台都已置炮设兵，严阵以待，法舰见我守备严密，知无法得逞才离去。1885年7月，因镇南关大捷名震中外的老将冯子材勘察沿海边防，对地角炮台构筑甚表满意。

1994年，广西区政府将地角古炮台旧址列为自治区级文物保护单位。2006年"连城要塞遗址"被列入全国重点文物保护单位，地角炮台亦包括在内。

冠头岭炮台位于北海市银海区冠头岭西岸半山腰，始建于清康熙五十六年（1717）。史料记载，冠头岭上共有炮台5座、门楼1座、兵房5间、火药库1间，炮台高约3.5米，底部直径约13米，曾安置有1000斤重炮1门、700斤重炮1门、500斤重炮3门。冠头岭西扼廉州东部进出南海航运要道，东瞰整个北海城区，船舶进入北海港，都从这儿经过。乾隆末至嘉庆初年，海盗首领张保仔、乌石二屡屡率船队到冠头岭海面游荡，对来往商船进行抢掠，冠头岭炮台的存在，对于维护周围海域的航运安全起到了重要作用。

中法战争中，改造后的冠头岭炮台威慑了入侵的法军。到了20世纪30年代，入侵日军多次企图在北海登陆，因地角、冠头岭等处炮台早有防备而不敢妄动。冠头岭炮台再次成为御侮抗敌的堡垒。现仅存炮台1座，用片石砌成，平面呈圆形，台高约3.5米，底部直径约为13米，占地面积约133平方米。

龟蛇守水口 —— 防城港企沙炮台与白龙炮台

企沙炮台又称石龟山炮台，位于防城港市港口区企沙镇炮台村西海岸石龟山丘上。此山向海一面是峭壁，峭壁有一块青黑色礁石，与山体连在一起，远看像一只伸头跳跃的石龟，故得名石龟山。石龟山炮台建于康熙五十六年，是为了抵御倭寇侵扰，由两广总督杨琳奏请、广东提督王文雄勘建。炮台平面呈羽毛球形，占地面积约670平方米。炮台分前、后两部分,红砂岩料石和三合土砌筑,表层抹石灰砂浆。如今,炮台周边海岸已被填平开发为工业园区,炮台所在的小山丘被"包裹"在工业园区内,作为一处小公园被保留下来。

石龟山炮台位于防城江出海口的东面,其西面约18公里的江山半岛白龙尾尖端有白龙炮台。两台一东一西,隔海相望,互为犄角,彼此呼应,共同把守着北仑河口和防城江口,被称为"龟蛇守水口"。

中法战争之后,法军借中越尚未勘定边界之机,一再侵入白龙半岛,建筑炮台,打死打伤我军民多人,企图抢占这一战略要地。白龙半岛的争端顿时成了中国外交、军事斗争的焦点。后来,经过邓承修等人与法国使臣的多次交涉,才把白龙半岛收回。在这种形势之下,鉴于珍珠港地理位置独特,形势险要,是扼守防城河口及北仑河口的最佳地点,我方择定在白龙半岛西南端珍珠港附近的山丘建设炮台及兵营。所建炮台为白龙炮台,由白龙台、银坑台、龙珍台、龙骧台4座炮台组成,呈半月形分布在4个小山包顶部。以白龙台为中心,龙珍台建在白龙台东北面300米处,银坑台建在白龙台的西南面450米处,龙骧台建在白龙台南面600米的小山坡上,四台总称"白龙炮台"。炮台均建于清光绪十三年至二十年间(1887—1894),均由海口恭府管带琼军右营陈良杰督建。

4座炮台的结构样式、规格基本相同,均为半地穴式,分为地上地下两部分。地下部分为地道,墙体均由方整的红砂岩料石垒砌,券顶为红砖砌筑,设有兵房、弹药库等。除银坑台左右两侧各设2间兵房外,其余3座炮台两侧均为1间。整座山丘大半被掏空,以条石和水泥加固,修有宽阔阶梯通往地上,以利于战时掩蔽运动。地上部分是露天炮台,钢筋水泥浇筑。其中白龙台和银坑台为双炮位,龙珍台和龙骧台为单炮位。各座炮位的结构样式相同,炮位呈下凹形,平面呈扇形,长约11米,宽约6.5米,为碎石砼结构,高0.8米至1.7米,厚约1.4米。池壁设有炮弹壁龛,池底部中央安放大炮1门。据史料记载,白龙炮台曾配置有英制150毫米、100毫米口径前膛炮6门,后来大炮均被锯断,现炮身后半截被遗弃在炮池内。一代镇边利器,成为一堆废铁。近年广西壮族自治区文化厅曾拨款维修白龙台和银坑台,因而保存较好;其余两台因年久失修,保存较差。

白龙炮台建成后,"可以遥瞰海宁,敌窥钦、廉必顾其后"。据说当年试炮时,炮弹遥落海面爆炸,一声巨响令数十里外的越南芒街法军头目心惊,自此法军不敢前来挑衅，白龙半岛一带从此太平了数十年。遗憾的是，民国以后，石龟山炮台和白龙炮台都被废弃，1939年冬日军就是从此处登陆直扑南宁，切断了中国的陆上国际补给线。

后　记

　　大海，广袤无垠，五彩斑斓。水天相接竞耀日月星辰，碧海银浪曼舞沙鸥渔舟，丝线般的海岸绣出风光旖旎、人间清欢。如一面巨鉴，大海映照着我们伟大祖国悠久的历史记忆和深厚的文化底蕴。抚今追昔，沿着美丽的中国海岸风景线，从历史奔涌而来的浪花中捡拾海港、灯塔和炮台的故事，仿佛心怀梦想的拾贝者，用一个个文字将珠贝般的故事串成海洋的记忆，呈现给喜欢故事的读者。

　　书稿付梓之际，回观组织写作的过程，欣慰和感动中满怀感恩。

　　首先，感谢山东齐鲁书社的信任和肯定，为本书与读者相见搭建了桥梁。特别要感谢该社原总编辑傅光中先生，他耕耘的中国故事园地深深吸引我，才最终成就了这部作品。虽然不可预知的原因使原出版计划不能达成，但也因此从他千辛万苦的努力中，见证了中国出版人对事业的执着和理想的追求，以及对作者劳动的尊重。在往来商议出版事宜的过程中，深切感受到他对出版工作的严谨负责，对其敬业精神至为钦佩，引为榜样。

　　其次，感谢福建江夏学院的大力支持，感谢其下属设计与创意学院的潘旭君书记在本书写作组织中所给予的热情帮助。感谢该学院的郑美平、周艳菊、胡小梅老师，感谢他们于炎炎暑热中认真研讨和倾力写作。感谢李斌娥、孔菊玲、王晓娟三位老师为本书写作搜集整理资料，李斌娥和王晓娟两位老师还分别参与海港和炮台部分章节的写作。感谢林莹老师奉献宝贵时间对部分文稿的校改。在此需要说明的是，围绕本人的总体设计和框架安排，在具体写作中，各位老师分工协作，郑美平老师主要负责执笔海港篇，周艳菊老师主要负责执笔灯塔篇，胡小梅老师主要负责执笔炮台篇。

　　再次，感谢中央宣传部老领导、著名摄影家王朝彬先生，资深媒体人、深圳大学海洋艺术研究中心学术总监梁二平教授。他们二位慷慨提供的有关现场照片或宝贵图片，为书稿的内容锦上添花、增色良多，帮助本书最大程度上实现了图文互动、雅俗共赏的预期效果。

本书在编写过程中，还参考了大量相关研究成果，引用了部分相关图片。但因客观条件的限制，我们未能一一联系作者并标注出处，特此说明并请海涵。对于相关图文作者，在此致以衷心感谢和崇高敬意。

"自惭菲薄才，误蒙国士恩。"受限于本人专业知识和写作水平，虽经数度全篇审阅，几易其稿，但书中仍难免错误疏漏之处，恳请读者诸君批评指正。

刘慧宇

2023年12月6日

于福州自怡斋